Direitos Fundamentais, Informática e Comunicação

algumas aproximações

0461

D758   Direitos Fundamentais, informática e comunicação: algumas aproximações / org. Ingo Wolfgang Sarlet; Frank I. Michelman ... [*et al.*] – Porto Alegre: Livraria do Advogado Ed., 2007.
270p.; 23cm.

ISBN 85-7348-461-6

1. Direitos e garantias individuais. 2. Direitos fundamentais: informática e comunicação. 3. Constituição. I. Sarlet, Ingo Wolfgang, org.

CDU – 342.7

Índice para o catálogo sistemático
Direitos e garantias individuais
Direitos fundamentais, informática e comunicação
Constituição

(Bibliotecária responsável: Marta Roberto, CRB-10/652)

Ingo Wolfgang Sarlet
Organizador

Direitos Fundamentais, Informática e Comunicação

Frank I. Michelman
Jónatas E. M. Machado
Luís Roberto Barroso
Miguel Azpitarte
Paulo Ferreira da Cunha
Peter Häberle
Regina Linden Ruaro
Têmis Limberger
Thadeu Weber
Winfried Brugger

algumas aproximações

Porto Alegre, 2007

©
Frank I. Michelman, Jónatas E. M. Machado,
Luís Roberto Barroso, Miguel Azpitarte,
Paulo Ferreira da Cunha, Peter Häberle,
Regina Linden Ruaro, Têmis Limberger
Thadeu Weber e Winfried Brugger
2007

Capa, projeto gráfico e diagramação de
Livraria do Advogado Editora

Revisão de
Rosane Marques Borba

Direitos desta edição reservados por
Livraria do Advogado Editora Ltda.
Rua Riachuelo, 1338
90010-273 Porto Alegre RS
Fone/fax: 0800-51-7522
editora@livrariadoadvogado.com.br
www.doadvogado.com.br

Impresso no Brasil / Printed in Brazil

Sumário

Introdução – Ingo Wolfgang Sarlet (org.) 7

1. A dignidade humana e a democracia pluralista – seu nexo interno
   Peter Häberle 11

2. Ética, direitos fundamentais e obediência à Constituição
   Thadeu Weber 29

3. Relações entre democracia e liberdade de expressão:
   discussão de alguns argumentos
   Frank I. Michelman 49

4. Liberdade de expressão *versus* direitos da personalidade.
   Colisão de direitos fundamentais e critérios de ponderação
   Luís Roberto Barroso 63

5. Liberdade de programação televisiva:
   notas sobre os seus limites constitucionais negativos
   Jónatas E. M. Machado 101

6. Direito à informação ou deveres de protecção informativa do Estado?
   Paulo Ferreira da Cunha 155

7. Proibição ou tutela do discurso do ódio?
   Uma controvérsia entre a Alemanha e os EUA
   Winfried Brugger 179

8. Direito e informática: O desafio de proteger os direitos do cidadão
   Têmis Limberger 195

9. O conteúdo essencial dos direitos fundamentais à intimidade e à vida privada na
   relação de emprego: o monitoramento do correio eletrônico pelo empregador
   Regina Linden Ruaro 227

10. Libertad de expresión y jurisprudencia constitucional. El caso español
    Miguel Azpitarte 253

Introdução

A dignidade humana (de todas as pessoas e de cada pessoa humana individualmente considerada) e os direitos fundamentais apenas fazem sentido quando compreendidos pelo prisma da intersubjetividade que marca as relações humanas e quando nos damos conta que esta mesma dignidade e os direitos fundamentais são também resultado desta mesma intersubjetividade. Não é à-toa, portanto, que se tem frisado com crescente ênfase o caráter comunicativo e relacional da dignidade da pessoa humana e dos direitos fundamentais, que, no contexto do que já há algum tempo vem sendo denominado de sociedade da comunicação e da informação, assume ainda maior relevo. Por outro lado, se a expansão e complexificação dos processos comunicativos na sociedade de massas, ainda mais considerando os avanços tecnológicos que potencializam as possibilidades das liberdades comunicativas e informativas mediante o recurso à informática e comunicação de dados, serve, por um lado, como poderoso recurso para ampliação das liberdades fundamentais e até mesmo como instrumento de proteção da dignidade humana e dos direitos fundamentais de um modo geral (basta aqui lembrar o papel dos meios de comunicação na prevenção e repressão a violações de direitos), também é verdade que não têm sido poucos os abusos praticados mediante a utilização da tecnologia de comunicação, como dão conta os lamentáveis exemplos da pornografia infantil, da discriminação de minorias, entre tantos outros. Assim, também na seara dos direitos fundamentais vinculados à comunicação e informação há que investir na busca de um equilíbrio que possa assegurar os pressupostos para uma vida digna.

Neste contexto, oportuna a reunião, nesta coletânea, de um conjunto significativo de artigos versando sobre diversos aspectos atuais e relevantes conectados com a dignidade da pessoa humana e os direitos fundamentais no âmbito da comunicação, informática e informação. Inicia-se com texto da lavra de PETER HÄBERLE versando sobre a dignidade humana e a democracia pluralista, onde o autor analisa a estreita e genética vinculação entre a dignidade humana, a democracia e as liberdades de comunicação. Na seqüência, THADEU WEBER, privilegiando uma abordagem filosófica, explora a dimensão ética dos direitos fundamentais no contexto do Estado Constitucional, problemática particularmente relevante no campo da comunicação e da informação. FRANK MICHELMAN, por sua vez, apresenta e discute alguns argumentos relevantes para a compreensão das relações entre a democracia e a liberdade de expressão, ainda no âmbito do que se poderia chamar de uma parte geral da obra. Cuidando da problemática da colisão de direitos fundamentais, notadamente no que diz com as relações entre a liberdade de expressão e os direitos da personalidade, LUÍS ROBERTO BARROSO analisa os principais critérios de ponderação para a solução de tais conflitos, de modo a preservar o máximo de liberdade e ao mesmo tempo viabilizar uma proteção efetiva de todos os direitos fundamentais incidentes. É nesta mesma senda que JÓNATAS MACHADO focaliza a liberdade de programação televisiva e os seus limites constitucionais negativos, trazendo-nos importantes aportes do direito estrangeiro, onde, como entre nós, se cuida de tema de extrema atualidade. Abordando já o direito à informação na perspectiva dos deveres de proteção informativa do Estado, segue o contributo de PAULO FERREIRA DA CUNHA, secundado pelo ensaio de WINFRIED BRUGGER, que aborda a sensível temática do discurso do ódio (*hate speech*), designadamente o problema da sua tutela ou proibição, apresentando os dois grandes modelos atualmente existentes para solucionar o problema. Cuidando já da utilização dos recursos da informática e do seu controle, seguem os estudos de TÊMIS LIMBERGER, enfocando o direito à intimidade e a proteção dos dados informatizados, bem como de REGINA RUARO, analisando a questão do monitoramento do correio eletrônico pelo empregador à luz do conteúdo essencial dos direitos fundamentais à intimidade e à vida privada na relação de emprego. Encerrando a coletânea, segue ensaio de MIGUEL AZPITARTE, tratando da liberdade de expressão no âmbito da jurisprudência constitucional espanhola, apresentando, portanto, importante experiência do direito estrangeiro.

Importa frisar que, no caso dos textos de Frank Michelman e Miguel Azpitarte cuida-se de trabalhos desacompanhados de referências bibliográficas, pois se trata da versão disponibilizada pelos respectivos autores e apresentada oralmente por ocasião do IV Seminário Internacional de Direitos Fundamentais realizado nas dependências da PUCRS, em setembro de 2005, que teve o organizador da coletânea na coordenação científica e cuja comissão organizadora foi composta por ALCEU SCHOLLER DE MORAES, DANIEL MACHADO DA ROCHA, FERNANDA FONTOURA DE MEDEIROS e TÊMIS LIMBERGER, todos responsáveis pelo êxito do evento. Para além disso, agradece-se aqui a PETER NAUMANN pela disponibilidade e competência com que traduziu os textos de Peter Häberle e Winfried Brugger, e a MARCELO FENSTERSEIFER e TIAGO FENSTERSEIFER pela bela tradução da palestra de Frank Michelman. Registre-se, ainda, que as notas e referências foram mantidas de acordo com o texto original enviado pelos autores, não tendo sido adequadas ao padrão da ABNT.

Por derradeiro, espera-se que a obra venha a ter a merecida acolhida, seja pela atualidade e relevância dos temas versados, seja pela qualidade dos autores e dos textos que a integram.

Porto Alegre, julho de 2006.

Prof. Dr. Ingo Wolfgang Sarlet
Organizador

— 1 —

A dignidade humana e a democracia pluralista – seu nexo interno

PETER HÄBERLE
Tradução: Peter Naumann

Primeira Parte: Introdução

"Direitos humanos" e "democracia" são as grandes palavras de ordem dos nossos tempos, assemelhando-se quase a uma "fórmula redencionista". Ora são postulados em praticamente todos os campos da política, seja isoladamente, seja concomitantemente, ora são invocados e freqüentemente "conjurados" para legitimar a ação própria. O grande antípoda da democracia enquanto programa de contraste é o Estado totalitário, não importa em que forma se manifesta. Ora os "direitos humanos" são postulados mediante referência à dignidade humana, ora muito genericamente sem nenhuma descrição mais pormenorizada, ora sem referências precisas e.g. aos diversos conteúdos e dimensões, tais como os direitos humanos clássicos, os direitos fundamentais econômicos ou sociais e culturais (enquanto direito de participação). Muitas vezes, a referência à dignidade humana (normatizada em quase todas as constituições mais recentes, mais recentemente na Carta dos Direitos Fundamentais da União Européia) é incluída implicitamente, mas a própria dignidade humana não é definida com maior exatidão. Às vezes encontramos uma invocação de *Immanuel Kant* ("O ser humano é uma finalidade para si mesmo") ou uma referência aos pertinentes textos da ONU. Aprecia-se o recurso aos textos clássicos sobre a democracia, assim à fórmula de *Abraham Lincoln*: domínio do povo, para o povo e pelo povo (v. também Constituição Francesa, art. 2°, § 5°). Fala-se da democracia enquanto governo da opinião pública ou da maioria, mas pergunta-se também com *Bertolt Brecht*: "Todo o poder de Estado emana do povo, mas em que direção ele flui?"[1] Depois do fracasso da assim chamada democracia popular ou da economia socialista planificada, o mais tardar no *annus mirabilis* 1989, as pessoas relembram, quase em escala universal, as fórmulas da democracia burguesa ("democracia cidadã"), da democracia do Estado de Direito, da divisão dos poderes, e do pluralismo, invocando novamente a ajuda dos cidadãos na configuração política da sociedade, possibilitada pela democracia, concorrência de idéias e interesses, autodeterminação ou pelo "autogoverno" do povo, a sociedade civil. A referência ao povo é constitutiva, no âmbito da unificação européia constata-se freqüentemente a ausência do povo, razão pela qual a idéia de uma "democracia européia" parece ser inócua ou é mesmo negada (mote: déficit de democracia), assim como – ainda – se nega a existência de uma "constituição européia" ou de uma esfera pública européia, embora os contornos da democracia cidadã européia adquiram visibilidade. Nos termos da Lei Fundamental, deveríamos perguntar pela relação na qual estão os arts. 1º (dignidade humana) e 20, § 2º (soberania popular). A relação seria de justaposição, de seqüência, de convivência ou alguma outra coisa? Até agora não se encontrou uma fórmula de harmonização. O teorema de *Rousseau* "Todo o poder de Estado emana do povo" se choca duramente com o primado constitucional da dignidade do indivíduo, que enquanto "dignidade prometida" (*Hasso Hofmann*) até parece preceder a democracia. Será que, no sentido de *Dolf Sternberger*, "nem todo o poder de Estado emana do povo"? Será que o indivíduo deve ser concebido *antes* do povo, o que nem é possível em termos culturais?

Segunda Parte: A democracia pluralista enquanto conseqüência organizacional da dignidade humana

I. *Formas de manifestação da democracia (sinopse)*

Listemos essas formas aqui, comparadas no espaço e no tempo, em alguns poucos motes: lembremos as duas variantes clássicas da democracia, a democracia representativa (indireta) e a direta, que na minha opinião se mesclaram na Suíça de forma ideal, na assim chamada democracia "semi-direta". Com referência a textos constitucionais (artigos sobre democracia) e sentenças de tribunais constitucionais, igualmente a teorias constitucionais, podemos mencionar a democracia social (*Hermann Heller*) e a "identidade de governantes e governados" (*Carl Schmitt*), ademais a assim

---
[1] N. T.: a tradução literal do ácido comentário de Brecht ao lugar comum do constitucionalismo burguês, possibilitado por um jogo de palavras que não pode ser reproduzido em português, seria: "Todo o poder de Estado parte do povo, mas em que direção ele se move?"

chamada "democracia do Estado governado por partidos políticos" (*Gerhard Leibholz*); a chamada democracia dos meios de comunicação ou a "democracia dos estados de alma da sociedade " ["Stimmungsdemokratie"] também está especialmente presente no discurso público atual. Mencionemos em perspectiva crítica a distinção *habermasiana* entre três modelos de democracia: o liberal, o republicano e o deliberativo. Depois das experiências da República de Weimar, a democracia com divisão dos poderes, "de prontidão para defender-se", "combativa" caracteriza a Lei Fundamental alemã (possibilidade da proibição de partidos políticos e associações contrárias à Constituição: arts. 21, § 2, art. 9°, § 2 da Lei Fundamental). O Tribunal Constitucional Federal circunscreveu a "ordem fundamental liberal-democrática" em termos que já adquiriram estatuto de classicidade na sua sentença publicada no segundo volume da sua coletânea atual (p. 22, § 55):

> "Podemos assim definir a ordem fundamental liberal-democrática como um ordeamento que representa, mediante exclusão de todo e qualquer governo fundado na violência e no arbítrio, um sistema de governo comprometido com o Estado de Direito e fundamentado na autodeterminação do povo em conformidade com a vontade da respectiva maioria e a liberdade e igualdade. Devem-se incluir entre os princípios fundamentais desse ordenamento ao menos os seguintes: o respeito pelos direitos humanos concretizados na Lei Fundamental, sobretudo pelo direito da personalidade à vida e ao livre desenvolvimento da personalidade do indivíduo, a soberania popular, a divisão dos poderes, a responsabilidade do governo, a legalidade da administração pública, a independência dos tribunais, o princípio da pluralidade partidária e a igualdade de oportunidades para todos os partidos políticos com o direito à formação e ao exercício da oposição no âmbito da constituição."

Essa sentença enfeixa um conjunto complexo de princípios constitucionais individuais, a ser desatado para os fins de uma análise mais detalhada. Baste aqui a citação direta, que permite intuir nexos que ressurgem novamente no curso do esboço aqui apresentado. Lembremos as extensões do princípio da democracia: duvidosas, como a "democracia econômica", boas, e.g. na forma da "democracia intrapartidária" segundo art. 21, § 1 frase 3 da Lei Fundamental, onde se fala de "analogia democrática"; lembremos, porém, também grandes áreas da cultura que se subtraem justamente à democracia, e.g. o direito à autodeterminação das igrejas e comunidades religiosas segundo art. 137, § 1 da Constituição de Weimar em combinação com o art. 140 da Lei Fundamental. Da bibliografia científica, mencionemos a idéia de *Ulrich Scheuner*, que citou sugestivamente a cadeia de legitimação democrática "do povo até os órgãos do Estado". A moção de referendo, a iniciativa popular, o plebiscito ou a consulta à população constituem outras formas de manifestação da democracia; aprecia-se falar de "direitos fundamentais democráticos", como a liberdade de imprensa; outro exemplo pertinente é também o "advogado público" na Áustria. Um fator co-constituinte é o "princípio da esfera pública" (*Gustav Heimenann*: a esfera pública como o "oxigênio da democracia").

II. *A funcionalidade do princípio democrático*

Visto da perspectiva do Estado Constitucional – e aqui argumentamos apenas no seu plano, pois ele representa no estágio evolutivo atual da humanidade (parafraseando um dito de *Winston Churchill*) o modelo menos ruim do convívio político -, duas funcionalidades caracterizam a democracia concebida a partir da dignidade da pessoa, sendo que "funcionalidade" não deve ser entendida aqui no sentido mais estrito do utilitarismo: ela é, por um lado, a oportunidade do processamento justo da *transformação*, orientado segundo os interesses da coletividade; por outro, a *proteção contra o abuso de poder*, adequada à dignidade humana. As duas dimensões são inseparáveis. Vejamos os pormenores:

1. A democracia como procedimento para o processamento, justo e orientado segundo o bem-estar da coletividade, das transformações culturais, sociais e econômicas

O convívio – conflitivo – das pessoas em uma comunidade política está sujeito ao fator tempo. Independentemente do que seja o "tempo" nas definições de *Santo Agostinho* até *Hugo von Hofmannsthal*, não sabemos apreendê-lo teoricamente: cada ordenamento jurídico deve enfrentá-lo na práxis, isto é, criar instrumentos e procedimentos que elaborem a transformação, forma de manifestação do "tempo". A democracia provavelmente é a forma de governo mais adequada para possibilitar a ação em conformidade ao tempo (mote: abertura da ordem). É compreendida sugestivamente como "governo por tempo limitado". As eleições *regularmente* realizadas põem isso em prática, embora tenhamos de acrescentar mentalmente os atributos "livres", "igualitárias", "secretas", "limpas". Possibilitam, dessarte, a transformação por via *pacífica*. Os conflitos também são dirimidos pacificamente. Governantes malquistos são trocados "sem derramamento de sangue", para citar o texto clássico de *Karl Popper*: eis a democracia "como experimento e erro" [*trial and error*] (*Ralf Dahrendorf*). A transformação refere-se aqui à cultura, à dimensão social, à economia e ao direito que pertence a esses campos (do Direito Constitucional até o Direito Privado e o Direito Penal). O Estado Constitucional possui uma extensa gama de instrumentos de eficiência comprovada para o processamento do tempo e dos seus conflitos: da revisão total, passando pela revisão parcial de constituições bem como pela atualização de leis ordinárias, até a alteração da jurisprudência, o *obiter dictum* e a forma "fina" do voto constitucional divergente, que "no decurso do tempo" se pode transformar de minoritário em majoritário, conforme mostram os grandes exemplos da jurisprudência constitucional dos EUA e da Alemanha. Governantes "eternos" tendem ao abuso do poder, valendo o mesmo para partidos políticos que governam "eternamente". Com razão, muitas constituições permitem apenas uma única reeleição do presidente. Mas com isso já estamos chegando ao segundo aspecto.

2. A proteção contra o abuso de poder

Pela sua natureza, todos os homens tendem a abusar do poder. Por isso carecemos dos mecanismos de controle do Estado Constitucional e do Direito Constitucional, a serem aperfeiçoados cada vez mais. A conhecida descoberta cética de *Montesquieu* presidiu à elaboração da sua concepção clássica da divisão dos poderes (1748). Baseadas em uma visão relativamente otimista do ser humano, as eleições democráticas também são um caso de divisão de poderes *no tempo*, necessária, pois o ser humano sempre continua sendo o "pecador" ameaçado pelo risco do abuso, tanto na condição de cidadão quanto na de titular de um cargo público. Da perspectiva atual, a visão do ser humano, própria do Estado Constitucional e apenas veladamente otimista (e.g. palpável na "reeducação social" e nos objetivos da educação escolar), tem como conseqüência imprescindível a democracia pluralista. Somente ela permite aquele controle de poder por parte dos cidadãos organizados, literalmente "merecido" pelos governantes. Aqui a justiça e o interesse da coletividade (definidos classicamente bem como atualizados para as exigências do mundo moderno, de *Aristóteles* a *John Rawls* ou de *Cícero* a *Ernst Fraenkel*) servem como balizas de orientação, também para a perífrase do conceito "*abuso* de poder". Os elementos da democracia direta se relacionam com esse complexo de problemas.

III. Os pressupostos de uma democracia coerente com vistas à dignidade humana

Perguntar pelos pressupostos ou pelas condições exige transcender o pensamento jurídico no sentido comparativamente mais estrito do termo: sempre orientados segundo o contexto, devemos averiguar nesse âmbito, na perspectiva da Ciência da Cultura, quais são as *condições* necessárias para que a dignidade humana e a democracia possam ser vividas na prática, graças ao poder garantidor do Estado Constitucional enquanto tipo, inobstante a multiplicidade de exemplos nacionais. Três pressupostos que se imbricam reciprocamente estão em jogo aqui: a cultura, um mínimo de bem-estar econômico e a garantia da dignidade humana ou dos próprios direitos humanos (inclusive das outras pessoas, dos concidadãos), isto é, em termos mais genéricos: o "Estado de Direito" com seus muitos princípios parciais, tais como proteção de minorias, divisão dos poderes, responsabilidade do Estado, independência dos tribunais etc. (O conceito "pressupostos pré-jurídicos", cf. BverfGE 89, 155 (185) é demasiado impreciso). Examinemos esses pressupostos em seus pormenores:

1. A dignidade da pessoa graças ao estado cultural

Não importa em que variantes, a dialética de estado de natureza e estado de cultura sempre é também um paradigma clássico da filosofia do Estado de *Thomas Hobbes* a *Immanuel Kant*, passando por *John Locke*. Na minha opinião, a dignidade humana existe apenas no *status culturalis*, além do estado natural. É certo que não podemos abrir mão da ficção de que o ser humano possui "por sua própria natureza" direitos por assim dizer "inatos", para que nenhum Estado, totalitário ou não, possa adonar-se deles. No entanto, a "dignidade", tomada em perspectiva histórica, é o resultado de um longo processo evolutivo, uma conquista cultural por excelência, expressão da evolução cultural, não importa se operamos ou não com o modelo contratualista. Talvez essa idéia seja aludida no verso de Schiller: "Se cobrirdes a nudez, a dignidade vêm por si." O novo texto clássico é o apelo de *Arnold Gehlen* contra *Rousseau*, "Retorno à cultura". Para poderem ser vividas, a dignidade, liberdade e democracia exigem o texto e contexto da cultura, uma pletora de princípios, procedimentos e instituições, também jurídicos, do Estado constitucional. A "realização" da liberdade somente é possível "a partir da cultura". Existe apenas a liberdade cultural, nenhuma liberdade "natural". Dignidade humana, liberdade e democracia são "temas culturais".

Um documento desses nexos se evidencia nos objetivos de formação e educação do Estado constitucional ao lado do ensino obrigatório e do combate ao analfabetismo nos países em desenvolvimento. Sobretudo as constituições estaduais alemães depois de 1945 e, na Alemanha Oriental, depois de 1989, mas também já, germinalmente, a Constituição de Weimar de 1919 (art. 148: "mentalidade cidadã") ancoraram a democracia no seu cânone de objetivos pedagógicos (cf. art. 131, § 3 da Constituição do Estado da Baviera, art. 28 da Constituição do Estado de Brandenburgo). A democracia deve ser literalmente "aprendida" (exemplos: a Alemanha depois de 1945, a Eslovênia e a Croácia depois de 1990, o Iraque nos dias atuais), ela deve ser parte da socialização cultural dos jovens. Não "surge" de *per se*.

Na perspectiva da Ciência da Cultura, devemos inferir dessa comparação dos ordenamentos jurídicos intra-alemães, que pode ser estendida a outros Estados Constitucionais (cf. o objetivo pedagógico "Introdução à constituição" no art. 72 da Constituição de 1985 da Guatemala, bem como o art. 3º da Constituição Mexicana) que o Estado Constitucional enquanto tipo sabe muito bem que a democracia bem como a dignidade humana vicejam apenas num determinado húmus cultural (cf. também o objetivo pedagógico "respeito pela dignidade humana" e.g. no art. 22 da Constituição do Estado da Turíngia). O segundo "fundo" de possibilidade e realidade de uma democracia que faça justiça à dignidade humana é o Estado de Direito na sua totalidade e nos seus pormenores, os "princípios jurídicos universais" e todos os procedimentos em prol da existência de uma ordem pública justa, comprometida com a paz (graças ao monopólio da violência, próprio do Estado Constitucional). Retornaremos mais tarde a esse tema. Aqui apenas quero dizer o seguinte: o ordenamento jurídico é *parte da cultura*, o que já é sugerido pelo conceito "cultura jurídica". Não por acaso o maior jurista da Antiguidade, *Cícero*, foi simultaneamente o criador do conceito *cultura*! Hoje devemos partir de uma concepção aberta e pluralista de cultura (cultura elevada e cultura popular, cultura alternativa e subcultura). Um conceito ampliado de cultura (*Joseph Beuys*) também é relevante.

2. *Um mínimo de bem-estar econômico*

Muitas vezes esse pressuposto da democracia coerente com relação à dignidade humana é esquecido, por pudor ou negligência, falso idealismo ou mesmo hipocrisia, embora ele possa ser exemplificado tanto em Estados Constitucionais desenvolvidos quanto também nos assim chamados "países em desenvolvimento" e nas sociedades em transição. O Tribunal Federal de Contenciosos Administrativos desenvolveu muito cedo, já em 1954 e no primeiro volume das suas sentenças (E 1, 159 (p. 161 s.), o direito à assistência ou ao socorro social a partir da dignidade humana e da democracia. O Tribunal Federal da Suíça confirmou mais tarde esse direito exigível perante os tribunais enquanto "direito não-escrito", ao passo que a nova Constituição Suíça de 2000 seguiu essa jurisprudência, estatuindo ser esse direito um direito "escrito": cada pessoa tem o direito ao mínimo necessário para a sua sobrevivência econômica (art. 12): "Recursos para uma existência humanamente digna": eis um direito fundamental social já clássico, um "direito fundamental democrático" por excelência. A democracia comprometida com a liberdade funciona somente, o direito à eleição somente se transformará de mera forma em conteúdo, em liberdade pública, em direito à participação na configuração política da sociedade, se as condições mínimas de existência material estiverem asseguradas para o cidadão. Para os países em desenvolvimento, nos quais grandes segmentos populacionais vivem *abaixo* da assim chamada linha de pobreza, a pergunta pela possibilidade da democracia no âmbito da miséria econômica adquire contornos dramáticos. As mesmas dificuldades se evidenciam nas sociedades em transição, no caminho do Estado totalitário para o Estado Constitucional democrático (O "índice de transformação" publicado em maio de 2004 pela Fundação Bertelsmann – v. o diário *Frankfurter Allgemeine Zeitung* de 8 de maio de 2004, p. 5 – defende a seguinte tese: "A democracia conduz à prosperidade."). Merece admiração que depois de 1989 os países reformistas do Leste Europeu tenham "apostado" sem mais nem menos na democracia. Decerto, porém, uma motivação foi também a esperança da prosperidade gerada pela economia social de mercado. Não poderemos exigir nenhuma "economia florescente", para atribuir a um povo a possibilidade ou mesmo o predicado da "maturidade", mas não podemos perder de vista esse nexo. Grandes crises econômicas podem abrir o caminho a ditadores e produzir uma discórdia generalizada (exemplo: a Alemanha dos últimos anos da República de Weimar). No início, as sociedades de transição talvez careçam de democracias presidencialistas (o que talvez valha para a Rússia). As diferenças excessivas entre ricos e pobres são potenciais de perigos para a democracia comprometida com a liberdade na mesma medida do surgimento de monopólios econômicos, que por isso são repetidas vezes proibidos expressamente pelas constituições (e.g. Constituição do Estado da Baviera de 1946, art. 156; Constituição do Estado de Bremen de 1947, art. 41; Constituição do Estado de Hessen de 1946, art. 39, § 1), pois podem converter-se em poder político e põem em risco a abertura dos processos políticos. A acumulação de poder político, poder econômico e poder nos meios de comunicação na Itália de *Silvio Berlusconi* é altamente questionável. A constituição pluralista dos meios de comunicação é uma peça central da democracia liberal (na atualidade: subsídio da pluralidade da imprensa, proibição da formação de monopólios na imprensa). A relação entre o mercado e a democracia careceria de um exame especial, igualmente a problemática da democracia em nexos transestatais (internacionalização).

E qual é o *status* da legitimação democrática do *Direito das Gentes*? Decerto ela inexiste no Direito Internacional Público clássico, assente no consenso entre os *Estados*. Quase nenhum Estado era um "Estado Constitucional", de modo que não podia dar nenhuma legitimação democrática com referência às fontes jurídicas do Direito Contratual Internacional Público e do Direito Consuetudinário Internacional Público. Na atualidade, na qual apenas uma minoria de países conseguiu atingir o *status* de "Estado Constitucional" com fundamentação nos direitos humanos e legitimação democrática, vale o seguinte: no *âmbito interno* do Estado Constitucional, todo e qualquer Direito Constitucional e Direito em geral tem como premissa de antropologia cultural a dignidade humana, cuja "conseqüência organizacional" é a democracia. Mas esse enfoque ainda não pode ser transferido ao Direito Internacional Público. Apesar do avanço significativo dos direitos humanos, eles ainda não constituem o fundamento do Direito Internacional Público, mas talvez apenas o seu "húmus". Também não configuram ainda estruturas democráticas no Direito Internacional Público. Pode haver germes, assim e.g. no surgimento de uma "esfera pública mundial" na forma da Assembléia Geral das Nações Unidas enquanto "Parlamento Mundial" ou uma espécie de "townmeeting of the world", no modo, pelo qual o Conselho de Segurança das Nações Unidas procura implementar aqui e ali em nações ou Estados individuais a democracia, assim na antiga Iugoslávia e no futuro "Iraque democrático". Já as fontes jurídicas dos "princípios gerais de direito" não se deixam derivar de nexos democráticos de legitimação. De resto, *não* partem do povo também de acordo com o ordenamento jurídico interno dos países ou na União Européia. Um levantamento geral evidencia que a democracia não é um "princípio *passepartout*" ["Allerweltsprinzip"]. No Direito Internacional Público, o enfoque dos *direitos humanos* deveria ocupar integralmente o primeiro plano. A médio ou longo prazo, ele poderá resultar aqui e ali em um aumento de democracia. O enfoque da Ciência da Cultura também pode jogar uma luz nova sobre o Direito Internacional Público enquanto "cultura". Assim, por exemplo, os "princípios gerais do direito" representam, num primeiro momento, conquistas culturais que se avizinham do ideal da justiça. Para dizê-lo em termos algo esquemáticos: O Direito das Gentes não parte do povo, da 'gente', ou *dos* povos, *das* 'gentes'. Registremos, de qualquer modo, que o preâmbulo da Carta das Nações Unidas ousa recepcionar o texto clássico norte-americano "We the people", e que o *Pacto Internacional de Direitos Civis e Políticos* contextualiza o "direito de autodeterminação dos povos" no art. 1º, § 1, nos termos dos direitos humanos. Mas em última conseqüência, *Rousseau* também aqui não é o marco referencial. Em contrapartida, esperamos que o Direito Internacional Público se desenvolva na direção da dignidade humana! Uma pergunta específica a ser formulada nesse contexto é: Quem é o "guardião" do Direito Internacional Público: a consciência jurídica mundial? Para uma parte do Direito Internacional Público com fins humanitários certamente a Cruz Vermelha Internacional e o seu "mentor", a Suíça, bem como, com vistas ao *telos* imanente à idéia, também a ONU. Por fim, a consciência jurídica mundial é defendida pela sociedade aberta dos intérpretes científicos das constituições. O grupo de especialistas independentes para apresentar uma proposta para a reforma jurídica da ONU, instituído por *Kofi Annan* em 2003 para "revitalizar" as Nações Unidas, permite ser esperançoso.

*3. Dignidade humana e direitos humanos como
pressupostos da democracia pluralista*

Esse nexo resulta do que foi dito anteriormente. A democracia somente pode "viver" se a dignidade da pessoa, vista também na perspectiva da relação convivial com o outro, estiver assegurada. O estado cultural pressuposto e ao mesmo tempo criado pelos direitos humanos é a condição da possibilidade e realidade da democracia. Mencionemos aqui especialmente a proteção dos direitos humanos das minorias: compreendida como possibilidade real para a mudança do poder, a democracia exige garantias múltiplas da tutela de minorias, da proteção da oposição (e.g. graças à legislação que dispõe sobre as Comissões Parlamentares de Inquérito) até as garantias de minorias religiosas e outras (e.g. étnicas, como também as lingüísticas). A minoria de hoje deve ter condições *reais* para tornar-se a maioria amanhã, eis o teorema central da democracia. Muitos direitos humanos são expressão da dignidade humana, mas o conteúdo semântico dos dois conceitos não é o mesmo. Assim determinadas liberdades econômicas (como a liberdade dos meios de comunicação de massa) transcendem o teor mínimo da garantia da dignidade humana. Podemos, porém, afirmar o seguinte: onde um Estado Constitucional não logra tutelar a dignidade humana, a democracia remanescerá meramente formal, transformando-se em anarquia ou ditadura e resultando no estado de natureza já descrito por *Thomas Hobbes*. Há mais tempo fala-se dos direitos fundamentais enquanto "base funcional da democracia", a liberdade religiosa e de opinião estão no centro das atenções. A pacificação e democratização, talvez "federalização" do Iraque é o grande teste dos direitos fundamentais na atualidade. O mesmo vale para a Somália. No islamismo, o tema da relação entre dignidade humana e democracia é tão atual quanto não-solucionado.

*4. Mais especificamente:
O nexo entre dignidade humana e democracia*

a) O pensamento separatista "clássico" e a sua crítica.

O Estado Constitucional tem um duplo fundamento, a soberania popular *e* a dignidade humana. Na tradição da história das idéias, a soberania popular e a dignidade humana quase sempre foram concebidas e "organizadas" em separado. A soberania popular era o *pendant* político-polêmico da soberania do príncipe na monarquia absolutista. A sua concepção clássica na tradição da fórmula *rousseauniana* "Todo o poder de Estado emana do povo" define até os nossos dias os textos constitucionais escritos e a tradição científica. A força do seu impacto é tamanha que correções tendem a ser percebidas perifericamente, questionamentos em termos de princípios são ignorados e variações substanciais dos textos constitucionais raras vezes são notadas. Na afirmação de *Dolf Sternberger*, "nem todo o poder de Estado emana do povo" ainda entrevemos uma reverência involuntária diante da "posição" *rousseauniana*, de resto contestada. No postulado da democracia comprometida com a divisão dos poderes e o Estado de Direito aparece tanto uma correção de teorias da soberania popular "absoluta" como na referência à fissura pluralista da vontade do povo (*Konrad Hesse*). Nada obstante, remanesce a tarefa de separar a soberania popular da sua origem histórico-polêmica e apreciá-la no seu nexo com a dignidade humana.

b) Transformações dos textos constitucionais.

Nas constituições mais antigas, um cotejo dos textos constitucionais de Estados constitutionais mostra o povo como elemento primacial da teoria dos três elementos das teorias gerais do Estado. Ocasionalmente, o cidadão é degradado a "objeto" do poder do Estado: na dimensão do texto, por um lado, na esteira da doutrina da soberania popular, i. é, na afirmação "Todo o poder de Estado emana do povo"; por outro lado, chama a atenção a figura codificatória orientada segundo o Estado-nação, na qual o povo é postulado (contra minorias étnicas) como unitário, "nacional", no sentido do "povo alemão" e outros similares.

Quase imperceptivelmente alguns textos constitucionais novos trilham um outro caminho, quer modificando a cláusula da soberania popular, quer construindo o seu capítulo sobre os direitos fundamentais tão nitidamente a partir da garantia da dignidade humana, que isso não pode deixar de produzir efeitos sobre a concepção da tradicional cláusula da soberania popular – assim na Lei Fundamental, art. 1°, que "corrige" o art. 20, § 2°, se de acordo com o anteprojeto da Constituição de Herrenchiemsee (art. 1°, § 1) "o Estado existe em função do ser humano" (e não inversamente). Então todo o poder estatal pode "emanar" do povo, mas esse enunciado já tem a sua "premissa primeira" na dignidade humana! Ela é o "ponto arquimédico" de referência para todas as derivações do governo e de todas as construções de nexos de legitimação, necessárias também no Estado Constitucional. O "governo do povo" (pelo povo e para o povo) somente é pensado num segundo momento. Como princípio jurídico, a tutela da dignidade humana (também na sua irradiação sobre direitos fundamentais específicos) é um dado prévio para o "Estado" e o "povo", assim como para todas as derivações do governo e de nexos de responsabilidade ou "de legitimação" *entre o povo e os* diversos órgãos e funções do Estado (cf. BverfGE 38, 258 (271); 47, 253 (272, 275); 93, 37 (60 ss.)).

O paralelismo entre dignidade humana e soberania popular já se evidencia no art. 1°, § 2°, da Constituição da Grécia (1975/1986), que afirma: "O fundamento da forma do Estado é a soberania popular." O § 3° afirma: "Todo o poder emana do povo, existe para o povo [...] etc." Se logo mais o art. 2º, § 1 normatiza a "obrigação fundamental" do Estado para o respeito à e tutela da dignidade humana, a soberania popular e a concepção da dignidade humana aparecem unidas de antemão. Mas o art. 1º da Constituição de Portugal (1976/1997) formula esse nexo de forma ainda melhor: "Portugal é uma República soberana, baseada na dignidade da pessoa humana e na vontade popular [...]." Cf. também art. 1º, § 2º, do Estado do Burgenland da Áustria (1981): "Burgenland baseia-se na liberdade e dignidade da pessoa humana."

c) A soberania popular orientada segundo a pessoa e o cidadão.

O povo é menos uma grandeza de orientação fornecida pela natureza do que uma grandeza pluralista, que se constitui num *devir* cultural sempre novo, por meio de uma constituição comprometida com o Estado Constitucional e seus nexos culturais. É formado por "titulares de direitos fundamentais", isto é, por cidadãos. *Deles* emana em última instância todo o poder (de Estado), também a constituição da Constituição [*Verfassunggebung*]. Por isso o respeito e a tutela da dignidade humana são um "dever fundamental" do Estado Constitucional, mais precisamente ainda um "dever de direito fundamental". Nessa medida, o art. 1º, § 1, da Lei Fundamental é a "forma do Estado", isto é, a fundamentação do Estado. Na dignidade humana, a soberania popular reconhece a sua causa "última" e primeira (!). O povo não é uma grandeza mítica, mas um nexo de muitas pessoas com respectiva dignidade própria: uma reunião de uma "multidão de pessoas" sob a proteção de leis jurídicas (no sentido de *Kant*), localizada no espaço, formada no tempo e capaz de desenvolvimento ulterior, bem como vivida e assumida de forma responsável na esfera pública: o povo democraticamente constituído, orientado na sua autocompreensão segundo a dignidade da pessoa e comprometida com ela.

Tal compreensão evita também perigos que não raras vezes conduziram a desenvolvimentos totalitários, mediante a ênfase excessiva na comunidade. Toda a autoridade é de natureza derivada; não existe nenhuma "dignidade" do Estado, existe apenas uma dignidade da pessoa e do cidadão.

Da perspectiva do cidadão individual existe um "nexo de continuidade" no plano do pensamento, entre a dignidade da pessoa e a democracia comprometida com a liberdade. A famosa "fórmula do objeto" de *Dürig* (e do Tribunal Constitucional Federal) provavelmente encobriu (involuntariamente) a existência de um nexo positivo entre a dignidade humana e os direitos políticos (democráticos) do cidadão (na Suíça: os "direitos populares"). O art. 1º da Lei Fundamental, os direitos eleitorais do art. 38 e os direitos fundamentais no e a partir do art. 21 da Lei Fundamental situam-se no mesmo encadeamento de idéias com o art. 20 da Lei Fundamental. Por um lado, ainda não foi encontrada uma fórmula de concordância, que reunisse, à guisa de "denominador comum", os arts. 1º e 20 da Lei Fundamental (provavelmente essa fórmula também não é possível, pois a diferença de indivíduo e comunidade ou de comunidades constituídas constitui uma relação não sobressumível [*unaufhebbar*] de tensões, que gera conflitos e cujo reconhecimento jurídico é característico precisamente para a estatalidade da Idade Moderna). Por outro lado, o "povo" não é nem uma grandeza contrária aos direitos fundamentais nem antiestatal, mas está liminarmente estruturado em termos de direitos fundamentais e inserido no Estado Constitucional; num sentido mais profundo, os direitos fundamentais são também "direitos populares" ("liberdades populares"). Esse nexo entre o povo e os direitos humanos é sugerido topicamente e.g. já no § 130 da Constituição da *Paulskirche* (1849); v. também o art. 1º, frase 2, da Constituição Federal da Áustria (1920): "Seu direito emana do povo"; o título da seção dos direitos fundamentais da Constituição do Japão (1946) formula: "Os direitos e deveres do povo".

5. Dignidade humana como direito fundamental (medida) à democracia

Por esse motivo, a "cultura da dignidade humana" esboçada "em termos universais" e considerando as especificidades culturais e a "cultura da liberdade", que a concretiza, desenvolvem uma força diretamente fundamentadora da democracia. Cada vez que, com especial êxito na Alemanha, variantes do liberalismo, do positivismo e o pensamento comprometido com as tradições do "bourgeois" ou com as idéias mestras do constitucionalismo alemão tentam separar de forma apolítica a democracia, como mera "forma de Estado", das liberdades fundamentais, o nexo entre a dignidade da pessoa ou das liberdades fundamentais e uma democracia comprometida com a liberdade deve ser enfatizado de modo inequívoco.

Disso não segue, porém, *nenhuma* preferência por uma *determinada* forma da democracia. No entanto, é provável que na compreensão dos direitos fundamentais em espécie o componente democrático seja reforçado na medida em que uma constituição (como a Lei Fundamental) se define apenas com vistas à forma da democracia representativa. Por isso seria impensado ver a democracia direta como "especialmente" conforme à dignidade humana, assim como é questionável considerar a democracia representativa como a democracia "propriamente dita". Mesmo uma democracia "apenas" representativa "atende" ao postulado da força fundamentadora da democracia, própria da dignidade humana. Dotada desse critério de aferição, a dignidade humana como direito à participação na definição da política (cf. agora os arts, 21 a 24 da Constituição do Estado de Brandenburgo) é um direito fundamental à democracia: por um lado, deve-se considerar a sua dimensão fundamentadora da democracia; por outro, os direitos fundamentais devem ser "atribuídos" ao povo. A "soma" desses titulares de direitos fundamentais enquanto pessoas individuais significa, num sentido ideal, também uma soma de direitos fundamentais que são constitutivos para o povo no Estado Constitucional.

A conseqüência disso é uma compreensão correspondente dos direitos eleitorais (e.g. a partir dos arts. 38, 29, como no art. 33 da Lei Fundamental) e dos direitos fundamentais à participação democrática: enquanto "base funcional da democracia", eles são – sobretudo em combinação com a dimensão política dos arts. 5º e 8º da Lei Fundamental (liberdade de opinião, de imprensa, de associação e manifestação) – a configuração concreta da "camada" da cidadania ativa contida na cláusula da dignidade humana. Seria e.g. também uma infração da dignidade humana, se grupos individuais de cidadãos (e.g. os "idosos") fossem excluídos dos seus direitos eleitorais: eles tornar-se-iam objetos da ação do Estado (com efeitos também no espaço social) e perderiam a sua identidade com pessoas bem como a sua capacidade de comunicação social e pública (a abstenção do voto também pode resultar na definição da identidade). Sem considerar a distância do teor literal do texto constitucional: o nexo interno entre a dignidade da pessoa – compreendida também em termos políticos – e os direitos eleitorais democráticos é especialmente estreito no Estado Constitucional. Localiza-se na sua "raiz".

Com esse espírito, o art. 1º, § 2, da nova Constituição do Paraguai (1992) preceitua: "La República Del Paraguay adopta para su gobierno la democracia representativa, participativa y pluralista, fundada en el reconocimiento de la dignidad humana." Nesse sentido, o documento do encontro de Copenhague da Conferência sobre a dimensão humana da Conferência sobre Segurança e Cooperação na Europa de 29 de junho de 1990 (EuGRZ 1990, p. 239 ss.) afirma em I, nº 5: "entre os elementos [...] os seguintes [são] essenciais para a expressão abrangente da dignidade inerente à pessoa [...]: eleições livres serão realizadas em períodos adequados [...]". Em sentido similar, o Cap. 2, nº 7, § 1, da constituição da República Sul-Africana (1996) afirma: "This Bill of Rights is a cornerstone of democracy in South Africa. It enshrines the rights of all people in our country and affirms the democratic values of human dignity, equality and freedom."

Digressão: A "função de intermediação"
das liberdades de comunicação

A seguir, trataremos do elemento cultural, da "peça de conexão ou transmissão", sem a qual o nexo entre a dignidade humana e a democracia pluralista nem poderia tornar-se realidade: refiro-me às assim chamadas "liberdades de comunicação", que adquiriram, mormente na época atual das novas tecnologias midiáticas (PCs de uso doméstico, multimídia, internet e *online banking*) possibilidades antes nem pensadas, mas também geraram vários riscos. O conceito de "liberdades de comunicação" deve ser compreendido aqui nos termos mais amplos imagináveis: principia com a tríade da liberdade religiosa, artística e científica, passa pela liberdade de opinião, informação, imprensa e manifestação, bem como pela liberdade de reunião, também pela liberdade de associação (sem esquecer nesse contexto a liberdade dos partidos políticos) e se estende até as formas precursoras e as instâncias precedentes das competências estatais. Do lado da estatalidade constituída, faz-se mister analisar os procedimentos e instrumentos da democracia direta (e indireta): iniciativas populares, referendos e plebiscitos, eleições (os assim chamados direitos populares na Suíça, outros direitos políticos), mas também instituições como os advogados públicos (e.g. na Áustria), mais genericamente os *ombudsman* (originários da Escandinávia, posteriormente também instituídos no México). A Carta dos Direitos Fundamentais da União Européia (2000) normatiza o direito de acesso a documentos, (art. II, 102). A isso devemos somar ainda os processos informais, discutidos sob o tópico "Estado negociador" ("democracia de negociação", "intermediação de interesses"(v. FS Lehmbruch, 1993).

Decerto o "espaço" entre a dignidade humana individual e a democracia constituída pode ser *estruturado* mais pormenorizadamente: assim e.g. por meio da por mim assim denominada "tríade das esferas republicanas" da comunidade política: "públicas" entre o Estado e o setor privado, sendo que as transições são sugeridas pelos conceitos das "liberdades públicas" (França, Espanha), também pela "opinião pública". Em todos os lugares, ocorrem processos de comunicação, isto é, de intercâmbio sobre os espaços e até sobre os tempos (esses processos ocorrem parcialmente em escala mundial e remontam até o passado remoto), sendo que a *liberdade dos meios de comunicação de massa*, referida ao rádio e à televisão, deveria ser objeto de uma análise específica. Merece especial destaque o sistema alemão, por assim dizer chamado "dual", com as garantias de permanência das emissoras de rádio e televisão de direito público, que no entanto são obrigadas a respeitar o princípio do pluralismo (cf. e.g. o Art. 111, *a*, da Constituição do Estado da Baviera, o art. 19, IV, da Constituição do Estado de Brandenburgo, e o art. II, 71 §, da Carta dos Direitos Fundamentais da União Européia: "Respeita-se a liberdade e a pluralidade dos meios de comunicação de massa."). Somente aos poucos os textos constitucionais revelam elementos individuais do campo de problemas "liberdade dos meios de comunicação" no sentido da análise dos níveis textuais (o art. 16, §§ 4 e 5, da Constituição da Macedônia, de 1991, fala de "meios de comunicação de massa"; o art. 46 da Constituição do Cantão de Berna de 1993 fala de "meios"). Observações similares podem ser feitas no conceito da *liberdade de comunicação*. Apenas paulatinamente, ele coagula no sentido do desenvolvimento dos níveis do texto em elementos lingüísticos das constituições (o art. 17, § 1, da Constituição da Macedônia garante "a liberdade e o sigilo de cartas e todas as outras formas de comunicação; o art. 22, § 3, da Constituição da Albânia de 1993 reza: "Fica vedada a censura prévia dos meios de comunicação"; o art. 38 da Constituição de Portugal de 1976 protege e limita os "meios de comunicação de massa"; o art. 18, § 3, da Constituição da Espanha de 1978 tutela o "sigilo da comunicação"; o art. 10, § 1, da Forma do Governo Finlandês menciona uma "outra comunicação"; o art. 6 da Constituição do Mali de 1992 tutela "o sigilo da correspondência e a comunicação".

Mas as liberdades de comunicação não promovem intermediário apenas entre o "cidadão e o Estado", mas possibilitam também a vida de esferas parciais da assim chamada "sociedade", que hoje muitos preferem conceber como "sociedade civil" ("civil society"). Todo o conjunto de grupos, de associações até as igrejas, mas também os grandes campos da indústria e do setor privado em geral ("mercados") e, não em último lugar, os campos das atividades culturais se nutrem das liberdades de comunicação. Mais ainda: eles no fundo só se constituem a partir dos conteúdos aqui veiculados. Toda e qualquer "comunicação" esbarra, porém, na fronteira das duas últimas zonas de proteção privada (proteção de dados!), na esfera da configuração privada da vida, subtraída à intervenção estatal com fundamento na dignidade humana segundo a jurisprudência do Tribunal Constitucional Federal (*right of privacy*). De resto, os riscos múltiplos da comunicação via Internet e dos novos meios de comunicação devem ser mencionados com clareza (mote: proteção dos direitos da personalidade contra a liberdade dos meios de comunicação). Mas no tema discutido aqui importa apenas reconhecer na liberdade de comunicação o cerne da democracia fundamentada na dignidade humana e orientada segundo o pluralismo (democracia como "government by public opinion"). Na Alemanha, o Tribunal Constitucional Federal vem consagrando, por meio de jurisprudência pacífica e valor prevalente das liberdades de comunicação no Estado Constitucional pluralista-democrático" (*F. Schulze-Fielitz*).

IV. *Limites da democracia comprometida com a liberdade*

Esbocemos aqui ao menos as fronteiras do grande tema cultural "democracia". Elas se evidenciam na pertinência da afirmação de *Dolf Sternberger*: "Nem todo o poder tatal emana do povo". Mas é necessário proceder aqui a um esclarecimento: o Estado de Direito, juntamente com muitos dos seus detalhamentos, tais como a separação dos poderes, a independência do terceiro poder, a proteção de minorias e sobretudo a assim chamada "cláusula pétrea" (e.g. art. 59, § 3, da Lei Fundamental normatiza um limite para todas as formas da democracia). Nas suas esferas centrais, a justiça e o direito (o "Estado de Direito") *não* estão disponíveis para o assim chamado "governo do povo". Como elemento cultural, são literalmente anteriores ao povo como grandeza de orientação: "governo do *Direito*". Dito de forma esquemática: nem todo o Direito emana do povo, mas todo e qualquer Direito deve ser pensado a partir da dignidade humana! A idéia da tolerância, a proteção de minorias, o pluralismo real (inclusive de todas as espécies de grupos), a multiplicidade cultural – tudo isso não pode ser compreendido com ajuda do esquema da ideologia *rousseauniana* da democracia. Para provocar ainda mais, diria que nem toda a cultura emana do povo. Uma conquista do Estado Constitucional desenvolvido em muitas gerações consiste precisamente em literalmente "prescrever" uma grande parcela de "Direito", como "grandeza de orientação". Como parte da cultura, o direito *não* possui uma legitimação democrática em muitas das suas configurações (e.g. a liberdade da arte e da ciência, do matrimônio e da família, as igrejas, outras comunidades religiosas), mas deve ser correlacionado aos direitos humanos. Justamente na defesa contra sistemas totalitários, os limites da democracia liberal tornaram-se sempre de novo necessários. A democracia ou as eleições e votações não são competências para ações voluntariosas: mas devem respeitar limites "pré-estatais", "posteriormente traçados" pelo Estado Constitucional. Alguns desses limites já foram mencionados. Por isso refiro-me à dignidade humana enquanto "premissa" de antropologia *cultural*.

3ª parte: Perspectivas e conclusão

Encerremos aqui o esboço do problema, que remanesce sob muitos aspectos um catálogo de perguntas em aberto. Ele serve à tese de que no Estado Constitucional a dignidade humana é uma premissa antropológica e cultural, e a democracia pluralista, a sua conseqüência organizacional. A economia *social* de mercado (também de crescente orientação ecológica) e suas liberdades econômicas situam-se no mesmo contexto, em virtude da sua força geradora de prosperidade. A democracia remanesce o grande ideal, assim como a dignidade humana ou os direitos humanos (direitos humanos e democracia enquanto "objetivos pedagógicos"). Mesmo em Estados Constitucionais desenvolvidos os déficits são dolorosamente palpáveis no tocante aos dois ideais. A pergunta pelos pressupostos e limites da democracia conduziu a algumas descobertas, e.g. ao enunciado: "Nem todo o direito emana do povo: "princípios jurídicos universais", princípios do Estado de Direito, os direitos humanos, a proteção das minorias são determinantes culturais ("con-textos"), que se afirmam culturalmente em relação ao povo. Além disso, não é só da democracia que vive o ser humano (mais ainda, o povo na sua totalidade). Fazem parte da sua *"conditio* humana" zonas privadas de proteção como a liberdade religiosa, campos, atividades, recursos emocionais, que justamente não têm (ou não querem ter) nada a ver com a democracia – eis um dado ignorado pelo movimento democratizador de 1968. A identidade cultural dos cidadãos e dos povos também da Europa é apenas em parte uma obra da democracia. A exposição integral do método aqui escolhido intencionalmente será feita apenas no fim dessa conferência: trata-se do método cultural-comparatístico (palavras-chave: constituição como cultura, relevância dos contextos culturais e dos níveis culturais dos textos constitucionais). Na minha opinião, só ela consegue explorar a penúltima causa respectivamente as penúltimas causas do Estado Constitucional. Só ela consegue explicar como a dignidade humana e a democracia pluralista se interligam: elas são programa constitucional e sempre também, em parte, utopia, como todos os ideais do Estado Constitucional remanescem com um grão de utopia, não importa quão extensa seja a realidade contemporânea do Estado Constitucional, na Europa e mesmo em escala mundial.

— 2 —

Ética, direitos fundamentais e obediência à Constituição

THADEU WEBER

> "O Tribunal de última instância não é o judiciário, nem o executivo, nem o legislativo, mas sim o eleitorado como um todo" (J. Rawls).

1. Colocação do problema: princípios éticos, direitos e liberdades fundamentais

O grande tema sempre retomado pelos estudiosos da ética refere-se ao problema da fundamentação de seus princípios. Inúmeras questões são objeto de discussão: Existem princípios éticos universalíssimos que deveriam orientar as estruturas jurídicas e sociais? Como formulá-los e fundamentá-los? São empíricos ou são puramente racionais? São conquistas da história? Têm sua base no "espírito de um povo"? São de ordem divina?

O fato é que precisamos de princípios orientadores e reguladores para as instituições, sobretudo para uma Constituição. Regras normativas precisam ser justificadas, caso contrário, ficam arbitrárias. Leis fundamentam-se em princípios que, por sua vez, devem incluir ou contemplar os direitos e liberdades fundamentais. Têm, portanto, uma dimensão ética. Ou seja, quando falamos da justificação de leis, reportamo-nos a princípios e quando fundamentamos princípios, estabelecemos valores e quando falamos de valores, que na sua aplicação requerem regularidade e coerência, tratamos de questões éticas.

A busca de princípios últimos de moralidade é objeto de estudo recorrente na história do pensamento político. É o tema central de Kant, na *Fundamentação da Metafísica dos Costumes* e na *Crítica da Razão Prática*.

Do conhecimento moral popular parte para a determinação do princípio supremo de moralidade: o imperativo categórico. Sua formulação e origem é puramente racional e, portanto, não pode ser buscado na experiência. Um princípio ético não diz o que é mas enuncia o que deve ser. Hegel considera o "espírito do povo" como ponto de partida para a fundamentação ética de uma Constituição e delega ao "Tribunal da História" a missão do julgamento dos Estados, a partir do seu desenvolvimento. J. Rawls enuncia dois princípios ético-políticos de justiça[1] como resultado de um acordo das partes na "posição original".[2] No que se refere ao primeiro princípio, apresenta uma lista de liberdades básicas iguais para todas as pessoas capazes de desenvolver um senso de justiça e ter uma concepção do bem (pessoas éticas). É desse autor e dessa lista e de suas aplicações e garantias que o presente estudo se ocupa de modo especial.

Três aspectos merecem uma atenção inicial:

O primeiro diz respeito a uma melhor especificação das liberdades básicas, anúncio feito através do primeiro princípio de justiça. O referido autor apresenta uma lista de liberdades fundamentais iguais: a liberdade política (o direito de votar e ocupar um cargo público) e a liberdade de expressão e reunião; a liberdade de consciência e de pensamento; as liberdades da pessoa, que incluem a proteção contra a opressão psicológica e a agressão física (integridade da pessoa); o direito à propriedade privada e à proteção contra a prisão e a detenção arbitrárias; os direitos e liberdades abarcados pelo estado de direito (cf. *Uma Teoria da Justiça*, doravante T.J., p. 65).

O segundo aspecto refere-se à origem dessa lista. De duas maneiras ela pode ser elaborada: uma é histórica e outra é analítica. Do ponto de vista histórico, basta examinar os regimes democráticos mais bem-sucedidos para constatar que os direitos e liberdades, que são realmente básicos, estão aí protegidos. Do ponto de vista analítico, basta avaliar quais liberdades "fornecem as condições políticas e sociais essenciais para o adequado desenvolvimento e pleno exercício das duas faculdades morais das pessoas

---

[1] Podemos encontrar várias formulações dos princípios da justiça, com pequenas revisões e modificações no desdobramento de suas obras. A título de exemplo, podemos citar uma delas:
1º Cada pessoa deve ter o direito igual ao mais abrangente sistema total de liberdades básicas iguais que seja compatível com um sistema semelhante de liberdade para todos.
2º As desigualdades econômicas e sociais devem ser ordenadas de tal modo que, ao mesmo tempo:
a) tragam o maior benefício possível para os menos favorecidos, obedecendo às restrições do princípio da poupança justa, e
b) sejam vinculadas a cargos e posições abertos a todos em condições de igualdade eqüitativa de oportunidades (T.J. p. 333). *No Liberalismo Político* o autor insiste na concepção política de justiça. Conseqüentemente, a formulação dos princípios de justiça sofre alterações (Cf. p. 47).
[2] A posição original é descrita como sendo uma situação hipotética em que as partes, sob um "véu da ignorância", visam à formação de um consenso em torno dos princípios de justiça e para tal ignoram seus interesses particulares.

livres e iguais", que são o senso de justiça e a concepção do bem, e chegaremos àquela lista de liberdades básicas mencionadas, ou seja, logo veremos que essas liberdades são essenciais para que a pessoa se realize como pessoa ética (*Justiça como Equidade: uma reformulação*, p. 64). As partes, na "posição original", chegarão a um consenso em torno delas.

O terceiro aspecto diz respeito à aplicação dessas liberdades. Segundo Rawls, o primeiro princípio, que trata dessas liberdades, aplica-se mais especificamente à Constituição (escrita ou não), isto é, as liberdades fundamentais iguais devem ser garantidas pela Constituição.

Rawls reconhece certas lacunas na interpretação dos direitos e liberdades fundamentais e sua prioridade.[3] Entre elas (crítica de Hart) está o fato de não haver um "critério satisfatório na maneira pela qual as liberdades fundamentais devem ser especificadas e ajustadas umas às outras" (*O Liberalismo Político*, doravante, L.P., p. 344). Como solucionar ou administrar os possíveis conflitos originários do exercício efetivo dessas liberdades? O autor tenta sanar uma dessas lacunas examinando mais detalhadamente a liberdade de expressão política e a liberdade de imprensa, que pertencem à categoria da liberdade fundamental de pensamento. Volta-se, então, à liberdade de expressão política, enquanto liberdade fundamental (cf. L.P., p. 398). Mostra que se consultarmos a "história da doutrina constitucional" podemos verificar que existem alguns "pontos fixos" na esfera da liberdade de expressão política. São eles: a) o crime de libelo sedicioso não existe; b) não há restrições prévias à liberdade de imprensa; c) a defesa de doutrinas revolucionárias e subversivas é inteiramente protegida (cf. L.P. p. 399). Rawls comenta Kalven,[4] segundo o qual "uma sociedade livre é aquela em que não podemos difamar o governo, pois tal delito não existe" (p. 399). Uma sociedade na qual "o libelo sedicioso é um crime não é uma sociedade livre". Kalven, segundo Rawls, não reduz a liberdade de expressão à inexistência do crime de libelo sedicioso, mas diz ser esta uma condição necessária para que os outros dois pontos fixos possam ser estabelecidos. "A imprensa pública e a livre discussão não podem desempenhar seu papel de informar o eleitorado enquanto existir o crime de libelo sedicioso". Admitir este crime pode significar a restrição da defesa da subversão. Ao contrário, diz Rawls, "em nossa tradição, sempre houve um consenso de que a discussão de doutrinas políticas, religiosas e filosóficas gerais nunca pode ser censurada" (p. 400). Assim, é na defesa da subversão que se encontrou o principal problema da liberdade de expressão política, isto é, na "defesa de

---

[3] Em primeiro lugar, é preciso chamar a atenção para o fato de que há uma relação de prioridade do primeiro princípio, o das liberdades básicas iguais, sobre o segundo princípio, o da diferença. Além disso, em havendo conflitos no efetivo exercício das liberdades fundamentais, também é preciso estabelecer prioridades. O critério adotado por Rawls, na opinião de Hart, não é satisfatório.

[4] No Liberalismo Político, Rawls agradece expressamente a J. Kalven a discussão que teve sobre a defesa da subversão em *A Worthy Tradition: Freedom of Speech in América* (1987).

doutrinas políticas das quais uma parte essencial é a necessidade da revolução, ou do uso da força ilegal e do incitamento a empregá-la como um meio de mudança política" (p. 400). Rawls discute o problema da defesa da subversão com o intuito de "ilustrar a maneira pela qual liberdades mais específicas são derivadas da liberdade de expressão". Mostra que a defesa da subversão "faz parte de uma visão política mais abrangente" e concorda com Kalven ao observar que os revolucionários não gritam simplesmente "Revoltem-se", mas apresentam as razões para isso (cf. L.P. p. 403). Ora, conclui Rawls, "suprimir a defesa da subversão é suprimir a discussão dessas razões, e fazer isso é restringir o uso público livre e bem-informado de nossa razão para julgar a justiça da estrutura básica e de suas políticas sociais" (p. 403). Nesse caso, a liberdade fundamental de pensamento é violada.

Uma questão central se impõe: é possível que existam situações em que essa liberdade de expressão e essa defesa da subversão sejam restringidas?

Rawls comenta a chamada "regra do perigo claro e presente", cuja intenção é ser aplicada à expressão política e à defesa da subversão com o intuito de restringi-las. É preciso ter cuidado, alerta o autor, para não julgar perigoso o discurso político que simplesmente defende doutrinas contrárias aos nossos interesses. Restringir ou suprimir a liberdade de expressão sempre implica "uma suspensão parcial da democracia". O autor americano sustenta que, para haver alguma restrição à livre expressão política, deveria existir uma crise constitucional que exigisse a "suspensão mais ou menos temporária das instituições democráticas, exclusivamente em nome da preservação dessas instituições e das outras liberdades fundamentais" (p. 412). Ou seja, vale a regra básica da prioridade do referido autor. Direitos e liberdade fundamentais só podem ser restringidas em nome de outras liberdades fundamentais. É preciso lembrar que na justiça como eqüidade a liberdade de expressão faz parte da lista dos direitos e liberdades fundamentais (primeiro princípio da justiça). Portanto, o seu efetivo exercício só pode ser restringido para evitar a perda de outras liberdades fundamentais, como a própria liberdade de pensamento. O estabelecimento de prioridades é uma necessidade que se impõe no caso de conflitos no exercício de direitos e liberdades básicos. Isso significa dizer que a restrição no exercício de um direito fundamental deve ter uma compensação na garantia da realização mais plena de outros direitos e liberdades fundamentais.

É claro que a liberdade de expressão pode e deve ser regulamentada, com o propósito de preservar o valor eqüitativo das liberdades políticas. No entanto, regular não significa restringir, pois as "liberdades fundamentais precisam ser ajustadas umas às outras" (p. 414). Não há restrições quanto ao conteúdo de um discurso político, até mesmo "a defesa de doutrinas revolucionárias e mesmo sediciosas" é protegida, mas deve haver uma regulamentação quanto ao tempo e lugar, e aos meios usados para expressá-lo. Um debate público, por exemplo, requer regras claras para o seu bom funcionamento. Portanto, se "a regra do perigo claro e presente" for tomada no sentido de que a liberdade de expressão e a defesa da subversão podem ser reguladas, então ela pode ser aceita. Mas restringida, somente em casos da perda de liberdades fundamentais.

2. A obediência às leis e à Constituição

A partir da discussão em torno da necessidade da existência de princípios ético-políticos e de sua especificação na forma de liberdades básicas e de sua aplicação à Constituição de um Estado Democrático, abre-se um outro debate em torno da sua aplicação no "estágio legislativo", que se segue ao "estágio constitucional", isto é, coloca-se o problema da injustiça das leis e da sua obediência.[5] Se os direitos e liberdades fundamentais devem ser garantidos pela Constituição, através da legislação pertinente, o que deve ou pode o cidadão fazer diante da edição de leis injustas? Em outras palavras: o resultado do processo político constitucional é a legislação elaborada. O critério da maioria é o recurso procedimental adotado. Levando em conta que maiorias podem errar, como proceder diante de leis injustas?

Não há dificuldades em admitir que devemos obedecer a leis justas. A convivência harmônica e os pactos sociais requerem isso de cada cidadão. Este tem consciência de que os benefícios dessa obediência lhe asseguram a realização dos direitos fundamentais e das liberdades básicas. Foi para isso que foi criado o Estado e toda a organização social. O problema está em saber em que medida temos o dever de obedecer a leis injustas. J. Rawls, em seu livro *Uma Teoria da Justiça,* coloca bem o problema: "A verdadeira questão está em saber em que circunstâncias e em que medida somos obrigados a obedecer a ordenações injustas" (p. 389). Percebe-se claramente a necessidade do estabelecimento de um critério para a qualificação da justiça das leis.

No que se refere à obediência à Constituição, o autor americano parte de um pressuposto básico: Temos um dever natural de obedecer a uma Constituição justa e de apoiar instituições justas (cf. T.J. p. 392). Esse é um pressuposto básico de toda a sua teoria da justiça.

---

[5] Na aplicação dos princípios de justiça, Rawls prevê a seqüência de quatro estágios: o estágio da posição original, em que se dá a adoção dos princípios; o estágio constitucional, que trata da elaboração da constituição; o estágio legislativo, que trata da elaboração das leis e políticas, e o estágio judicial, que se ocupa da aplicação das regras aos casos particulares.

Diante disso, algumas questões se impõem: O que é uma Constituição justa? Em que princípios ela se apóia? O que são leis justas?

Há um consenso sobre o fato de que uma Constituição justa deve apoiar-se em princípios de justiça. Mas quais? Como formulá-los e fundamentá-los? Diferentes respostas são dadas. Kant, em sua *Doutrina do Direito*, ao referir-se à divisão dos deveres do Direito, retoma os três princípios de Ulpiano que, segundo Höffe, são os princípios mais famosos do Direito ocidental, os "princípios categóricos do Direito" (*O que é justiça?* p. 57). São eles: viver honestamente (ser um homem honrado); não prejudicar ninguém; dar a cada um o que é seu, que deve ser entendido no sentido de assegurar a cada um o que é seu, ou mais precisamente, "que os direitos que já se tem sejam assegurados" (p. 60).

Recorrendo aos textos de Rawls, podemos ler: "A Constituição justa se define como uma Constituição que seria consensualmente aceita numa convenção constituinte pelos representantes racionais orientados pelos dois princípios da justiça" (T.J. p. 396).

Fica claro que uma Constituição justa se apóia ou é orientada por princípios de justiça que, para o referido autor, são dois: O princípio da igualdade e o princípio da diferença, apresentados através de várias formulações.

Quanto à legislação justa, acrescenta o autor: "leis e políticas justas são aquelas que seriam estabelecidas no estágio legislativo por legisladores racionais, que respeitam as restrições impostas por uma Constituição justa e conscientemente se esforçam para seguir os princípios da justiça, os quais tomam como um padrão" (p. 396). Nessas definições de Constituição justa e legislação justa estão presentes três dos quatro estágios da aplicação dos princípios da justiça: o da posição original, o estágio constitucional e o estágio legislativo (cf. T.J. p. 211).

A referência explícita aos princípios da justiça evidencia a sua função reguladora e orientadora. Quaisquer leis fundamentam-se em princípios.[6] A necessidade de sua obediência, portanto, enquanto justas, não causa dificuldades.

Se a Constituição justa, para o autor americano, é um "procedimento justo" que visa a um "resultado justo", entendendo por procedimento "o processo político regido pela Constituição", e o resultado como sendo a "legislação elaborada", não há garantias de que leis injustas não possam ser estabelecidas. Ora, se de procedimentos políticos podem originar-se resul-

---

[6] A propósito, vale registrar que Dworkin, ao criticar o poder discricionário do juiz (*Judicional discretion*), defendido pelos positivistas (Hart é um deles), insiste na distinção entre regras, princípios e políticas e sustenta que, em não havendo regra clara disponível, é aos princípios que os juízes devem recorrer, sobretudo nos casos difíceis (cf. *Levando os direitos a sério*, cap. 2).

tados injustos, como devemo-nos comportar diante deles? Mais especificamente, leis injustas devem ou não devem ser obedecidas? Como deve um governo tratar os que desobedecem às leis por motivos de consciência? E quando a validade da lei for duvidosa, o que deve o cidadão fazer?

Muitas controvérsias envolvem os temas do dever de obedecer a leis injustas e o da desobediência civil, como de resto todo e qualquer tipo de direito à resistência. Defini-los claramente é um dos primeiros aspectos da divergência. Distinguir desobediência civil da objeção de consciência é uma das dificuldades. Rawls desenvolve o problema tendo em vista a existência de uma "sociedade quasejusta", uma "sociedade bemordenada", isto é, uma sociedade na qual existe uma concepção de justiça publicamente reconhecida (que inclui direitos e liberdades fundamentais) e suas instituições básicas satisfazem os princípios que constituem essa concepção. A desobediência civil só se aplica no "Estado democrático de Direito". Höffe acrescenta que o direito de resistência, embora prefira falar em desobediência civil, no Estado democrático de Direito, só pode ser justificado em casos especiais.

Ambos (Rawls e Höffe) concordam que mesmo os Estados democráticos não estão imunes de injustiças. Admitem que num Estado ditatorial ou num governo corrupto e injusto não só cabe a desobediência civil, mas outras formas de resistência, inclusive o uso da força, podem ser desenvolvidas. Dworkin discute a desobediência civil em sentido mais amplo, incluindo toda e qualquer desobediência a uma lei por motivos de consciência ou "razões morais" (cf. *Levando os Direitos a Sério*, cap. 07 e 08).

3. A obediência a leis injustas

Que deveres e obrigações temos para com as leis?

Numa primeira tentativa de responder a questão, podemos tomar como ponto de partida, conforme já mencionado, um pressuposto básico de Rawls: como cidadãos, temos o "dever natural de apoiar e promover instituições justas". (T. J. p. 370). Este é, aliás, o dever natural mais importante. Na "posição original" (situação hipotética na qual as partes não conhecem seus interesses particulares e visam à formação de um consenso em torno dos princípios da justiça), as partes concordarão com o fato de que é preciso apoiar a justiça.[7] Ora, a instituição mais importante, como se pode ver já no início de *Uma Teoria da Justiça*, é a "Constituição Política". Quando

---
[7] O tema da posição original é amplamente desenvolvido em *Uma teoria da justiça* (cap. 03) e *O Liberalismo político* (conferência 1). É ainda mais explicitado e ligeiramente reformulado em *Justiça como eqüidade: uma reformulação* § 6.

posso dizer que é justa? Quando apoiada nos *princípios* da justiça (cf. p. 08). Se uma Constituição assegurar o princípio da igualdade e os direitos fundamentais; se garantir a liberdade de expressão e de imprensa; se assegurar a igualdade de oportunidades a todos, enfim, se ela garantir as liberdades básicas (principalmente as políticas), ela será justa.[8] Ocorre que da Constituição poderão resultar ordenações injustas. Ou seja, o resultado do processo político regido pela Constituição, que é a legislação elaborada, pode ser injusto. Todo Estado democrático, na aplicação dos princípios da justiça, sobretudo no sistema legislativo, está sujeito a cometer injustiças. Ora, não há dificuldade em entender e admitir a obediência a leis justas. Mas as injustas? O grande problema "está em saber em que circunstâncias somos obrigados a obedecer a ordenações injustas?" (T. J. p. 389). E as leis cuja validade é duvidosa? Dworkin diz que nos Estados Unidos "quase todas as leis a que um número significativo de pessoas seria tentado a desobedecer por razões morais são também duvidosas – quando não claramente inválidas – por razões constitucionais" (*Levando os direitos a sério,* p. 318). Além da estreita vinculação estabelecida entre questões morais e questões jurídicas, percebe-se a força das primeiras sobre as segundas.

Ao tratar da justiça política (a justiça da Constituição), Rawls define a Constituição como um "procedimento justo" ou como "um caso de justiça procedimental imperfeita" (T. J. p. 241). Por que imperfeita? Porque as leis estabelecidas a partir dela (da Constituição), como foi dito, podem ser injustas. Ou seja, o resultado pode ser injusto. O que se quer é um sistema de legislação justo e eficaz. No entanto, a "justiça procedimental perfeita", em assuntos políticos, não é possível.[9] O problema todo está na "regra da maioria", uma vez que o "processo constitucional" depende de alguma forma de votação. Ocorre que maiorias podem errar. Mas, como necessidade prática, a regra da maioria é um recurso procedimental (democrático) indispensável para a tomada de decisão. Ora, sendo o procedimento correto e considerando nosso dever natural de apoiar instituições justas, somos obrigados a obedecer a leis, por vezes, injustas. Nas palavras de Rawls: "tendo que apoiar uma Constituição justa, devemos respeitar um de seus princípios essenciais, o da regra da maioria" (T.J. p. 393). Supondo um estado de quase-justiça e considerando nosso dever de apoiar uma Constituição justa, temos o dever de obedecer a leis injustas, desde que, é claro, não ultrapassem certos limites de injustiça. No mesmo contexto certamente se enquadram as leis cuja validade é duvidosa.

---

[8] A propósito do assunto, ver J. Rawls, em *Justiça como eqüidade: uma reformulação* § 13, sobretudo quando trata da aplicação dos princípios da justiça à Constituição.

[9] Sobre justiça procedimental imperfeita e justiça procedimental perfeita, ver T.J. § 14.

4. A regra da maioria

Trata-se de um "recurso procedimental", uma necessidade prática. Mas, se maiorias erram ou podem errar, não haverá outro recurso melhor? Segundo Rawls, a "regra da maioria é o melhor recurso disponível para garantir uma legislação justa e eficaz". Além de ser compatível com a liberdade igual, fica claro que as decisões das maiorias (ou o princípio da maioria) também estão sujeitas aos princípios da justiça, isto é, devem levar em conta as liberdades políticas (de expressão e de reunião) a liberdade de participação e influência, etc. Mesmo assim, não está assegurado que o que as maiorias decidem é certo e justo. O resultado das votações sempre "está sujeito a princípios políticos", ou até mesmo a posições parciais e interesseiras. É claro que a discussão de um maior número de pessoas tem mais probabilidade de vir a ser correta. O debate e a argumentação abrem novas perspectivas e ampliam a visão dos participantes. Decisões tomadas por um grupo de especialistas têm maiores chances de virem a ser corretas. Ora, os legisladores deveriam ser esses especialistas nas coisas públicas e ou assuntos políticos.

5. A desobediência civil

É oportuno salientar que a desobediência civil só tem lugar no âmbito de um Estado democrático de Direito. Rawls a concebe apenas para o caso de uma sociedade bem-ordenada, isto é, naquela em que existe uma concepção pública de justiça, onde os indivíduos aceitam os mesmos princípios de justiça, e as instituições sociais satisfazem estes princípios.[10] O autor não vê dificuldades para a desobediência civil em sistemas de governo não estabelecidos de forma legítima. Aliás, outras formas de resistência, além da desobediência civil, estão justificadas contra um sistema corrupto e injusto. A desobediência civil só se apresenta "para aqueles cidadãos que reconhecem e aceitam a legitimidade da Constituição", dentro do Estado Democrático (T. J. p. 403). Rawls fala em "teoria constitucional da desobediência civil" (T. J. p. 403).

Mas o que é desobediência civil? Em que medida cessa o dever de obedecer às leis estabelecidas pelo Legislativo, tendo em vista o "direito de defender as liberdades pessoais e o dever de se opor à injustiça?". Em

[10] A noção de "Sociedade bem-ordenada" é assunto em várias obras de Rawls. Talvez a melhor explicitação possa ser encontrada em *Justiça como eqüidade: uma reformulação*, § 3 e no *Liberalismo político*, p. 78. Em ambos os textos o autor reconhece que em *Uma teoria da justiça* a noção é pouco realista.

que circunstâncias as leis injustas podem ser desobedecidas? Dworkin e Rawls respondem diferentemente a essas questões, sobretudo no que se refere aos motivos da desobediência.

Em *Uma Teoria da Justiça*, o autor americano define a desobediência civil como "ato público, não violento, consciente e não obstante um ato político, contrário à lei, geralmente praticado com o objetivo de promover uma mudança na lei e nas políticas do governo" (p. 404). É um ato público porque é feito em público, não é secreto, mas comunicado francamente. É neste sentido que também não é violento, principalmente por não usar a violência e a força contra as pessoas e ser "expressão conclusiva do argumento de alguém". É não-violento também porque "expressa uma desobediência à lei dentro dos limites da fidelidade à lei (...). A lei é violada, mas a fidelidade à lei é expressa pela natureza pública e não violenta do ato, pela disposição de aceitar as conseqüências jurídicas da própria conduta" (p. 406). É um ato contrário à lei, uma vez que os envolvidos se opõem à lei, mesmo que ela seja mantida. É um ato político porque se "orienta e justifica por princípios políticos, isto é, pelos princípios da justiça que regulam a Constituição e as instituições sociais em geral" (p. 406). O desobediente civil não pode apelar aos seus princípios da moral pessoal ou convicções religiosas, para justificar a desobediência. Por isso que se pode falar em "teoria constitucional da desobediência civil". Num Estado democrático de Direito, pressupõe-se a existência de uma concepção política e pública de justiça que, no caso de uma desobediência civil, é invocado. Os cidadãos tomam como referência de suas atividades e atitudes políticas os princípios da justiça vigentes na Constituição. Leis é que são tidas como injustas, mas não a Constituição. É preciso ter presente, mais uma vez, a regra da maioria, como recurso procedimental. Neste sentido, a desobediência civil não pode ser confundida com a ação armada através do uso da força. Nesta não são aceitos os próprios princípios da justiça ou a concepção de justiça vigente no sistema político e não se está disposto a aceitar as conseqüências jurídicas da violação da lei, portanto, se dá fora dos limites da fidelidade à lei.

Márcio Tulio Viana, em seu livro *Direito de Resistência*, salienta que a desobediência civil requer um certo consenso. Pelo menos um número significativo de pessoas deve estar convencido de que "as vias normais de mudança da lei já não funcionam" (p. 56). Lembra que a desobediência civil tem em vista a reforma da lei. Por isso que é pública, e não feita às escondidas. Daí decorre que ela é totalmente distinta da "desobediência criminosa". Nesta não se age às claras; não se tem em vista a mudança da lei, mas a fuga dela; o que importa é o interesse pessoal, e não a procura da justiça (cf. 58).

Dworkin sustenta poder o cidadão alegar "razões morais" para justificar a desobediência civil. Considera-a, portanto, em sentido mais amplo do que a conceituação de Rawls.

Em linhas gerais, Höffe concorda com a concepção de desobediência civil de Rawls. Em *O que é justiça?*, o filósofo alemão entende que nos Estados democráticos de Direito a única desobediência legítima deve darse dentro dos seguintes aspectos: é de "ordem moralpolítica"; "ocorre em público"; é nãoviolenta; é ato contrário à lei, com o intuito de mudála; "as formas legais do protesto e da oposição já devem ter sido exauridas" (é o que Rawls coloca como uma das condições para a desobediência civil); os desobedientes devem estar dispostos a aceitar as conseqüências da desobediência (*O que é justiça?*, p. 135).

6. Condições para a prática da desobediência civil

Em que circunstâncias justifica-se a desobediência civil? Os argumentos apresentados por Rawls, sobretudo no que se refere aos seus princípios de justiça, são sugestivos:

1º A desobediência civil está plenamente justificada sempre que houver "sérias infrações do primeiro princípio da justiça, o princípio da liberdade igual, e gritantes violações da segunda parte do segundo princípio, o princípio da igualdade eqüitativa de oportunidades" (T. J. p. 412). Assim, negar a determinadas minorias o direito de votar, o direito de ocupar cargos públicos, o direito de propriedade, o direito de ir e vir, a liberdade de expressão e de imprensa, são exemplos de violação dos princípios de justiça e, portanto, justifica-se a desobediência.

2º Quando fracassarem todas as tentativas de provocar a revogação de leis injustas, a desobediência civil passa a ser o último recurso. Os meios legais disponíveis foram examinados e usados e não se obtendo qualquer sucesso, a desobediência passa a ser a única alternativa. Para Rawls, é preciso ter certeza de que não há mais outro recurso disponível, a não ser a desobediência civil. Estamos falando de um Estado Democrático de Direito. Portanto, não podemos queimar etapas. É claro que o autor americano reconhece que existem situações "tão radicais" em que os meios legais de oposição política podem ser dispensados.

3º Quando várias minorias têm justificativas para recorrer à desobediência civil torna-se necessário um "acordo de cooperação política" entre elas, para evitar um "colapso em relação à lei e à Constituição". Não é possível que todos os que sofrem injustiças recorram ao mesmo tempo à desobediência civil. Embora de difícil execução, um "entendimento político" entre essas minorias torna-se necessário. Às vezes, o rodízio pode ser uma solução para equacionar as reivindicações.

Observe-se que, na perspectiva de Rawls, "razões morais" não são aceitas para justificar a desobediência civil.

7. O papel da desobediência civil

Foi referido que estamos tratando de "uma teoria constitucional da desobediência civil". Qual é o seu papel dentro de um sistema constitucional e como se vincula ao governo democrático? Pressupõe-se que, mais uma vez, estamos tratando de uma sociedade bem-ordenada, uma sociedade vista como um "sistema de cooperação entre pessoas iguais". Havendo, portanto, uma concepção política e pública de justiça, não se pode admitir que alguns sofram graves injustiças. Nesse caso, como foi dito, a desobediência está justificada. Ora, percebe-se claramente o quanto é importante que exista a possibilidade de desobediência. Ou seja, usando a expressão de Rawls, a desobediência civil "é um dos recursos estabilizadores de um sistema constitucional" (T. J. p. 424). O fato de existir a possibilidade da não-obediência faz com que se mantenha toda cautela na elaboração das leis e políticas, levando-se em conta os princípios da justiça. A desobediência civil, na dicção do autor, "ajuda a manter e a reforçar as instituições justas; ...serve para prevenir desvios da rota da justiça e corrigilas quando acontecem"; traz estabilidade para uma sociedade bem-ordenada (T. J. p. 425). Embora contrária à lei, a desobediência civil, visando à defesa dos princípios da justiça, é *moralmente* correta, pois pretende manter o regime constitucional, ou seja, "visa manter a estabilidade de uma constituição justa". Daí a tese de Rawls: "a teoria constitucional da desobediência civil repousa unicamente sobre uma concepção da Justiça" (T. J. p. 426). Por isso a insistência em referir-se sempre a uma sociedade bem-ordenada ou quase-justa, ao falar da desobediência civil. Esta sociedade pressupõe uma concepção de justiça publicamente reconhecida. Não existe uma sociedade estável sem uma concepção pública de justiça e saliente-se, em especial, sem o senso de justiça por parte dos cidadãos (cf. T.J. p. 433). Dentro desse contexto, uma "certa desobediência civil" deve ser tolerada. Dworkin é dessa posição, sobretudo quando está em jogo a posição moral de seus praticantes. Afirma o autor: "Não conheço nenhuma prova genuína de que a tolerância de uma certa desobediência civil, por respeito à posição moral de seus praticantes, contribua para aumentar essa desobediência, e muito menos o crime em geral" (*Levando os direitos a sério,* p. 301).

Em resumo: Partimos de princípios ético-políticos enquanto reguladores e orientadores das instituições jurídicas e sociais. Eles enunciam os direitos e liberdades básicos como iguais. O objetivo é que os princípios sejam aplicados à Constituição e garantidos por ela. Na aplicação do sistema legislativo, entra o critério da maioria enquanto recurso procedimental. Ora, como maiorias podem errar, existe a possibilidade da edição de leis injustas. Se, por um lado, é nosso dever de obedecê-las, tendo em vista que os procedimentos adotados foram corretos (justiça procedimental), e considerando nosso dever fundamental de apoiar instituições justas, por outro, justifica-se a desobediência, levando em conta que estamos num estado democrático de Direito, e que os direitos e liberdades fundamentais não foram respeitados. A desobediência civil pressupõe o reconhecimento de uma concepção política de justiça e tem, assim, uma função estabilizadora do regime constitucional.

8. Desobediência Civil e Objeção de Consciência

J. Rawls faz uma distinção entre desobediência civil e objeção de consciência, atribuindo à primeira um sentido mais restrito. Reconhece que habitualmente esta separação não é feita, entendendo-se a primeira como sendo qualquer desobediência à lei por "razões de consciência" ou "razões morais". É o que faz Dworkin, em *Levando os direitos a sério* (cf. cap. 08). Ele estabelece uma ligação próxima entre questões morais e questões jurídicas. "De que forma o governo deveria proceder com aqueles que desobedecem, por razões de consciência, às leis referentes ao recrutamento militar?", pergunta o autor. Ou ainda: pode a desobediência às leis estar moralmente justificada ou pode-se apenas justificá-la juridicamente?

Para Dworkin, os motivos que levam ou justificam a desobediência civil podem ser os da objeção de consciência ou "objeções morais". Rawls não admite esta justificação para a desobediência civil, definindo-a, portanto, em sentido mais restrito. A objeção de consciência, para ele, não tem as características da desobediência civil. Ela não apela ao "senso de justiça da maioria", por não invocar as convicções de uma comunidade. Ela é uma desobediência ou uma "recusa" a uma ordem legal ou administrativa por "razões de consciência". Nesse sentido, não é praticada publicamente. Os que a praticam não têm muita esperança em mudar as leis ou políticas, como é o caso da desobediência civil. Via de regra, a objeção de consciência não se baseia em princípios políticos ou numa concepção política de justiça. Podem ser motivos religiosos, ou pode haver outros fundamentos. A desobediência civil, por sua vez, compartilha de uma concepção pública de justiça, portanto, conhecida pela comunidade. É claro que a objeção de consciência também pode basear-se em motivos políticos. Exemplo típico é o caso do soldado que se nega a cumprir uma ordem por considerar injustos os motivos de uma guerra. O problema é saber se poderá haver punição por parte do Estado, tendo em vista essa desobediência. Rawls reconhece que em muitas situações concretas há dificuldades em distinguir desobediência civil e objeção de consciência.

Para Dworkin, o problema da obediência ou desobediência das leis não se coloca somente no que diz respeito à justiça ou à injustiça das leis. A questão central refere-se ao fato de a validade da lei poder ser duvidosa. Para que ela seja objeto de dúvida, segundo o autor, basta que um número significativo de pessoas fique tentada a desobedecer por "razões morais". "A Constituição torna nossa moral política convencional relevante para a questão da validade" (*Levando os direitos a sério*, p. 318).

Pelo que se pode observar, o referido autor não faz uma separação entre desobediência civil e objeção de consciência e dá exemplos para mostrar como as "razões de consciência" colocam em dúvida a validade de muitas leis. Refere-se ao caso do recrutamento nos Estados Unidos (por ocasião da guerra do Vietnã), mostrando que o desacordo e os protestos baseavam-se em "objeções morais" como, por exemplo, o fato de os Estados Unidos estarem usando armas e táticas imorais no Vietnã; que a guerra não teve o respaldo dos representantes do povo; que, ao isentar os estudantes universitários da apresentação e prestação de serviço militar ou de adiar sua apresentação, descriminaram-se os que não são favorecidos economicamente, o que é imoral. Pode-se perceber que, nesse caso, a desobediência civil tem um sentido mais amplo, incluindo a objeção de consciência. Segundo o autor, para os juristas, esses argumentos morais fornecem a base para os argumentos constitucionais. A necessidade de que o Congresso declare a guerra como uma das determinações constitucionais é um exemplo disso. Que não pode haver discriminação em favor dos estudantes universitários, isentando-os do recrutamento, decorre da determinação constitucional da igual proteção da lei para todos. Esse é outro exemplo.

Dará a Constituição brasileira margem à desobediência civil ou à objeção de consciência, considerando tratar-se de um Estado democrático de Direito?

Ao distinguir a desobediência da objeção de consciência, Márcio Viana cita o artigo 5º, Inciso VIII, onde se lê: "ninguém será privado de direitos por motivo de crença religiosa ou de convicção filosófica ou política, salvo se as invocar para eximir-se de obrigação legal a todos imposta e recusar-se a cumprir prestação alternativa, fixada em lei" e endossa o comentário de Afonso da Silva, segundo o qual, no referido dispositivo, é reconhecido o direito de escusa, "mas a lei pode impor ao recusante prestação alternativa, que, por certo, há de ser compatível com suas convicções" (*Direito de Re-*

sistência, p. 59). É importante perceber que existe a possibilidade da pena alternativa que pode, por sua vez, levar em conta as convicções morais do cidadão recusante. Pode-se, portanto, falar em direito à objeção de consciência, de acordo com o referido dispositivo. Também em desobediência civil, segundo Dworkin.

9. Objeção de Consciência e Direito Internacional

O problema que aqui se coloca é o da aplicação da "teoria do dever político à política externa". Se a justificativa da desobediência civil refere-se aos assuntos internos, a justificativa da objeção de consciência diz respeito à política externa. Nesta última, a teoria da justiça é estendida ao direito internacional. O objeto de análise de Rawls, para justificar a objeção de consciência, são "certos atos de guerra" e o serviço militar. O autor amplia a interpretação da posição original para pensar nos representantes de diferentes nações que agora devem escolher princípios para julgar conflitos entre os Estados. Se antes falávamos em princípios (por exemplo, o princípio da eqüidade) para os indivíduos e instituições, agora falamos em princípios para os Estados. O que se pretende, através da posição original, é estabelecer uma situação de eqüidade entre as nações e anular "as contingências e tendências do rumo histórico" (cf. T. J. p. 419). O autor fala em "segunda posição original", agora para estender uma concepção liberal ao "Direito dos Povos" (cf. *Direitos dos Povos*, p. 41). A justiça internacional se constitui dos princípios escolhidos nessa posição original.

Que princípios seriam esses? Segundo o autor em discussão, "o princípio básico do direito internacional é o princípio de igualdade" (p. 419). Povos organizados como Estados têm certos princípios básicos iguais. Dessa igualdade das nações resulta o "princípio da autodeterminação" dos povos; o "direito da autodefesa"; o dever de cumprir tratados internacionais. É a partir desses princípios que é definida uma causa justa para uma guerra por parte de uma nação.

A propósito disso, Rawls, como também Dworkin, discute o problema da obrigação ou do dever de servir às forças armadas numa determinada guerra. É o problema do recrutamento para uma possível guerra injusta. Para resolver a questão, precisamos examinar o "objetivo" de uma guerra e a "forma" como é conduzida. Cumprir o dever de entrar para o serviço militar depende da resposta a estes dois aspectos. Se o objetivo for a preservação das instituições justas numa determinada sociedade, justifica-se o recrutamento. Sendo este uma interferência nas liberdades individuais, só pode ser admitido em vista da defesa da própria liberdade e a dos outros cidadãos.

Isso significa que qualquer cidadão (de uma sociedade bem-ordenada) pode recusar-se a entrar nas forças armadas alegando "razões de consciência", isto é, sustentando que os motivos da guerra são injustos. Exemplo: vantagens econômicas ou o aumento do poder nacional não são motivos que justificam a interferência na liberdade dos cidadãos, como é o caso do recrutamento. Rawls chama a atenção, no entanto, que às vezes não é o objetivo da guerra que motiva a recusa do dever de obedecer, mas a maneira como o conflito é conduzido. A exposição ou exibição de presos políticos nos meios de comunicação pode ser tomado como exemplo. Rawls fala em "violação da lei moral da guerra" (cf. T. J. p. 422).

10. O Senso de Justiça

Não se pode discutir o problema da desobediência civil sem uma referência ao tema do "senso de justiça" e de como este é adquirido e desenvolvido. Somente aos cidadãos que conhecem uma concepção pública de justiça e são capazes de desenvolvê-la, pode-se permitir que lancem mão da desobediência civil.

Temos que voltar a um pressuposto de toda Teoria da Justiça, de Rawls: a noção de "pessoa ética". O autor, em *Uma Teoria da Justiça*, mostra que as partes, na "posição original", são iguais. Isso se refere a certas condições como, por exemplo, que todas as pessoas têm os mesmos direitos na escolha dos princípios; que podem fazer propostas e apresentar razões, etc. Com isso, pretende mostrar que a igualdade se refere aos "seres humanos como pessoas éticas". Na mesma obra, diz que "pessoas éticas" são aquelas que têm uma "concepção de bem" e que são capazes de ter "um senso de justiça" (p. 21). No *Liberalismo Político,* reitera esta pressuposição, explicitando mais claramente em que consistem estas duas capacidades, até porque se refere a uma concepção política de pessoa. Senão vejamos: "Senso de justiça é a capacidade de entender a concepção pública de justiça que caracteriza os termos eqüitativos da cooperação social, de aplicála e de agir de acordo com ela" (...). "A capacidade de ter uma concepção do bem é a capacidade de formar, revisar e procurar concretizar racionalmente uma concepção de vantagem racional pessoal, ou bem" (p. 62).

Ora, se são capacidades, precisam ser desenvolvidas, como, aliás, escreve Descartes: "Não basta ter espírito bom, o essencial é aplicálo bem" (*Discurso do Método, livro 1º*). A compreensão e a aplicação dos princípios da justiça pressupõem pessoas éticas, portanto, pessoas capazes de adquirir um senso de justiça e ter uma concepção do bem. No capítulo VIII de *Uma Teoria da Justiça,* depois de ter explicado a concepção do bem, Rawls discute o que chama de "aquisição do senso de justiça pelos membros de uma sociedade bemordenada" (p. 503).

Ora, a desobediência civil, como "recurso estabilizador" de um sistema constitucional, requer senso de justiça. Portanto, só pode ser instaurada por pessoas éticas. É por isso que na parte que trata dos objetivos, o autor americano volta a falar de estabilidade e auto-sustentação de sua teoria. Refere-se, novamente, à sociedade bem-ordenada, evidenciando que nela todos aceitam e sabem que os outros aceitam os mesmos princípios da justiça. Esta sociedade, na qual existe uma concepção pública de justiça, há que perdurar ao longo do tempo, pois a concepção de justiça aí vigente é estável. Quem dá a estabilidade é o senso de justiça dos cidadãos. Ora, instituições justas, as organizações, por exemplo, fazem com que os indivíduos que delas participam adquiram e cultivem o senso de justiça. Quem vive em organizações justas aprenderá a ser justo. O senso de justiça cultivado cria e fortalece a estabilidade dessas instituições. Nesse caso, sustenta Rawls, o senso de justiça será "mais forte do que as propensões para a injustiça" (T. J. p. 505). Em outra passagem, podemos ler: "a natureza humana é tal que adquirimos um desejo de agir de forma justa quando vivemos em instituições justas e nos beneficiamos delas" (T. J. p. 506). Isso produz estabilidade. O autor considera que a sua teoria, a da justiça como eqüidade, é mais estável do que as outras alternativas. Isso porque ela gera a sua própria sustentação. Assim, a desobediência civil, exercida por pessoas éticas, isto é, por pessoas que têm senso de justiça, produzirá estabilidade.

Se o senso da justiça é tão importante na geração da estabilidade, precisamos mostrar como se dá a "aquisição do entendimento dos princípios da justiça". Rawls fala em "desenvolvimento moral". Refere-se a três momentos ou estágios desse desenvolvimento: a moralidade de autoridade, a do grupo e a dos princípios (T. J. p. 512).

A moralidade de autoridade é a primeira etapa do desenvolvimento moral. Inicia-se com a moralidade da criança e desenvolve-se gradualmente na medida em que ela vai crescendo. Isto significa que o senso de justiça não é inato, e sim, adquirido. As atitudes morais precisam ser ensinadas às crianças, e isso começa na família. A criança, vendo-se amada pelos pais, aprenderá a admirá-los e respeitá-los e sujeitar-se-á à sua autoridade. Os pais, por sua vez, "devem enunciar regras inteligíveis e claras (e sem, dúvida, justificáveis), adaptadas ao nível de compreensão da criança". (...) "Devem exemplificar a moralidade que impõem". (T. J. p. 516). É importante que a criança perceba gradualmente que a autoridade dos pais deve ser respeitada não em vista de recompensas ou punições, mas em vista de uma conduta que vai no sentido oposto aos das inclinações naturais.

A moralidade do grupo é mais ampla. Seu conteúdo "é ditado pelos padrões morais adequados ao papel do indivíduo nas várias associações às quais pertence" (T. J. p. 518). O senso comum é que dita as regras de moralidade. O sistema da cooperação faz com que consideremos os diferentes pontos de vista, necessidades e objetivos e planos de vida. A convivência com as diferenças leva os indivíduos a regular sua conduta de acordo com elas. Virtudes voltadas para a cooperação caracterizam a moralidade do grupo: "a da justiça e equidade, a da fidelidade e confiança, a da integridade e imparcialidade" (T. J. p. 524).

A moralidade dos princípios é a moralidade de uma pessoa justa. Ao atingir a moralidade do grupo, o cidadão já adquire um "entendimento dos princípios da justiça". Isso conduz ao "conhecimento dos padrões de justiça" (cf. T.J. p. 525).

Nesses três estágios do desenvolvimento moral, pode-se observar um processo de universalização de máximas na direção de princípios. E isto é um aprendizado. A criança precisa, desde os primeiros anos de vida, ser educada para respeitar certas regras de conduta para que tenhamos um cidadão ciente dos princípios de justiça, portanto, com senso de justiça. Este não é inato, precisa ser adquirido. Poder-se-ia dizer que a capacidade é inata, mas precisa ser desenvolvida. Vale a analogia com a lição de Locke: a capacidade de conhecer é inata, mas o conhecimento é adquirido (cf. *Ensaio acerca do entendimento humano*, p. 146). À pergunta sobre a melhor maneira de educar eticamente um filho, Hegel endossa a resposta de um pitagórico: "fazendo-o cidadão de um Estado com boas leis" (*Filosofia do Direito*, § 153).

Rawls indica duas maneiras de manifestação do senso de justiça. 1ª. "nos leva a aceitar as instituições justas que se aplicam a nós e das quais nós e nossos consócios nos beneficiamos". O que liga os cidadãos entre si não são apenas laços de companheirismo, mas a "aceitação de princípios públicos de justiça". 2ª. "um senso de justiça fomenta uma disposição de trabalhar em favor (ou pelo menos de não trabalhar contra) a construção de instituições justas, e no sentido de reformar as instituições existentes quando a justiça o exija" (T. J. p. 526). Contrariar o senso de justiça provoca um sentimento de culpa em relação aos princípios de justiça. Na criança não ocorre este sentimento de culpa porque não há ainda a compreensão do ideal moral. Na moralidade de grupo estes sentimentos estão ainda vinculados aos laços de amizade que temos para com indivíduos em determinadas comunidades. No que se refere à "moralidade de princípios", uma vez aceita esta, "as atitudes morais deixam de estar unicamente ligadas ao bemestar e à aprovação de indivíduos ou grupos específicos, e são moldadas por uma concepção do justo escolhida independentemente dessas contingências". (T. J. p. 527).

A propósito, uma importante questão é formulada pelo autor em discussão:

"Como é possível que princípios de justiça conquistem nossa afeição?" (T.J. p. 528). Em outras palavras: como é possível que venhamos a ter o desejo de agir de acordo com a justiça?

Dois aspectos merecem realce na análise do autor americano:

1º. Os princípios de justiça, na posição original, são escolhidos por pessoas racionais que, enquanto tais, procuram promover os interesses já aceitos das pessoas. Princípios inúteis serão, obviamente, rejeitados. Os princípios da justiça são objeto de um acordo; são selecionados a partir de um conjunto de concepções de justiça já conhecido e existente na tradição da filosofia política. São conquistas da história. Basta examinar os regimes democráticos e haveremos de verificar direitos e liberdades básicas protegidos pelos regimes mais bem-sucedidos.

2º. "O senso de justiça é um prolongamento do amor pela humanidade". Os princípios da justiça devem orientar os indivíduos que interagem entre si. O amor pela humanidade tem neles o que há de comum, na regulação de seus atos. Ao agirem de acordo com esse algo comum, que os princípios da justiça representam, os indivíduos, motivados pelo senso de justiça serão capazes de organizar uma sociedade civilizada. Ou como expressa Rawls: "Sem senso de justiça comum ou coincidente, o civismo não pode existir" (T. J. p. 529). O desejo de agir de acordo com a justiça, portanto, resulta do claro conhecimento e consciência de princípios comuns relacionados aos objetivos racionais dos indivíduos. Somente posso desejar aquilo do qual tenho pleno conhecimento. A obediência à Constituição e às leis tem isso como pressuposto.

Bibliografia

RAWLS. John. *Uma Teoria da Justiça*. São Paulo: Martins Fontes, 1997.
——. *O Liberalismo Político*. São Paulo: Ática, 2000.
——. *Justiça como Equidade: uma reformulação*. São Paulo: Martins Fontes, 2003.
——. *Direito dos Povos*. São Paulo: Martins Fontes. 2002.
——. *Justiça e Democracia*. São Paulo: Martins Fontes, 2000.
VIANA, Márcio Tulio. *Direito de Resistência*. São Paulo: LTr, 1996.
HEGEL, Georg Wilhelm Friedrich. *Grundlinien der Philosophie des Rechts*. Frankfurt am Main: Suhrkamp, 1986.
LOCKE, John. *Ensaio acerca do Entendimento Humano*. São Paulo: Abril Cultural, Os Pensadores, 1980.
DWORKIN, Ronald. *Levando os Direitos a Sério*. São Paulo: Martins Fontes, 2002.
KANT, Imannel. *Doutrina do Direito*. São Paulo: Ícone, 1993.
HÖFFE, Otfried. *O que é Justiça?* Porto Alegre: EDIPUCRS, Coleção Filosofia 155, 2003.
PERELMAN, Chain. *Ética e Direito*. São Paulo: Martins Fontes, 2002.

— 3 —

Relações entre democracia e liberdade de expressão: discussão de alguns argumentos[1]

FRANK I. MICHELMAN
Tradução: Marcelo Fensterseifer e Tiago Fensterseifer[2]
Revisão da tradução: Ingo Wolfgang Sarlet (Org.)

Como percebemos e compreendemos as relações – as conexões – entre as práticas sociais que classificamos como "democracia" de um lado e liberdade de expressão de outro? Do modo como eu apresentei a questão, você já pode ver que estou tratando "democracia" e "liberdade de expressão" como termos que designam tipos de práticas sociais. Você olha para uma sociedade e observa o que as pessoas fazem por lá – observa de que modo realmente conduzem suas vidas juntas – e você diz: "Naquele país há democracia, bom para eles;" ou "lá existe liberdade de expressão, bom para eles." Ou talvez, dependendo do quadro que veja, você diga o oposto: aquilo não é democracia, ou lá não há liberdade de expressão.

Isso acontece sem que se diga que pensamos que tanto a democracia quanto a liberdade de expressão são práticas salutares. Nós valoramos estas práticas e buscamos preservá-las em nossas próprias sociedades. E mais, nós pensamos nas duas como primas próximas que viajam juntas: onde encontramos democracia esperamos encontrar também liberdade de expressão e vice-versa. E ainda um dos meus objetivos nesta fala será relembrá-los de algumas questões difíceis sobre se estes dois tipos de práticas sociais, ambas altamente valorizadas, que viajam sempre confortavelmente juntas,

[1] Para uma melhor compreensão dos argumentos expostos pelo autor, é importante que na leitura do texto sejam observadas as tabelas I e II, em anexo (p. 41).
[2] Marcelo Fensterseifer é Bacharel em Direito pela Universidade Federal do Amapá e Tiago Fensterseifer é Mestrando em Direito Público pela PUCRS e Bolsista do CNPq.

de modo a se apoiarem mutuamente. A liberdade de expressão é necessariamente boa para a democracia? A democracia é necessariamente boa para a liberdade de expressão?

Quando digo "boa para", eu o faço em um sentido instrumental, causal. Talvez o fato de se ter liberdade de expressão melhore as perspectivas para uma democracia segura; talvez o fato de se ter democracia melhore as perspectivas para uma liberdade de expressão segura. Mas talvez – como faremos notar – relações opostas algumas vezes também se estabelecem. Talvez a liberdade de expressão às vezes gere perigos para a democracia. É possível, por outro lado, que a democracia algumas vezes ponha em risco a liberdade de expressão.

Em adição àquele tipo de relação causal e instrumental entre as duas idéias – democracia e liberdade de expressão – há outro tipo de relação que devemos considerar. Vamos chamar este tipo de uma relação "racional" ou "normativa". Se valorizamos a democracia, deve ser também verdade que temos razões para tanto. Essas razões podem ser tais que nos comprometam a também valorizar a liberdade de expressão, mas isso não necessariamente. Para que isso possa ser dito, teremos que examinar quais são, de fato, as nossas razões para valorizar a democracia. De forma similar, nossas razões para valorizar liberdade de expressão podem, ou não, de plano, nos obrigar a valorizar democracia.

Minha palestra pretende examinar alguns dos argumentos em circulação referentes às relações instrumentais e racionais, tal como comumente as percebemos e compreendemos, entre os tipos de práticas sociais que classificamos como democracia, de um lado, e liberdade de expressão, de outro.

Até aqui, entretanto, ainda não mencionei como é feita essa classificação. Nada foi dito sobre quais características uma prática social deve ter, a fim de que a chamemos de uma prática democrática ou de uma prática de liberdade de expressão. Isso é o que farei a seguir.

Falando de maneira bem rudimentar, podemos identificar concepções "tênues" e "densas" tanto de democracia quanto de liberdade de expressão. No que vou chamar de concepção *tênue* de democracia, a democracia está em vigor – a prática política da sociedade é democrática – tão logo as duas condições que seguem estejam satisfeitas:

a) os líderes políticos são escolhidos por meio de eleições razoavelmente freqüentes, cujas regras permitem a qualquer habitante adulto candidatar-se e depositar um voto sopesado igualitariamente com os votos dos outros, e

b) as políticas são estabelecidas e leis são feitas ou por assembléias da população adulta, utilizando procedimentos majoritários (ou de maioria qualificada), ou por grupos de representantes eleitos como no item (a), usando os mesmos procedimentos.

A democracia tênue é o que também chamamos de democracia "formal". É uma concepção de democracia segundo a qual democracia é puramente uma questão de seguir certas formalidades ou formas institucionais. Uma concepção *densa* (ou podemos chamá-la de "material") de democracia demanda mais do que isso. Parte da observância dos requisitos formais, sendo acrescida de um requisito de acordo com o qual todos devem, como fato material mesmo, gozar de uma oportunidade justa – de fato, mais ou menos equânime – de acesso, voz e influência política, independentemente de diferenças em relação à riqueza, ou à posição ou classe social.

Deixe-me ilustrar de forma simples como uma concepção material de democracia difere da concepção tênue ou formal. Suponha que acreditamos que em determinado país detentores de grande riqueza vêm exercendo influência desproporcional sobre legisladores, oferecendo grande apoio financeiro a partidos em campanhas eleitorais. Para uma concepção tênue de democracia, tal crença não influencia um julgamento sobre se a prática da sociedade é democrática; sob uma concepção densa, influencia.

Agora, e com relação à liberdade de expressão? Aí também podemos encontrar tanto uma concepção tênue quanto uma concepção densa. Numa concepção tênue – e, de novo, isso é o que muitas pessoas chamam de uma concepção "formal" –, a liberdade de expressão está em vigor quando o Estado se abstém de suprimir ou obstruir a liberdade de expressão *por meio dos próprios atos e leis do Estado*. Liberdade de expressão tênue é o que devemos chamar de liberdade de expressão "jurídica" – ela significa, grosso modo, que o Estado não estabelece ou implementa quaisquer leis contra a liberdade de expressão.

A liberdade de expressão densa, em contraste, significa tanto algo mais quanto algo diferente. Significa uma situação na qual a expressão não é juridicamente livre, mas é material e socialmente livre. Em outras palavras, isso significa que as oportunidades e capacidades comunicativas de alguns membros da sociedade não estão sendo injustamente oprimidas por atos e decisões, não só do Estado, mas de outros agentes na sociedade. Outro nome que tem sido usado recentemente para esta maneira de conceber a liberdade de expressão é liberdade de expressão "democrática"; espero indicar logo porque este é na verdade um termo adequado para ela.

Mencionemos um exemplo da diferença entre uma concepção tênue (ou jurídica) e uma concepção densa (democrática) da liberdade de expressão. Nos Estados Unidos, quase todas as maiores redes de TV são de propriedade privada. Suponha que os proprietários da maioria das redes dão suporte a um dos nossos maiores partidos políticos, digamos os democratas. Durante uma eleição presidencial, vamos imaginar, todos estes proprietários de redes decidem que eles veicularão mensagens em apoio ao candidato democrata, mas não aceitarão mensagens de apoio ao candidato republicano. Sob uma concepção tênue ou jurídica de liberdade de expressão, seria errado para os legisladores se contraporem à preferência dos proprietários das redes nesta questão; tal atitude seria uma *violação* da liberdade de expressão subjetiva dos proprietários de rede. Para uma concepção densa ou democrática, os legisladores – ao contrário – estariam obrigados a editar leis exigindo que os proprietários de redes, mesmo contra as suas vontades, ou transmitam propaganda política do partido a que se opõem, ou se abstenham de transmitir propaganda política que expresse as suas próprias opiniões.

Acredito que um levantamento das relações instrumentais e racionais entre democracia e liberdade de expressão é mais instrutivo se começarmos, pelo menos, adotando as concepções tênues tanto da democracia quanto da liberdade de expressão, e isso é o que farei nesta palestra. Poderemos, então, ver se é possível mantermo-nos fiéis às concepções tênues mesmo sob certas contrapressões que se desenvolvem a partir do levantamento.

Vamos agora dar uma olhada na nossa tabela. Deixe-nos dizer que a relação entre democracia e liberdade de expressão pode ser tanto "positiva" quanto "negativa", ou mesmo "indiferente". A relação é positiva se um compromisso prioritário, prévio à persecução de um dos termos – digamos, a democracia –, nos leva a ter uma atitude favorável em relação ao outro, a liberdade de expressão. A relação é negativa se o nosso compromisso prévio com a democracia nos leva a ver com suspeita e hostilidade a liberdade de expressão. A relação, todavia, é indiferente se o nosso apoio à democracia nada nos diz sobre a necessidade da liberdade de expressão ou mesmo sobre se ela é desejável. Estas três possibilidades constituem as três colunas da nossa tabela.

Agora, como já observamos, estas percepções por nós experimentadas acerca das conexões positivas e negativas entre liberdade de expressão e democracia podem ser de dois tipos diferentes: o que nós chamamos de "racional" (destacado pelas Relações I e II), ou de "causal" (destacado nas Relações III e IV).

Uma questão que pode lhe ocorrer agora é: por que precisamos da Relação II em acréscimo à Relação I? Por que precisamos da Relação III em adição à Relação IV? Minha resposta é que devemos perguntar não apenas o que acompanha as nossas atitudes em relação à liberdade de expressão, se nós nos sentimos em primeiro lugar ou acima de tudo comprometidos com a *democracia* (Relações I e IV). Temos que perguntar também o que acompanha as nossas atitudes em relação à democracia se nós nos sentimos em primeiro lugar ou acima de tudo comprometidos com a *liber-*

dade de expressão? Como veremos, as respostas não são sempre e necessariamente congruentes.

Vamos agora ao nosso passeio pela tabela. Tendo em conta que o tempo disponível não nos permite um passeio completo pela tabela, concentrar-nos-emos em alguns dos pontos de especial interesse. A Relação II é por várias razões a mais simples e a mais fácil de se trabalhar, razão pela qual começaremos por ela.

Relação II

Relação II (-). Você não pode colocar uma pequena marca ("✓") nesta coluna.

Observaremos mais tarde que é perfeitamente possível que a democracia seja na prática perigosa para a liberdade de expressão. Entretanto, esta é uma questão para a Relação III (a Relação II não é sobre isso). Com efeito, uma coisa é temer a democracia em razão de riscos *causais* que ela possa vir a oferecer à liberdade de expressão; outra, inteiramente diferente, é dizer que o seu apoio à liberdade de expressão é baseado em razões que o levam a rejeitar a democracia *em princípio*. É sobre isso que estamos questionando na Relação II, isto é, se você tem alguma razão para valorizar a liberdade de expressão que também, por si só, o leva a rejeitar a democracia *em princípio*. Jamais ouvi tal razão ser sugerida, nem tampouco consigo imaginar o que tal razão poderia ser. *Não* vamos, então, colocar nosso traço na coluna negativa da Relação II.

Relação II(0). O que evidentemente faz mais sentido é colocar nosso traço da Relação II no "0" ou na coluna "indiferente". Desta forma, dizemos simplesmente que a liberdade de expressão, de um tipo genuinamente valoroso, pode perfeitamente existir num país independentemente de também existir ou não democracia naquele país. Você pode ter um governo autocrático ou monárquico, e este governo pode perfeitamente respeitar e proteger a liberdade de expressão, e os amantes da liberdade de expressão verão facilmente razões para desejar tal situação. Eles dirão que um país sob regras não-democráticas onde a liberdade de expressão é respeitada e protegida é melhor, por esta razão, do que um país com regras autocráticas que não permite liberdade de expressão. (A teoria política dos países de língua inglesa tradicionalmente denomina este tipo de situação de "enlightened despotism". Em língua portuguesa consagrou-se a expressão "despotismo esclarecido")

Assim damos conta da Relação II, podendo agora nos concentrar na Relação I.

Relação I

Na Relação II, partimos de um compromisso primário e prioritário em relação à liberdade de expressão e questionamos o que segue normativamente, em princípio, com relação à nossa atitude para com a democracia. Na Relação I, invertemos as posições: começamos com um compromisso primário e prioritário em relação à democracia e perguntamos o que segue normativamente com relação à nossa atitude para com a liberdade de expressão.

À primeira vista, esta aparenta ser uma questão tão fácil quanto aquela posta na Relação II, com uma resposta igualmente óbvia. Podemos ver facilmente que devemos assinalar a coluna "0" da Relação I, tal como fizemos com a Relação II. Esta conclusão parece seguir diretamente da concepção tênue de democracia com a qual estamos trabalhando.

A democracia tênue, lembrando, existe onde quer que se encontrem satisfeitas as duas condições formais: primeiro, os representantes políticos e parlamentares são escolhidos por eleições populares razoavelmente freqüentes; e, segundo, as leis e as políticas públicas são elaborados pelos parlamentares eleitos daquela forma, respeitando a vontade da maioria. Se a adesão àquelas formalidades democráticas vazias nos basta para que esteja caracterizada a democracia, então, obviamente, a democracia pode estar em vigor, mesmo que a censura abunde, e a liberdade de expressão esteja ausente. Democracia é uma coisa, e liberdade de expressão é outra, e qualquer uma das duas pode perfeitamente estar presente na ausência da outra.

Mas devo perguntar: você estaria realmente satisfeito com isso? Para muitos teóricos da democracia isso não é o bastante. Eles insistem, ao contrário, em que não faz sentido pensar em democracia, ou definir democracia, de modo tão formalista e tênue que já não pressuponha de antemão a existência da liberdade de expressão. Quero, agora, dizer que o que eu penso se encontra subjacente a este entendimento.

A chave para isso é que nós, em nossas culturas políticas, não vemos a adesão às formalidades democráticas vazias como sendo um fim ou um valor em si mesmo; é preciso que o pensamento estabeleça qualquer vínculo, ainda que superficial, a finalidades e valores superiores, aos quais estas formalidades estejam conectadas. Nós de fato pensamos em *algumas* condições políticas neste sentido – a liberdade, por exemplo, na acepção mais simples e óbvia do termo -, mas não a democracia formal. Para nós, a atração às formalidades democráticas requer motivação por meio de algum valor ou valores superiores, valores aos quais a aderência às formalidades supostamente tenha serventia instrumental ou as dignifique ou redima intrinsecamente. Nós valorizamos a democracia formal porque acreditamos que ela leva o governo a agir no interesse dos governados, ou porque pensamos que formas democráticas de governo subentendem diretamente considerações morais profundas sobre a dignidade humana e a igualdade.

Mas se assim for, a democracia tênue então – *na medida em que a consideramos algo que temos razão para atribuir valor* – seguramente pressupõe a liberdade de expressão, simplesmente por uma questão de razão ou, como alguém pode dizer, de racionalidade. É assim porque as razões que temos para valorizar a democracia formal simplesmente não convencem – elas não fazem sentido – sem pressupor alguma medida de liberdade de expressão. Não há razão para pensar que formas democráticas de governo são especialmente tendentes a governar no interesse dos governados, a menos que você suponha que os governados sejam livres para falar e discutir entre si e com seus representantes a respeito das suas condições, necessidades, esperanças e desejos. E não há razão para pensar que instituições democráticas de governo são especialmente redentoras da dignidade humana individual, da liberdade e da igualdade, a menos que o que se encontra nessas instituições vá muito além da formalidade vazia do exercício do voto. A democracia não serve à dignidade individual, à liberdade e à igualdade a menos que todos sejam livres de fazerem com que os outros saibam o que pensam, bem como ouvir dos demais em discurso aberto e debate, percepções e opiniões sobre questões referentes a políticas públicas, moralidade pública e bem público.

Se você aceita o que acabo de dizer, então vai assinalar a coluna "positivo" da Relação I, e não coluna "indiferente". Dessa forma, sua visão estará orientada de modo a não aceitar as razões para valorizar a democracia formal ou para desejá-la, o que também não nos compromete com a liberdade de expressão.

Assim, chegamos a resultados divergentes nas Relações I e II, e penso que é válido revermos mais uma vez porque isso ocorre. Isso acontece porque, como eu disse, a democracia formal e vazia, na nossa cultura, não é um indicativo que apresenta valor por si só, ao passo que a liberdade de expressão o é. Mesmo se achamos ser a democracia, por alguma razão, inalcançável no presente momento, ainda assim veríamos sentido em valorizar a liberdade de expressão aqui e agora. Em contraste, se a liberdade de expressão por alguma razão fosse pensada como sendo inalcançável no momento, a democracia formal não faria sentido. Podemos pensar na liberdade de expressão como uma idéia digna de valor sem pressupor a democracia, mas não podemos pensar na idéia de democracia que valeria a pena sem que se pressuponha a liberdade de expressão.

Por ora, isso é tudo o que eu quero dizer sobre a Relação I. Há, todavia, uma complicação que teremos que enfrentar mais adiante, mas penso que, por ora ainda, é melhor adiá-la.

Relação III

Quero agora olhar para a Relação III. Nela, colocamos a liberdade de expressão como nosso primeiro compromisso – aquilo que ocupa o centro da nossa atenção – e questionamos se deveríamos olhar para a democracia como – de um modo causal – boa ou má para a liberdade de expressão. A democracia é um suporte ou ela é uma ameaça à liberdade de expressão?

Trabalharemos primeiro ao longo da Relação III, considerando que nossas razões para valorizarmos a liberdade de expressão são independentes das nossas razões para valorizarmos a democracia. Em outras palavras, valorizaríamos a liberdade de expressão ainda que, por alguma razão, não pudéssemos ter democracia; valorizamos a liberdade de expressão simplesmente como uma dimensão da liberdade e dignidade pessoal. Valorizamos ser a pessoa simplesmente livre para conduzir-se e expressar-se como lhe convier; valorizamos a auto-orientação nos domínios do pensamento e da consciência; valorizamos a oportunidade de alcançar aquela forma de realização pessoal na sociedade que consiste em compartilhar idéias e percepções com os demais seres humanos. Em suma, valorizamos a liberdade de expressão não somente em razão do fim a que ela nos conduz, mas pelo que ela é.

Há, então, alguma razão para considerar a democracia como uma amiga e suporte em particular, ou como uma inimiga ou ameaça em particular para a liberdade de expressão?

Como espero que todos aqui visualizem de imediato, há razões para assumir qualquer uma dessas atitudes. Se considerarmos a democracia uma aliada da liberdade de expressão, percebemos simplesmente que se a liberdade de expressão é realmente um bem humano primordial, uma condição para uma vida humana boa e digna, então é natural supor que a maioria das pessoas saberia disso e usaria quaisquer votos de que dispusessem adequadamente. Dessa perspectiva parece decorrer a idéia de que qualquer forma de prática política reconhecível como democrática terá uma tendência incorporada a agir de modo conducente à liberdade de expressão e sua proteção. Se é assim que você vê a questão, irá assinalar a coluna "positivo" da Relação III.

Há, entretanto, um outro lado do argumento, um lado antipopulista. Este lado rejeita a suposição de que as pessoas sempre conhecem seus verdadeiros interesses, ou agem de acordo com eles, ou mesmo usam seus votos de modo a privilegiá-los. O lado antipopulista diz que as maiorias populares são, de fato, todas muito facilmente instigadas a agir contra seus verdadeiros interesses. Seguindo nessa linha de argumentação, você concluiria, possivelmente, que a liberdade de expressão está mais segura sob um despotismo esclarecido (ou um judiciário guardião) do que sob um governo democrático, e assinalará a coluna "negativo" da Relação III.

Talvez você decida que a melhor escolha é assinalar em ambas as colunas. Você, dessa maneira, estaria dizendo que a questão aqui é de contingência empírica e que não pode ser estabelecida em abstrato. Algumas vezes uma prática política democrática cognoscível promoverá a liberdade de expressão de modo mais seguro do que uma forma não-democrática de regime político faria, algumas vezes o oposto prevaleceria, e isso é tudo que nós realmente podemos dizer.

Passamos agora a uma questão mais problemática. Suponha que você tenha assinalado a coluna "positivo" na Relação I. Você o fez porque – como discutimos acima – descobriu que todas as razões que tem para valorizar a democracia exigem que ela esteja acompanhada da liberdade de expressão. Vamos, pois, repensar o que você vai assinalar na Relação III.

Se você está realmente convencido de que a democracia na prática funciona quase sempre como uma aliada da liberdade de expressão, não há problema. Mas há um grande problema se você acredita que o inverso é verdadeiro, ou seja, que a democracia tende a funcionar como uma ameaça à liberdade de expressão. Se você acredita *nisso*, então acredita que qualquer regime histórico democrático *digno de ser valorizado* é necessariamente instável e inseguro – em verdade ele deve chegar a um fim – porque a democracia, cedo ou tarde, irá eliminar a liberdade de expressão que é requisito para que a democracia possa ter ou servir quaisquer valores.

Isto é indubitavelmente, para você, uma situação infeliz. Mas agora eu pergunto: Se você assinalasse na Relação I a coluna "positivo" e na Relação III a coluna "negativo", estaria caindo em *contradição*? Há uma tentação aqui de se pensar apenas desta maneira. Se você acredita que a democracia é inútil sem a liberdade de expressão, então (alguns poderão dizer) não pode também, sem contradição, acreditar que a democracia é perigosa para a liberdade de expressão e cedo ou tarde irá acabar com ela.

Mas é evidente que essas duas crenças juntas não geram uma *contradição*, mas antes um grande *infortúnio*, ou talvez você possa chamar isso até mesmo de uma tragédia. Sua reflexão acerca da questão posta por nossa tabela trouxe à luz ainda um outro exemplo de uma verdade ancestral: que o mundo não é necessariamente constituído de modo a acomodar os mais nobres sonhos e aspirações humanas.

Trago esta questão acerca da contradição agora porque ela terá um papel efetivo quando retornarmos – como faremos agora – a algumas questões inconclusas referentes à Relação I.

De volta à Relação I

Quando olhamos para a Relação I pela primeira vez, em nenhum momento consideramos assinalar a coluna "negativo". De fato, você poderia sentir-se fortemente tentado a concluir que não haveria fundamento possível para isso. É claro que se pode ver com facilidade de que modo a liberdade de expressão pode ser perigosa para a democracia em uma forma casual. Muitos norte-americanos nas décadas de 1940 e 1950 honestamente temiam que, se certos tipos de discurso dos simpatizantes do Partido Comunista não fossem reprimidos, os Estados Unidos estariam em perigo de ter sua democracia derrubada em favor da ditadura Leninista. O medo era – para usar as palavras do Juiz da Suprema Corte, Oliver Wendell Holmes Jr., - de que a eloqüência incendiasse a razão.

Todavia, a questão da liberdade de expressão oferecendo um perigo casual à democracia será abordada na Relação IV, e não na Relação I. Não é o que a coluna "negativo" na Relação I está pedindo. Na Relação I, a coluna "negativo" pergunta se a sua devoção à democracia é baseada em razões que o levariam a não apreciar ou rejeitar a liberdade de expressão *em princípio*. Pergunta se você acha que a aceitação da liberdade de expressão desmerece a idéia de valor da democracia, presumindo que a liberdade de expressão não oferece o menor risco à continuação indefinida da democracia. Existe qualquer possibilidade de você eventualmente vir a pensar algo semelhante a isto?

A resposta é que pessoas dadas à reflexão, de fato, já pensaram algo semelhante, e, mesmo hoje, há quem partilhe deste pensamento, o que depende muito do que se entende por "liberdade de expressão". Se você entende a liberdade de expressão como uma prática de grande respeito às liberdades subjetivas dos indivíduos para dizer, publicar e transmitir tudo o que desejarem, mesmo inundando os canais de comunicação com sua propaganda se assim decidirem e tiverem os meios para tal, então, aos olhos de muitos, a proteção excessiva à liberdade subjetiva de expressão pode atacar ou trair as bases de sustentação da democracia.

Alguns destes teóricos se preocupam mais com o discurso que é extremamente hostil a grupos étnicos ou raciais inteiros, ou às mulheres, ou aos homossexuais. Alguns se preocupam mais com o discurso que toma a forma do dispêndio de grandes somas de dinheiro em apoio a seus partidos políticos de preferência em eleições públicas. Todos eles sustentam que uma política de proteção rígida a estes exercícios de liberdade subjetiva desvirtuam *em princípio* os compromissos normativos – relativos a dignidade humana, igualdade e direito a autogoverno – que dão sentido às práticas de democracia formal.

Suponha que este seja o seu entendimento. Você então teria que assinalar a coluna "negativo" da Relação I. Mas nós, por razões prementes, já assinalamos a coluna "positivo" da Relação I. Se também assinalarmos a coluna "negativo", isso decididamente irá parecer uma contradição, e contradições, como sabemos, são defesas em argumentação político-normativa. E então a porta estará aberta para o seguinte argumento: é-nos exigido racionalmente que adotemos uma concepção densa, "democrática" de liberdade de expressão, porque está é a única maneira de evitarmos esta contradição.

Lembre como nós definimos estes dois tipos de concepções de liberdade de expressão. Em uma concepção tênue, jurídica, a liberdade de expressão está em vigor tão logo o Estado se abstenha de reprimi-la ou obstruí-la *por meio de seus próprios atos e leis*. A liberdade de expressão tênue significa pura e simplesmente que o Estado não impõe nem faz vigorar nenhuma lei contrária à livre expressão do pensamento.

A liberdade de expressão densa e democrática, ao contrário, não tem absolutamente o mesmo significado. Significa, antes, que as leis do Estado terão sido criadas para assegurar que as oportunidades e potencialidades reais para expressar e comunicar idéias e opiniões estão mais ou menos distribuídas de modo igual e que não são injustamente restringidas por tomada de decisão e direcionamento privados. Isto significa que o Estado por vezes terá que legislar de modo a restringir a liberdade de expressão subjetiva de alguns – digamos, a liberdade de gastar sem limites em campanhas políticas, ou de insuflar preconceito contra grupos étnicos – a fim de garantir a liberdade de expressão para todos.

A liberdade de expressão democrática, portanto, demanda seja observada a proporcionalidade entre a proteção das liberdades subjetivas dos indivíduos de se expressarem como desejam e a promoção de uma igualdade básica entre as pessoas no que concerne a ter uma justa oportunidade de ter suas percepções, opiniões e vontades ouvidas e avaliadas nos canais e fóruns de discussão da sociedade. E, segue o argumento, quando os equilíbrios requisitados tiverem sido atendidos e as leis escritas adequadamente, não mais teremos que nos preocupar com a contradição na Relação I, porque – com a liberdade de expressão agora sendo entendida de acordo com a concepção democrática – a percepção de inimizade entre liberdade de expressão e democracia terá evaporado.

Não estou preocupado agora em decidir em favor ou contra o argumento que acabo de descrever. Quero, ao invés, terminar estas observações mencionando apenas uma consideração que creio demonstrar que o argumento não é conclusivo como tenta ser, falando em termos de se evitar a contradição.

A consideração que tenho em mente vem de escritos de Isaiah Berlin. Berlin nos pressionaria duramente a admitir que a liberdade de expressão tênue (jurídica) e a liberdade de expressão densa (democrática) não são duas interpretações ligeiramente distintas de um e o mesmo valor, são antes dois valores distintos e divergentes – do mesmo modo como liberdade subjetiva individual e igualdade democrática são valores distintos e divergentes. Ambos são valores reais, e não queremos de maneira alguma repudiar nenhum dos dois. É verdade, contudo, que surgem ocasiões em que não podemos homenagear ambos, tendo, então que escolher entre eles, mas a escolha nestes casos é simplesmente *pro tanto*, até a extensão exigida pelas circunstâncias.

Se você aborda o problema desta maneira, fica claro que não estamos aqui tratando de uma contradição, mas sim, estamos antes lidando com uma necessidade ordinária de fazer escolha. Não é, afinal, incomum sentirmo-nos comprometidos com dois ou mais valores que podem vir a se confrontar na prática, exigindo de nós que optemos qual deve prevalecer sobre os demais em cada tipo de situação. Isso não nos torna culpados por contradição. Talvez nós, na condição de sociedades, tenhamos necessidade de decidir se a adoção de uma concepção tênue ou densa de liberdade de expressão estaria de um modo geral mais vinculada à manutenção dos objetivos – digamos democráticos – prioritários das nossas sociedades. Assim sendo, as faculdades que utilizaremos para decidir a questão não são as faculdades da lógica e da demonstração dedutiva. Serão antes as do julgamento reflexivo e da persuasão pragmática.

Anexos

Tabela 1: Relações entre democracia e liberdade de expressão

	POSITIVA + (subentende normativamente ou ganha instrumentalmente)	NEGATIVA − (rejeita normativamente ou perde instrumentalmente)	INDIFERENTE 0 (é normativamente indiferente ou é instrumentalmente desinteressado)
I. Democracia/Liberdade de Expressão (normativa ou racional)			
II. Liberdade de Expressão/Democracia (normativa ou racional)			
III. Liberdade de Expressão/ Democracia (instrumental ou causal)			
IV. Democracia/ Liberdade de Expressão (instrumental ou causal)			

Tabela 2: Relações entre democracia e liberdade de expressão

	POSITIVA + (subentende normativamente ou ganha instrumentalmente)	NEGATIVA − (rejeita normativamente ou perde instrumentalmente)	INDIFERENTE 0 (é normativamente indiferente ou é instrumentalmente desinteressado)
I. Democracia/Liberdade de Expressão (normativa ou racional)	✓ (com certeza) e talvez também...	✓ ? (se teoria da tolerância repressiva aceita)	
II. Liberdade de Expressão/Democracia (normativa ou racional)			✓
III. Liberdade de Expressão/ Democracia (instrumental ou causal)	✓ ? (otimista) ou então...	✓ (pessimista) ou então...	✓ (agnóstico)
IV. Democracia/ Liberdade de Expressão (instrumental ou causal)	✓ ? (otimista) ou então...	✓ (pessimista) ou então...	✓ (agnóstico)

— 4 —
Liberdade de expressão *versus* direitos da personalidade. Colisão de direitos fundamentais e critérios de ponderação[1]

LUÍS ROBERTO BARROSO

Introdução: colocação do problema

O estudo que se segue tem por objeto a análise da legitimidade da exibição, independentemente de autorização dos eventuais envolvidos, de programas ou matérias jornalísticas nos quais (i) sejam citados os nomes ou divulgada a imagem de pessoas relacionadas com o evento noticiado ou (ii) sejam relatados e encenados eventos criminais de grande repercussão ocorridos no passado.

Como intuitivamente se constata, está em jogo a disputa, inevitável em um estado democrático de direito, entre a liberdade de expressão e de informação, de um lado, e os denominados direitos da personalidade, de outro lado, em tal categoria compreendidos os direitos à honra, à imagem e à vida privada. Cuida-se de determinar se as pessoas retratadas, seus parentes ou herdeiros, podem impedir a exibição de tais programas ou pretender receber indenizações por terem sido neles referidos.

O equacionamento do problema e a apresentação da solução constitucionalmente adequada dependem da discussão de algumas das teses centrais relacionadas com a nova interpretação constitucional: colisão de direitos fundamentais, ponderação de valores, discricionariedade judicial e teoria da argumentação. Após a exposição dos conceitos essenciais na matéria e definição dos elementos relevantes de ponderação, a questão se torna surpreendentemente simples.

Veja-se a análise que se segue.

---
[1] Trabalho desenvolvido com a colaboração de Ana Paula de Barcellos.

Parte I
Alguns aspectos da moderna interpretação constitucional

I. *A interpretação jurídica tradicional*

Um típico operador jurídico formado na tradição romano-germânica, como é o caso brasileiro, diante de um problema que lhe caiba resolver, adotará uma linha de raciocínio semelhante à que se descreve a seguir. Após examinar a situação de fato que lhe foi trazida, irá identificar no ordenamento positivo a norma que deverá reger aquela hipótese. Em seguida, procederá a um tipo de raciocínio lógico, de natureza silogística, no qual a norma será a premissa maior, os fatos serão a premissa menor, e a conclusão será a consequência do enquadramento dos fatos à norma. Esse método tradicional de aplicação do direito, pelo qual se realiza a subsunção dos fatos à norma e pronuncia-se uma conclusão, denomina-se método *subsuntivo*.

Esse modo de raciocínio jurídico utiliza, como premissa de seu desenvolvimento, um tipo de norma jurídica que se identifica como regra. Regras são normas que especificam a conduta a ser seguida por seus destinatários. O papel do intérprete, ao aplicá-las, envolve uma operação relativamente simples de verificação da ocorrência do fato constante do seu relato e de declaração da consequência jurídica correspondente. Por exemplo: a aposentadoria compulsória do servidor público se dá aos setenta anos (regra); José, serventuário da Justiça, completou setenta anos (fato); José passará automaticamente para a inatividade (conclusão). A interpretação jurídica tradicional, portanto, tem como principal instrumento de trabalho a figura normativa da *regra*.

A atividade de interpretação descrita acima utiliza-se de um conjunto tradicional de elementos de interpretação, de longa data identificados como gramatical, histórico, sistemático e teleológico. São eles instrumentos que vão permitir ao intérprete em geral, e ao juiz em particular, a revelação do conteúdo, sentido e alcance da norma. O Direito, a resposta para o problema, já vêm contidos no texto da lei. Interpretar é descobrir essa solução previamente concebida pelo legislador. Mais ainda: o ordenamento traz em si *uma* solução adequada para a questão. O intérprete, como consequência, não faz escolhas próprias, mas revela a que já se contém na norma. *O juiz desempenha uma função técnica de conhecimento, e não um papel de criação do direito.*

A interpretação jurídica tradicional, portanto, desenvolve-se por um método subsuntivo, fundado em um modelo de regras, que reserva ao intérprete um papel estritamente técnico de revelação do sentido de um Direito integralmente contido na norma legislada.

II. *A nova interpretação constitucional*

A idéia de uma nova interpretação constitucional liga-se ao desenvolvimento de algumas fórmulas originais de realização da vontade da Constituição. Não importa em desprezo ou abandono do método clássico – o *subsuntivo*, fundado na aplicação de *regras* – nem dos elementos tradicionais da hermenêutica: gramatical, histórico, sistemático e teleológico. Ao contrário, continuam eles a desempenhar um papel relevante na busca de sentido das normas e na solução de casos concretos. Relevante, mas nem sempre suficiente.

Mesmo no quadro da dogmática jurídica tradicional, já haviam sido sistematizados diversos princípios específicos de interpretação constitucional, aptos a superar as limitações da interpretação jurídica convencional, concebida sobretudo em função da legislação infraconstitucional, e mais especialmente do direito civil.[2] A grande virada na interpretação constitucional se deu a partir da difusão de uma constatação que, além de singela, sequer era original: não é verdadeira a crença de que as normas jurídicas em geral – e as constitucionais em particular – tragam sempre em si um sentido único, objetivo, válido para todas as situações sobre as quais incidem. E que, assim, caberia ao intérprete uma atividade de mera revelação do conteúdo preexistente na norma, sem desempenhar qualquer papel criativo na sua concretização.

De fato, a técnica legislativa, ao longo do século XX, passou a utilizar-se, crescentemente, de *cláusulas abertas ou conceitos indeterminados*, como dano moral, justa indenização, ordem pública, melhor interesse do menor, boa-fé. Por essa fórmula, o ordenamento jurídico passou a transferir parte da competência decisória do legislador para o intérprete. A lei fornece parâmetros, mas somente à luz do caso concreto, dos elementos subjetivos e objetivos a ele relacionados, tal como apreendidos pelo aplicador do Direito, será possível a determinação da vontade legal. O juiz, portanto, passou a exercer uma função claramente integradora da norma, complementando-a com sua própria valoração.

Na seqüência histórica, sobreveio a ascensão dos *princípios*, cuja carga axiológica e dimensão ética conquistaram, finalmente, eficácia jurídica e aplicabilidade direta e imediata. Princípios e regras passam a desfrutar do mesmo *status* de norma jurídica, sem embargo de serem distintos no conteúdo, na estrutura normativa e na aplicação. *Regras* são, normalmente, relatos objetivos, descritivos de determinadas condutas e aplicáveis a um conjunto delimitado de situações. Ocorrendo a hipótese prevista no seu

---

[2] V. Luís Roberto Barroso, *Interpretação e aplicação da Constituição*, 2004. Os princípios específicos e instrumentais à interpretação constitucional são os da supremacia, presunção de constitucionalidade, interpretação conforme a Constituição, unidade, razoabilidade-proporcionalidade e efetividade.

relato, a regra deve incidir, pelo mecanismo tradicional da *subsunção*: enquadram-se os fatos na previsão abstrata e produz-se uma conclusão. A aplicação de uma regra se opera na modalidade *tudo ou nada*: ou ela regula a matéria em sua inteireza, ou é descumprida. Na hipótese do conflito entre duas regras, só uma será válida e irá prevalecer.[3]

Princípios, por sua vez, expressam valores a serem preservados ou fins públicos a serem realizados. Designam, portanto, "estados ideais",[4] sem especificar a conduta a ser seguida. A atividade do intérprete aqui será mais complexa, pois a ele caberá definir a ação a tomar. E mais: em uma ordem democrática, princípios freqüentemente entram em tensão dialética, apontando direções diversas. Por essa razão, sua aplicação deverá se dar mediante *ponderação*: o intérprete irá aferir o peso de cada um, à vista das circunstâncias, fazendo concessões recíprocas. Sua aplicação, portanto, não será no esquema *tudo ou nada*, mas graduada à vista das circunstâncias representadas por outras normas ou por situações de fato.[5]

Com as mesmas características normativas dos princípios – na verdade, como uma concretização do princípio da dignidade da pessoa humana – colocam-se boa parte dos *direitos fundamentais*, cuja proteção foi alçada ao centro dos sistemas jurídicos contemporâneos. Princípios e direitos previstos na Constituição entram muitas vezes em linha de colisão, por abrigarem valores contrapostos e igualmente relevantes, como por exemplo: livre iniciativa e proteção do consumidor, direito de propriedade e função social da propriedade, segurança pública e liberdades individuais, direitos da personalidade e liberdade de expressão. O que caracteriza esse tipo de situação jurídica é a ausência de uma solução em tese para o conflito, fornecida abstratamente pelas normas aplicáveis.

Veja-se, então: na aplicação dos princípios, o intérprete irá determinar, *in concreto*, quais são as condutas aptas a realizá-los adequadamente.

---

[3] V Luís Roberto Barroso, "Fundamentos teóricos e filosóficos do novo direito constitucional brasileiro". In: *Temas de direito constitucional*, t. II, p. 32: "O Direito, como se sabe, é um sistema de normas harmonicamente articuladas. Uma situação não pode ser regida simultaneamente por duas disposições legais que se contraponham. Para solucionar essas hipóteses de conflito de leis, o ordenamento jurídico se serve de três critérios tradicionais: o da *hierarquia* – pelo qual a lei superior prevalece sobre a inferior –, o *cronológico* – onde a lei posterior prevalece sobre a anterior – e o da *especialização* – em que a lei específica prevalece sobre a lei geral. Estes critérios, todavia, não são adequados ou plenamente satisfatórios quando a colisão se dá entre normas constitucionais, especialmente entre princípios constitucionais, categoria na qual devem ser situados os conflitos entre direitos fundamentais".

[4] Humberto Ávila, *Teoria dos princípios (da definição à aplicação dos princípios jurídicos)*, 2003.

[5] Robert Alexy, *Teoria de los derechos fundamentales*, 1997, p. 86: "Princípios são normas que ordenam que algo seja realizado na maior medida possível, dentro das possibilidades jurídicas e reais existentes. Por isso, são mandados de otimização, caracterizados pelo fato de que podem ser cumpridos em diferentes graus e que a medida devida de seu cumprimento não só depende das possibilidades reais, mas também das jurídicas. O âmbito do juridicamente possível é determinado pelos princípios e regras opostas". (tradução livre).

Nos casos de colisão de princípios ou de direitos fundamentais, caberá a ele fazer as valorações adequadas, de modo a preservar o máximo de cada um dos valores em conflito, realizando escolhas acerca de qual interesse deverá circunstancialmente prevalecer. Um intérprete que verifica a legitimidade de condutas alternativas, que faz valorações e escolhas, não desempenha apenas uma função de conhecimento. Com maior ou menor intensidade, de acordo com o caso, ele exerce sua discricionariedade. Para que não sejam arbitrárias, suas decisões, mais do que nunca, deverão ser racional e argumentativamente fundamentadas.

A moderna interpretação constitucional diferencia-se da tradicional em razão de alguns fatores: a norma, como relato puramente abstrato, já não desfruta de primazia; o problema, a questão tópica a ser resolvida, passa a fornecer elementos para sua solução; o papel do intérprete deixa de ser de pura aplicação da norma preexistente e passa a incluir uma parcela de criação do Direito do caso concreto. E, como técnica de raciocínio e de decisão, a ponderação passa a conviver com a subsunção. Para que se legitimem suas escolhas, o intérprete terá de servir-se dos elementos da teoria da argumentação, para convencer os destinatários do seu trabalho de que produziu a solução constitucionalmente adequada para a questão que lhe foi submetida. Por sua relevância para o estudo, os tópicos seguintes ocupam-se de forma específica dos fenômenos da colisão dos direitos fundamentais e da ponderação como técnica de decisão jurídica.

1. O fenômeno da colisão de direitos fundamentais[6]

Os critérios tradicionais de solução de conflitos normativos – hierárquico, temporal e especialização (v. *supra*, nota 3) – não são aptos, como regra geral, para a solução de colisões entre normas constitucionais, especialmente as que veiculam direitos fundamentais. Tais colisões, todavia, surgem inexoravelmente no direito constitucional contemporâneo, por razões numerosas. Duas delas são destacadas a seguir: (i) a complexidade e

---

[6] Há vasto material sobre o assunto, tanto na doutrina brasileira quanto no direito comparado. A respeito da colisão de direitos fundamentais em geral, v. Wilson Antônio Steinmetz, *Colisão de direitos fundamentais e princípio da proporcionalidade*, 2001; Daniel Sarmento, *A ponderação de interesses na Constituição Federal*, 2000; Ricardo Lobo Torres, "Da ponderação de interesses ao princípio da ponderação". In: Urbano Zilles (coord.), *Miguel Reale. Estudos em homenagem a seus 90 anos*, 2000. Sobre a temática específica da colisão entre a liberdade de expressão em sentido amplo e outros direitos fundamentais, sobretudo os direitos à honra, à intimidade, à vida privada e à imagem, v. Edilsom Pereira de Souza, *Colisão de direitos fundamentais. A honra, a intimidade, a vida privada e a imagem versus a liberdade de expressão e de informação*, 2000; Luís Gustavo Grandinetti Castanho de Carvalho, *Direito de informação e liberdade de expressão*, 1999; Mônica Neves Aguiar da Silva Castro, *Honra, imagem, vida privada e intimidade, em colisão com outros direitos*, 2002; Porfirio Barroso e María del Mar López Tavalera, *La libertad de expresion y sus limitaciones constitucionales*, 1998; Antonio Fayos Gardó, *Derecho a la intimidad y medios de comunicación*, 2000; Miguel Ángel Alegre Martínez, *El derecho a la propia imagen*, 1997; Sidney Cesar Silva Guerra, *A liberdade de imprensa e o direito à imagem*, 1999; Pedro Frederico Caldas, *Vida privada, liberdade de imprensa e dano moral*, 1997.

o pluralismo das sociedades modernas levam ao abrigo da Constituição valores e interesses diversos, que eventualmente entram em choque; e (ii) sendo os direitos fundamentais expressos, freqüentemente, sob a forma de princípios, sujeitam-se, como já exposto (v. *supra*), à concorrência com outros princípios e à aplicabilidade no limite do possível, à vista de circunstâncias fáticas e jurídicas.

Como é sabido, por força do princípio da unidade da Constituição, inexiste hierarquia jurídica entre normas constitucionais. É certo que alguns autores têm admitido a existência de uma hierarquia axiológica, pela qual determinadas normas influenciariam o sentido e alcance de outras, independentemente de uma superioridade formal. Aqui, todavia, esta questão não se põe. É que os direitos fundamentais entre si não apenas têm o mesmo *status* jurídico como também ocupam o mesmo patamar axiológico.[7] No caso brasileiro, desfrutam todos da condição de cláusulas pétreas (CF, art. 60, § 4, IV).

A circunstância que se acaba de destacar produz algumas conseqüências relevantes no equacionamento das colisões de direitos fundamentais. A primeira delas é intuitiva: se não há entre eles hierarquia de qualquer sorte, não é possível estabelecer uma regra abstrata e permanente de preferência de um sobre o outro. A solução de episódios de conflito deverá ser apurada diante do caso concreto. Em função das particularidades do caso é que se poderão submeter os direitos envolvidos a um processo de ponderação pelo qual, por meio de compressões recíprocas, seja possível chegar a uma solução adequada.

A segunda implicação relevante do reconhecimento de identidade hierárquica entre os direitos fundamentais diz respeito à atuação do Poder Legislativo diante das colisões de direitos dessa natureza. Nem sempre é singela a demarcação do espaço legítimo de atuação da *lei* na matéria, sem confrontar-se com a Constituição. No particular, há algumas situações diversas a considerar. Há casos em que a Constituição autoriza expressamente a restrição de um direito fundamental.[8] Aliás, mesmo nas hipóteses em que não há referência direta, a doutrina majoritária admite a atuação do legislador, com base na idéia de que existem limites *imanentes* aos direitos

---

[7] Pereira de Farias, *Colisão de direitos. A honra, a intimidade, a vida privada e a imagem versus a liberdade de expressão e de informação*, 2000, p. 120: "Sucede que não há hierarquia entre os direitos fundamentais. Estes, quando se encontram em oposição entre si, não se resolve a colisão suprimindo um em favor do outro. Ambos os direitos protegem a dignidade da pessoa humana e merecem ser preservados o máximo possível na solução da colisão".

[8] *E.g.*, CF, art. 5: "XII – é inviolável o sigilo da correspondência e das comunicações telegráficas, de dados e das comunicações telefônicas, salvo, no último caso, por ordem judicial, nas hipóteses e na forma que a lei estabelecer para fins de investigação criminal ou instrução processual penal"; e "XIII – é livre o exercício de qualquer trabalho, ofício ou profissão, atendidas as qualificações profissionais que a lei estabelecer".

fundamentais.[9] Pois bem: em uma ou outra hipótese, ao disciplinar o exercício de determinado direito, a lei poderá estar evitando colisões.

Situação diversa se coloca, porém, quando o legislador procura arbitrar diretamente colisões entre direitos. Como se afirmou acima, uma regra que estabeleça uma preferência abstrata de um direito fundamental sobre outro não será válida por desrespeitar o direito preterido de forma permanente e violar a unidade da Constituição. O legislador, portanto, deverá limitar-se a estabelecer parâmetros gerais, diretrizes a serem consideradas pelo intérprete, sem privá-lo, todavia, do sopesamento dos elementos do caso concreto e do juízo de eqüidade que lhe cabe fazer. Mesmo nas hipóteses em que se admita como legítimo que o legislador formule uma solução específica para o conflito potencial de direitos fundamentais, sua validade em tese não afasta a possibilidade de que se venha a reconhecer sua inadequação em concreto.

Um exemplo, respaldado em diversos precedentes judiciais, ilustrará o argumento. Como é de conhecimento geral, existem inúmeras leis que disciplinam ou restringem a concessão de tutela antecipada ou de medidas cautelares em processos judiciais. A postulação de uma dessas providências, *initio litis*, desencadeia uma colisão de direitos fundamentais, assim identificada: de um lado, o direito ao devido processo legal – do qual decorreria que somente após o procedimento adequado, com instrução e contraditório, seria possível que uma decisão judicial produzisse efeitos sobre a parte; e, de outro, o direito de acesso ao Judiciário, no qual está implícita a prestação jurisdicional eficaz: deve-se impedir que uma ameaça a direito se converta em uma lesão efetiva. Pois bem: a legislação não apenas estabelece requisitos específicos para esse tipo de tutela (*fumus boni iuris* e *periculum in mora*), como impõe, em muitos casos, restrições à sua concessão, em razão do objeto do pedido ou do sujeito em face de quem se faz o requerimento.

Nada obstante, o entendimento que prevalece é o de que a lei não pode impor solução rígida e abstrata para esta colisão, assim como para quaisquer outras. E ainda quando a solução proposta encontre respaldo constitucional e seja em tese válida, isso não impedirá o julgador, diante do caso concreto, de se afastar da fórmula legal se ela produzir uma situação indesejada pela Constituição. Há um interessante julgado do Supremo Tribunal Federal

---

[9] Para parte dos autores que tratam do tema, ao regulamentar o exercício do direito o legislador poderá explicitar limites imanentes, independentemente de expressa previsão constitucional. V. Wilson Antônio Steinmetz, *Colisão de direitos fundamentais e princípio da proporcionalidade*, 2001, p. 60-1: "Em outros termos, a restrição de direitos fundamentais operada pelo legislador ordinário, antecipando-se a futuros conflitos (conflitos em potencial), pode ser justificada invocando-se a teoria dos limites imanentes; o legislador poderá argumentar que, embora não tenham sido prescritos nem direta nem indiretamente pelo legislador constituinte, os limites que está fixando são legítimos, porque imanentes ao sistema de direitos fundamentais e à Constituição como um todo".

sobre o tema.[10] Em ação direta de inconstitucionalidade, pleiteava-se a declaração de inconstitucionalidade da Medida Provisória nº 173/90, por afronta ao princípio do acesso à justiça e/ou da inafastabilidade do controle judicial. É que ela vedava a concessão de liminar em mandados de segurança e em ações ordinárias e cautelares decorrentes de um conjunto de dez outras medidas provisórias, bem como proibia a execução das sentenças proferidas em tais ações antes de seu trânsito em julgado.

No julgamento da ação direta de inconstitucionalidade, o Supremo Tribunal Federal julgou improcedente o pedido. Vale dizer: considerou constitucional em tese a vedação. Nada obstante, o acórdão fez a ressalva de que tal pronunciamento não impedia o juiz do caso concreto de conceder a liminar, se em relação à situação que lhe competisse julgar não fosse razoável a aplicação da norma proibitiva.[11] O raciocínio subjacente é o de que uma norma pode ser constitucional em tese e inconstitucional em concreto, à vista das circunstâncias de fato sobre as quais deverá incidir.

Antes de prosseguir, cabe resumir o que foi exposto neste tópico. A colisão de direitos fundamentais é um fenômeno contemporâneo e, salvo indicação expressa da própria Constituição, não é possível arbitrar esse conflito de forma abstrata, permanente e inteiramente dissociada das características do caso concreto. O legislador não está impedido de tentar proceder a esse arbitramento, mas suas decisões estarão sujeitas a um duplo controle de constitucionalidade: o que se processa em tese, tendo em conta apenas os enunciados normativos envolvidos, e, em seguida, a um outro, desenvolvido diante do caso concreto e do resultado que a incidência da

---

[10] STF, DJ 29.06.90, ADInMC 223-DF, Rel. Min. Paulo Brossard.
[11] STF, DJ 29.06.90, ADInMC 223-DF, Rel. Min. Paulo Brossard: "Generalidade, diversidade e imprecisão de limites do âmbito de vedação de liminar da MP 173, que, se lhe podem vir, a final, a comprometer a validade, dificultam demarcar, em tese, no juízo de delibação sobre o pedido de sua suspensão cautelar, até onde são razoáveis as proibições nela impostas, enquanto contenção ao abuso do poder cautelar, e onde se inicia, inversamente, o abuso das limitações e a conseqüente afronta à plenitude da jurisdição e ao Poder Judiciário. Indeferimento da suspensão liminar da MP 173, que não prejudica, segundo o relator do acórdão, o exame judicial em cada caso concreto da constitucionalidade, incluída a razoabilidade, da aplicação da norma proibitiva da liminar. Considerações, em diversos votos, dos riscos da suspensão cautelar da medida impugnada". V. a propósito, o bem-fundamentado voto do Min. Sepúlveda Pertence, aderindo ao relator, do qual se transcreve breve passagem: "O que vejo, aqui, embora entendendo não ser de bom aviso, naquela medida de discricionariedade que há na grave decisão a tomar, da suspensão cautelar, em tese, é que a simbiose institucional a que me refiro, dos dois sistemas de controle da constitucionalidade da lei, permite não deixar ao desamparo ninguém que precise de medida liminar em caso onde – segundo as premissas que tentei desenvolver e melhor do que eu desenvolveram os Ministros Paulo Brossard e Celso de Mello – a vedação da liminar, por que desarrazoada, por que incompatível com o art. 5º, XXXV, por que ofensiva do âmbito de jurisdição do Poder Judiciário, se mostra inconstitucional.
Assim, creio que a solução estará no manejo do sistema difuso, porque nele, em cada caso concreto, nenhuma medida provisória pode subtrair ao juiz da causa um exame da constitucionalidade, inclusive sob o prisma da razoabilidade, das restrições impostas ao seu poder cautelar, para, se entender abusiva essa restrição, se entender inconstitucional, conceder a liminar, deixando de dar aplicação, no caso concreto, à medida provisória, na medida em que, em relação àquele caso, a julgue inconstitucional, porque abusiva (fls. 12)".

norma produz na hipótese. De toda sorte, a ponderação será a técnica empregada pelo aplicador tanto na ausência de parâmetros legislativos de solução como diante deles, para a verificação de sua adequação ao caso. O tópico seguinte, portanto, dedica algumas notas ao tema da ponderação.

2. A técnica da ponderação[12]

Como registrado acima, durante muito tempo, a subsunção foi a única fórmula para compreender a aplicação do direito, a saber: premissa maior – a norma – incidindo sobre a premissa menor – os fatos – e produzindo como conseqüência a aplicação do conteúdo da norma ao caso concreto. Como já se viu, essa espécie de raciocínio continua a ser fundamental para a dinâmica do direito. Mais recentemente, porém, a dogmática jurídica deu-se conta de que a subsunção tem limites, não sendo por si só suficiente para lidar com situações que, em decorrência da expansão dos princípios, são cada vez mais freqüentes. Não é difícil demonstrar e ilustrar o argumento.

Imagine-se uma hipótese em que mais de uma norma possa incidir sobre o mesmo conjunto de fatos – várias premissas maiores, portanto, para apenas uma premissa menor –, como no caso aqui em exame da oposição entre liberdade de imprensa e de expressão, de um lado, e os direitos à honra, à imagem, à intimidade e à vida privada, de outro. Como se constata singelamente, as normas envolvidas tutelam valores distintos e apontam soluções diversas e contraditórias para a questão. Na sua lógica unidirecional (premissa maior – premissa menor), a solução subsuntiva para esse problema somente poderia trabalhar com uma das normas, o que importaria na escolha de uma única premissa maior, descartando-se as demais. Tal fórmula, todavia, não seria constitucionalmente adequada: como já se sublinhou, o princípio da unidade da Constituição não admite que o intérprete simplesmente opte por uma norma e despreze outra também aplicável em tese, como se houvesse hierarquia entre elas. Como conseqüência, a interpretação constitucional viu-se na contingência de desenvolver técnicas capazes de lidar com o fato de que a Constituição é um documento dialético – que tutela valores e interesses potencialmente conflitantes – e que princípios nela consagrados entram, freqüentemente, em rota de colisão.

---

[12] Ronald Dworkin, *Taking rights seriously*, 1997; Robert Alexy, *Teoria de los derechos fundamentales*, 1997 e os seguintes textos mimeografados: *Colisão e ponderação como problema fundamental da dogmática dos direitos fundamentais* (1998) e *Constitutional rights, balancing, and rationality* (2002) (textos gentilmente cedidos por Margarida Lacombe Camargo); Karl Larenz, *Metodologia da ciência do direito*, 1997; Daniel Sarmento, *A ponderação de interesses na Constituição Federal*, 2000; Ricardo Lobo Torres, "Da ponderação de interesses ao princípio da ponderação". In: Urbano Zilles (coord.), *Miguel Reale. Estudos em homenagem a seus 90 anos*, 2000, p. 643 e ss.; Aaron Barak, Foreword: a judge on judging: the role of a Supreme Court in a Democracy" *Harvard Law Review* 116/1 (2002); Marcos Maselli Gouvêa, *O controle judicial das omissões administrativas*, 2003; Humberto Ávila, *Teoria dos princípios (da definição à aplicação dos princípios jurídicos)*, 2003.

A dificuldade descrita já foi amplamente percebida pela doutrina; é pacífico que casos como esses não são resolvidos por uma subsunção simples. Será preciso um raciocínio de estrutura diversa, mais complexo, capaz de trabalhar multidirecionalmente, produzindo a regra concreta que vai reger a hipótese a partir de uma síntese dos distintos elementos normativos incidentes sobre aquele conjunto de fatos. De alguma forma, cada um desses elementos deverá ser considerado na medida de sua importância e pertinência para o caso concreto, de modo que, na solução final, tal qual em um quadro bem pintado, as diferentes cores possam ser percebidas, embora alguma(s) dela(s) venha(m) a se destacar sobre as demais. Esse é, de maneira geral, o objetivo daquilo que se convencionou denominar *técnica da ponderação*.

A ponderação consiste, portanto, em uma técnica de decisão jurídica[13] aplicável a casos difíceis,[14] em relação aos quais a subsunção se mostrou insuficiente, sobretudo quando uma situação concreta dá ensejo à aplicação de normas de mesma hierarquia que indicam soluções diferenciadas.[15] A estrutura interna do raciocínio ponderativo ainda não é bem conhecida, embora esteja sempre associada às noções difusas de balanceamento e sopesamento de interesses, bens, valores ou normas. A importância que o tema ganhou no cotidiano da atividade jurisdicional, entretanto, tem levado a doutrina a estudá-lo mais cuidadosamente.[16] De forma simplificada, é possível descrever a ponderação como um processo em três etapas, relatadas a seguir.

Na *primeira* etapa, cabe ao intérprete detectar no sistema as normas relevantes para a solução do caso, identificando eventuais conflitos entre elas. Como se viu, a existência dessa espécie de conflito – insuperável pela subsunção – é o ambiente próprio de trabalho da ponderação.[17] Assinale-se que norma não se confunde com dispositivo: por vezes, uma norma será o resultado da conjugação de mais de um dispositivo. Por seu turno, um dis-

---

[13] José Maria Rodríguez de Santiago, *La ponderación de bienes e intereses en el derecho administrativo*, 2000.

[14] Do inglês *hard cases*, a expressão identifica situações para as quais não há uma formulação simples e objetiva a ser colhida no ordenamento, sendo necessária a atuação subjetiva do intérprete e a realização de escolhas, com eventual emprego de discricionariedade.

[15] A ponderação também tem sido empregada em outras circunstâncias, como na definição do conteúdo de conceitos jurídicos indeterminados (a definição do que sejam os "valores éticos e sociais da pessoa e da família", referidos no art. 221, IV, da Constituição, envolverá por certo um raciocínio do tipo ponderativo) ou na aplicação da eqüidade a casos concretos, embora este último caso possa ser reconduzido a um confronto de princípios, já que a eqüidade tem como fundamento normativo específico o princípio constitucional da justiça.

[16] Ricardo Lobo Torres, "Da ponderação de interesses ao princípio da ponderação". In: Urbano Zilles (coord.), *Miguel Reale. Estudos em homenagem a seus 90 anos*, 2000, p. 643 e ss.

[17] Por vezes, o conflito se estabelece mais claramente entre interesses opostos, quando então será preciso verificar se esses interesses podem ser reconduzidos a normas jurídicas (as quais, por sua vez, podem ter como fundamento regras e/ou princípios, explícitos ou implícitos).

positivo isoladamente considerado pode não conter uma norma ou, ao revés, abrigar mais de uma.[18] Ainda neste estágio, os diversos fundamentos normativos (isto é: as diversas premissas maiores pertinentes) são agrupados em função da solução que estejam sugerindo: aqueles que indicam a mesma solução devem formar um conjunto de argumentos. O propósito desse agrupamento é facilitar o trabalho posterior de comparação entre os elementos normativos em jogo.

Na *segunda* etapa, cabe examinar os fatos, as circunstâncias concretas do caso e sua interação com os elementos normativos. Como se sabe, os fatos e as conseqüências práticas da incidência da norma têm assumido importância especial na moderna interpretação constitucional. Embora os princípios e regras tenham, em tese, uma existência autônoma, no mundo abstrato dos enunciados normativos, é no momento em que entram em contato com as situações concretas que seu conteúdo se preencherá de real sentido. Assim, o exame dos fatos e os reflexos sobre eles das normas identificadas na primeira fase poderão apontar com maior clareza o papel de cada uma delas e a extensão de sua influência.

Até aqui, na verdade, nada foi solucionado e nem sequer há maior novidade. Identificação das normas aplicáveis e compreensão dos fatos relevantes fazem parte de todo e qualquer processo interpretativo, sejam os casos fáceis ou difíceis. É na *terceira* etapa que a ponderação irá singularizar-se, em oposição à subsunção. Relembre-se, como já assentado, que os princípios, por sua estrutura e natureza, e observados determinados limites, podem ser aplicados com maior ou menor intensidade, à vista de circunstâncias jurídicas ou fáticas, sem que isso afete sua validade.[19] Pois bem: nessa fase decisória, os diferentes grupos de normas e a repercussão dos fatos do caso concreto serão examinados de forma conjunta, de modo a apurar os pesos a serem atribuídos aos diversos elementos em disputa e, portanto, o grupo de normas a preponderar no caso. Os parâmetros construídos na primeira etapa deverão ser empregados aqui e adaptados, se necessário, às particularidades do caso concreto.

Em seguida, é preciso ainda decidir quão intensamente esse grupo de normas – e a solução por ele indicada – deve prevalecer em detrimento dos demais, isto é: sendo possível graduar a intensidade da solução escolhida, cabe ainda decidir qual deve ser o grau apropriado em que a solução deve ser aplicada. Todo esse processo intelectual tem como fio condutor o princípio instrumental da *proporcionalidade* ou *razoabilidade*.[20]

---

[18] Sobre o tema, v. Humberto Ávila, *Teoria dos princípios (da definição à aplicação dos princípios jurídicos)*, 2003, p. 13.

[19] Essa estrutura em geral não se repete com as regras, de modo que a ponderação destas será um fenômeno muito mais complexo e excepcional.

[20] Neste sentido, v. Fábio Corrêa Souza de Oliveira, *Por uma teoria dos princípios. O princípio constitucional da razoabilidade*, 2003, p. 219: "Os princípios são mandados de otimização. Por isto a metodologia pertinente é a da ponderação de valores normativos. Ela acontece sob a *lógica dos* valores,

Assentadas as premissas teóricas imprescindíveis, passa-se, a seguir, à segunda parte desse estudo. Nela, o roteiro acima apresentado será aplicado ao conflito específico entre liberdade de informação e expressão e direitos da personalidade. Em primeiro lugar, serão examinadas as normas constitucionais pertinentes e construídos os parâmetros possíveis na matéria. Em seguida, serão investigadas as normas infraconstitucionais que igualmente pretendem repercutir sobre a hipótese, tendo em conta, naturalmente, sua compatibilidade com os termos constitucionais. Em seguida, serão considerados os possíveis fatos relevantes para se apurar, então, a solução dessa modalidade de conflito.

Parte II
A liberdade de informação e expressão e os direitos da personalidade: ponderação de bens e valores constitucionais

III. A questão sob a ótica constitucional

1. Direitos constitucionais da personalidade

O reconhecimento dos direitos da personalidade como direitos autônomos,[21] de que todo indivíduo é titular,[22] generalizou-se após a Segunda Guerra Mundial, e a doutrina descreve-os hoje como emanações da própria dignidade humana, funcionando como "atributos inerentes e indispensáveis

---

que outra coisa não é senão a lógica do *razoável*, conforme proposta neste estudo. Nesta esteira, é que Alexy assevera: 'La ley de ponderación no formula otra cosa que el principio de la proporcionalidad'. O critério da razoabilidade fornece a (justa) medida pela qual se otimizam os princípios em jogo. Como sustenta Canotilho, o que se almeja é uma 'ponderação de bens racionalmente controlada'". Na jurisprudência, o STF tem aplicado reiteradamente o princípio da razoabilidade. Confira-se, exemplificativamente, o seguinte trecho de acórdão: "A cláusula do devido processo legal – objeto de expressa proclamação pelo art. 5º, LIV, da Constituição – deve ser entendida, na abrangência de sua noção conceitual, não só sob o aspecto meramente formal, que impõe restrições de caráter ritual à atuação do Poder Público mas, sobretudo, em sua dimensão material, que atua como decisivo obstáculo à edição de atos legislativos de conteúdo arbitrário. A essência do *substantive due process of law* reside na necessidade de proteger os direitos e as liberdades das pessoas contra qualquer modalidade de legislação que se revele opressiva ou destituída do necessário coeficiente de razoabilidade. Isso significa, dentro da perspectiva da extensão da teoria do desvio de poder ao plano das atividades legislativas do Estado, que este não dispõe da competência para legislar ilimitadamente, de forma imoderada e irresponsável, gerando, com o seu comportamento institucional, situações normativas de absoluta distorção e, até mesmo, de subversão dos fins que regem o desempenho da função estatal." (STF, DJ 27.04.01, ADInMC 1.063-8, Rel. Min. Celso de Mello).

[21] Sobre a discussão acerca da existência autônoma dos direitos da personalidade, v. Pietro Perlingieri, *Perfis do direito civil*, 1997, p. 155.

[22] Pietro Perlingieri, *La personalità umana nell'ordenamento giuridico*, apud Gustavo Tepedino, "A tutela da personalidade no ordenamento civil-constitucional brasileiro". In: *Temas de direito civil*, 2001, p. 42: "O direito da personalidade nasce imediatamente e contextualmente com a pessoa (direitos inatos). Está-se diante do princípio da igualdade: todos nascem com a mesma titularidade e com as mesmas situações jurídicas subjetivas (...) A personalidade comporta imediata titularidade de relações personalíssimas".

ao ser humano".[23] Duas características dos direitos da personalidade merecem registro. A primeira delas é que tais direitos, atribuídos a todo ser humano[24] e reconhecidos pelos textos constitucionais modernos em geral, são oponíveis a toda a coletividade e também ao Estado.[25] A segunda característica peculiar dos direitos da personalidade consiste em que nem sempre sua violação produz um prejuízo que tenha repercussões econômicas ou patrimoniais,[26] o que ensejará formas variadas de reparação, como o "direito de resposta", a divulgação de desmentidos de caráter geral e/ou a indenização pelo dano não-patrimonial (ou moral, como se convencionou denominar).

Uma classificação que se tornou corrente na doutrina é a que separa os direitos da personalidade em dois grupos: (i) direitos à integridade física, englobando o direito à vida, o direito ao próprio corpo e o direito ao cadáver; e (ii) direitos à integridade moral, rubrica na qual se inserem os direitos à honra, à liberdade, à vida privada, à intimidade, à imagem, ao nome e o direito moral do autor, dentre outros. Neste estudo, interessam mais diretamente alguns direitos do segundo grupo, em especial os direitos à vida privada, à intimidade, à honra e à imagem. A Constituição de 1988 abrigou essas idéias, proclamando a centralidade da dignidade da pessoa humana e dedicando dispositivos expressos à tutela da personalidade, dentre os quais é possível destacar os seguintes:

"Art. 5º (...)

V – é assegurado o direito de resposta, proporcional ao agravo, além da indenização por dano material, moral ou à imagem;

(...)

X – são invioláveis a intimidade, a vida privada, a honra e a imagem das pessoas, assegurado o direito a indenização pelo dano material ou moral decorrente de sua violação;"

De forma simples, os direitos à intimidade e à vida privada protegem as pessoas na sua individualidade e resguardam o direito de estar

---

[23] Gustavo Tepedino, "A tutela da personalidade no ordenamento civil-constitucional brasileiro". In: *Temas de direito civil*, 2001, p. 33.

[24] Mônica Neves Aguiar da Silva Castro, *Honra, imagem, vida privada e intimidade, em colisão com outros direitos*, 2002, p. 67: "Identificados como inatos, no sentido de que não é necessária a prática de ato de aquisição, posto que inerentes ao homem, bastando o nascimento com vida para que passem a existir, os direito da personalidade vêm sendo reconhecidos igualmente aos nascituros".

[25] Miguel Ángel Alegre Martínez, *El derecho a la propia imagen*, 1997, p. 140: "Es de notar, además, que los destinatarios de esse deber genérico son *todas las personas*. El respeto a los derechos fundamentales, traducción del respeto a la dignidad de la persona, corresponde a *todos*, precisamente porque los *derechos* que deben ser respetados son patrimonio de *todos*, y el no respeto a los mismos por parte de cualquiera privará al otro del disfrute de sus derechos, exigido por su dignidad".

[26] V. Gustavo Tepedino, "A tutela da personalidade no ordenamento civil-constitucional brasileiro". In: *Temas de direito civil*, 2001, p. 33 e ss.

só.[27] A intimidade e a vida privada são esferas diversas,[28] compreendidas em um conceito mais amplo: o de *direito de privacidade*. Dele decorre o reconhecimento da existência, na vida das pessoas, de espaços que devem ser preservados da curiosidade alheia, por envolverem o modo de ser de cada um, as suas particularidades. Aí estão incluídos os fatos ordinários, ocorridos geralmente no âmbito do domicílio ou em locais reservados, como hábitos, atitudes, comentários, escolhas pessoais, vida familiar, relações afetivas. Como regra geral, não haverá interesse público em ter acesso a esse tipo de informação.

Ainda no campo do direito de privacidade, a doutrina e a jurisprudência costumam identificar um elemento decisivo na determinação da intensidade de sua proteção: o *grau de exposição pública* da pessoa, em razão de seu cargo ou atividade, ou até mesmo de alguma circunstância eventual. A privacidade de indivíduos de vida pública – políticos, atletas, artistas – sujeita-se a parâmetro de aferição menos rígido do que os de vida estritamente privada. Isso decorre, naturalmente, da necessidade de auto-exposição, de promoção pessoal ou do interesse público na transparência de determinadas condutas. Por vezes, a notoriedade advém de uma fatalidade ou de uma circunstância negativa, como estar envolvido em um acidente ou ter cometido um crime. Remarque-se bem: o direito de privacidade existe em relação a todas as pessoas e deve ser protegido. Mas o âmbito do que se deve interditar à curiosidade do público é menor no caso das pessoas públicas.[29]

Também se entende que não há ofensa à privacidade – isto é, quer à intimidade, quer à vida privada – se o fato divulgado, sobretudo por meios de comunicação de massa, já ingressou no domínio público, pode ser conhecido por outra forma regular de obtenção de informação ou se a divulgação limita-se a reproduzir informação antes difundida.[30] Nesse caso, não se cogita de lesão à privacidade nem tampouco ao direito de imagem (v. *su-*

---

[27] O artigo *The right to privacy*, de Samuel D. Warren e Louis D. Brandeis, publicado na *Harvard Law Review* em 1890, marca o início da construção dogmática desses direitos.

[28] A intimidade corresponde a um círculo mais restrito de fatos relacionados exclusivamente ao indivíduo, ao passo que a vida privada identifica um espaço mais amplo de suas relações sociais. A proteção de uma e outra, portanto, varia de intensidade. Sobre o tema, v. Edilsom Pereira de Farias, *Colisão de direitos – a honra, a intimidade e a imagem versus a liberdade de expressão e de informação*, 2000, p. 140 e ss. e Antonio Fayos Gardó, *Derecho a la intimidad y medios de comunicación*, p. 25 e ss.

[29] V. Pedro Frederico Caldas, *Vida privada, liberdade de imprensa e dano moral*, 1997, p. 99 e ss.; e Miguel Angel Alegre Martínez, *El derecho a la propia imagen*, 1997, p. 120 e ss.

[30] V. Luis Gustavo Grandinetti Castanho de Carvalho, *Direito de informação e liberdade de expressão*, 1999, p. 230: "Antonio Scalise, depois de examinar a jurisprudência italiana, concluiu que a informação jornalística é legítima se preencher três requisitos: o interesse social da notícia, a verdade do fato narrado e a continência da narração. Finalmente, é continente a narrativa quando a exposição do fato e sua valorização não integram os extremos de uma agressão moral, mas é expressão de uma harmônica fusão do dado objetivo de percepção e do pensamento de quem recebe, além de um justo temperamento do momento histórico e do momento crítico da notícia".

pra). Confira-se, nesse sentido, a seguinte ementa de acórdão, relatado pelo Desembargador José Carlos Barbosa Moreira, no qual se discutia se peça teatral que retratava a vida de determinados personagens históricos (Olga Benário e Luiz Carlos Prestes) violava sua intimidade:

> "Verificada a inexistência de ofensa à honra, tampouco se reconhece violação da privacidade, uma vez que os fatos mostrados são do conhecimento geral, ou pelo menos acessíveis a todos os interessados, por outros meios não excepcionais, como a leitura de livro para cuja redação ministrara informações o próprio titular do direito que se alega lesado".[31]

A *honra* é igualmente um direito da personalidade previsto constitucionalmente. Por ele se procura proteger a dignidade pessoal do indivíduo, sua reputação diante de si próprio e do meio social no qual está inserido.[32] De forma geral, a legislação, a doutrina e a jurisprudência estabelecem que o direito à honra é limitado pela circunstância de ser verdadeiro o fato imputado ao indivíduo;[33] nessa hipótese, não se poderia opor a honra pessoal à verdade. Excepcionalmente, porém, a doutrina admite (e a legislação de alguns países autoriza)[34] que se impeça a divulgação de fatos verdadeiros mas detratores da honra individual: é o que se denomina de "segredo da desonra".[35] Os fatos que comportam essa exceção envolvem, de forma geral, circunstâncias de caráter puramente privado, sem repercussão sobre o meio social, de tal modo que de forma muito evidente não exista qualquer interesse público na sua divulgação.[36]

---

[31] TJRJ, DO 03.04.89, AC 1988.001.03920, Rel. Des. Barbosa Moreira.

[32] Nas palavras de Adriano de Cupis (*Os direitos da personalidade*, 1961, apud Edilsom Pereira de Farias, *Colisão de direitos – a honra, a intimidade e a imagem versus a liberdade de expressão e de informação*, 2000, p. 134), citado pela maioria dos autores: "a dignidade pessoal refletida na consideração dos outros e no sentimento da própria pessoa".

[33] Faz-se desde logo o registro de que, sobretudo quando se trata dos meios de comunicação, a verdade em questão não corresponde a uma verdade absoluta, muitas vezes impossível de apurar, e sim a uma verdade subjetiva, plausível ou fundamentada. A este ponto se retornará no próximo capítulo.

[34] Na Inglaterra, o *Rehabilitation of Offenders Act* proíbe a divulgação de informações obtidas por meios ilícitos sobre o cometimento de crimes, quando os condenados já tenham sido reabilitados, bem como a divulgação das referidas informações por pessoas que as tenham obtido em virtude do cargo ou função pública que ocupem. Não há, contudo, nenhum óbice à divulgação de material obtido através de meios regulares – não ilícitos –, no que se incluem os registros públicos. Sobre o tema, v. Antonio Fayos Gardó, *Derecho a la intimidad y medios de comunicación*, 2000, p. 329-30.

[35] V. Edilsom Pereira de Farias, *Colisão de direitos – a honra, a intimidade e a imagem versus a liberdade de expressão e de informação*, 2000, p. 136.

[36] Só se pode afastar a exceção da verdade no caso de imputação de fato relativo exclusivamente à intimidade. Não é o que ocorre, por óbvio, em relação à prática de um crime, que não se inclui sequer na vida privada, sendo um acontecimento de repercussão social por natureza. Nesse sentido, tratando especificamente da configuração de difamação pelo Tribunal Constitucional espanhol. V. Pablo Salvador Coderch (org.), *El mercado de las ideas*, 1990, pp. 166-7: "La *exceptio veritatis* no se admite en materia de intimidad mas, en el marco de una concepción factual del honor, no hay razón para rechazar su alegación en sede de difamación".

Para os fins relevantes ao presente estudo, é importante registrar que o conflito potencial entre a proteção à honra dos acusados e a divulgação de fatos criminosos ou de procedimentos criminais (no momento de sua apuração ou posteriormente) tem sido examinado com freqüência pela doutrina e pela jurisprudência. E, a propósito, existe amplo consenso no sentido de que há interesse público na divulgação de tais fatos, sendo inoponível a ela o direito do acusado à honra.[37] Vejam-se alguns dos elementos que conduzem a essa conclusão: (i) a circunstância de os fatos criminosos divulgados serem verdadeiros, e a informação acerca deles haver sido obtida licitamente (mesmo porque o processo é um procedimento público) afasta por si só a alegação de ofensa à honra; (ii) não se aplica a exceção do "segredo da desonra" porque fatos criminosos, por sua própria natureza, repercutem sobre terceiros (na verdade, sobre toda a sociedade), e tanto não dizem respeito exclusivamente à esfera íntima da pessoa que são considerados criminosos; (iii) ademais, há o interesse público específico na prevenção geral própria do Direito Penal, isto é, a divulgação de que a lei penal está sendo aplicada tem a função de servir de desestímulo aos potenciais infratores.[38]

É oportuno, neste passo, fazer um breve registro sobre o famoso e controvertido caso *Lebach,* julgado em 1973 pelo Tribunal Constitucional Federal alemão. Em linhas gerais, tratava-se de decidir se um canal de televisão poderia exibir documentário sobre um homicídio que havia abalado a opinião pública alemã alguns anos antes, conhecido como "o assassinato de soldados de Lebach". A questão foi suscitada por um dos condenados, então em fase final de cumprimento de pena, sob o fundamento de que a veiculação do programa atingiria a sua honra e, sobretudo, configuraria sério obstáculo ao seu processo de ressocialização. A primeira instância e o tribunal revisor negaram o pedido de liminar formulado pelo autor, que pretendia obstar a exibição. O fundamento adotado foi o de que o envolvimento no fato delituoso o tornara um personagem da

---

[37] Antonio Fayos Gardó, *Derecho a la intimidad y medios de comunicación*, 2000, p. 67: "Asimismo hay interés público en todos los supuestos en que una persona es acusada o juzgada por algún delito: hay sentencias que lo admiten en caso de abuso sexual de menores, violaciones, secuestros, homicidios, etc., aceptándose incluso la existencia del *Public concern* en casos en que la persona ha sido absuelta o ya ha transcurrido mucho tiempo desde la condena". O autor menciona casos da jurisprudência norte-americana. A última hipótese – julgamentos em que houve absolvição ou cuja condenação data de muito tempo – é exemplificada com o caso Wasser v. San Diego Union, Cal. App. 1987, 191 Cal. App. 3d 1455, 236 Cal. Rptr. 772, 775-777.

[38] Sobre o tema, veja-se a respeitada e atual doutrina de Claus Roxin (*Derecho penal – parte general*, tomo I, 1997, p. 90): "La teoria preventiva general tiene también hoy en dia mucha influencia como teoria de la pena. Posee una cierta evidencia de psicologia del profano y se justifica asimismo por la consideración de la psicologia profunda de que muchas personas solo contienen sus impulsos antijurídicos cuando ven que aquel que se permite su satisfacción por meios extralegales no consigue éxito con ello, sino que sufre graves inconvenientes". Na doutrina nacional, confira-se o magistério de Heleno Fragoso, *Lições de direito penal*, 1989, p. 276: "Prevenção geral é a intimidação que se supõe alcançar através da ameaça da pena e de sua efetiva imposição, atemorizando os possíveis infratores".

história alemã recente, o que conferia à divulgação do episódio interesse público inegável, prevalente inclusive sobre a legítima pretensão de ressocialização.

Diante disso, o autor interpôs recurso constitucional (*Verfassungsbeschwerde*) perante o Tribunal Constitucional, alegando, em síntese, violação ao princípio da dignidade da pessoa humana, que abrigaria em seu conteúdo o direito à reinserção social. Após proceder à oitiva de representantes do canal de televisão interessado, da comunidade editorial alemã, de especialistas nos diversos ramos do conhecimento pertinentes, do Governo Federal e do Estado da Federação onde o condenado haveria de se reintegrar, o Tribunal reformou o entendimento dos juízos anteriores, concedendo a liminar para impedir a veiculação do programa, caso houvesse menção expressa ao interessado.

A decisão é controvertida na própria Alemanha e dificilmente seria compatível, em tese, com as opções veiculadas pelo poder constituinte originário de 1988. Também do ponto de vista dos traços do caso concreto, que acabaram por determinar a decisão do Tribunal Constitucional, o caso *Lebach* não serve de paradigma para este tipo de conflito, dadas as grandes especificidades que o cercaram, sobretudo a coincidência temporal entre a iniciativa de exibição do documentário e a soltura de um dos apenados. De parte isto, o temor ao precedente da interdição prévia à veiculação de fatos ou programas não assombra o imaginário político alemão com a intensidade que ocorre no Brasil.

O *direito à imagem* protege a representação física do corpo humano ou de qualquer de suas partes, ou ainda de traços característicos da pessoa pelos quais ela possa ser reconhecida.[39] A reprodução da imagem depende, em regra, de autorização do titular. Nesse sentido, a imagem é objeto de um direito autônomo, embora sua violação venha associada, com freqüência, à de outros direitos da personalidade, sobretudo a honra. Note-se, porém, que a circunstância de já ser público o fato divulgado juntamente com a imagem afasta a alegação de ofensa à honra ou à intimidade, mas não interfere com o direito de imagem, que será violado a cada vez que ocorrerem novas divulgações da mesma reprodução.[40] A doutrina e a jurisprudência, tanto no Brasil como no exterior, registram alguns limites ao direito de imagem.[41]

---

[39] Mônica Neves Aguiar da Silva Castro, *Honra, imagem, vida privada e intimidade, em colisão com outros direitos*, 2002, p. 17: "Compreende-se nesse conceito, não apenas o semblante do indivíduo, mas partes distintas do seu corpo, sua própria voz, enfim, quaisquer sinais pessoais de natureza física pelos quais possa ser ela reconhecida".

[40] Edilsom Pereira de Farias, *Colisão de direitos – a honra, a intimidade e a imagem versus a liberdade de expressão e de informação*, 2000, p. 150.

[41] Miguel Ángel Alegre Martínez (*El derecho a la propia imagen*, 1997, p. 125) lista algumas hipóteses interessantes de limitação legítima ao direito de imagem: fotografias tiradas por radares eletrônicos de trânsito e imagens captadas por câmeras de segurança, inclusive as instaladas nas ruas e espaços públicos.

Atos judiciais, inclusive julgamentos, são públicos via de regra (art. 93, IX da Constituição Federal),[42] o que afasta a alegação de lesão à imagem captada nessas circunstâncias. Igualmente, a difusão de conhecimento histórico, científico e da informação jornalística constituem limites a esse direito.[43]

Com as notas acima, procurou-se delinear os traços gerais dos direitos da personalidade mais relevantes para a hipótese de conflito em exame. A seguir, será feito um estudo semelhante acerca das liberdades de expressão e de informação, bem como da chamada liberdade de imprensa.

2. Liberdades constitucionais de informação e de expressão e a liberdade de imprensa

A doutrina brasileira distingue as liberdades de informação e de expressão,[44] registrando que a primeira diz respeito ao direito individual de comunicar livremente fatos[45] e ao direito difuso de ser deles informado; a liberdade de expressão, por seu turno, destina-se a tutelar o direito de externar idéias, opiniões, juízos de valor, em suma, qualquer manifestação do pensamento humano. Sem embargo, é de reconhecimento geral que a comunicação de fatos nunca é uma atividade completamente neutra: até mesmo na seleção dos fatos a serem divulgados há uma interferência do

---

[42] CF, art. 93, IX: "Todos os julgamentos dos órgãos do Poder Judiciário serão públicos, e fundamentadas todas as decisões, sob pena de nulidade, podendo a lei, se o interesse público o exigir, limitar a presença, em determinados atos, às próprias partes e a seus advogados, ou somente a estes;"

[43] O'Callaghan, *Libertad de expresión y sus límites: honor, intimidad e imagen*, apud Miguel Ángel Alegre Martínez, *El derecho a la propia imagen*, 1997, p. 124: "En efecto, consecuencia de ello es que las imágenes que se capten, publiquen o transmitan de un proceso no entran en el derecho a la imagen de los interesados, los cuales no podrán ejercer sobre las mismas el aspecto positivo y, especialmente, el negativo, que forma su contenido."; Miguel Ángel Alegre Martínez, *El derecho a la propia imagen*, 1997, p. 127: "Otra 'causa de justificación' introducida con carácter general por el artículo 8.1 de la Ley Orgánica 1/1982, es el predominio de 'un interés histórico, científico o cultural relevante'. Para que pueda considerarse justificada la información, por tanto, ha de reunir imágenes que aporten datos importantes para el conocimiento de un hecho, acontecimiento o época, o suponga una aportación importante en el ámbito de la cultura o de la investigación". Luis Gustavo Grandinetti Castanho de Carvalho (*Liberdade de informação e o direito difuso à informação verdadeira*, 1994, p. 38) menciona ainda os seguintes permissivos gerais encontrados na Lei Orgânica de Proteção Civil, também da Espanha: (i) imagens de pessoas públicas captadas em atos públicos ou lugares abertos ao público; (ii) caricaturas de pessoas públicas; (iii) acontecimentos públicos.

[44] Luís Gustavo Grandinetti Castanho de Carvalho, *Direito de informação e liberdade de expressão*, 1999, p. 25: "Por isso é importante sistematizar, de um lado, o direito de informação, e, de outro, a liberdade de expressão. No primeiro está apenas a divulgação de fatos, dados, qualidades, objetivamente apuradas. No segundo está a livre expressão do pensamento por qualquer meio, seja a criação artística ou literária, que inclui o cinema, o teatro, a novela, a ficção literária, as artes plásticas, a música, até mesmo a opinião publicada em jornal ou em qualquer outro veículo".

[45] Porfirio Barroso e María del Mar López Talavera, *La libertad de expresión y sus limitaciones constitucionales*, 1998, p. 49: "La libertad de información se ejerce a través de la difusión de hechos. Pero no todos los hechos pueden ser objeto de la libertad de información, sino sólo aquellos que tienen trascendencia pública: hechos noticiables".

componente pessoal.[46] Da mesma forma, a expressão artística muitas vezes tem por base acontecimentos reais. Talvez por isso o direito norte-americano,[47] o Convênio Europeu de Direitos Humanos (art. 10.1) e a Declaração Universal dos Direitos do Homem (art. 19)[48] tratem as duas liberdades de forma conjunta.

É fora de dúvida que a liberdade de informação se insere na liberdade de expressão em sentido amplo,[49] mas a distinção parece útil por conta de um inegável interesse prático, relacionado com os diferentes requisitos exigíveis de cada uma das modalidades e suas possíveis limitações. A informação não pode prescindir da verdade – ainda que uma verdade subjetiva e apenas possível (o ponto será desenvolvido adiante) – pela circunstância de que é isso que as pessoas legitimamente supõem estar conhecendo ao buscá-la. Decerto, não se cogita desse requisito quando se cuida de manifestações da liberdade de expressão.[50] De qualquer forma, a distinção deve pautar-se por um critério de prevalência: haverá exercício do direito de informação quando a finalidade da manifestação for a comunicação de fatos noticiáveis, cuja caracterização vai repousar sobretudo no critério da sua veracidade.[51]

---

[46] Tribunal Constitucional Espanhol, Sentencia n.º 6.21 ene. Fundamento Jurídico n. 5, *apud* Mônica Neves Aguiar da Silva Castro, *Honra, imagem, vida privada e intimidade, em colisão com outros direitos*, 2002, p. 106: "(...) a comunicação de fatos ou de notícias não se dá nunca em um estado quimicamente puro e compreende, quase sempre, algum elemento valorativo ou, dito de outro modo, uma vocação à formação de uma opinião".

[47] Na doutrina americana, v., dentre outros, Laurence Tribe, *Constitutional law*, 1988, p. 785 e s.; e Nowak, Rotunda e Young, *Constitutional law*, 1986, p. 829 e s.

[48] "Todo o indivíduo tem direito à liberdade de opinião e de expressão, o que implica o direito de não ser inquietado pelas suas opiniões e o de procurar, receber e difundir, sem consideração de fronteiras, informações e idéias por qualquer meio de expressão". O Convênio Europeu de Direitos Humanos é praticamente idêntico.

[49] Porfirio Barroso e María del Mar Lópes Talavera, *La libertad de expresión y sus limitaciones constitucionales*, 1998, p. 50: "Esta configuración autónoma de ambos derechos no puede oscurecer el hecho de que la libertad de información es material y lógicamente una faceta de la libertad de expresión. (...) La construcción dogmática de ambos derechos tiene idénticos fundamentos, o dicho en otras palabras, que las líneas doctrinales que se elaboran en beneficio de la garantía de la libertad de expresión son aplicables, con escasas acomodaciones, a la libertad de información".

[50] Luis Gustavo Grandinetti Castanho de Carvalho, *Direito de informação e liberdade de expressão*, 1999, p. 24: "Todos os doutrinadores citados, mesmo os que, em maioria, adotam uma disciplina comum entre expressão e informação, deparam-se com, pelo menos, uma distinção importante entre os dois institutos: a veracidade e a imparcialidade da informação. E é, justamente, em razão dessa distinção fundamental que se deve pensar em um direito de informação que seja distinto em sua natureza da liberdade de expressão".

[51] Lluis de Carrera Serra, *Régimen jurídico de la Información*, 1996, apud Porfirio Barroso e María del Mar López Talavera, *La libertad de expresión y sus limitaciones constitucionales*, 1998, p. 49): "(...) mientras los hechos, por su materialidad, son susceptibles de prueba, los pensamientos, ideas, opiniones o juicios de valor, no se prestan, por su naturaleza abstracta, a una demonstración de su exactitud, y ello hace que al que ejercita la libertad de expresión no le sea exigible la prueba de la verdad (...), y por tanto, la libertad de expresión es más amplia que la libertad de información, por no operar, en el ejercicio de aquélla, el límite interno de veracidad que es aplicable a ésta".

Direitos Fundamentais, Informática e Comunicação

Além das expressões *liberdade de informação* e de *expressão*, há ainda uma terceira locução que se tornou tradicional no estudo do tema e que igualmente tem assento constitucional: a liberdade de imprensa. A expressão designa a liberdade reconhecida (na verdade, conquistada ao longo do tempo) aos meios de comunicação em geral (não apenas impressos, como o termo poderia sugerir) de comunicarem fatos e idéias, envolvendo, desse modo, tanto a liberdade de informação como a de expressão.

Se de um lado, portanto, as liberdades de informação e expressão manifestam um caráter individual, e nesse sentido funcionam como meios para o desenvolvimento da personalidade, essas mesmas liberdades atendem ao inegável interesse público da livre circulação de idéias, corolário e base de funcionamento do regime democrático, tendo portanto uma dimensão eminentemente coletiva,[52] sobretudo quando se esteja diante de um meio de comunicação social ou de massa. A divulgação de fatos relacionados com a atuação do Poder Público ganha ainda importância especial em um regime republicano, no qual os agentes públicos praticam atos em nome do povo e a ele devem satisfações. A publicidade dos atos dos agentes públicos, que atuam por delegação do povo, é a única forma de controlá-los.

Na verdade, tanto em sua manifestação individual, como especialmente na coletiva, entende-se que as liberdades de informação e de expressão servem de fundamento para o exercício de outras liberdades,[53] o que justifica uma posição de preferência – *preferred position* – em relação aos direitos fundamentais individualmente considerados. Tal posição, consagrada originariamente pela Suprema Corte americana, tem sido reconhecida pela jurisprudência do Tribunal Constitucional espanhol[54] e pela do Tribunal

---

[52] Edilsom Pereira de Farias, *Colisão de direitos – a honra, a intimidade, a vida privada e a imagem versus a liberdade de expressão e informação*, 2000, pp. 166-7: "Se a liberdade de expressão e informação, nos seus primórdios, estava ligada à dimensão individualista da manifestação livre do pensamento e da opinião, viabilizando a crítica política contra o *ancien régime*, a evolução daquela liberdade operada pelo direito/dever à informação, especialmente com o reconhecimento do direito ao público de estar suficientemente e corretamente informado; àquela dimensão individualista-liberal foi acrescida uma outra dimensão de natureza coletiva: a de que a liberdade de expressão e informação contribui para a formação da opinião pública pluralista – esta cada vez mais essencial para o funcionamento dos regimes democráticos, a despeito dos anátemas eventualmente dirigidos contra a manipulação da opinião pública".

[53] Edilsom Pereira de Farias, *Colisão de direitos – a honra, a intimidade, a vida privada e a imagem versus a liberdade de expressão e informação*, 2000, p. 167: "Assim, a liberdade de expressão e informação, acrescida dessa perspectiva de instituição que participa de forma decisiva na orientação da opinião pública na sociedade democrática, passa a ser estimada como elemento condicionador da democracia pluralista e como premissa para o exercício de outros direitos fundamentais".

[54] Lluis de Carrera Serra, *Régimen jurídico de la Información*, 1996, apud Porfirio Barroso e María del Mar López Talavera, *La libertad de expresión y sus limitaciones constitucionales*, 1998, p. 48: "La jurisprudencia constitucional otorga a la libertad de expresión o de información un carácter preferente sobre los demás derechos fundamentales, como son el derecho al honor, la intimidad y la propia imagen. De manera que si la libertad de expresión se practica legítimamente – porque no se utilizan expresiones formalmente injuriosas –, el derecho al honor cede ante ella. O si la libertad de información se ejerce con noticias que son de interés público por su contenido o por referirse a una persona de relevancia pública, ha de protegerse frente al derecho al honor".

Constitucional Federal alemão.[55] Dela deve resultar a absoluta excepcionalidade da proibição prévia de publicações, reservando-se essa medida aos raros casos em que não seja possível a composição posterior do dano que eventualmente seja causado aos direitos da personalidade.[56] A opção pela composição posterior tem a inegável vantagem de não sacrificar totalmente nenhum dos valores envolvidos, realizando a idéia de ponderação.[57]

A Constituição de 1988 traz diversas normas sobre o tema das liberdades de informação, de expressão e de imprensa. Sobre as duas primeiras, de forma geral, podem ser destacados os seguintes dispositivos:

"Art. 5º. (...)
IV – é livre a manifestação do pensamento, sendo vedado o anonimato;
(...)
V – é assegurado o direito de resposta, proporcional ao agravo, além da indenização por dano material, moral, ou à imagem;
(...)
IX – é livre a expressão da atividade intelectual, artística, científica ou de comunicação, independentemente de censura ou licença;
(...)
XIV – é assegurado a todos o acesso à informação e resguardado o sigilo da fonte, quando necessário ao exercício profissional;"

Para tratar dos meios de comunicação social e da liberdade de imprensa, a Constituição empregou artigo próprio, que confere àqueles tratamento privilegiado, nos seguintes termos:

"Art. 220. A manifestação do pensamento, a criação, a expressão e a informação, sob qualquer forma, processo ou veículo não sofrerão qualquer restrição, observado o disposto nesta Constituição.

---

[55] Edilsom Pereira de Farias, *Colisão de direitos – a honra, a intimidade, a vida privada e a imagem versus a liberdade de expressão e informação*, 2000, p. 178: "O *Bundesverfassungsgericht* (Tribunal Constitucional Alemão), especialmente a partir da sentença do caso Lüth, também estabelece uma preferência pela liberdade de expressão e informação ao considerá-la como direito individual indispensável para o regime democrático".

[56] Luis Gustavo Grandinetti Castanho de Carvalho, *Direito de informação e liberdade de expressão*, 1999, p. 51: "Qualquer restrição deve ser determinada por ordem judicial, mediante o devido processo legal. E, mesmo o Poder Judiciário, só deve impor qualquer restrição à liberdade de expressão quando for imprescindível para salvaguardar outros direitos que não possam ser protegidos ou compostos de outro modo menos gravoso. Especialmente, a concessão de liminares só deve ocorrer em casos muitíssimos excepcionais. Na maioria das vezes, o direito invocado pode ser perfeitamente composto com a indenização por dano moral, o que é melhor solução do que impedir a livre expressão. O sistema proposto contribui, também, para criar um sentimento de responsabilidade entre os agentes criativos em geral pelos danos causados pelas suas obras".

[57] Sem prejuízo de que a eventual ponderação se possa resolver pela incidência integral de um dos princípios envolvidos, com correlato afastamento de outros. Essa aferição deve ser feita à luz do caso concreto. Sobre o tema da ponderação v. Wilson Antônio Steinmetz, *Colisão de direitos fundamentais e princípio da proporcionalidade*, 2001.

§ 1º Nenhuma lei conterá dispositivo que possa constituir embaraço à plena liberdade de informação jornalística em qualquer veículo de comunicação social, observado o disposto no art. 5º, IV, V, X, XIII e XIV.

§ 2º É vedada toda e qualquer censura de natureza política, ideológica e artística".[58]

Como se observa das transcrições, a chamada liberdade de imprensa (na verdade, dos meios de comunicação) recebeu um tratamento específico no art. 220. Há quem sustente, aliás, que o § 1º do artigo, ao afirmar que *"Nenhuma lei conterá dispositivo que possa constituir embaraço..."*, restringe a ponderação ao julgamento dos casos concretos, afastando a possibilidade de o legislador a realizar em abstrato.[59] Segundo seus defensores, a tese não importaria a negação da existência de limites imanentes,[60] mas tão-somente afirmaria que a parte inicial do parágrafo proíbe a restrição legislativa, delegando essa tarefa integralmente ao órgão judiciário encarregado da apreciação dos conflitos concretos individualizados. Ao exercer essa função, o órgão jurisdicional estaria – ele sim – adstrito às hipóteses de limitação enumeradas na parte final do dispositivo (incisos IV, V, X, XIII e XIV do art. 5º da própria Constituição).[61]

Independentemente da tese que se acaba de registrar, é evidente que tanto a liberdade de informação, como a de expressão, e bem assim a liberdade de imprensa, não são direitos absolutos, encontrando limites na própria Constituição. É possível lembrar dos próprios direitos da personalidade

---

[58] Ainda na linha do direito à informação, veja-se que o art. 5, XXXIII prevê: "XXXIII – todos têm direito a receber dos órgãos públicos informações de seu interesse particular, ou de interesse coletivo ou geral, que serão prestadas no prazo da lei, sob pena de responsabilidade, ressalvadas aquelas cujo sigilo seja imprescindível à segurança da sociedade e do Estado".

[59] Esta parece ser a posição de Mônica Neves de Aguiar da Silva Castro, em *Honra, imagem, vida privada e intimidade, em colisão com outros direitos*, 2002, p. 116: "Tratando-se de colisão entre direitos fundamentais não sujeitos à reserva de lei, como o são aqueles analisados no presente trabalho, a solução deve ficar a cargo dos Juízes e Tribunais".

[60] Wilson Antonio Steinmetz, *Colisão de direitos fundamentais e princípio da proporcionalidade*, 2001, p. 61: "Em outros termos, a restrição de direitos fundamentais operada pelo legislador ordinário, antecipando-se a futuros conflitos (conflitos em potencial), pode ser justificada invocando-se a teoria dos limites imanentes; o legislador poderá argumentar que, embora não tenham sido prescritos nem direta nem indiretamente pelo legislador constituinte, os limites que está fixando são legítimos, porque imanentes ao sistema de direitos fundamentais e à Constituição como um todo". Por essa teoria, o legislador infraconstitucional poderia restringir direitos fundamentais ainda quando não houvesse reserva de lei – no silêncio do constituinte, portanto – tendo em vista os limites imanentes que a unidade da Constituição impõe. Todavia, de certo não poderia atuar em determinada matéria se houvesse uma proibição explícita do constituinte. Parece ser essa a interpretação que a mencionada autora extrai do art. 220, § 1º, da Constituição.

[61] Gilmar Ferreira Mendes pensa de forma diversa, considerando tratar-se apenas de uma reserva de lei qualificada, que autoriza a edição de lei, mas a vincula aos parâmetros previstos constitucionalmente. Gilmar Ferreira Mendes, "Colisão de direitos fundamentais: liberdade de expressão e de comunicação e direito à honra e à imagem". In: Gilmar Ferreira Mendes, *Direitos fundamentais e controle de constitucionalidade*, 1998, p. 86-7.

já referidos, como a honra, a intimidade, a vida privada e a imagem (arts. 5º, X e 220, § 1º), a segurança da sociedade e do Estado (art. 5º, XIII), a proteção da infância e da adolescência (art. 21, XVI);[62] no caso específico de rádio, televisão e outros meios eletrônicos de comunicação social, o art. 221 traz uma lista de princípios que devem orientar sua programação.

Além desses limites explícitos na Constituição, há outros que podem ser, com facilidade, considerados imanentes. Em relação à liberdade de informação, já se destacou que a divulgação de fatos reais, ainda quando desagradáveis ou mesmo penosos para determinado(s) indivíduo(s),[63] é o que a caracteriza. Da circunstância de destinar-se a dar ciência da realidade, decorre a exigência da verdade – um requisito interno, mais do que um limite[64] –, já que só se estará diante de informação, digna de proteção nesses termos, quando ele estiver presente.[65] Lembre-se, porém, que a verdade aqui não corresponde, nem poderia, a um conceito absoluto.

De fato, no mundo atual, no qual se exige que a informação circule cada vez mais rapidamente, seria impossível pretender que apenas verdades incontestáveis fossem divulgadas pela mídia.[66] Em muitos casos, isso seria o mesmo que inviabilizar a liberdade de informação, sobretudo de informação jornalística, marcada por juízos de verossimilhança e probabilidade.

---

[62] CF, art. 21: "Compete à União: (...) XVI – exercer a classificação, para efeito indicativo, de diversões públicas e de programas de rádio e televisão;"

[63] Luis Gustavo Grandinetti Castanho de Carvalho, *Direito de informação e liberdade de expressão*, 1999, p. 91: "Em mais de uma oportunidade o Tribunal Europeu de Direitos Humanos (*Casos Lingens, Castells, e Open Door e Dublin Well Woman*), consagrou a tese de que a liberdade de informação – e de expressão – não autoriza apenas a divulgação de informação inócua ou indiferente, ou mesmo agradável em relação ao personagem do fato, mas também a informação que ofenda ou moleste". Seguindo a mesma linha, a Suprema Corte americana já autorizou a divulgação de aspectos pessoais e mesmo da identidade de vítima de estupro, a despeito do constrangimento que isso lhe causaria, sob o fundamento de que as referências concretas aumentam o impacto e a verossimilhança da matéria jornalística, conferindo-lhe credibilidade e, por conseqüência, tornando-a mais informativa: "The Court stated that 'plaintiff's photograph and name' were substancially relevant to a newsworthy topic because they strengthen the impact and credibility of the article. They obviate any impression that the problems raised in the article are remote and hypothetical, thus providing an aura of immediacy and even urgency that might not exist had plaintiffs name and photograph been suppressed" (Paul C. Weiler, *Entertainment, media, and the law*, 1997, p. 129).

[64] Em sentido contrário, Pedro Frederico Caldas, *Vida privada, liberdade de imprensa e dano moral*, 1997, p. 108: "A liberdade de imprensa tem *limites internos* e *limites externos*. Os *limites internos* traduzem-se, e.g., nas responsabilidades sociais e no compromisso com a verdade, pois, como acisadamente registra Zannoni, os meios de comunicação devem aceitar e cumprir certas obrigações para com a sociedade, estabelecendo um alto nível profissional e de informação, com base na veracidade, na exatidão, na objetividade e no equilíbrio. Os limites externos encontrariam muros justamente nos limites de outros direitos de igual hierarquia constitucional".

[65] Mônica Neves Aguiar da Silva Castro, *Honra, imagem, vida privada e intimidade, em colisão com outros direitos*, 2002, p. 110: "Se inverídica, sequer se estabelece o conflito, eis que não se insere no âmbito do conteúdo material da liberdade de informação e expressão o de mentir, transmitir dados não verdadeiros ou falsear a verdade".

[66] Luis Gustavo Grandinetti Castanho de Carvalho, *Direito de informação e liberdade de expressão*, 1999, p. 98: "Caso a exigência fosse tomada de modo absoluto, segundo o Tribunal *[Constitucional da Espanha]*, significaria condenar a imprensa ao silêncio".

Assim, o requisito da verdade deve ser compreendido do ponto de vista subjetivo, equiparando-se à diligência do informador,[67] a quem incumbe apurar de forma séria os fatos que pretende tornar públicos.[68]

Fala-se ainda de um limite genérico às liberdades de informação e de expressão que consistiria no *interesse público*.[69] É preciso, no entanto, certo cuidado com essa espécie de cláusula genérica que, historicamente, tem sido empregada, com grande dissimulação, para a prática de variadas formas de arbítrio no cerceamento das liberdades individuais, na imposição de censura e de discursos oficiais de matizes variados. Mesmo porque, vale lembrar que o pleno exercício das liberdades de informação e de expressão constitui um interesse público em si mesmo, a despeito dos eventuais conteúdos que veiculem. O tema vale uma nota específica.

Quando se faz referência à necessidade de se atender ao requisito do *interesse público* no exercício da liberdade de informação e de expressão, na verdade se está cuidando do *conteúdo* veiculado pelo agente. Isto é: procura-se fazer um juízo de valor sobre o interesse na divulgação de determinada informação ou de determinada opinião. Ocorre, porém, que há um interesse público da maior relevância no próprio instrumento em si, isto é, na própria liberdade, independentemente de qualquer conteúdo. Não custa lembrar que é sobre essa liberdade que repousa o conhecimento dos cidadãos acerca do que ocorre à sua volta;[70] é sobre essa liberdade, ao menos em Estados plurais, que se deve construir a confiança nas instituições e na democracia. O Estado que censura o programa televisivo de má qualidade pode, com o mesmo instrumental, censurar matérias jorna-

---

[67] Luis Gustavo Grandinetti Castanho de Carvalho, *Direito de informação e liberdade de expressão*, 1999, p. 97: "É certo que, nos casos concretos, torna-se difícil estabelecer o que é verdade e o que é falsidade. Qualquer que seja o critério adotado há que levar em conta essa dificuldade e há que ser flexível. O que se deve exigir dos órgãos de informação é a diligência em apurar a verdade; o que se deve evitar é a despreocupação e a irresponsabilidade em publicar ou divulgar algo que não resista a uma simples aferição".

[68] Essa flexibilização chega a extremos na jurisprudência da Suprema Corte norte-americana, no que é seguida pelo Tribunal Constitucional espanhol. Essas Cortes, quando a notícia diz respeito a funcionário público no exercício de suas funções, exigem apenas que o veículo de comunicação não tenha procedido com *actual malice*, ou seja, com conhecimento da falsidade ou da provável falsidade do que publicam. O *leading case* na matéria foi New York Times vs. Sullivan, julgado pela Suprema Corte dos Estados Unidos em 1964 (376 U.S. 254). V. Dermit L. Hall (editor), *The Oxford companion to the Supreme Court*, 1992, pp. 586-7.

[69] Jávier Terrón Montero, *Libertad de expresión y Constitución*, 1980, *apud* Porfirio Barroso e María del Mar Lópes Talavera, *La libertad de expresion y sua limitaciones constitucionales*, 1998, p. 50: "Dos son los órdenes de limitaciones impuestas generalmente a la libertad de expresión-información: el interés público general y el derecho a la intimidad personal".

[70] Luis Gustavo Grandinetti Castanho de Carvalho, *Liberdade de informação e direito difuso à informação verdadeira*, 1994, p. 88: "A notícia tem uma finalidade social, que é colocar a pessoa sintonizada com o mundo que a rodeia, de modo que todas as pessoas tenham acesso igualitário à informação disponível, para que possam desenvolver toda a potencialidade de sua personalidade e, assim, possam tomar as decisões que a comunidade exige de cada integrante".

lísticas "inconvenientes",[71] sem que o público exerça qualquer controle sobre o filtro que lhe é imposto.

A conclusão a que se chega, portanto, é a de que o interesse público na divulgação de informações – reiterando-se a ressalva sobre o conceito já pressupor a satisfação do requisito da verdade subjetiva – é presumido. A superação dessa presunção, por algum outro interesse, público ou privado, somente poderá ocorrer, legitimamente, nas situações-limite, excepcionalíssimas, de quase ruptura do sistema. Como regra geral, não se admitirá a limitação de liberdade de expressão e de informação, tendo-se em conta a já mencionada *preferred position* de que essas garantias gozam.

Um último aspecto do conflito potencial entre as liberdades de informação e de expressão e seus limites envolve não as normas em oposição, mas as modalidades disponíveis de restrição, mais ou menos intensas, de tais liberdades. Como referido inicialmente, a ponderação deverá decidir não apenas qual bem constitucional deve preponderar no caso concreto, mas também em que medida ou intensidade ele deve preponderar. A restrição mais radical, sempre excepcional e não prevista explicitamente pelo constituinte em nenhum ponto do texto de 1988, é a proibição prévia da publicação ou divulgação do fato ou da opinião. Essa é uma modalidade de restrição que elimina a liberdade de informação e/ou de expressão. Em seguida, a própria Constituição admite a existência de crimes de opinião (art. 53, *a contrario sensu*), bem como a responsabilização civil por danos materiais ou morais (art. 5º, V e X), ou seja: o exercício abusivo das liberdades de informação e de expressão poderá ocasionar a responsabilização civil ou mesmo criminal. Por fim, a Constituição previu ainda o direito de resposta (art. 5º, V) como mecanismo de sanção.

---

[71] Há um julgado da Corte Européia de Direitos Humanos que reconhece a liberdade de expressão ainda quando o seu exercício possa interferir com a credibilidade e a imparcialidade de uma decisão do Poder Judiciário. A decisão, obtida por maioria apertada, entendeu que a circunstância – reconhecida pela Corte como efetivamente presente – de a divulgação de fatos que constituíam o objeto de um rumoroso processo poder afetar a credibilidade da futura decisão não afastava a liberdade de expressão, já que o interesse público militava pela disseminação das informações, relativas a uma questão de saúde pública (no caso, o modo como haviam sido conduzidos os testes do remédio Talidomida. V. Vincent Berger, *Jurisprudence de la Cour Européene des Droits de LHomme*, 2002, p. 487: "Larrêt poursuit en soulignant limportance dans une société démocratique, du principe de la liberté dexpression, qui sapplique au domaine de ladministration de la justice comme aux autres. Non seulement il incombe aux mass media de communiquer des informations et des idées sur les questions dont connaissent les tribunaux, mais encore le public a le droit d'en recevoir. (...) A une faible majorité (onze voix contre neuf), la Cour conclut que l'ingérence ne correspondait pas à un besoin social assez impérieux pour primer l'intérêt public s'attachant à la liberté d'expression; ne se fondant donc pas sur des motifs suffisants sous l'angle de l'article 10 § 2, elle n'était ni proportionnée au but légitime poursuivi ni nécessaire, dans une société démocratique, pour garantir l'autorité du pouvoir judiciaire. Dès lors, il y a eu violation de l'article 10".

3. Parâmetros constitucionais para a ponderação na hipótese de colisão

A partir das notas teóricas estabelecidas no tópico anterior, é possível desenvolver um conjunto de parâmetros que se destinam a mapear o caminho a ser percorrido pelo intérprete, diante do caso concreto. São elementos que devem ser considerados na ponderação entre a liberdade de expressão e informação (especialmente esta última, pois é a que mais diretamente interessa ao estudo), de um lado, e os direitos à honra, à intimidade, à vida privada e à imagem, de outro. Os parâmetros apurados até aqui seguem enunciados abaixo.

A) *A veracidade do fato*

A informação que goza de proteção constitucional é a informação verdadeira. A divulgação deliberada de uma notícia falsa, em detrimento do direito da personalidade de outrem, não constitui direito fundamental do emissor. Os veículos de comunicação têm o dever de apurar, com boa-fé e dentro de critérios de razoabilidade, a correção do fato ao qual darão publicidade. É bem de ver, no entanto, que não se trata de uma verdade objetiva, mas subjetiva, subordinada a um juízo de plausibilidade e ao ponto de observação de quem a divulga. Para haver responsabilidade, é necessário haver clara negligência na apuração do fato ou dolo na difusão da falsidade.

B) *Licitude do meio empregado na obtenção da informação*

O conhecimento acerca do fato que se pretende divulgar tem de ter sido obtido por meios admitidos pelo direito. A Constituição, da mesma forma que veda a utilização, em juízo, de provas obtidas por meios ilícitos, também interdita a divulgação de notícias às quais se teve acesso mediante cometimento de um crime. Se a fonte da notícia fez, *e.g.*, uma interceptação telefônica clandestina, invadiu domicílio, violou o segredo de justiça em um processo de família ou obteve uma informação mediante tortura ou grave ameaça, sua divulgação não será legítima. Note-se ainda que a circunstância de a informação estar disponível em arquivos públicos ou poder ser obtida por meios regulares e lícitos torna-a pública e, portanto, presume-se que a divulgação desse tipo de informação não afeta a intimidade, a vida privada, a honra ou a imagem dos envolvidos.[72]

---

[72] Nesse sentido, a Suprema Corte americana já decidiu que o fato de o material ter sido obtido através da consulta a registros públicos descaracteriza qualquer ilicitude na sua divulgação, ainda quando em franca oposição a uma lei do Estado em questão que proibia a publicação de determinadas informações – no caso em comento, a identidade de vítimas do crime de estupro. Confira-se em Paul C. Weiler, *Entertainment, media, and the law*, 1997, p. 125: "In *Cox Broadcasting v. Cohn*, 420 U.S. 469 (1975), the Supreme Court held that states cannot bar publication of truthful information contained in public records that are open to public inspection. A reporter for WSB-TV, a Cox Broadcasting television station, obtained the name of a deceased rape victim by reviewing criminal indictments of accused

C) *Personalidade pública ou estritamente privada da pessoa objeto da notícia*

As pessoas que ocupam cargos públicos têm o seu direito de privacidade tutelado em intensidade mais branda. O controle do poder governamental e a prevenção contra a censura ampliam o grau legítimo de ingerência na esfera pessoal da conduta dos agentes públicos. O mesmo vale para as pessoas notórias, como artistas, atletas, modelos e pessoas do mundo do entretenimento. Evidentemente, menor proteção não significa supressão do direito. Já as pessoas que não têm vida pública ou notoriedade desfrutam de uma tutela mais ampla de sua privacidade.[73]

D) *Local do fato*

Os fatos ocorridos em local reservado têm proteção mais ampla do que os acontecidos em locais públicos. Eventos ocorridos no interior do domicílio de uma pessoa, como regra, não são passíveis de divulgação contra a vontade dos envolvidos. Mas se ocorrerem na rua, em praça pública ou mesmo em lugar de acesso ao público, como um restaurante ou o saguão de um hotel, em princípios serão fatos noticiáveis.

E) *Natureza do fato*

Há fatos que são notícia, independentemente dos personagens envolvidos. Acontecimentos da natureza (tremor de terra, enchente), acidentes (automobilístico, incêndio, desabamento), assim como crimes em geral,[74] são passíveis de divulgação por seu evidente interesse jornalístico, ainda quando exponham a intimidade, a honra ou a imagem de pessoas neles envolvidos.

F) *Existência de interesse público na divulgação em tese*

O interesse público na divulgação de qualquer fato verdadeiro se presume, como regra geral. A sociedade moderna gravita em torno da notícia, da informação, do conhecimento e de idéias. Sua livre circulação, portanto, é da essência do sistema democrático e do modelo de sociedade aberta e pluralista que se pretende preservar e ampliar. Caberá ao interessado na

---

rapists that were available for public inspection. Despite a Georgias law prohibiting the broadcast or publication of a rapes victim identity, the reporter broadcast the victims name in a news report concerning the rape. The victims father filed suit alleging violation of the Georgia law and invasion of privacy. The Supreme Court held that state law could not both leave the information accessible to the general public and bar publication by the print or broadcast media".

[73] V. Luís Roberto Barroso, "O Ministro e D. Nininha". In: Jornal *A tarde*, Bahia, 25.04.2003.

[74] Confira-se a afirmação taxativa de Antonio Fayos Gardó, *Derecho a la intimidad y medios de comunicación*, 2000, p. 67: "Asimismo hay interés público en todos los supuestos en que una persona es acusada o juzgada por algún delito: hay sentencias que lo admiten en caso de abuso sexual de menores, violaciones, secuestros, homicidios, etc., aceptándose incluso la existencia del *Public concern* en casos en que la persona ha sido absuelta o ya ha transcurrido mucho tiempo desde la condena".

não-divulgação demonstrar que, em determinada hipótese, existe um interesse privado excepcional que sobrepuja o interesse público residente na própria liberdade de expressão e de informação.[75]

G) *Existência de interesse público na divulgação de fatos relacionados com a atuação de órgãos públicos*

Em um regime republicano, a regra é que toda a atuação do Poder Público, em qualquer de suas esferas, seja pública, o que inclui naturalmente a prestação jurisdicional. A publicidade, como é corrente, é o mecanismo pelo qual será possível ao povo controlar a atuação dos agentes que afinal praticam atos em seu nome. O art. 5º, XXXIII, como referido, assegura como direito de todos o acesso a informações produzidas no âmbito de órgãos públicos, salvo se o sigilo for indispensável à segurança da sociedade e do Estado.

H) *Preferência por sanções* a posteriori, *que não envolvam a proibição prévia da divulgação*

O uso abusivo da liberdade de expressão e de informação pode ser reparado por mecanismos diversos, que incluem a retificação, a retratação, o direito de resposta e a responsabilização, civil ou penal e a interdição da divulgação. Somente em hipóteses extremas se deverá utilizar a última possibilidade. Nas questões envolvendo honra e imagem, por exemplo, como regra geral será possível obter reparação satisfatória após a divulgação, pelo desmentido – por retificação, retratação ou direito de resposta – e por eventual reparação do dano, quando seja o caso. Já nos casos de violação da privacidade (intimidade ou vida privada), a simples divulgação poderá causar o mal de um modo irreparável. Veja-se a diferença. No caso de violação à honra: se a imputação de um crime a uma pessoa se revelar falsa, o desmentido cabal minimizará a sua conseqüência. Mas no caso da intimidade, se se divulgar que o casal se separou por disfunção sexual de um dos cônjuges – hipótese que em princípio envolve fato que não poderia ser tornado público – não há reparação capaz de desfazer efetivamente o mal causado.

---

[75] Luis Gustavo Grandinetti Castanho de Carvalho, *Liberdade de informação e direito difuso à informação verdadeira*, 1994, p. 64: "Pois bem. Se examinarmos a natureza desse direito à informação verdadeira, vamos concluir que se trata de um direito 'transindividual', 'indivisível', cujos titulares são 'pessoas indeterminadas e ligadas por circunstâncias de fato'. Transindividual e indivisível porque a informação jornalística é destinada a todas as pessoas que se disponham a recebê-la, sem que se possa individualizar e dividir qual informação será difundida para este indivíduo e qual para aquele. Todos são igualmente titulares desse direito desse direito de receber informação e é inegável que todos os titulares estão ligados pela circunstância de fato de serem leitores do mesmo jornal, ouvintes do mesmo rádio ou espectadores da mesma emissora de televisão".

IV. *A questão sob a ótica infraconstitucional.*
Parâmetros criados pelo legislador para a ponderação
na hipótese de colisão

Encerrado o exame da questão sob a ótica constitucional, cabe agora verificar se há normas infraconstitucionais que postulam aplicação ao caso. A resposta é afirmativa. Como se sabe, e a grande quantidade de obras publicadas sobre o assunto dá conta,[76] a colisão ou a aparente colisão entre as liberdades de informação e de expressão e os direitos à honra, à intimidade e à imagem são relativamente freqüentes, a maior parte das vezes envolvendo os meios de comunicação. Não é de surpreender, portanto, que o legislador fosse atraído pela idéia de criar soluções gerais para o tema. Relembre-se, no entanto, como já assinalado, que uma lei que pretenda arbitrar uma colisão de direitos fundamentais de forma rígida e abstrata enfrentará dois óbices principais e interligados – a unidade da Constituição e a ausência de hierarquia entre os direitos –, que levam à mesma conseqüência: a ausência de fundamento de validade para a preferência atribuída a um direito em detrimento de outro em caráter geral e permanente.

Em particular, no que diz respeito à liberdade de informação reconhecida aos meios de comunicação, o espaço reservado ao legislador sofre ainda a restrição categórica do § 1º do art. 220 de que *"Nenhuma lei conterá dispositivo que possa constituir embaraço à plena liberdade de informação jornalística (...) observado o disposto no art. 5º, IV, V, X, XIII e XIV"*. Como consignado anteriormente, há quem defenda a tese de que a disposição transcrita simplesmente proíbe a atuação do legislador na matéria (v. *supra*). Mesmo que assim não se entenda, é certo, no entanto, que os limites impostos à lei no que diz respeito à disciplina da colisão de direitos fundamentais em geral aplica-se à colisão dos direitos em questão.

Pois bem. Duas normas existentes hoje no ordenamento procuram arbitrar a colisão entre as liberdades de informação e expressão e os direitos à honra, à intimidade e à imagem: o art. 21 da Lei de Imprensa (Lei nº 5.250, de 09.02.67) e o art. 20 do novo Código Civil. Cabe agora examinar seu sentido e alcance, bem como sua compatibilidade com o exposto sobre os parâmetros constitucionais que devem orientar a solução dessa espécie de colisão.

1. Interpretação constitucionalmente adequada
do art. 21, § 2º da Lei de Imprensa (Lei nº 5.250/1967)

A Lei nº 5.250/1967, conhecida como Lei de Imprensa, dedica uma seção inteira (arts. 12 a 28) ao tratamento "Dos Abusos no Exercício da

---
[76] V. nota 6.

Liberdade de Manifestação do Pensamento e Informação". Não é preciso tecer maiores comentários sobre as circunstâncias históricas em que a norma foi editada – em plena ditadura militar –, mesmo porque a própria leitura do texto já revela sua inspiração. Apenas como exemplo, vale registrar que seu art. 16 considera crime, sujeito a detenção por até 6 meses, publicar "fatos verdadeiros truncados ou deturpados, que provoquem: I – perturbação da ordem pública ou alarma social; II – desconfiança no sistema bancário ou abalo de crédito de instituição financeira ou de qualquer empresa, pessoa física ou jurídica; III – prejuízo ao crédito da União, do Estado, do Distrito Federal ou do Município; IV – sensível perturbação na cotação das mercadorias e dos títulos imobiliários no mercado financeiro". O art. 17, por sua vez, considera abusiva a manifestação de pensamento e de informação que *ofenda a moral pública e os bons costumes*, sujeitando o infrator a pena de detenção de 3 (três) meses a 1 (um) ano, e multa de 1 (um) a 20 (vinte) salários-mínimos da região.

Pois bem. No rol de condutas abusivas foi incluído o art. 21, que tem a seguinte redação:

"Art. 21 – Difamar alguém, imputando-lhe fato ofensivo à sua reputação:

Pena: Detenção de 3 (três) a 18 (dezoito) meses, e multa de 2 (dois) a 10 (dez) salários-mínimos da região.

§ 1º À exceção da verdade somente se admite:

a) se o crime é cometido contra funcionário público, em razão das funções ou contra órgão ou entidade que exerça funções de autoridade pública;

b) se o ofendido permite a prova.

§ 2º Constitui crime de difamação a publicação ou transmissão, salvo se motivada por interesse público, de fato delituoso, se o ofendido já tiver cumprido pena a que tenha sido condenado em virtude dele".

O exame da norma transcrita suscita dois problemas de ordem constitucional, um geral, relacionado com o *caput*, e um específico, envolvendo o § 2º. De acordo com o *caput* do artigo transcrito, constituiria crime de difamação (salvo nos casos em que se admite a exceção da verdade) imputar fato *verdadeiro* a alguém, caso tal fato seja ofensivo à reputação do indivíduo. Alguns exemplos ajudam na compreensão da dificuldade que a aplicação do dispositivo acarreta: jornalista que denunciasse fatos verdadeiros, obtidos licitamente, mas ofensivos, *e.g.*, à reputação de candidatos a algum cargo público, cometeria crime de difamação;[77] o mesmo ocorrendo com a

---
[77] Salvo se os ofendidos admitissem a exceção da verdade.

divulgação por um repórter de práticas antiéticas de empresários ou desportistas.

A espécie de restrição contida no *caput,* como se vê, é de difícil compatibilização com um Estado plural e democrático – já que só admitiria a divulgação de fatos que promovessem a louvação dos indivíduos[78] –, por interferirem com as liberdades de imprensa, de crítica em geral e de investigação jornalística, especialmente protegidas pela Constituição de 1988. Ainda quando se pudesse admitir a validade desse dispositivo, ele só poderia ser aplicado quando se detectasse apenas o dolo de difamar, estando totalmente ausente o interesse público. Certo é, todavia, que o interesse público sempre se presume na divulgação de um fato verdadeiro.

Esta é, igualmente, a questão em jogo com relação ao § 2º do mesmo artigo, ao pretender tipificar a publicação ou transmissão de fato delituoso, se o ofendido já tiver cumprido pena a que tenha sido condenado em virtude dele. Aqui, a excludente representada pelo *interesse público* vem expressamente consignada. A esse propósito, impõem-se duas observações. A primeira é a de que, conforme já sublinhado, a Constituição de 1988 consagra as liberdades de informação e de expressão (aqui especificamente de informação) como valiosas em si mesmas, independentemente do conteúdo que veiculem, por serem garantias essenciais para a manutenção do *status* de liberdade, da democracia e do pluralismo.

A segunda é a de que nessa hipótese – a do § 2º do art. 21 da Lei n 5.250/67 –, a divulgação se refere a fatos verdadeiros, assim reconhecidos pelos órgãos judiciais competentes. E mais: o conhecimento sobre eles pode ser obtido por via lícita, já que as informações constam de registros públicos. Portanto, à vista de todos esses elementos – papel da liberdade de expressão, verdade dos fatos e licitude dos meios –, o interesse público na divulgação se presume. De modo que a cláusula excludente constante do dispositivo constitui a regra, sendo que a presunção de legitimidade da divulgação somente cederá em hipóteses muito excepcionais, devidamente

---

[78] Pablo Salvador Coderch (org.), *El mercado de las ideas*, 1990, pp. 166-7: "Una regulación de la difamación interpretada según las exigencias normativas de la Constitución supone que se responde únicamente por enunciados indicativos (apofánticos) y factuales que son falsos (o intrusivos en la intimidad), pero no por opiniones, por valoraciones y comentarios de hechos.
La distinción es fundamental en una sociedad de hombres libres que piensan de distintas y enfrentadas maneras: se defiende a los ciudadanos de la falsedad descarada de una noticia porque la mentira no tiene valor constitucional ('información veraz', art. 20.1 d CE), pero no de opiniones publicadas en las páginas editoriales (las llamadas páginas de opinión, tribunas libres). El lector avezado puede, ante hechos conocidos, profetizar cómo serán a grandes rasgos los editoriales de los diferentes diarios nacionales y locales. Compramos los diarios que cuentan lo que queremos leer.
(...)
Si se dejan claros los hechos o estos son notorios, la opinión personal no impide la formación de otra más ecuánime y, al revés, cuanto más disparatada es la expuesta, más facilmente se genera la reacción de la opinión madura y reflexiva, de la que calibra sensatamente la 'gravedad' de los hechos".

comprovadas, aptas a afastar o interesse público. Leitura diversa levaria à não recepção do dispositivo pela ordem constitucional de 1988.

Em suma: tanto no caso do *caput* do art. 21 como no do seu § 2º, a presença do interesse público na divulgação de fatos noticiáveis excluirá o crime. Tal interesse é presumido, só podendo ser afastado mediante demonstração expressa de sua ausência e do dolo de difamar.

2. Interpretação constitucionalmente adequada do art. 20 do novo Código Civil

O novo Código Civil abriu um capítulo especial para tratar dos direitos da personalidade (arts. 11 a 21) e, ao fazê-lo, procurou prescrever uma fórmula capaz de solucionar os possíveis conflitos entre esses direitos e as liberdades de informação e de expressão. Esta a origem do art. 20, que tem a seguinte dicção:

"Art. 20. Salvo se autorizadas, ou se necessárias à administração da justiça ou à manutenção da ordem pública, a divulgação de escritos, a transmissão da palavra, ou a publicação, a exposição ou a utilização da imagem de uma pessoa poderão ser proibidas, a seu requerimento e sem prejuízo da indenização que couber, se lhe atingirem a honra, a boa fama ou a respeitabilidade, ou se se destinarem a fins comerciais".

A interpretação mais evidente do dispositivo produz a seguinte conclusão: pode ser proibida, a requerimento do interessado, a utilização da imagem de alguém ou a divulgação de fatos sobre a pessoa, em circunstâncias capazes de lhe atingir a honra, a boa fama ou a respeitabilidade, inclusive para fins jornalísticos (já que a norma não distingue). As exceções ao preceito são: (i) a autorização da pessoa envolvida ou a circunstância de a exibição ser necessária para (ii) a *administração da justiça* ou (iii) a *manutenção da ordem pública*. Ou seja: pode ser proibido tudo o que não tenha sido autorizado e não seja necessário à administração da justiça ou à manutenção da ordem pública. Na sua leitura mais óbvia, a norma não resiste a um sopro de bom direito. Impõem-se, assim, algumas observações.

Em primeiro lugar, o dispositivo transcrito emprega dois estranhos conceitos – *administração da justiça* e *manutenção da ordem pública* –, que não constam do texto constitucional e são amplamente imprecisos e difusos. Que espécie de informação ou imagem de uma pessoa poderia ser necessária à administração da justiça? Fatos relacionados a condutas ilícitas, na esfera cível e criminal, talvez. E quanto à *manutenção da ordem pública?* Trata-se de conceito ainda mais indefinido. A divulgação de fotos de criminosos procurados pela polícia poderia enquadrar-se nesse parâmetro, e talvez até mesmo na idéia de administração da justiça. De toda sorte, a fragilidade constitucional desses conceitos pode ser facilmente percebida mediante um exercício simples: o teste de sua incidência sobre diversas hipóteses é capaz de produzir resultados inteiramente incompatíveis com a Constituição.

Suponha-se que uma alta autoridade da República seja atingida por um ovo arremessado por um manifestante e reaja com um insulto preconceituoso. A divulgação do episódio certamente traz uma exposição negativa de sua imagem. O evento, por sua vez, nada tem a ver com a administração da justiça ou com a manutenção da ordem pública. Pergunta-se: é compatível com a Constituição impedir a divulgação desse fato? Parece evidente que não. Imagine-se, agora, que um jornalista apure que determinado governador de Estado era, até pouco antes da posse, sócio em uma empresa de fachada, acusada de lavagem de dinheiro. Tampouco aqui pareceria legítimo proibir a divulgação da notícia, independentemente de prévia autorização ou de qualquer repercussão sobre a administração da justiça ou a ordem pública. Considere-se um exemplo inverso. Um servidor público é suspeito da prática de ato de improbidade. A autoridade que conduz a investigação decide publicar uma foto do investigado na imprensa, solicitando a todos os que tenham alguma informação relevante para incriminá-lo que se dirijam a determinada repartição. A providência poderia até ser útil para a administração da justiça, mas tal conduta certamente não se afigura legítima à luz da Constituição.

Como se vê, os critérios empregados pelo Código Civil não encontram qualquer amparo constitucional e, na prática, acabam por corresponder à velha cláusula do interesse público, que já serviu a tantos regimes arbitrários. É interessante notar, aliás, que embora o novo Código conte pouco mais de um ano de existência, esse dispositivo foi concebido entre o fim da década de 60 e o início da década de 70, pois já constava do Anteprojeto de Código Civil de 1972.[79] O ambiente no qual nasceu provavelmente explica a inadequação da filosofia a ele subjacente bem como dos conceitos utilizados.

Na verdade, ainda há pouquíssimo material doutrinário produzido sobre o referido art. 20, o que não impediu Luis Gustavo Grandinetti Castanho de Carvalho de condenar o dispositivo como inconstitucional, nos seguintes termos:

> "O artigo 20 do novo Código Civil, que representa uma ponderação de interesses por parte do legislador, é desarrazoado, porque valora bens constitucionais de modo contrário aos valores subjacentes à

---

[79] Em redação idêntica à do Código Civil recentemente promulgado: "Art. 20. Salvo se autorizadas, ou se necessárias à administração da justiça ou à manutenção da ordem pública, a difusão de escritos, a transmissão da palavra, ou a publicação, a exposição ou a utilização da imagem de uma pessoa poderão ser proibidas, a seu requerimento e sem prejuízo da indenização que couber, se lhe atingirem a honra, a boa fama ou a respeitabilidade, ou se se destinarem a fins comerciais".

Constituição. A opção do legislador, tomada de modo apriorístico e desconsiderando o bem constitucional da liberdade de informação, pode e deve ser afastada pela interpretação constitucional".[80]

De fato, as leituras mais evidentes do art. 20 do novo Código o levam a um confronto direto com a Constituição: as liberdades de expressão e de informação são por ele esvaziadas; consagra-se uma inválida precedência abstrata de outros direitos fundamentais sobre as liberdades em questão; e as supostas válvulas de escape para essa regra geral de preferência são cláusulas que não repercutem qualquer disposição constitucional. Nada obstante essa primeira visão, parece possível adotar uma interpretação conforme a Constituição[81] do dispositivo, capaz de evitar a declaração formal de inconstitucionalidade de seu texto. Confira-se o argumento.

A interpretação que se entende possível extrair do art. 20 referido – já no limite de suas potencialidades semânticas, é bem de ver – pode ser descrita nos seguintes termos: o dispositivo veio tornar possível o mecanismo da proibição prévia de divulgações (até então sem qualquer previsão normativa explícita) que constitui, no entanto, providência inteiramente excepcional. Seu emprego só será admitido quando seja possível afastar, por motivo grave e insuperável, a presunção constitucional de interesse público que sempre acompanha a liberdade de informação e de expressão, especialmente quando atribuída aos meios de comunicação.

Ou seja: ao contrário do que poderia parecer em uma primeira leitura, a divulgação de informações verdadeiras e obtidas licitamente sempre se presume necessária ao bom funcionamento da ordem pública e apenas em casos excepcionais, que caberá ao intérprete definir diante de fatos reais inquestionáveis, é que se poderá proibi-la. Essa parece ser a única forma de fazer o art. 20 do Código Civil conviver com o sistema constitucional; caso não se entenda o dispositivo dessa forma, não poderá ele subsistir validamente.

---

[80] Luís Gustavo Grandinetti Castanho de Carvalho, Direito à informação X direito à privacidade. O conflito de direitos fundamentais. Fórum: Debates sobre a Justiça e Cidadania. *RAMAERJ*, 5:15, 2002.
[81] Sobre o tema, v. Luís Roberto Barroso, *Interpretação e aplicação da Constituição*, 2004, p. 188: "A interpretação conforme a Constituição compreende sutilezas que se escondem por trás da definição truística do princípio. Cuida-se, por certo, da escolha de uma linha de interpretação de uma norma legal, em meio a outras que o Texto comportaria. Mas, se fosse somente isso, ela não se distinguiria da mera presunção de constitucionalidade dos atos legislativos, que também impõe o aproveitamento da norma sempre que possível. O conceito sugere mais: a necessidade de buscar uma interpretação que não seja a que decorre da leitura mais óbvia do dispositivo. É, ainda, da sua natureza excluir a interpretação ou as interpretações que contravenham a Constituição"; e Gilmar Ferreira Mendes, *Jurisdição Constitucional*, 1999, p. 230 e 235: "Oportunidade para interpretação conforme à Constituição existe sempre que determinada disposição legal oferece diferentes possibilidades de interpretação, sendo algumas delas incompatíveis com a própria Constituição. (...) Não raras vezes, a preservação da norma, cuja expressão literal comporta alternativas constitucionais e alternativas inconstitucionais, ocorre mediante restrição das possibilidades de interpretação, reconhecendo-se a validade da lei com a exclusão da interpretação considerada inconstitucional".

V. Solução da ponderação na hipótese em estudo

Antes de aplicar ao tipo de colisão objeto deste estudo o conjunto de argumentos doutrinários e normativos que se vem de expor, não se pode deixar de localizar a teoria jurídica no tempo, no espaço e na história, sem o que ela perderia boa parte de seu sentido. Como se sabe, a história da liberdade de expressão e de informação, no Brasil, é uma história acidentada. Convive com golpes, contra-golpes, sucessivas quebras da legalidade e pelo menos duas ditaduras de longa duração: a do Estado Novo, entre 1937 e 1945, e o Regime Militar, de 1964 a 1985. Desde o Império, a repressão à manifestação do pensamento elegeu alvos diversos, da religião às artes. As razões invocadas eram sempre de Estado: segurança nacional, ordem pública, bons costumes. Os motivos reais, como regra, apenas espelhavam um sentido autoritário e intolerante do poder.

Durante diferentes períodos, houve temas proibidos, ideologias banidas, pessoas malditas. No jornalismo impresso, o vazio das matérias censuradas era preenchido com receitas de bolo e poesias de Camões. Na televisão, programas eram proibidos ou mutilados. Censuravam-se músicas, peças, livros e novelas. O Ballet Bolshoi foi proibido de apresentar-se no Brasil, sob a alegação de constituir propaganda comunista. Um surto de meningite teve sua divulgação vedada por contrastar com a imagem que se queria divulgar do país.

Em fases diferentes da experiência brasileira, a vida foi vivida nas entrelinhas, nas sutilezas, na clandestinidade. A interdição compulsória da liberdade de expressão e de informação, por qualquer via, evoca episódios de memória triste e dificilmente pode ser vista com naturalidade ou indiferença. É claro que uma ordem judicial, precedida de devido processo legal, não é uma situação equiparada à da presença de censores da Polícia Federal nas redações e nos estúdios. Mas há riscos análogos. E o passado é muito recente para não assombrar.

Feita a digressão, e retornando ao ponto, cabe examinar as duas situações descritas no início deste estudo, que envolvem a legitimidade ou não da exibição, independentemente de autorização dos eventuais envolvidos, de programas ou matérias jornalísticas nos quais: (i) seja citado o nome ou divulgada a imagem de pessoas relacionadas com o evento noticiado ou (ii) sejam relatados e encenados eventos criminais de grande repercussão ocorridos no passado.

Examine-se em primeiro lugar a segunda circunstância, mais específica quanto aos fatos, que diz respeito à divulgação de eventos e procedimentos criminais de grande repercussão ocorridos no passado. Ora, todos os parâmetros listados no tópico III.3. indicam a legitimidade constitucional da divulgação desses fatos.

Com efeito, trata-se em primeiro lugar de *fatos verdadeiros*, não apenas do ponto de vista subjetivo como também, em alguns dos casos, com a objetividade decorrente de decisões judiciais transitadas em julgado. Ademais, o conhecimento dos fatos foi obtido por *meio lícito*, pois foram noticiados nos veículos de imprensa da época, assim como constam de registros policiais e judiciais. As pessoas envolvidas tornaram-se *personalidades públicas*, em razão da notoriedade que o seu envolvimento com os fatos lhes deu. Crimes são fatos noticiáveis por *natureza*, não podendo ser tratados como questões estritamente privadas. E, por fim, há evidente *interesse público* na sua divulgação, inclusive como fator inibidor de transgressões futuras.

Quanto aos fatos noticiáveis em geral, a mesma presunção milita com intensidade ainda maior. Aqui, não se trata apenas da liberdade de veicular novamente fatos passados, já conhecidos do público ou históricos, mas de informar propriamente, isto é, de levar ao conhecimento da população eventos contemporâneos ou em curso. Pretender que programas ou matérias jornalísticas apenas possam exibir imagens ou fazer referência a pessoas mediante prévia autorização dos interessados corresponde a inviabilizar de forma drástica a liberdade de informação ou de expressão. Afora a impossibilidade física de tal providência, bastaria ao indivíduo que está sendo alvo de críticas ou investigações negar a suposta autorização e assim tornar impossível ao jornalista exercer o seu ofício e ao meio de comunicação desempenhar o seu papel institucional.

A regra, portanto, em sede de divulgação jornalística, é a de que não há necessidade de se obter autorização prévia dos indivíduos envolvidos em algum fato noticiável (verdadeiro subjetivamente e tendo fonte lícita) e que venham a ter seus nomes e/ou imagens divulgados de alguma forma. Eventuais abusos – *e.g.* negligência na apuração ou malícia na divulgação – estarão sujeitos a sanções *a posteriori*, como já assinalado. Mas como regra, não será cabível qualquer tipo de reparação pela divulgação de fatos verdadeiros, cujo conhecimento acerca de sua ocorrência tenha sido obtido por meio lícito, presumindo-se, em nome da liberdade de expressão e de informação, o *interesse público* na livre circulação de notícias e idéias.

VI. Conclusões

Ao final dessa exposição, que se fez inevitavelmente analítica, é possível compendiar as principais idéias desenvolvidas nas proposições seguintes:

1. A colisão de princípios constitucionais ou de direitos fundamentais não se resolve mediante o emprego dos critérios tradicionais de solução de conflitos de normas, como o hierárquico, o temporal e o da especialização.

Em tais hipóteses, o intérprete constitucional precisará socorrer-se da técnica da ponderação de normas, valores ou interesses, por via da qual deverá fazer concessões recíprocas entre as pretensões em disputa, preservando o máximo possível do conteúdo de cada uma. Em situações extremas, precisará escolher qual direito irá prevalecer e qual será circunstancialmente sacrificado, devendo fundamentar racionalmente a adequação constitucional de sua decisão.

2. Os *direitos da personalidade*, tidos como emanação da dignidade da pessoa humana, conquistaram autonomia científica e normativa, são oponíveis a todos e comportam reparação independentemente de sua repercussão patrimonial (dano moral). É corrente a classificação que os divide em direitos (i) à integridade física e (ii) à integridade moral. A proteção da integridade moral, que é a que diz respeito à discussão aqui desenvolvida, tem no Brasil *status* constitucional, materializando-se nos direitos à intimidade, à vida privada, à honra e à imagem das pessoas.

3. A *liberdade de informação* diz respeito ao direito individual de comunicar livremente fatos e ao direito difuso de ser deles informado. A *liberdade de expressão* tutela o direito de externar idéias, opiniões, juízos de valor e manifestações do pensamento em geral. Tanto em sua dimensão individual como, especialmente, na coletiva, entende-se que as liberdades de informação e de expressão servem de fundamento para o exercício de outras liberdades, o que justifica sua posição de preferência em tese (embora não de superioridade) em relação aos direitos individualmente considerados.

4. Na colisão entre a liberdade de informação e de expressão, de um lado, e os direitos da personalidade, de outro, destacam-se como elementos de ponderação: a veracidade do fato, a licitude do meio empregado na obtenção da informação, a personalidade pública ou estritamente privada da pessoa objeto da notícia, o local do fato, a natureza do fato, a existência de interesse público na divulgação, especialmente quando o fato decorra da atuação de órgãos ou entidades públicas, e a preferência por medidas que não envolvam a proibição prévia da divulgação. Tais parâmetros servem de guia para o intérprete no exame das circunstâncias do caso concreto e permitem certa objetividade às suas escolhas.

5. O legislador infraconstitucional pode atuar no sentido de oferecer alternativas de solução e balizamentos para a ponderação nos casos de conflito de direitos fundamentais. Todavia, por força do princípio da unidade da Constituição, não poderá determinar, em abstrato, a prevalência de um direito sobre o outro, retirando do intérprete a competência para verificar, *in concreto*, a solução constitucionalmente adequada para o problema.

6. O § 2º do art. 21 da Lei nº 5.250/67 (Lei de Imprensa) e o art. 20 do novo Código Civil devem ser interpretados conforme a Constituição para

que possam subsistir validamente. É que de sua literalidade resultaria uma inadmissível precedência geral dos direitos da personalidade sobre as liberdades de informação e de expressão. Em ambos os casos, a presunção do interesse público na livre circulação de notícias e de idéias impede o cerceamento da liberdade de informação e de expressão, a menos que a presunção possa ser excepcionalmente afastada à vista do caso concreto, mediante comprovação cabal de uma situação contraposta, merecedora de maior proteção.

7. É legítima a exibição, independentemente de autorização dos eventuais envolvidos, de programas ou matérias jornalísticas nas quais: (i) sejam citados os nomes ou divulgada a imagem de pessoas relacionadas com o evento noticiado; ou (ii) sejam relatados e encenados eventos criminais de grande repercussão ocorridos no passado, e que tenham mobilizado a opinião pública. Presentes os elementos de ponderação aqui estudados, não se admitirá: (a) a proibição da divulgação, (b) a tipificação da veiculação da matéria ou do programa como difamação e (c) a pretensão de indenização por violação dos direitos da personalidade.

— 5 —

Liberdade de programação televisiva: notas sobre os seus limites constitucionais negativos

JÓNATAS E. M. MACHADO

I – Introdução

Tradicionalmente, a dogmática constitucional do direito à liberdade de expressão tem no problema da censura uma das suas áreas problemáticas centrais. O seu objectivo fundamental consiste em identificar e neutralizar os diversos tipos de censura, mais ostensivos ou subtis, de forma a tutelar devidamente a liberdade de expressão. Uma outra área crítica prende-se com a protecção dos direitos individuais, especialmente respeitantes ao bom nome, à honra, a identidade, à palavra, à imagem e à privacidade. No seu conjunto, estas duas áreas temáticas alertam para a necessidade de permitir a harmonização e concordância prática das finalidades substantivas em colisão, evitando que a liberdade de expressão se transforme num instrumento de agressão dos direitos individuais – os chamados direitos de personalidade – e que estes direitos sejam indevidamente utilizados como justificação para a adopção de medidas censórias, com graves prejuízos para a liberdade individual e para a autodeterminação democrática da comunidade. Em boa medida, este programa de acção assume ainda hoje um lugar central na doutrina do direito constitucional da comunicação.

O aspecto mais significativo da disciplina jurídica da programação audiovisual talvez se prenda com o facto de que a mesma deve ser levada a cabo num contexto comunicativo caracterizado por uma diversidade de conteúdos mediáticos sem precedentes, veiculados através de uma multiplicidade de meios de comunicação social, em constante transformação.[1]

---
[1] Cass R. Sunstein, "Television and the Public Interest", *California Law Review*, 88, 2000, 515 ss. e 529 ss.

Nisso se consubstancia a emergência de um novo *paradigma multimédia*, em que os jornais, a rádio, a televisão, o telefone, o cabo, o satélite, a internet se misturam, combinam e recombinam digitalmente uns com os outros, tendo hoje em comum o facto de fornecerem conteúdos publicísticos.[2] Neste trabalho, edificando sobre os nossos trabalhos anteriores sobre esta temática,[3] propomo-nos avançar alguns apontamentos de doutrina constitucional sobre o modo como a liberdade de programação deve ser hoje tematizada, num contexto de mudança, à luz dos parâmetros normativos de uma ordem constitucional livre e democrática.

II – A constituição da comunicação

O ponto de partida para a conceptualização da *constituição da comunicação* é dado pelo tipo do *Estado Constitucional*,[4] estruturado como ordem constitucional livre e democrática, assente nos valores e princípios da dignidade da pessoa humana, autonomia individual, soberania popular, protecção dos direitos humanos, primazia do direito, não confessionalidade dos poderes públicos, separação e controlo recíproco dos poderes públicos, difusão pluralística de todos poderes sociais e criação e manutenção de uma esfera de discurso público que sujeite os vários domínios da vida social ao controlo da *publicidade crítica democrática*.[5] A comunicação estrutura toda a vida social, em todos os seus domínios ou subsistemas, apresentando-se fundamentalmente como um bem dos cidadãos, pelos cidadãos e para os cidadãos. É neste contexto que a protecção das diferentes liberdades comunicativas (v.g. de expressão, informação, imprensa, radiodifusão, comunicação em rede) – também designadas por *liberdades publicísticas* – surge como um desiderato constitucional fundamental, a par da garantia da existência de uma estrutura policêntrica de comunicação social e de uma infra-estrutura de comunicação multimédia acessível à generalidade dos

---

[2] O presente momento, de emergência de um novo paradigma multimédia, é comparável à evolução posterior à invenção da imprensa, ao Renascimento, à Reforma Protestante, ao Iluminismo e à difusão das ideias liberais e sociais. Martin Bullinger, "Multimediale Kommunikation in Wirtshaft und Gesellschaft", *Zeitschrift für Urheber- und Medienrecht*, 40, 1996, 750. Em sentido idêntico, Peter Häberle, "Existe un Espacio Publico Europeu?", *Revista de Derecho ComunitarioEuropeu*, 3, 1998, 113 ss., esp. 123, chamando a atenção para o papel dos reformadores Lutero e Calvino no desenvolvimento de um espaço público europeu.

[3] Jónatas E. M. Machado, *Liberdade de Expressão*, Coimbra, 2002; J.J. Gomes Canotilho, Jónatas E. M. Machado, *"Reality Shows" e Liberdade de Programação*, Coimbra, 2003.

[4] Peter Häberle, "Die entwicklung des heutigen Verfassungsstaates", *Rechtstheorie*, 22, 4, 1991, 433 ss.

[5] J. J. Gomes Canotilho, *Direito Constitucional e Teoria da Constituição*, 7ª ed., Coimbra, 2004, 223 ss.

cidadãos. Ambas funcionam como uma garantia substantiva da democracia.[6] São esses, no essencial, os pilares fundamentais da *constituição da comunicação* no tipo do *Estado Constitucional*.[7]

Na Constituição da República Portuguesa (CRP) de 1976, as *liberdades da comunicação* estão consagradas nos artigos 37° (liberdade de expressão e informação), 38° (liberdade de imprensa e meios de comunicação social), 39° (regulação da comunicação social) e 40° (direitos de antena, de resposta e de réplica política). As mesmas integram o catálogo dos direitos, liberdades e garantias, constante do Título II da Parte I da CRP, gozando por esse motivo de um regime específico, previsto no artigo 17°, com especial incidência prática em sede de restrição (artigo 18°/2/3).[8] Estes direitos devem ser interpretados na conexão interna que estabelecem uns com os outros e todos com os demais bens jurídicos constitucionalmente tutelados.

A *constituição da comunicação* afigura-se indissociável, no contexto português, de uma referência ao direito internacional dos direitos humanos, de alcance universal e regional, e ao direito comunitário. Assim é, em virtude da crescente ligação material entre estas diferentes camadas de sedimentos normativos. No direito internacional universal, deve salientar-se a Declaração Universal dos Direitos do Homem (DUDH), que a Constituição portuguesa eleva a parâmetro interpretativo do catálogo de direitos fundamentais (art. 16°/2 da CRP). O artigo 19° deste instrumento universal de direitos humanos consagra, de forma lapidar, a liberdade de expressão, sublinhando já a respectiva intencionalidade transfronteiriça. No âmbito do direito internacional regional, sob os auspícios do Conselho da Europa, deve salientar-se o relevo estruturante do artigo 10° da Convenção Europeia dos Direitos do Homem (CEDH), bem como o papel desempenhado pela Convenção Europeia sobre Televisão Transfronteiras (CETT).[9] No plano do direito comunitário, a Directiva sobre Televisão Sem Fronteiras (DTSF)[10] em desempenhado um papel do maior relevo na generalização de padrões de programação para o espaço europeu. Assim, a *constituição da comunicação* é hoje uma realidade complexa e multi-nível, sofrendo os efeitos da crescente interpenetração dos direitos constitucional, internacional e comunitário.

---

[6] Giovanni Sartori, *The Theory of Democracy Revisited*, Chatham, N. J., 1987, 86 ss.; Robert W. Bennett, "Democracy as Meaningful Conversation", *Constitutional Commentary*, 14, 1997, 481 ss.; Udo Di Fabio, *Das Recht offener Staaten*, Tübingen, 1998, 47 ss.

[7] Canotilho, Machado, *"Reality Shows" e Liberdade de Programação...*cit., 7 ss.

[8] Jorge Miranda, Rui Medeiros, *Constituição Portuguesa Anotada*, I, Coimbra, 2005, 427 ss.

[9] Ratificada por Portugal, através do Decreto do Presidente da República n° 36/2001, de 13-7.

[10] Directiva 89/552/CEE do Conselho, de 3 de Outubro de 1989, alterada pela Directiva 97/36/CE do Parlamento Europeu e do Conselho, de 30 de Junho de 1997, rectificada pela Rectificação, de 10 de Janeiro de 1998.

2.1. A liberdade de expressão como "direito-mãe"

O direito à liberdade de expressão constitui o *direito mãe* a partir do qual as demais liberdades comunicativas foram sendo gradualmente autonomizadas tendo em vista responder às sucessivas mudanças publicísticas, tecnológicas, económicas e estruturais ocorridas no domínio da comunicação. Ele encontra-se previsto no artigo 37º da CRP, onde se afirma que "[t]odos têm o direito de exprimir e divulgar livremente o seu pensamento pela palavra, pela imagem ou por qualquer outro meio ... sem impedimentos e discriminações". No nº 2 do mesmo artigo determina-se que o exercício deste direito não pode ser impedido ou limitado por qualquer forma de censura. Neste momento, importa ter presente que a liberdade de expressão representa uma das principais conquistas do constitucionalismo moderno. Trata-se de um *direito fundamental de todos os seres humanos*,[11] estendendo-se igualmente às pessoas colectivas por via das quais os mesmos colaboram na realização das mais diversas finalidades. Inicialmente, a mesma surgiu de mãos dadas com a luta pela *liberdade de impressão*, reclamada em virtude da generalização e do aperfeiçoamento da imprensa, desde João Gutemberg,[12] Esta dependência de todos os indivíduos face à liberdade de expressão, de que cada um deles igualmente necessita para a expressão e o desenvolvimento da sua personalidade, é um forte incentivo à luta pela sua protecção, mesmo relativamente a ideias com as quais não se concorda, na medida em que isso constitui a melhor maneira de assegurar a livre expressão de todas as ideias.[13]

Para a protecção da liberdade de expressão têm sido avançadas várias justificações substantivas.[14] Desde logo, sublinha-se o papel que a mesma desempenha no livre desenvolvimento e florescimento da personalidade, enquanto manifestação da autonomia racional e moral prática e da sensibilidade emocional e física dos indivíduos. A mesma pretende abarcar a expressão dos indivíduos na sua totalidade, realidade e complexidade. Do mesmo modo, chama-se a atenção para a sua relevância no processo de procura da verdade e do conhecimento, nos mais diversos domínios da existência humana, de natureza política, económica, social, cultural, religiosa, científica, etc. Em termos mais pragmáticos, a liberdade de expressão foi erigida como pilar estrutural de um *mercado livre das ideias*, relapso à

---

[11] Gunther, Hermann, *Rundfunkrecht*, 4ª ed., München, 1994,116 ss; Theo Öhlinger, *Verfassungsrecht*, 3ª ed., Wien, 1997, 278; Frank Fechner, *Medienrecht*, Tübingen, 200018 ss.

[12] Hans H. Hiebel, *Kleine Medienchronik, Von den ersten Schriftzeichen zum Mikrochip*, München, 1997, 7 ss.

[13] Isso mesmo foi sublinhado por Oliver Wendell Holmes, no seu voto dissidente no caso *United States v. Schwimmer*, 279 U.S. 644, 654-55 (1929), quando sustentou que "[i]f there is any principle of the Constitution that more imperativelly calls for attachment than any other it is the principle of freedom of thought – not free thought for those who agree with us but freedom for the thought we hate".

[14] Machado, *Liberdade de Expressão...*, cit., 237 ss.

imposição unilateral e centralizada de opiniões, ideias, teorias, doutrinas, filosofias e ideologias.

Especialmente digno de nota é o relevo da liberdade de expressão no processo de autodeterminação democrática da comunidade política, enquanto meio de informação e deliberação. Intimamente relacionados com esta finalidade está o modo como a liberdade de expressão permite o controlo de todos os poderes sociais, públicos e privados, prevenindo e denunciando as patologias do seu exercício (v.g. corrupção; nepotismo; prepotência), ao mesmo tempo que favorece a acomodação de diferentes visões do mundo, da vida e do ser humano, a emergência e propagação de novas perspectivas e a transformação pacífica e gradual da sociedade. As alternativas à liberdade de expressão consistem no definhamento intelectual, no autoritarismo, no paternalismo, no obscurantismo, na ignorância, na opacidade institucional e na violência. Estas razões explicam o lugar central ocupado pelas *liberdades comunicativas* no *Estado constitucional*, justificando um cuidado especial por parte da doutrina e dos operadores jurídicos.

Na doutrina constitucional, a liberdade de expressão, no sentido mais amplo do termo, é também designada por *liberdade de comunicação*, devendo ser compreendida como um *direito mãe (Mutterrecht)*, *ou cluster right*,[15] a partir do qual se deduz e estrutura a generalidade das liberdades da comunicação, de forma a abranger a liberdade de expressão em sentido restrito, por vezes designada por liberdade de opinião, juntamente com a liberdade de informação, a liberdade de imprensa, os direitos dos jornalistas e a liberdade de radiodifusão,[16] reconduzíveis ao conceito genérico de liberdade de comunicação social, juntamente com os vários subdireitos e posições jurídicas em que as mesmas se analisam, como é o caso da *liberdade de programação*.[17] Isto mesmo é reconhecido no direito internacional dos direitos do homem, em que se reconhece expressamente que toda a actividade de comunicação social se reconduz ao âmbito normativo do artigo 10º da CEDH, que consagra a liberdade de expressão.[18]

---

[15] Judith Jarvis Thomson, *The Realm of Rights*, Cambridge, Mass., 1990, 55 ss.

[16] Utilizamos aqui a expressão radiodifusão com o sentido técnico oficial e internacional do mesmo. Assim, a Convenção Internacional das Telecomunicações define o serviço de Radiodifusão como "Serviço de radiocomunicação em que as emissões são destinadas a ser recebidas directamente pelo público em geral. O serviço pode compreender emissões sonoras, emissões de televisão ou outros géneros de emissões". Francis Balle, *Médias ét Societés*, 5ª ed., Paris, 1990120.

[17] Wolfgang Hoffman-Riem, *Kommerzieles Fernsehen, Rundfunkfreiheit zwischen ökonomischer Nuztung und staatlicher Regelungsverantwortung: das Beispiel USA*, Baden-Baden, 1981 37.

[18] No artigo 4º da Convenção Europeia sobre Televisão Transfronteiras, determina-se que "[a]s Partes asseguram a liberdade de expressão e de informação, de acordo com o artigo 10º da Convenção para a Protecção dos Direitos do Homem e das Liberdades Fundamentais, e garantem a liberdade de recepção e não se opõem à retransmissão no seu território de serviços de programas que estejam em conformidade com as disposições da presente Convenção."

No seu conjunto, estes direitos fundamentais devem ser protegidos na plenitude das suas implicações *culturalmente criadoras* (*culture-creating*), com todo o seu poder de redefinição de identidades, narrativas e padrões dominantes no seio de uma qualquer comunidade.[19] A compreensão do direito à liberdade de expressão como *direito mãe, cluster right* ou *background right*[20] de todas as liberdades comunicativas, tem enormes implicações em sede retórica, hermenêutica e metódica, na medida em que assinala a conexão interna que existe entre todas elas e mobiliza, para a sua elocução, concretização e aplicação, a complexa *teia de valores* que lhes serve de base.[21] Uma outra implicação deste entendimento diz respeito à natureza principial das liberdades da comunicação no seu conjunto. As mesmas consagram posições jurídicas *prima facie,* cujo processo de ponderação umas com as outras e com os demais direitos e interesses constitucionalmente relevantes, cristalizará em *posições definitivas,* consubstanciando desse modo o *âmbito de garantia* dos direitos em causa.[22]

2.2. Direitos de informação, imprensa e radiodifusão

A liberdade de expressão em sentido amplo, ou liberdade de comunicação, abrange, entre outros, os direitos de informação, imprensa e radiodifusão. Como já se afirmou, as mesmas encontram consagração expressa e autónoma na CRP. A despeito das virtualidades normativo-constitucionais e jurídico-dogmáticas da sua autonomização, a conexão interna que materialmente se estabelece entre elas não deve ser em momento algum escamoteada. Desde logo, parte-se do princípio de que a íntima relação que existe entre os factos e a formação de opiniões e juízos de valor pressupõe a garantia da liberdade de informar e do direito de ser informado como condição do sentido útil da liberdade de expressão.[23] Do mesmo modo, é evidente que o *direito de informação,* compreendendo a liberdade de informar, de se informar e de ser informado, é indissociável da plena garantia da liberdade de imprensa e de comunicação social, bem como dos direitos dos jornalistas.

[19] David A. J. Richards, *Free Speech and the Politics of Identity*, Oxford, 1999, 81 ss.

[20] Ronald Dworkin, *Taking Rights Seriously*, London, 1977, (1994) xii, 93 ss. Para Dworkin, os *background rights* caracterizam-se por providenciarem uma justificação para as decisões políticas da sociedade em abstracto, distinguindo-se dos *institutional rights* que providenciam a justificação para uma decisão de uma determinada instituição.

[21] John H. Garvey, Frederick Schauer, *The First Amendment, A Reader*, 2ª ed., St. Paul, Minn, 1996, 172.

[22] Martin Borowksi, *Grundrechte als Prinzipien, Die Unterscheidung von Prima facie-Position als fundamentaler Konstruktionsgrundsatz der Grundrechte*, Baden-Baden, 1998, 24ss., 61 ss., 76 ss., e 99 ss. Em termos críticos, John H. Garvey, *What Are Freedoms For?*, Cambridge, Mass., 199612 ss.

[23] A doutrina e a jurisprudência constitucionais têm vindo a reconhecer o carácter meramente tendencial e heurístico distinção entre a liberdade de expressão e o direito à informação e a sublinhar a íntima relação que se estabelece entre os dois direitos. Acórdãos nº 6/88, de 21-1, e nº 172/90, de 12-11, do Tribunal Constitucional espanhol.

De resto, tem sido salientada a diversidade dos interesses individuais e colectivos que estão em causa no âmbito das liberdades comunicativas, que incluem o direito de ser informado, divertido, estimulado das mais variadas formas, e mesmo provocado, sempre que isso possa conduzir à reflexão, à crítica e ao crescimento emocional e intelectual.[24] A multiplicidade e multiformidade desses interesses têm contribuído para a expansão dos meios de comunicação social, muito para além do serviço público de radiodifusão. Numa ordem constitucional livre e democrática, as liberdades de opinião e de informação pressupõem a protecção das diferentes liberdades e tecnologias da comunicação e um forte incentivo à inovação, de forma a permitir o livre e dinâmico exercício das actividades de imprensa, rádio, televisão, incluindo a televisão por cabo, por satélite, digital de alta definição, juntamente com o cinema, o vídeo, a internet e as telecomunicações, em várias modalidades e combinações, sem as quais perdem uma parte substancial do seu sentido.

2.3. Princípio pluralista

O *pluralismo de expressão* representa um princípio fundamental de uma ordem constitucional livre e democrática. O artigo 2º da CRP, relativo ao princípio do Estado de direito democrático, considera-o uma das suas dimensões concretizadoras fundamentais.[25] A igualdade e a justiça comunicativas supõem a pluralidade e a abertura dos procedimentos comunicativos, em termos compatíveis com a *confrontação ideal e espiritual* que caracteriza a vida em sociedade e com a autónoma formação da opinião pública e da vontade política.[26] O princípio do pluralismo de expressão pretende estruturar uma esfera de discurso público aberta à participação e discussão das diferentes mundividências e concepções do bem, sustentadas por indivíduos e *comunidades morais*, numa medida tão ampla quanto compatível com o respeito pela igual dignidade e liberdade de todos os membros da *comunidade constitucional*. O pluralismo realiza-se, assim, na dialéctica conversacional do "argumento" e do "contra-argumento", do "discurso" e do "contra-discurso", da "narrativa" e da "contra-narrativa".[27] A esta luz, a confrontação de ideias deve processar-se de uma forma tendencialmente *desregulamentada* e *indeterminada* quanto ao seu desfecho, aspecto considerado fundamental num contexto constitucional de liberdade e democracia.[28]

---

[24] T.M. Scanlon, "Content Regulation Reconsidered", *Democracy and the Mass Media*, (Judith Lichtemberg), Cambridge, Mass., 1990 (1991), 336.
[25] Jorge Miranda, *Manual de Direito Constitucional*, IV, Coimbra, 2000, 305 ss.
[26] Wolfgang Hoffmann-Riem, "Kommunikations- und Medienfreiheit", *Handbuch des Verfassungsrechts*, (eds. Ernst Benda, Werner Maihofer, Hans-Jochen Vogel), 2ª ed., Berlin, 1994, 199.
[27] Michel Rosenfeld, *Just Interpretations, Law Between Ethics and Politics*, Berkeley, 1998, 200 ss.
[28] Rudolf Streinz, "Der Einflu der Verfassungsrechtsprechung auf die Pressefreiheit", *AFP, Zeitschrift für Medien- und Kommunikationsrecht*, 28, 1997, 682.

Deve concordar-se com Cass Sunstein quando este sublinha a importância da existência de uma esfera de discurso público em que nenhum grupo ou indivíduo detenha o controlo total da comunicação, de forma a possibilitar a exposição das pessoas a diferentes conteúdos publicísticos de forma não totalmente planeada e antecipada. Dessa forma, permite-se a comunicação entre os diferentes sectores da sociedade e previne-se a fragmentação e insularização dos vários grupos sociais.[29]

Isso não significa, necessariamente, que se considere que o resultado imediato dessa diversidade é geralmente correcto ou verdadeiro. A verdade e o conhecimento não se encontram "ao virar da esquina", aptos a serem captados com o mínimo esforço. Com a liberdade de expressão pretende-se criar o ambiente dialógico e crítico que possibilite essa procura, ao mesmo tempo que se pretende contrariar as pressões homogeneizantes que se fazem sentir no seio da comunidade, combatendo o conformismo gregário, acrítico e alienante dos cidadãos e abrindo as portas a novas possibilidades e alternativas.[30] Em face do princípio pluralista, as liberdades de comunicação devem andar intimamente associadas à *disseminação de novas ideias*.[31] A diversidade de opiniões está para o ambiente social como a biodiversidade está para o ambiente natural. O princípio em apreço conduz à afirmação das liberdades comunicativas como *liberdades arredondadas (Rundumfreiheiten)*, na sugestiva imagem de Hoffmann-Riem,[32] possibilitadoras de oportunidades comunicativas amplas e omnicompreensivas. Além disso, o mesmo implica a *estruturação policêntrica* dos meios de comunicação social, em moldes tipicamente *market based*, os quais tendem a estabelecer entre si uma relação competitiva subordinada a um princípio geral de *concorrência publicística e económica*.[33] Daqui resulta que os poderes públicos têm um dever prestacional e organizatório de criação de possibilidades efectivas de expressão para os indivíduos e grupos sociais, portadores de diferentes ideias e concepções, particularmente aí onde seja necessário estruturar mecanismos compensatórios das desigualdades fácticas historicamente sedimentadas.[34] Isso pode ser feito, quer através da chamada

---

[29] Cass R. Sunstein, *Republic.com*, Princeton, 2002, 8 ss.

[30] John Suart Mill, no ensaio *On liberty*, alude à necessidade de proteger os indivíduos contra a tirania das opiniões e dos sentimentos dominantes, contra a tendência de a sociedade impor, através de outros meios que não sanções jurídicas, as suas ideias e práticas como regras de conduta àqueles que dissentem delas, limitando o desenvolvimento da personalidade individual à adopção de um modelo socialmente pré-concebido. Cass R. Sunstein, *Free Markets and Social Justice*, New York, 1997, 25 ss.

[31] Steven H. Shiffrin, *The First Amendment, Democracy and Romance*, Princeton, N.J., 1993, 1990 (1993), 1 ss.

[32] Hoffmann-Riem, *Kommunikations- und Medienfreiheit...*, cit., 202.

[33] Klaus Berg, Helmut Kohl, Friederich Kübler, *Medienrechtliche Entsheidungen, Höstrichterliche Rechtsprechung zum Presse-und Rundfunkrecht*, I, Konstanz, 1992; Marian Paschke, *Medienrecht*, Berlin, 19977 ss.; Hoffmann-Riem, *Kommunikations- und Medienfreiheit...*, cit. 201.

[34] Hoffmann-Riem, *Kommunikations- und Medienfreiheit...*, cit., 200.

regulação estrutural, que promove o pluralismo através da regulação da concorrência (v.g. abuso de posição dominante) e da titularidade dos operadores de comunicação (v.g. licenciamento de operadores para minorias), quer através da regulação públicística ou comportamental, que estabelece limites positivos (v.g. direitos de acesso; direito de resposta e rectificação) e negativos à programação (v.g. proibição de programas racistas e xenófobos).

2.4. Liberdade perante o Estado

Os direitos à liberdade de expressão, de informação, radiodifusão e programação têm como garantia institucional ou corolário estrutural o *princípio da liberdade perante o Estado*.[35] Este princípio tem o seu escoramento na natureza jurídico-subjectiva e originária das diferentes liberdades da comunicação, bem como no princípio jurídico-objectivo do pluralismo da comunicação, juntamente com as suas várias dimensões concretizadoras. Este princípio postula a autonomia das estruturas da comunicação relativamente aos poderes públicos, com particular relevo para o executivo, no pressuposto de que as mesmas constituem, acima de tudo, *reserva de sociedade civil*, susceptíveis apenas de serem restringidas mediante a *reserva de lei* estabelecida em sede de direitos, liberdades e garantias.[36] Daqui resulta, não apenas o dever constitucional de garantir o necessário distanciamento das empresas de comunicação social perante o poder político e as entidades reguladoras, mas também o imperativo de assegurar a devida distância destas últimas relativamente ao poder político. O princípio em causa postula que tanto uma como outras devem garantir e proteger a sua independência.[37]

É esta distância que possibilita ao Estado operar como garante da igual liberdade de expressão em sentido amplo.[38] Subjacente a este entendimento está a ideia de que a liberdade é acima de tudo espontaneidade humana e auto-organização.[39] As liberdades da comunicação dependem fundamentalmente da vontade do seu titular, permanecendo o Estado numa posição de relativa distância, o que não é incompatível com a intervenção regulatória

---

[35] Theodor Maunz, Günther Dürig, Roman Herzog, *Kommentar von Grundgesetz*, München, 1966 (com actualizações), art.5º, 72 ss.; Reinhart Ricker, Peter Schwiwy, *Rundfunkverfassungsrecht*, München, 1997, 217 ss.; Georg Schneider-Freyermuth, "Einige Aspekte zur Auswirkung des Gebots der Staatsfreiheit der öffentlich-rechtlichen Rundfunkanstalten", ZUM Zeitschrift für Urheber- und Medienrecht, 7, 2000564 ss.

[36] Franziska, Grob, *Die programmautonomia von Radio und Fernsehen in der Schweiz*, Zürich, 1994, 28 ss.

[37] Schneider-Freyermuth *Einige Aspekte zur Auswirkung des Gebots der Staatsfreiheit der öffentlich-rechtlichen Rundfunkanstalten...*, cit., 564.

[38] Ricker, Schiwy, *Rundfunkverfassungsrecht...*, cit., 102 ss.

[39] Hermann v. Mangoldt, Friederich Klein, Christian Stark, *Das Bonner Grundgesetz*, I, München, 1985, 535.

dos poderes públicos. Todavia, o princípio do distanciamento perante o Estado, juntamente com os demais valores e princípios constitucionais que lhe estão associados, não deixa de influenciar profundamente o sentido, o conteúdo e o alcance dessa intervenção. A garantia de distanciamento das estruturas da comunicação perante o Estado pode mesmo constituir, legitimamente, um objectivo da intervenção regulatória do mesmo. Ao Estado incumbe garantir a observância de princípios materiais fundamentais de liberdade e equidade comunicativa que impeçam um retrocesso social para um *estado de natureza comunicativa* onde impere, sem quaisquer freios, a lei do mais poderoso.

2.5. Reserva de lei restritiva

No plano especificamente *teorético-jusfundamental*, deve assinalar-se que se afigura adequada a compreensão dos direitos comunicativos de acordo com o modelo do *âmbito normativo alargado* (*weite Tatbestand*), de onde decorre o princípio substantivo, teorético e metódico fundante e estruturante do constitucionalismo liberal, segundo o qual a liberdade é a *regra* e a restrição é a *excepção*. O constitucionalismo moderno assenta numa presunção a favor da autonomia individual e colectiva, aspecto que se reveste do maior relevo retórico, hermenêutico e metódico. De acordo com este modelo, o *âmbito de protecção* dos direitos em presença deve ser proclamado e interpretado por referência ao conjunto de *obrigações e possibilidades de optimização*, maximizando a respectiva protecção, tirando o máximo partido das possibilidades fácticas (v.g. tecnologias; audiências; mercado) e normativas (v.g. liberdade, pluralismo, concorrência) concretamente existentes.[40] Este princípio tem importantes implicações dogmáticas e práticas, nomeadamente, na afirmação de uma ampla protecção *prima facie* das liberdades da comunicação e na exigência de clareza, razoabilidade, proporcionalidade, previsibilidade e controlabilidade no processo de ponderação de direitos e interesses constitucionalmente protegidos.[41] É a esta luz que deve ser compreendida a exigência, no artigo 18º/2/3 da CRP, de uma *reserva de lei formal qualificada* para a restrição destas liberdades, à semelhança com o que sucede relativamente à generalidade dos direitos, liberdades e garantias. Exige-se que as restrições a estes direitos sejam constitucionalmente autorizadas e fundamentadas, sejam levadas a cabo pelo poder legislativo, estejam sujeitas aos princípios da proporcionalidade em sentido amplo, da igualdade e da segurança jurídica e da protecção da

---

[40] Robert Alexy, "Zum Begriff des Rechtsprinzips", *Recht, Vernunft, Diskurs*, Frankfurt am Main, 1995, 177 ss.; Zoonil Yi, *Das Gebot der Verhältnismaßigkeit in der Grundrechtlichen Argumentation*, Frankfurt am Main, 1998, 167 ss.

[41] Juliane Kokkott, "Grundrechtliche Schranken und Schrankenschranken", *Handbuch der Grundrecht*, I, (eds. Merten, Papieren), Heidelberg, 2004, 853 ss.

confiança.[42] O carácter excepcional das restrições obriga a que as mesmas sejam devidamente fundamentadas pelo legislador e objecto de uma interpretação restritiva pelos operadores jurídicos, com especial relevo para a jurisdição constitucional.

Para além disso, a Constituição pretendeu circunscrever, dentro de cada direito, liberdade e garantia, um conjunto de bens qualitativamente diferenciado, absolutamente removido do processo de ponderação, de acordo com o pressuposto de que os direitos, liberdades e garantias constituem, em última instância, um limite à sua própria limitação. Esse último reduto de salvaguarda dos direitos, liberdades e garantias perante as leis restritivas é dado pelo *conteúdo essencial* dos mesmos.[43] No caso dos direitos fundamentais da comunicação, pretende-se evitar a "morte das mil qualificações", ou seja, que, depois de afirmados em termos generosos como direitos *prima facie*, os mesmos acabem, em termos definitivos, por ser neutralizados no processo de ponderação com os demais direitos e interesses constitucionalmente protegidos.[44] A fim de contrariar os riscos de ambiguidade e indeterminação neste domínio, a doutrina tem procurado identificar os elementos integrantes do núcleo essencial das liberdades *sub judice*. Por exemplo, Günther Herrmann,[45] aponta para que se considerem como elementos integrantes do conteúdo essencial das liberdades da comunicação a proibição da censura, a salvaguarda da independência estadual ou partidária dos meios de comunicação social, a liberdade de recepção individual de emissões de radiodifusão, a não imposição da adopção de sistemas de recepção colectiva, a proibição do registo dos telespectadores de determinadas emissões e a proibição de monopólio das fontes de informação.[46] Deve realçar-se o relevo directo de alguns destes elementos como garantias estruturais da liberdade de programação.

A adopção de um modelo jusfundamental de *âmbito normativo alargado* pretende ser um antídoto contra o risco de *restrições interpretativas* dos direitos, liberdades e garantias levadas a cabo pela administração e pelo

---

[42] Canotilho, *Direito Constitucional e Teoria da Constituição*..., cit. 437 ss. Miranda, Medeiros, *Constituição Portuguesa Anotada*, I,..., cit., 143 ss.

[43] Martin Löffler, Reinhart Rickert, *Handbuch des Presserechts*, 3ª ed., München, 1994, 59; Ricker, Schiwy, *Rundfunkverfassungsrecht*..., cit. 132 ss.; Ekkerhart Stein, *Staatsrecht*, 14ª ed., 1993, 243 ss.; Martin Borowski, *Grundrechte als Prinzipien, Die Unterscheidung von Prima facie-Position als fundamentaler Konstruktionsgrundsatz der Grundrechte*, Baden-Baden, 1998, 227 ss.; Andreas v. Arnauld, *Die Freiheitsrechte und ihre Scrhanken*, Baden-Baden, 1999, 204 ss. e 209 ss.

[44] Louis Favoreau (et alia), *Droit Constitutionnel*, Paris, 1998, 798.

[45] Günther Herrmann, *Rundfunkrecht*, 4ª ed., München, 1994, 166; Theo Öhlinger, *Verfassungsrecht*, 3ª ed., Wien, 1997, 367.

[46] O TEDH, depois de ter, numa primeira fase, nos casos *X v. Sweden*, nº 3071/67 e *Sacci v. Italy*, 6452/74, considerado o monopólio público da radiodifusão compatível com o art.10º da CEDH, veio a abandonar essa posição no caso *Nydahl v. Sweden*, nº 17505790, entendimento que consolidou no caso *Informationverein Lentia v. Austria*, ECHR A-476, 1993. D J Harris, M. O'Boyle, C. Warbrick, *Law of the European Convention on Human Rights*, London, 1995, 284 ss.

poder judicial. Através deste expediente alguns operadores jurídicos podem pretender contornar, de forma pouco transparente e mesmo incontrolável, o crivo particularmente rigoroso dos requisitos materiais e formais do regime das leis restritivas de direitos, liberdades e garantias, surgindo tais restrições camufladas e invisíveis aos olhos da generalidade dos cidadãos.[47] Contudo, os direitos, liberdades e garantias, com especial relevo para as liberdades comunicativas, terão pouco valor se a consagração constitucional de um *substantive due process* especialmente exigente para a sua restrição não for acompanhada de uma leitura alargada dos respectivos âmbito de protecção e programa normativo, desse modo precludindo a sua subversão por via hermenêutica. A doutrina tem observado que, nalguns casos, as operações de restrição dos direitos fundamentais assentam na manipulação retórica e hermenêutica das estruturas conceituais e dos limites imanentes, como artifícios argumentativos e justificativos para contornar os *limites dos limites*.[48] Daí que a doutrina constitucional deva identificar e denunciar esta prática. A reserva de lei restritiva é uma matéria do maior relevo dogmático no domínio dos direitos, liberdades e garantias tomados na sua generalidade. Porém, no caso das liberdades da comunicação a mesma assume um significado jurídico-político especial, na medida em que contende com as próprias regras do jogo comunicativo que representa a essência da democracia política.[49]

III – A liberdade de programação na actualidade

A *constituição da comunicação* permanece estruturalmente imperfeita, na medida em que é constantemente confrontada com novos problemas e desafios. Por este motivo, a mesma exige um esforço permanente de vigilância crítica e aperfeiçoamento adaptativo. O objectivo do direito constitucional da comunicação consiste em favorecer o surgimento de novos operadores, o desenvolvimento e a utilização de novas tecnologias e a criação de novas formas de programação que permitam satisfazer os direitos comunicativos individuais e colectivos e servir o interesse público da ga-

---

[47] v. Arnauld, *Die Freiheitsrechte und ihre Scrhanken*, cit., 41 ss.

[48] v. Arnauld, *Die Freiheitsrechte und ihre Schranken...*, cit., 68 ss., 93 ss. e 119 ss; Roger C. Green, "Interest Definition in Equal Protection: A study of Judicial Technique", *The Yale Law Journal*, 108, 1998, 440, esp. 443 ss.

[49] Este ponto é acentuado por Monroe E. Price, *Television, The Public Sphere and National Identity*, Oxford, 1995, 21 ss. e 23, afirmando que "[f]or any society that seeks to achieve a substantial degree of democratic participation, the structure of the communications systems is integrated with the functioning of the political system. That is why it is particularly vital to have meaningful public debate about any law that alters the relationship among principal elements of communication systems and between government and private systems of communication, or even the balance of power between makers and distributors of information".

rantia da liberdade de expressão e do pluralismo cultural. No âmbito particular da programação pretende-se, acima de tudo, assegurar a liberdade, a diversidade e a qualidade, através de um quadro regulatório adequado. Em causa está o objectivo de permitir a *inclusão comunicativa* de sectores sociais que, por razões políticas, económicas, sociais, culturais ou religiosas, não têm podido exprimir-se através dos meios de comunicação, em condições tecnológicas e económicas favoráveis ao desenvolvimento de programação de qualidade. Neste contexto, subordinado ao ideal da *igual liberdade comunicativa*, a liberdade de expressão é apenas uma peça de uma construção regulatória mais ampla, com ramificações publicísticas, estruturais, tecnológicas e económicas. Ainda assim, é uma peça da maior importância. Por razões que se prendem com os condicionamentos inerentes a este trabalho, limitaremos a nossa abordagem à clarificação da liberdade de programação, à consideração de alguns dos principios conformadores da mesma e à análise dos principais limites negativos que sobre ela impendem.

3.1. A ordem dual de radiodifusão

Com a revisão constitucional de 1989,[50] a CRP veio consagrar uma *ordem dual* de televisão, aberta à coexistência de operadores privados de televisão hertziana terrestre com o operador de serviço público.[51] A prestação do serviço público passou a ser objecto de um contrato de concessão,[52] ao passo que a exploração de canais que utilizem o espectro hertziano terrestre por operadores privados ficou sujeita a uma licença.[53] Tratou-se aqui

---

[50] Lei Constitucional n°1/1989.

[51] J. C. Vieira de Andrade "O Serviço Público de Televisão na Ordem Jurídica Portuguesa", *Comunicação e Defesa do Consumidor* (ed. Instituto Jurídico da Comunicação), Coimbra, 1996, 119 ss.; Maunz, Durig, Herzog, *Kommentar von Grundgesetz*..., art.5°, 78 ss.; Karl-Hainz Seifert, Dieter Hönig, *Grundgesetz für die Bundesrepublik Deutschland*, 5ª ed., Baden-Baden, 1995, 94 ss.; Ricker, Schiwy, *Rundfunkverfassungsrecht*..., cit. 191 ss.; Hesse, *Rundfunkrecht*..., cit., 24 ss. e 116 ss.

[52] Arts. 6° e 46° ss. da LTV. No art. 48° dispõe-se que "[a] concessão geral do serviço público de televisão é atribuída à Rádio e Televisão de Portugal, SGPS, S. A., pelo prazo de 16 anos, nos termos de contrato de concessão a celebrar entre o Estado e essa sociedade". Esta solução, de ajuste directo por via legislativa, à margem de qualquer concurso público, tem alguma justificação histórica, na medida em que envolve uma empresa pública convertida em sociedade anónima de capitais públicos, mas nem por isso tem sido pacífica na doutrina.

[53] Arts. 13° ss. da LTV. Subjacente a esta solução está a noção de que, tendo os operadores privados obtido do Estado a faculdade de utilizarem o espectro radioeléctrico, integrante do domínio público, com a inerente possibilidade de acederem com conteúdos expressivos a milhões de agregados familiares, estão por isso sujeitos a deveres de natureza fiduciária de prossecução do interesse público. Este entendimento adquiriu estatuto jurídico-constitucional na jurisprudência do Supremo Tribunal norte-americano, no caso *Red Lion v. Broadcasting Co. v. FCC*, 395 U.S. 367 (1969), embora tenha sido substancialmente relativizado a partir de 1987, quando a *Federal Communications Commission* abandonou a chamada *fairness doctrine*, por considerar que a mesma não servia o interesse público, como se pode ver no *Inquiry into Alternatives to the General Fairness Obligations of Licensees*, 102 F.C.C 2d 143 (1985). Estes desenvolvimentos, juntamente com a teorização desenvolvida em torno da análise económica, jurídica e política dos processos de licenciamento, tem levado a doutrina, nas últimas décadas, a inclinar-se no sentido do licenciamento através da licitação de frequências. Ronald Coase,

de um importante passo no sentido da ampliação das possibilidades de comunicação, devendo esta *ordem dual* considerar-se como *corolário jurídico-objectivo* da liberdade de radiodifusão.[54] Aí, a garantia do direito fundamental de radiodifusão, nas suas dimensões jurídico-subjectivas e defensivas, coexiste com o serviço público. A abertura aos operadores privados de radiodifusão, mais do que uma estratégia regulatória de aumento e diversificação dos programas ou de promoção da inovação tecnológica, deva ser considerada como resultando de uma *imposição constitucional* de optimização das liberdades da comunicação.[55] Não se trata de uma presunção a favor da radiodifusão privada, ou mesmo de uma *divisão de tarefas* entre os operadores públicos e privados de radiodifusão, mas antes de uma aceitação tácita de um *princípio de complementaridade* comunicativa entre os mesmos.[56] A salvaguarda da *ordem dual* de radiodifusão constitui um pressuposto essencial de promoção de importantes finalidades constitucionais substantivas, mesmo quando implique a necessidade de uma menor exigência relativamente à qualidade da programação dos operadores privados.

A par da entrada dos operadores privados no sector da radiodifusão, assistiu-se ao advento da televisão por cabo[57] e por satélite.[58] No quadro legal português, o exercício da actividade de radiodifusão por cabo ou satélite ficou dependente de autorização,[59] embora com um sistema de atribuição muito próximo das licenças, solução cuja constitucionalidade se afigura duvidosa, por ser demasiado restritiva.[60] O desenvolvimento da televisão por cabo assume um assinalável relevo constitucional, já que con-

---

"The Federal Communications Commission", *Journal of Law and Economics*, 2 (1959), 14 ss.; Ithiel de Sola Pool, *Technologies of Freedom, On Free Speech in an Electronic Age*, Cambridge, Mass., 1983, 143 ss; Douglas H. Ginsburg, Michael H. Botein, Mark Director, *Regulation of the Electronic Mass Media, Law and Policy for Radio, Television, Cable and the New Video Technologies*, 2ª ed., St. Paul, Minn., 1991, 24 ss.

[54] Herrmann, *Rundfunkrecht*..., cit, 165 ss.

[55] Helmuth Schulze-Fielitz, "Art. 5º", *Grundgesetz Kommentar*, (ed. Horst Dreier), I, Tübingen, 1996, 418 ss.; Johannes Kreile, "Die Neueregelung der Werbung im 4. Rundfunkänderungsstaatsvertrag", *ZUM Zeitschrift für Urheber und Medienrecht*, 4, 2000, 194 ss.

[56] Thomas Gibbons, *Regulating the Media*, 2ª ed., London, 1998, 32 ss.

[57] Decreto-Lei n.º 241/97, de 18-9; Portaria n.º 791/98 de 22-9.

[58] Convenção que estabeleceu a EUTELSAT (Organização Europeia de Telecomunicações por Satélite), aprovada, para ratificação, pelo Decreto do Governo n.º 36/85 de 25 de Setembro, objecto de sucessivas alterações; Directiva nº 91/263/CEE (transposta pelo Decreto-Lei n.º 228/93, de 22-6); Directiva nº 93/97/CEE (transposta pelo Decreto-Lei n.º 119/96, de 7-8); Directiva nº 94/96/CE (transposta pelo Decreto-Lei n.º 120/96, de 7-8), estabelecendo o regime de acesso e de exercício da actividade de serviços de comunicações via satélite.

[59] Art. 15º/1 da LTV.

[60] É que, se da utilização do espectro radioeléctrico, em muitos casos integrante do domínio público, ainda se pode deduzir uma relação fiduciária entre os operadores de radiodifusão e o público em geral, o mesmo não acontece relativamente ao exercício da actividade de televisão por cabo e por satélite, que deveria ficar, como sucede com a imprensa, inteiramente a cargo da iniciativa privada e do mercado, sem prejuízo de um mínimo de regulação constitucionalmente adequado.

tribuiu para a superação do problema tradicional da escassez do espectro hertziano, realidade que, durante muito tempo justificou a intervenção regulatória do Estado na radiotelevisão, nos mais diversos quadrantes. Graças a este meio de comunicação, abriram-se as portas a uma maior *pluralidade de vozes*, nomeadamente através de novas possibilidades de expressão a nível local e regional, com um impacto nas possibilidades de participação cívica e política dos cidadãos. Isto, sem esquecer que as redes de cabo são especialmente propícias à emergência de monopólios de facto, podendo os respectivos detentores funcionar como *gate keepers*, restringindo o acesso a redes de comunicações, problema que ganha especial delicadeza nos casos em que o detentor da rede de cabo seja uma empresa pública. Daí que seja especialmente necessário assegurar um *controlo estadual do controlo privado* do conteúdo da programação[61] quando o operador de rede seja uma empresa privada, ou, quando seja uma empresa pública, importe garantir a observância dos princípios da justiça e da transparência no exercício da actividade e nas relações que a mesma estabelece com o poder político e com as empresas privadas de comunicação social que pretendem o acesso à rede.

À semelhança do que sucede com o cabo, a tecnologia de *difusão directa por satélite* permite aumentar significativamente o número de canais disponíveis,[62] com virtualidades inegáveis na comunicação transfronteiriça. Pelas suas características, a televisão por satélite permite a superação de algumas restrições à liberdade de comunicação, nomeadamente em matéria de conteúdos programáticos e publicidade, impostas pelos diversos Estados.[63] Trata-se de uma forma de limitação da soberania estadual nestes domínios, em nome do direito à liberdade de expressão e do inerente princípio do *free flow of information*, que conformam positivamente o direito internacional da comunicação. A televisão por satélite torna mais difícil o controlo estadual dos conteúdos disponíveis aos cidadãos e o estabelecimento de mecanismos de censura, reforçando o direito de informação e as possibilidades de exposição a novos valores, ideias, estilos de vida e favorecendo a estruturação policêntrica dos meios de comunicação, condição fundamental para uma informação mais livre e objectiva.[64] Este alargamento das possibilidades de comunicação tem o mérito constitucional de ir ao alcance das preferências de públicos mais diversificados, traduzindo-se numa programação mais variada. Este mesmo objectivo sai

---

[61] Juan C. Miguel, *Los Grupos Multimedia, Estructuras Y Estrategias en los Medios Europeus*, Barcelona, 1993, 43.

[62] Roger Kressing, *Neue Medien zwischen Rundfunk und Individual Kommunikation.*, Frankfurt-am-Main, 1998, 21 ss.

[63] Philippe Achilleas, *La Television Par Satellite, Aspects Juridiques Internationaux*, 2ª ed., Paris, 1997, 55 ss.

[64] Achilleas, *Lá Television Par Satellite...*, cit. 66.

reforçado com aquilo que alguma doutrina designa por *novo dualismo*, ou "sistema trial", no sector da televisão,[65] a par da já tradicional *ordem dual* da radiodifusão, de natureza pública e privada. Trata-se da distinção, cada vez mais importante, entre televisão de *acesso livre* e de *acesso condicionado*, que adquire relevo, não apenas no plano estrutural e económico, mas, principalmente, no plano publicístico.[66]

A abordagem da questão da liberdade de programação tem hoje que começar com uma referência às profundas alterações que nos últimos anos têm vindo a reconfigurar toda a radiodifusão, com especial relevo para a televisão, forçando uma alteração profunda na regulamentação do sector.[67] Temos em vista, desde logo, o desenvolvimento da televisão por cabo e satélite e a introdução da tecnologia digital.[68] Por seu lado, a tecnologia da digitalização permite a transmissão de quantidades muitos maiores de informação, aumentando exponencialmente a oferta de conteúdos, juntamente serviços avançados interactivos, e transferindo para o telespectador uma maior medida de controlo sobre os programas a que o mesmo pretende ter acesso.[69]

Os desenvolvimentos referidos criam condições para a diversificação e a individualização da oferta televisiva.[70] A radio*difusão* perde progressivamente o seu carácter *difuso* e transforma-se em domínio individualizado e interactivo, o que não deixará de repercutir-se na delimitação do conceito

---

[65] Martin Diesbach, *Pay TV oder Free TV, Zur Zulässigkeit der verschlüsselten Exklusivübertragung sportlicher Großereignisse*, Baden-Baden, 1998, 40 ss.; Hesse, *Rundfunkrecht...*, cit., 278.

[66] Diesbach, *Pay-TV oder Free TV...*, cit., 33 ss. Isto mesmo foi reconhecido, no âmbito do direito comunitário, onde se considera que os serviços radiodifusão de acesso condicionado, por cabo, satélite ou rede de telecomunicações, se encontram abrangidos pela liberdade de prestação de serviços, no sentido do âmbito normativo dos arts. 59º e 60º do Tratado da Comunidade Europeia, sendo inclusivamente objecto de uma protecção jurídica especial, nos termos da Directiva 98/84CE, de 20-11-1998, a fim de assegurar a remuneração do prestador de serviço e garantir a respectiva protecção contra a utilização de dispositivos ilícitos que permitem o acesso gratuito a esses serviços. Esta necessidade especial de protecção é expressamente justificada, no preâmbulo da directiva, com base no reconhecimento de que estes serviços constituem importantes instrumentos de garantia da liberdade de expressão e de informação e do pluralismo cultural.

[67] Jay G. Blumer, "La televisión pública ante el diluvio comercial", *Television e Interes Publico*, (ed., Jay G. Blumer; trad. José Arconada), Barcelona, 1993 30 ss.

[68] Jill Hills, Maria Michalis, "Digital Television and Regulatory Issues, The BritishCase", *Communication and Strategies*, 27, 199775 ss.; *Towards a New Framework for Electronic Communications Infrastructure And Associated Services*, COM (1999) 539.

[69] Directiva 95/47. Na transmissão de um jogo de futebol, por exemplo, os telespectadores poderão participar na configuração da transmissão, seleccionando a perspectiva dada por diferentes câmaras ou as imagens que querem ver repetidas em câmara lenta. Do mesmo modo, ser-lhes-á possível ter acesso à composição das equipas, a dados biográficos sobre os jogadores, a estatísticas, etc. Kressing, *Neue Medien zwischen Rundfunk und Individual Kommunikation....*, cit., 12 ss.; Diesbach, *Pay TV oder Free TV...*, cit. 23 ss.; Albrecht Hesse, "Der Vierte Rundfunkänderungsstaatsvertrag aus der Sicht des öffentlich-rechtlichen Rundfunks", *ZUM – Zeitschrift für Uhrheber- und Medienrecht*, 44, 2000, 183 ss.

[70] Kressing, *Neue Medien zwischen Rundfunk und Individual Kommunikation...*, cit., 14, salientando as virtualidades da técnica MPEG (Motion Picture Experts Group) de compressão da imagem e do som.

de radiodifusão.[71] Isto, não obstante a permanência de muitas das características de radiodifusão inicial. As novas tecnologias permitem a generalização, dos mais variados "cabazes de canais de programas",[72] em que os canais generalistas são combinados com canais temáticos, permitindo uma mais ampla cobertura de diferentes áreas de interesse e a identificação de novos subpúblicos. Além disso, eles propiciam uma relação directa entre o operador de televisão e o telespectador, através da prestação de múltiplos serviços personalizados, tirando partido das autoestradas da informação, onde se incluem as utilizações interactivas da televisão.[73] A liberdade de programação, que era até aqui uma prerrogativa dos operadores de radiodifusão, é em maior medida partilhada pelo público em geral.[74]

Este facto representa uma mudança substancial na forma como a televisão deve ser compreendida e regulada. A tradicional oferta massificada e temporalmente circunscrita, de livre acesso (*free TV; free-to-air TV*), que fazia da televisão um importante factor de formação da opinião pública e de integração nacional, dá lugar à emergência da televisão paga mediante subscrição (*Pay-TV*), e cada vez mais interactiva, mais próxima de uma *electronic juke box* ou mesmo de uma *playstation*.[75] A diferente arquitectura tecnológica e financeira das televisões terrestre, por cabo e por satélite aponta para a sua coexistência em mercados autónomos dotados de elementos fortemente competitivos.[76] A realização das finalidades constitucionais exige uma especial atenção às condições de acesso aos serviços, à abertura do mercado e a outros valores, como a garantia do acesso à informação, a promoção do pluralismo e a protecção da infância e da juventude.[77] Preocupada com a preservação das condições para o diálogo e a deliberação sobre questões públicas, a Constituição preclude a colonização de toda a esfera pública pelos serviços televisivos individualizados de acesso condicional. Refira-se que muitas destas preocupações conservam inteiramente a sua relevância, e vêem a sua acuidade acrescida, no caso da invasão das redes de computador e de telefone móvel pelos tradicionais fornecedores de conteúdos audiovisuais.

---

[71] Massimo G. Colombo, Paola Garrone, "The Multimedia Paradigm: na Evolutionary Approach", *Communications and Stategies*, 28, 1997, 217 ss.; Kressing, *Neue Medien zwischen Rundfunk und Individual Kommunikation...*, cit., 9 ss.

[72] A expressão é utilizada no *Livro Verde relativo à Convergência dos Sectores das Telecomunicações, dos Meios de Comunicação Social e das Tecnologias da Informação e às suas Implicações na Regulamentação*, Comissão Europeia, 3 de Dezembro de 1997, cap. I, 1.3.

[73] Ricker, Schiwy, *Rundfunkverfassungsrecht...*, cit,, 73 ss.

[74] Colombo, Garrone, *The Muldimedia Paradigm: an Evolutionary Approach...*, cit. 230.

[75] Bullinger, *Multimediale Kommunikation in Wirtschaft und Gesellschaft...*, cit. 751.; Kressing, *Neue Medien zwischen Rundfunk und Individual Kommunikation...*, cit., 16 ss.

[76] Jacques-Philipe Gunther, "Politique Communautaire de Concurrence et Audiovisuel: État des Lieux", *Revue Trimestrielle de Droit Européen*, 34, 1998, 6 ss.

[77] V., a já anteriormente referida Directiva 95/47/EC.

3.2. Alcance normativo da liberdade de programação

A despeito das transformações tecnológicas em curso, cujas refracções normativas não podemos aqui abarcar, a televisão continua a ser um pilar essencial do discurso social nacional.[78] O artigo 23º/1 da Lei da Televisão (LTV)[79] afirma que "[a] liberdade de expressão do pensamento através da televisão integra o direito fundamental dos cidadãos a uma informação livre e pluralista, essencial à democracia e ao desenvolvimento social e económico do País." Daí que a temática da liberdade de programação permaneça plena de actualidade. Com efeito, o nº 3 deste mesmo artigo afirma que "o exercício da actividade de televisão assenta na liberdade de programação".

Importa, então, analisar o âmbito normativo deste direito. O artigo 2º/1/c) do daquele diploma define o conceito de *serviço de programas* como conjunto dos elementos da programação, sequencial e unitário, fornecido por um operador de televisão. Nos termos do artigo 9º da LTV, os serviços de programas televisivos podem ser generalistas – quando apresentem programação diversificada e de conteúdo genérico –, ou temáticos – quando apresentem um modelo de programação predominantemente centrado num determinado conteúdo, em matérias específicas ou dirigidas a um público determinado. Além disso, os mesmos podem ser de acesso livre (*Free-TV*) ou condicionado (*Pay-TV*), através da descodificação mediante contrapartida. Nisso se consubstancia o já referido sistema "trial" de televisão, de que alguns falam. A opção pela prestação de qualquer destes serviços de programas integra já a liberdade de programação do operador prospectivo, sem prejuízo das restrições legais impostas pelo interesse público, as quais devem abster-se de interferir no conteúdo das decisões editoriais e programáticas.

O conceito de *programação* é utilizado no âmbito da actividade de televisão para designar uma sequência planeada e ordenada de conteúdos publicísticos, de natureza óptica e acústica, com vista à sua difusão dirigida ao público em geral.[80] A actividade de *programação* implica necessariamente criatividade, trabalho editorial e redactorial, domínios em que a livre expressão individual e a livre interacção comunicativa assumem um relevo estruturante e conformador. Daí que a *liberdade de programação* deva ser tematizada tendo como pano de fundo a liberdade de expressão em sentido amplo, que é o seu *direito mãe*. À semelhança do que sucede com este direito fundamental, a *liberdade de programação* deve ser construída com um *âmbito normativo alargado*, abrangendo a comunicação de um vasto espectro de mensagens, desde as mais profundas às mais banais, sendo certo

---

[78] *Turner Broadcasting System, Inc. v. FCC*, 520 U.S. 180, 194 (1997).
[79] Lei nº 32/2003 de 22-8.
[80] Grob, *Die Programmautonomie von Radio und Fernsehen in der Schweiz...*, cit. 95 ss.

que ambos os atributos dependem em grande medida da valoração dos diferentes públicos. Irrelevantes são, designadamente, considerações relativas à natureza racional, emocional, sensual ou ficcional dos conteúdos transmitidos, bem como às motivações políticas, ideológicas, estéticas, culturais, económicas ou lúdicas que lhes estejam subjacentes.[81]

A liberdade de expressão não cobre apenas a *razão pública* ou a *razão comunicativa*, mas também a *emoção pública* e a *emoção comunicativa*. Este direito concretiza o objectivo de protecção da biodiversidade e do "gene-pool" de ideias na sociedade.

Entende-se constituir a *liberdade de conformação da programação*[82] um corolário da liberdade de radiodifusão e, mais remotamente, da liberdade de expressão em sentido amplo. A liberdade de radiodifusão conhece um dos seus pontos nevrálgicos na liberdade de programação – embora esteja longe de se esgotar nela –, entendida como direito de defesa do espaço público comunicativo contra o Estado e, nalguma medida, através do Estado.[83] Isso significa, desde logo, que se proscrevem todas as interferências estaduais, directas e indirectas, manifestas ou subtis, oficiais e não oficiais, na selecção e conformação do conteúdo da programação ou de um programa em particular.[84]

Neste domínio, o princípio da *liberdade perante o Estado* conhece uma das suas mais relevantes áreas de incidência. Os poderes públicos não podem interferir nos conteúdos programáticos nem discriminar em função dos mesmos. Nisso se consubstancia o princípio da *neutralidade em matéria de conteúdos* (*content-neutrality*). O poder estadual de regular os conteúdos é fortemente limitado pelas *liberdades comunicativas*. No seio dos operadores privados, a actividade em causa deve permanecer uma tarefa essencialmente privada. A *soberania editorial* dos operadores protege-os de todas as interferências por parte dos poderes públicos. Mas além disso, a liberdade de programação produz um *efeito externo*, ou *efeito horizontal*, relativamente a terceiros, designadamente nas relações envolvendo proprie-

---

[81] Machado, *Liberdade de Expressão...*, cit., 418.

[82] BVerfGE, 97, 298. Cfr., Maunz, Dürig, Herzog, *Kommentar von Grundgesetz...*, art.5°, 72 a; Mangoldt, Klein, Starck, *Das Bonner Grundgesetz...*, I, cit. 531 ss.; Herrmann, *Rundfunkrecht...*, cit. 446 ss.; Grob, *Die Programmautonomie von Radio und Fernsehen in der Schweiz...*, cit. 95 ss. ; Dieter Dörr, *Programmvielfalt im öffentlichrechtlichen Rundfunk durch funktionsgerecht Finanzausstattung*, Baden-Baden, 1998; Fechner, *Medienrecht*,cit., 198 ss.

[83] Gerhard Leibholz, Hans-Justus Rinck, *Grundgesetz für die Bundesrepublik Deutschland, Kommentar na Hand der Rechtspechung des Bundesverfassungsgerichts*, I, 7ª ed., Köln, 1989 (art. 5°) 32.; Ricker, Schiwy, *Rundfunkverfassungsrecht...*, cit. 344 ss.; Schulze-Fielitz, "Art. 5° (1)", *Grundgesetz Kommentar...*, I, cit. 376 ss.

[84] Acórdão do Supremo Tribunal de Justiça no Processo 02/A2627, de 5-11-2002. Albrecht Hesse, *Rundfunkrecht*, 2ª ed., München, 1999, 64 ss.; David Feldman "Freedom of Expression", *The International Covenant on Civil and Political Rights and United Kingdom Law*, (eds. David Harris, Sarah Joseph), Oxford, 1995, 401.

tários, redactores, jornalistas, operadores de rede de cabo e satélite, anunciantes, patrocinadores, etc.[85]

No seio do serviço público, a programação deve permanecer uma tarefa essencialmente livre em face do Estado, do Governo e dos partidos políticos. Trata-se aqui, nos termos do artigo 18°/1 da Constituição portuguesa, de um direito fundamental directamente aplicável (*self-executing*, *self-enforcing*), cabendo aos tribunais um importante papel na sua tutela no caso concreto. Igualmente digno de nota é a existência de um direito/dever de resistência, por parte dos operadores públicos e privados de comunicação social, a todas as tentativas de interferência por parte dos poderes públicos na actividade de programação que se afigurem desprovidas de base constitucional e legal. Isto, sem prejuízo da responsabilidade do Estado, através do poder legislativo, relativamente ao estabelecimento de limites positivos e negativos à liberdade de programação, de acordo com os requisitos formais e materiais das leis restritivas de direitos, liberdades e garantias, tendo em vista salvaguardar outros direitos e interesses constitucionalmente tutelados que com ela colidam.

A liberdade de programação deve ser interpretada num sentido amplo, compreendendo a liberdade de emitir qualquer programa, independentemente do seu conteúdo, ou da sua qualidade, sendo qualquer juízo sobre essa matéria *reserva de empresa de radiodifusão*.[86] Nos termos do artigo 23°/2 da LTV, "o exercício da actividade de televisão assenta na liberdade de programação, não podendo a Administração Pública ou qualquer órgão de soberania, com excepção dos tribunais, impedir, condicionar ou impor a difusão de quaisquer programas". Do mesmo modo, o artigo 68° da LTV defende a liberdade de programação perante quaisquer atentados públicos ou privados, punindo com pena de prisão ou multa quem impedir ou perturbar emissão televisiva ou apreender ou danificar os materiais necessários ao exercício da actividade de televisão, fora dos casos previstos na lei e com o intuito de atentar contra a liberdade de programação, sem prejuízo de responsabilidade civil. Vale aqui o princípio geral, decorrente do direito à liberdade de expressão, nos termos do qual a programação deve ser protegida, a menos que exista evidência clara de um dano sério, actual ou iminente, para outros bens constitucionalmente tutelados, cabendo ao poder judicial uma *reserva de última palavra* nessa matéria.[87] O direito em causa conhece, assim, uma dimensão negativa que tem no Estado o seu principal destinatário. Não obstante, para além de um dever negativo de

---

[85] Grob, *Die Programmautonomie von Radio und Fernsehen in der Schweiz...*, cit. 124 ss.
[86] Hesse, *Rundfunkrecht...*, cit. 64 ss.; Schulze-Fielitz,, "Art. 5° (1)", *Grundgesetz Kommentar...*, I, cit. 376 ss. ; Kent R. Middleton, Bill F. Chamberlin, Mathew D. Bunker, *The Law of Public Communications*, 4ª ed., New York, 1997, 587.
[87] Canotilho, *Direito Constitucional e Teoria da Constituição...*, cit. 667 ss.

abstenção, ou não interferência, o Estado encontra-se igualmente vinculado por deveres positivos de protecção e regulação, destinados à tutela dessa liberdade perante as pressões de que possa ser alvo e à sua promoção e limitação em termos constitucionalmente adequados.

3.3. A tríade programática: informação, educação e entretenimento

A liberdade de programação, dotada de um *âmbito normativo alargado*, pretende abranger *prima facie* todo o tipo de programação difundida. A doutrina vem chamando a atenção para o facto de que a programação da radiodifusão se desdobra em três vertentes fundamentais: a informação, a formação e o entretenimento,[88] com objectivos gerais e específicos, cobrindo as mais diversas áreas temáticas e procurando atingir o público em geral ou diferentes públicos em especial. Precisamente nesta linha, o artigo 10º/1/a) da LTV adscreve os objectivos de informação, formação e entretenimento do público aos serviços de programas generalistas. No entanto, pode dizer-se que, indirectamente, estas finalidades conformam positivamente os serviços de programas temáticos, embora com as devidas adaptações.

Do ponto de vista constitucional, importa que os diferentes serviços de programas possam abordar, a partir de múltiplos ângulos e sob as perspectivas mais diversas, todas as áreas da experiência humana. Protegida pela liberdade de programação está a transmissão de notícias, ideias, opiniões, sentimentos, sensações, de natureza informativa, formativa ou de entretenimento, incluindo conteúdos publicitários, ficcionais ou artísticos.[89] Não se trata apenas de proteger a disseminação de informações e opiniões por razões de interesse público, mas também de proteger o designado "speech for fun and for profit", que em boa medida consubstancia o entretenimento.[90] Refira-se que a tríade programática é erigida com base

---

[88] Schultze-Fielitz, "Art. 5º (1)", *Grundgesetz Kommentar...*, I, cit. 377.
[89] Ricker, Schiwy, *Rundfunkverfassungsrecht...*, cit. 71 ss.
[90] Historicamente, o Supremo Tribunal norte-americano, no caso *Mutual Film Corp v. Industrial Commission of Ohio*, 236 U.S. 230 (1915), começou por considerar que a actividade de entretenimento de natureza publicística (v.g. cinema) não estava coberta pela liberdade de expressão, por ter fins lucrativos. Algumas décadas mais tarde, esta instância suprema veio a alternar o seu entendimento. No caso *Winters v. New York*, 333 U.S. 507, 510 (1948), afirma-se, numa referência à liberdade de imprensa, que "[t]he line between the informing and the entertaining is too elusive for the protection of that basic right. Everyone is familiar with instances of propaganda through fiction. What is one man's amusement, teaches another's doctrine". Aprofundando esta orientação, no caso *Joseph Burstyn, Inc. v. Wilson*, 343 U.S. 495 (1952), o Supremo Tribunal sustenta: "[I]t is urged that motion pictures do not fall within the First Amendment's aegis because their production, distribution, and exhibition is a large-scale business conducted for private profit. We cannot agree. That books, newspapers, and magazines are published and sold for a profit does not prevent them from being a form of expression whose liberty is safeguarded by the First Amendment. We fail to see why operation for profit should have any different effect in the case of motion pictures". Paul C. Weiler, *Entertainment, Media, and the Law, Text, Cases, Problems*, St. Paul. Minn, 1997, 1 ss. e 10 ss.

em "tipos ideais" apenas tendencialmente autonomizáveis, na medida em que as três categorias da programação podem dar lugar a múltiplas combinações (informação/formação; informação/entretenimento; formação/entretenimento; informação/formação/entretenimento), dando origem a vários subtipos de programas com os formatos e os códigos comunicativos mais variados. Igualmente importante é salientar que no âmbito dos operadores privados, os serviços de programas, generalistas ou temáticos, podem ser legitimamente utilizados, directa ou indirectamente, para dar expressão e promover diferentes perspectivas mundividenciais, de natureza religiosa e não religiosa. Quando assim seja, está-se perante uma *programação de tendência*, naturalmente subtraída às obrigações de igualdade, diversidade e pluralismo.

No seu conjunto, a programação audiovisual constitui um importante meio de comunicação social, não se limitando a afectar directamente o discurso público sobre as questões políticas, mas também influenciando, por vezes de forma subtil, os valores, os pensamentos, as atitudes e os comportamentos das pessoas. A consideração da mencionada tríade programática pode ser relevante no processo de ponderação de bens, como mais adiante se verá, na medida em que o peso dos interesses em presença pode variar substancialmente, de acordo com as circunstâncias do caso. Mas a liberdade de programação abrange, não apenas a selecção dos temas e a preparação dos conteúdos programáticos, mas também todas as actividades relacionadas com a recolha e preparação dos elementos pertinentes.[91] Para além das dimensões cobertas pelos direitos dos jornalistas ao acesso à informação, protege-se o estabelecimento de delegações e correspondentes nacionais e internacionais, bem como as relações contratuais estabelecidas com agências noticiosas, produtores e distribuidores de programas ou quaisquer outras entidades públicas ou privadas, tendo em vista a obtenção de conteúdos programáticos.[92] Por outras palavras, a liberdade de programação protege o *tráfico jurídico* e os actos materiais envolvidos em todo o circuito que inclui a concepção, preparação, criação, realização, produção, edição, comercialização, distribuição, difusão, retransmissão e recepção de programas.

Uma dimensão protegida pela liberdade de programação prende-se com as decisões sobre a *forma* e o *meio* da sua difusão.[93] O *âmbito de protecção* da liberdade de radiodifusão sobrepõe-se, em boa medida, aos seus congéneres das liberdades de expressão e de informação, sendo igualmente pertinente a analogia com a liberdade redactorial das empresas jornalísticas e a liberdade editorial. Todavia, por importante que seja a

---
[91] Grob, *Die Programmautonomie von Radio und Fernsehen in der Schweiz...*, cit. 99 ss.
[92] Herrmann, *Rundfunkrecht...*, cit. 260 ss.
[93] BVerfGE, 35, 202 ss. 223; 57, 295 ss. 323 ss.

liberdade de programação, a mesma deve ser vista como incorporando uma restrição ao direito à liberdade de expressão de terceiros, cujas aspirações comunicativas não podem ser pura e simplesmente ignoradas. A despeito da sua inerente viabilidade constitucional, ela pode facilmente transformar-se num instrumento de repressão de ideias inconvencionais e heterodoxas, à revelia da intencionalidade normativa das liberdades da comunicação.[94] Este aspecto obriga a que o mesmo seja por diversas vias relativizado, em ordem à maximização das possibilidades efectivas de comunicação, nomeadamente através da criação de direitos de resposta e de acesso. Uma boa parte das restrições às liberdades editorial e de programação tem exactamente os mesmos fundamentos de legitimidade destes direitos, com particular relevo para a promoção de uma *esfera de discurso público aberta e competitiva.*[95]

3.4. Princípios relativos ao conteúdo da programação

Em Portugal, o artigo 7º da LTV consagra um *princípio de cooperação* entre o Estado, os concessionários do serviço público e os restantes operadores privados de televisão na "prossecução dos valores da dignidade da pessoa humana, do Estado de direito, da sociedade democrática e da coesão nacional e da promoção da língua e da cultura portuguesas, tendo em consideração as necessidades especiais de certas categorias de espectadores". Do mesmo modo, o artigo 30º/1 do mesmo instrumento normativo estabelece que "[t]odos os operadores de televisão devem garantir, na sua programação, designadamente através de práticas de auto-regulação, a observância de uma ética de antena, consistente, designadamente no respeito pela dignidade da pessoa humana e pelos demais direitos fundamentais, com protecção, em especial, dos públicos mais vulneráveis, designadamente crianças e jovens". Existem, assim, valores comuns que genericamente devem nortear, de forma colaborante, a actividade de todos o operadores do sector, públicos e privados, assentes nas noções básicas de igual dignidade e liberdade de todos os indivíduos.

Isso não significa, no entanto, que a cooperação na promoção e protecção desses "valores éticos de antena" aponte no sentido de uma homogeneização da programação de acordo com uma particular concepção de "antena ética". Bem pelo contrário, os mesmos devem ser interpretados por

---

[94] Jerome A Barron, "Access to the Press – A New First Amendment Right", *Harvard Law Review*, 80, 1967, 1641 ss., nas suas palavras "[b]ut what of those whose ideas are too unacceptable to secure access to the media? To them the mass communications industry replies: The first amendment guarantees our freedom to do as we choose with our media. Thus the constitutional imperative of free expression becomes a rationale for repressing competing ideas".
[95] Owen M. Fiss, "Building a Free Press", *Rights of Access to the Media*, (eds., András Sajó; Monroe Price), The Hague, 1996, 100 ss.

referência aos valores básicos da liberdade, da diversidade e da qualidade que normativamente conformam, subjectiva e objectivamente, a actividade de programação, que se concretizam, acima de tudo, através da concorrência publicística e económica entre operadores de radiodifusão. Do mesmo modo, o facto de a liberdade de programação dos operadores privados de radiodifusão estar sujeita a determinados princípios fundamentais, não significa que os mesmos devam ser interpretados em termos semelhantes aos que vinculam o operador de serviço público.[96] Este serviço, nos termos do artigo 46º da LTV, encontra-se subordinado ao *princípio da excelência de programação*, do qual se pode dizer que tem implícito o reconhecimento de que a mera soma das decisões individualizadas dos telespectadores, particularmente quando expressas nos sistemas de *pay-per-view* ou *video-on-demand*, dificilmente conseguirá gerar uma programação consistente sobre assuntos de interesse geral e de mérito cultural e artístico intrínseco.[97] Com efeito, o *princípio da excelência da proclamação* pretende afastar uma programação que se reduza a um mínimo denominador comum, preterindo o debate em torno do sistema político e ignorando dimensões culturais e artísticas geralmente associadas a uma maior sensibilidade espiritual, intelectual e estética que a comunidade política no seu todo pretende ver preservada.[98]

O serviço público apresenta-se, pois, como um importante mecanismo de *correcção das falhas do mercado das ideias*. Ao passo que este último apela frequentemente para as *preferências em bruto* dos telespectadores, na sua qualidade de consumidores passivos, o serviço público encontra-se vocacionado para manifestar as chamadas *preferências sobre preferências*, ou *preferências de segunda ordem*, que os indivíduos desenvolvem na sua qualidade de cidadãos, participantes no auto-governo democrático e no progresso cultural da comunidade.[99] Estas *preferências de segunda ordem* apresentam-se dotadas de um maior alcance ético, estético e normativo e de um mais elevado nível de articulação, reflexividade, intersubjectividade e abertura ao interesse público.[100] A sua existência decorre de uma concepção de *liberalismo constitucional*, extensível a todos as esferas do sistema social, a qual transcende largamente o *liberalismo económico*. Daí que a

---

[96] Fiss, *Building a Free Press...*, cit., 96.
[97] Sunstein, *Television and the Public Interest...*, cit., 516 ss.
[98] Wolfgang Hoffmann-Riem, *Regulating Media, The Licensing and Supervision of Broadcasting in Six Countries*, New York, 1996, 274 ss. e 285.
[99] Cass. R. Sunstein, "Endogenous Preferences in Environmental Law", *Journal of Legal Studies*, 22, 1993, 217 ss.; "Social Norms and Social Roles", *Columbia Law Review*, 96, 1996903, 923 ss.; *Free Markets and Social Justice...*, cit., 245 ss.; *Television and the Public Interest...*, cit., 520 ss.
[100] Harry G. Frankfurt, "Freedom of the Will and the Concept of a Person", *Journal of Philosophy*, 68, 2971, 5 ss.; Norman Frolich, Joe Oppenheimer, "Beyond Economic Man: Altruism, Egalitarianism and Difference Maximizing", *Journal of Conflict Resolution*, 28, 1984, 3 ss.;

Constituição e o legislador democrático, ambos representativos de uma cidadania livre e igual, possam dar expressão a essas *preferências sobre preferências*, devendo por essa via determinar ou limitar, de forma deliberada, a actividade dos meios de comunicação, tanto na configuração do serviço público como, em menor medida, na regulação dos operadores privados.[101] A excelência da programação deve incluir aqueles programas que os cidadãos, assumindo reflexivamente as suas responsabilidades cívicas, de natureza política, social e cultural, pretendem ver difundidos.

Para além disso, o serviço público encontra-se mais fortemente vinculado por outros princípios estruturantes da ordem constitucional livre e democrática, que em maior ou menor medida devem permear a programação. Por exemplo, o *princípio democrático* aponta para o especial relevo que as liberdades da comunicação assumem na formação da opinião pública e da vontade política, aspecto que deve ter correspondência no espaço reservado ao debate de questões de interesse geral, baseado em informações fidedignas e objectivas analisadas a partir de diferentes pontos de vista.[102] O *princípio do Estado de direito* implica a garantia do controlo público da legalidade da actuação estadual, protegendo a crítica e o dissenso e criando condições institucionais de independência. O *princípio do Estado social* repousa sobre o reconhecimento da importância das dimensões sociais e culturais no desenvolvimento individual e colectivo, a qual se manifesta na necessidade de conceber o serviço público em termos amplos, não estritamente circunscritos às necessidades de funcionamento do sistema político.[103]

Esta diferenciação material, em sede de princípios de programação, existente entre o operador de serviço público e os operadores privados, encontra o seu fundamento nos diferentes condicionalismos publicísticos e económicos em que aquele e estes levam a cabo a sua actividade. No tocante aos primeiros, a liberdade de programação deve ser exercida num quadro básico fornecido pelo legislador, tendo como objectivo central a ponderação dos direitos e interesses constitucionalmente protegidos, embora tendo em atenção a sua dependência estrutural relativamente às audiências, aos anunciantes e aos patrocinadores. Isto vale, ainda que com algumas adaptações, quer para os operadores de radiodifusão hertziana terrestre, quer para a actividade de televisão por cabo, satélite, internet e telefone, sendo que estas distinções se tendem a esbater. A menor exigência programática dirigida aos operadores privados é especialmente relevante tendo em conta,

---

[101] Gibbons, *Regulating the Media...*, cit. 48 ss.; Sunstein, *Television and the Public Interest...*, cit., 520 ss.
[102] Hesse, *Rundfunkrecht...*, cit., 140; Rachel Craufurd Smith, *Broadcasting Law and Fundamental Rights*, Oxford, 1997, 46.
[103] Roland Scheble, *Perspektiven der Grundversorgung*, Baden-Baden, 1994, 42 ss.

não apenas o direito à liberdade de expressão e de comunicação em si mesmo, consubstanciado na autonomia privada da empresa de comunicação social, mas também no interesse público em assegurar o financiamento dos operadores privados de radiodifusão pelo mercado, necessário à respectiva subsistência, objectivo que a existência de um elevado padrão de exigência em matéria de programação iria comprometer.[104]

Em todo o caso deve considerar-se a presença de exigências mínimas, decorrentes da ponderação das liberdades da comunicação com outros direitos e interesses considerados dignos de protecção, extensivas aos operadores privados.[105] Em boa medida, as mesmas compaginam-se com os *standards* mínimos, válidos em toda a UE, exigidos pela DTSF. A doutrina distingue, a este propósito, entre os princípios que devem presidir à conformação da programação globalmente considerada e os princípios e regras que devem valer para cada programa em especial.[106] No primeiro caso encontra-se, desde logo, o princípio do pluralismo, entendido em termos políticos, sociais e culturais. Para os *canais generalistas*, o mesmo implica a obrigação de tratarem diferentes temas, respeitantes aos diferentes subsistemas de acção social, a partir de um conjunto diversificado de perspectivas. O princípio em presença tem em vista a garantia do direito de informação dos cidadãos, nas suas diversas vertentes, no respeito pelos princípios da igualdade e da tolerância. O mesmo apoia-se na ideia de igualdade de oportunidades comunicativas entre os diferentes segmentos da sociedade, bem como no favorecimento da intercompreensão e da coexistência pacífica entre indivíduos e grupos dotados de diferentes concepções do bem e estilos de vida. No caso dos programas informativos propriamente ditos, verifica-se que o princípio pluralista está subjacente à deontologia da actividade jornalística, centrada numa informação objectiva e na análise das questões de interesse público a partir de diferentes perspectivas.[107] Todavia, as mesmas podem aplicar-se, no seu conteúdo essencial, à generalidade da programação, que não apenas à de natureza informativa.

Embora o princípio pluralista vincule em primeira linha os canais generalistas, não está de todo excluída a sua validade no âmbito dos canais temáticos, enquanto exigência de diferentes pontos de vista sobre o tema em causa, na medida em que isso seja pertinente e razoável. Como anteriormente se disse, o princípio pluralista não é incompatível com a existência

---

[104] Neste sentido se pronunciou o Tribunal Constitucional Federal alemão, nas suas decisões BVerfGE, 73, 118, 157 ss.; 74, 294, 325 ss.; Ricker, Schiwy, *Rundfunkverfassungsrecht...*, cit. 376 ss.; Hoffmann-Riem, *Regulating Media...*, cit. 285 ss.

[105] Schulze-Fielitz, "Art. 5º (1)", *Grundgesetz Kommentar...*, I, cit. 410.

[106] Herrmann, *Rundfunkrecht...*, cit. 448 ss.

[107] É neste contexto que deve ser entendida a disposição do artigo 30º/2 da LTV quando afirma constituir uma obrigação geral de todos os operadores de televisão que explorem serviços de programas generalistas, a Garantia de rigor, objectividade e independência da informação.

de uma linha editorial, surgindo mitigado quando se trate de um operador que perfilhe uma determinada tendência. Do mesmo modo, ele vincula em menor grau os operadores de radiotelevisão privada do que os operadores de serviço público. À medida que se consolida o pluralismo externo dos meios de comunicação social, as autoridades competentes devem atenuar a exigência, em cada um deles, de pluralismo interno.[108] Isto, sem prejuízo da existência, para os canais generalistas, de um *padrão básico* de qualidade, diversidade e pluralismo.[109] Na verdade, o artigo 10º da LTV, para além da referência que faz à tríade programática, determina que os canais generalistas devem "promover o direito de informar e de ser informado, com rigor e independência, sem impedimentos nem discriminações", bem como "[f]avorecer a criação de hábitos de convivência cívica própria de um Estado democrático e contribuir para o pluralismo político, social e cultural. Do mesmo modo, incumbe-lhes "[p]romover a cultura e a língua portuguesas e os valores que exprimem a identidade nacional". Isto, a par da consagração de finalidades regionalistas e localistas para canais de âmbito regional e local.

A esta luz, a par do *princípio pluralista*, enquanto directiva para toda a programação, deve referir-se o *princípio da valorização cultural da população*, tendo como pano de fundo a expressão dos valores culturais da identidade nacional. Este segundo princípio deve ser entendido de acordo com uma visão dinâmica, aberta e prospectiva da cultura e da identidade nacionais, adequada ao relevo das trocas culturais entre todos os povos num mundo em processo de integração e globalização, a única compatível com a plena garantia constitucional das liberdades da comunicação. Rejeita-se qualquer ideia de cristalização da identidade nacional num determinado momento histórico e a sua posterior utilização como fundamento de restrição aos direitos fundamentais da comunicação.[110] Estes direitos são incompatíveis com uma concepção fechada e isolacionista da identidade nacional que se pretenda furtar à interacção comunicativa global, arvorando-se em ortodoxia insusceptível de discussão e de reconceptualização.

Assim, o princípio em causa reveste uma natureza proclamatória, a par de um inegável relevo descritivo-sociológico, ficando as suas mais intensas dimensões jurídico-normativas circunscritas, essencialmente, à defesa da língua portuguesa, da manifestação de valores e costumes regionais e locais, do património cultural, artístico e etnográfico, sendo certo que também aqui se trata de grandezas vivas e em movimento. No caso de operadores de âmbito regional ou local, estes princípios adquirem um relevo específico. Em todo o caso, a sua efectivação tem que ser compatibili-

---

[108] Hoffmann-Riem, *Regulating Media...*, cit., 134.
[109] Ricker, Schiwy, *Rundfunkverfassungsrecht...*, cit. 296.
[110] Machado, *Liberdade de Expressão...*, cit., 646 ss.

zada, no caso dos operadores privados, com a necessidade de assegurar a viabilidade económica da empresa de comunicação e o seu financiamento pelo mercado.

Igualmente relevantes são outros princípios através dos quais se pretende assegurar clareza e verdade na programação. Assim sucede, desde logo, com as exigências em matéria de estatuto editorial, actividade jornalística, separação entre informação e comentário e entre programação e publicidade, embora nestes casos a tutela dos direitos fundamentais se satisfaça com uma separação meramente tendencial. Para os programas individualmente considerados, relevam os princípios básicos da ordem constitucional,[111] como o respeito pela dignidade da pessoa humana, pelos direitos de personalidade, pelos diferentes grupos sociais, pelas exigências de protecção da infância e da juventude e de outros bens constitucionalmente tutelados, como sejam a ordem pública ou a segurança interna. Ao mesmo tempo que devem conformar positivamente a programação, estes princípios consubstanciam restrições à mesma.

IV – Limites negativos à liberdade de programação

Presentemente existe um entendimento praticamente consensual de que as liberdades comunicativas, com especial relevo para a liberdade da programação, devem ser amplamente protegidas. Na generalidade das sociedades marcadas pelo constitucionalismo liberal moderno, o panorama televisivo dá mostras de grande vitalidade e pluralidade. Também todos estão de acordo quando se diz que a Constituição não protege o direito de apresentar qualquer programa, em qualquer hora, diante de qualquer público. Este consenso, embora seja um importante ponto de partida, não resulta imediatamente na certeza e precisão da tarefa de restrição da liberdade da programação, na medida em que o pluralismo ético que caracteriza essas sociedades não permite identificar, de forma nítida e categórica, uma linha de demarcação entre conteúdos programáticos permitidos e proibidos. O problema complica-se, na medida em que as autoridades públicas, de natureza legislativa, administrativa e judicial, são compostas por indivíduos portadores de mundividências diferentes, de onde decorrem valores éticos divergentes.

Este estado de coisas postula que a restrição das liberdades comunicativas deva ser feita com base nos valores e princípios consagrados pelo contrato social formalizado no texto constitucional. A esta luz, entende-se que os princípios constitucionais que conformam a liberdade de programa-

---

[111] Herrmann, *Rundfunkrecht...*, cit. 449 ss. e 514 ss.

ção, também são relevantes quando se trata de proceder à sua limitação.[112] É aqui que faz sentido a proibição de emissões que violem os direitos, liberdades e garantias, atentem contra a dignidade da pessoa humana ou incitem à prática de crimes. O art. 24º da LTV tutela estes valores, constituindo a sua violação uma contra-ordenação, punível com uma coima adequada ao carácter leve, grave ou muito grave da infracção.[113] Contudo, estas fórmulas, a despeito da sua inerente plausibilidade, não facilitam a tarefa da restrição, na medida em que um dos objectivos centrais do constitucionalismo moderno consiste em erigir a vida social em proposições razoavelmente vagas e abertas para possibilitar a coexistência pacífica de indivíduos e grupos portadores de concepções muito diferentes e em muitos casos antinómicas. Daí que os sectores sociais com maior vocação para o exercício das funções de *censor morum* sintam alguma frustração com a generalidade e a abertura das disposições constitucionais. Mais do que de uma lógica binária do tipo "permitido/proibido", a legitimidade dos conteúdos programáticos depende da constelação cambiante de múltiplas variáveis, como sejam, as horas do dia de que se trate, o carácter genérico, temático, aberto ou condicionado do serviço de programas em causa ou as audiências prováveis de uma dada emissão ou de um determinado canal.

Igualmente importante, embora muito para além das nossas possibilidades de tratamento, é a questão institucional de saber *quem* fixa os limites às liberdades comunicativas. Nas palavras de Paul Weiler, tudo está em saber se os problemas em causa devem ser resolvidos pelos tribunais, dando ouvidos aos juristas, ou pelo legislador, dando ouvidos aos eleitores, ou ainda pelos operadores, dando ouvidos às audiências.[114] Subjacente a este nosso estudo encontra-se o modelo institucional adoptado pela CRP, que assenta no reconhecimento de uma ampla liberdade aos operadores de comunicação e ao público e numa consequente presunção a favor da auto-regulação e do funcionamento do mercado publicístico e económico.[115] Neste

---

[112] Andrade, *O Serviço Público de Televisão na Ordem Jurídica Portuguesa...*, cit., 121 ss.; Grob, *Die Programmautonomie von Radio und Fernsehen in der Schweiz...*, cit. 131 ss.; Hoffmann-Riem, *Komerzielles Fernsehen...*, cit., 154 ss.; Martin Löffler, (ed.)*Presserecht*, 4ª ed, 1997,1577 ss.; Martin Löffler, Reinhart Ricker, *Handbuch des Presserechts*, 3ª ed., München, 1994, 422 ss.; F. Leslie Smith, Milan Meeske, John W. Wright II, *Electronic Media and Government, The Regulation of Wireless and Wired Mass Communication in the United States*, White Plains, New York, 1995, 271 ss.

[113] Arts. 69º ss. da LTV. Nos termos do artigo 77º/1 da LTV, "[s]e o operador cometer contra-ordenação muito grave depois de ter sido sancionado por duas outras contra-ordenações muito graves, pode ser revogada a licença de televisão ou, tratando-se de infracção cometida na actividade de retransmissão, interditada definitivamente a retransmissão do serviço de programas em que tiverem sido cometidas."

[114] Weiler, *Entertainment, Media, and the Law*, cit., 9 ss.

[115] Isto mesmo é genericamente afirmado na jurisprudência do Supremo Tribunal norte-americano, no caso *Cohen v. California* 403 U.S. 15 (1971), quando sustenta que "[t]he constitutional right of free expression is powerful medicine in a society as diverse and populous as ours. It is designed and intended to remove governmental restraints from the arena of public discussion, putting the decision as to what views shall be voiced largely into the hands of each of us, in the hope that use of such freedom will ultimately produce a more capable citizenry and more perfect polity and in the belief that no other

como noutros domínios, a liberdade é a regra, e a restrição é a excepção. No entanto, também existe a possibilidade, excepcional, de estabelecimento dos limites pelo legislador com base em bens constitucionalmente tutelados. As restrições estão sujeitas a uma reserva de lei formal qualificadas, devendo ser excepcionais, devidamente fundamentadas e interpretadas restritivamente. As mesmas devem ser aplicadas de forma correcta e imparcial desses pela entidade reguladora competente, e de controlo das suas decisões pelos tribunais comuns, com possibilidade de recurso para o Tribunal Constitucional sempre que a violação dos direitos dos operadores e do público resulte de uma interpretação da lei que possa ser considerada inconstitucional. Isto, sem esquecer a possibilidade de fiscalização abstracta preventiva e sucessiva das leis restritivas, por parte do Tribunal Constitucional.[116] Restrições baseadas unicamente nos perigos, reais ou hipotéticos, do "sensualismo", do "sensacionalismo", do "voyeurismo" ou da "baixaria" devem passar o crivo do *substantive due process* a que o artigo 18º da CRP subordina as restrições aos direitos, liberdades e garantias.

Até há pouco tempo, a entidade reguladora em Portugal era a Alta Autoridade para a Comunicação Social (AACS).[117] Todavia, em sua substituição foi recentemente criada a Entidade Reguladora da Comunicação Social (ERC), entidade administrativa independente, com competência para proceder à regulação e supervisão da comunicação social.[118] Dentro da ERC destaca-se o Conselho Regulador (CR), órgão colegial responsável pela definição e implementação da actividade reguladora, composto por cinco elementos, sendo quatro designados pela Assembleia da República, e um cooptado por estes.[119] A este conselho compete, no essencial, o exercício da função de supervisão e intervenção sobre todas as entidades que, sob jurisdição do Estado Português, prossigam actividades de comunicação social. Este conjunto abrange, designadamente, agências noticiosas, pessoas singulares ou colectivas que editem publicações periódicas, independentemente do suporte de distribuição que utilizem, operadores de rádio e de televisão, relativamente aos serviços de programas que difundam ou aos conteúdos complementares que forneçam, sob sua responsabilidade editorial, por qualquer meio, incluindo por via electrónica. Estão ainda subor-

---

approach would comport with the premise of individual dignity and choice upon which our political system rests."

[116] Também pode haver lugar à intervenção da jurisdição comunitária e europeia dos direitos humanos sempre que se verificarem os respectivos pressupostos.

[117] Nos termos do artigo 89º/4 da LTV, compete à AACS aplicar as coimas respeitantes à infracção dos limites à liberdade de programação, salvo quando a infracção tenha sido feita através da publicidade, caso em que essa responsabilidade fica a cargo da comissão de aplicação de coimas prevista no Código da Publicidade.

[118] Lei n.º 53/2005 de 8 de Novembro, com o estatuto da ERC (EERC) em anexo.

[119] Art. 14º ss. do EERC.

dinadas à supervisão e intervenção da ERC as pessoas singulares ou colectivas que disponibilizem ao público, através de redes de comunicações electrónicas, serviços de programas de rádio ou de televisão, na medida em que lhes caiba decidir sobre a sua selecção e agregação e pessoas singulares ou colectivas que disponibilizem regularmente ao público, através de redes de comunicações electrónicas, conteúdos submetidos a tratamento editorial e organizados como um todo coerente.[120] Esta amplitude da área de incidência das competências da ERC traduz o reconhecimento do modo como a convergência das tecnologias tem vindo a esbater as diferenças estruturais entre os diversos meios de comunicação, havendo hoje múltiplas possibilidades de difusão de conteúdos mediáticos.

À ERC incumbe doravante uma importante tarefa de garantia da liberdade de expressão e programação, de acordo com uma ponderação constitucionalmente saudável de bens jurídicos, num quadro institucional de conformidade e adequação funcional. É certo que todos os órgãos, de natureza legislativa, administrativa e judicial, dotados de competência para de alguma forma condicionarem a programação audiovisual não existem num vácuo civilizacional, axiológico e moral. O mesmo se aplica a toda à opinião pública e à vontade política que os mesmos directa ou indirectamente representam. Pelo que dificilmente se poderá esperar ou desejar o recorte de um perímetro normativo para a liberdade de expressão absolutamente alheio a pré-compreensões de natureza ético-valorativa. Em todo o caso, a ordem constitucional livre e democrática postula uma garantia institucional de intervenção de várias instâncias de controlo sempre que estejam em causa decisões políticas e administrativas de compressão de bens constitucionais essenciais, como são as liberdades comunicativas. Nas linhas subsequentes procuraremos tecer algumas considerações sobre o sentido e o alcance constitucional destes fundamentos de restrição da liberdade de programação, partindo do princípio de que a interpretação e a aplicação das normas legais restritivas de direitos, liberdades e garantias deve ser feita em conformidade com a Constituição e, mais especificamente, com os direitos fundamentais.

4.1. *Dignidade humana*

Começamos a nossa abordagem com uma referência ao valor da dignidade da pessoa humana, o qual constitui um dos limites constitucionais da liberdade de programação. Assim é, na medida em que uma ordem constitucional livre e democrática se quer hoje escorada no valor ético-jurídico fundamental da *dignidade da pessoa humana*. O mesmo é consagrado no artigo 1º da Constituição portuguesa como pedra de esquina da comunidade

---

[120] Art. 6º EERC.

política, o valor da dignidade da pessoa humana estende-se a todos os ramos do Direito, sem limitações.[121] No direito internacional dos direitos humanos, o artigo 7º da CETT estabelece que "[t]odos os elementos que compõem os serviços de programas, tanto em relação à sua apresentação como ao conteúdo, devem respeitar a dignidade da pessoa humana". O artigo 24º da LTV utiliza termos praticamente idênticos.[122] Por sua vez, o artigo 35º da Lei da Rádio (LR)[123] estabelece que "[n]ão é permitida qualquer emissão que atente contra a dignidade da pessoa humana".

A forte radicação do valor da dignidade humana no *rights-discourse* é um dado jurídico incontornável de inegável relevo axiológico. A mesma desempenha aí uma importante função subsidiária, relativamente aos direitos fundamentais em especial. O recurso a esse valor como limite jurídico-operativo às liberdades comunicativas requer a prévia indagação do respectivo conteúdo normativo. A maior força deste valor parece extrair-se da concepção judaico-cristã de dignidade humana e daquelas perspectivas humanistas que, no contexto do processo de secularização, procuram reter a ideia do ser humano como princípio, meio e fim de toda a ordem jurídica.[124] No entanto, a realidade do pluralismo social torna normativa e socialmente improcedente a leitura e "descodificação" deste valor à luz de uma particular visão do mundo, antes recomendando uma especial cautela quando se pretende mobilizar este valor para restringir a liberdade da programação.

Assim é, em virtude de o respectivo conteúdo estar longe de ser consensual nos planos religioso, filosófico, ideológico e normativo.[125] As principais divergências polarizam-se entre aqueles que, com base em postulados religiosos, de base não naturalista, continuam a deduzir este valor da *Imago Dei* inerente a cada ser humano, conferida pelo Criador, e aqueles outros que, no extremo oposto, partindo de postulados estritamente naturalistas, olham para o ser humano como um mero primata avançado, um resultado contingente e acidental de um processo evolutivo de auto-organização de poeira cósmica, assente em mutações aleatórias e selecção natural.[126] Enquanto os primeiros tendem a acentuar a inerência e a quali-

---

[121] Christian Stark, "Menschenwürde als Verfassungsbegriff im Modern Staat", Juristenzeitung, 1981, 457 ss. ; Karl-Eberhard Haim, *Rundfunkfreiheit und Rundfunkordnung*, Nomos, Baden-Baden, 1993, 58 ss.; Ingo Wolfgang Sarlet, *A Eficácia dos Direitos Fundamentais*, 105 ss. 4ª ed., Porto Alegre, 2004, 105 ss.

[122] Na primeira parte desse artigo determina-se que "[t]odos os elementos dos serviços de programas devem respeitar, no que se refere à sua apresentação e ao seu conteúdo, a dignidade da pessoa humana".

[123] Lei nº4/2001, de 23-2, alterada pela Lei nº33/2003, de 22-8.

[124] Hans D. Jarass, *Die Freiheit der Massmedien*, Baden-Baden, 1978, 121, afirmando que, na ordem constitucional, o ser humano é declarado o ponto central da ordem dos direitos fundamentais. Sobre as raízes histórico-espirituais da dignidade humana pode ver-se, Hermann v. Mangoldt, Friedrich Klein, Christian Stark, *Das Bonner Grundgesetz*, I, 4ª ed., München, 1999, 34 ss.

[125] Sarlet, *A Eficácia dos Direitos Fundamentais*, cit., 11 ss.

[126] Richard Dawkins, *The Selfish Gene*, Oxford, 1990.

dade diferenciada da dignidade humana, vinculando-a à autonomia racional e moral prática da pessoa, os segundos adoptam frequentemente visões mais convencionais, linguísticas, precárias e pragmáticas de dignidade humana, quando não resvalam mesmo da "morte de Deus" para a "morte do homem", como é o caso da linha de pensamento filosófico muito influente na actualidade, que tem o seu ponto de partida em Friederich Nietzsche[127] e o seu ponto de chegada em autores como Michel Foucault,[128] Jacques Derrida[129] ou mesmo Peter Singer.[130] Entre ambos os extremos encontramos múltiplas perspectivas religiosas, iluministas, racionalistas, marxistas, humanistas, behavioristas, críticas, estruturalistas, descontrutivistas, feministas, ambientalistas, cibernéticas, etc., de dignidade da pessoa humana. Por se tratar de um conceito de contornos abertos, disputado e contestado por inúmeras ontologias, mundividências, epistemas e concepções da vida e do bem, o conceito de dignidade da pessoa humana deve ser utilizado pelos operadores jurídicos com especial prudência e contenção, quando se trata de restringir as liberdades comunicativas. Isso, a fim de impedir a sua transformação num expediente retórico de racionalização autoritária da restrição da liberdade de expressão das minorias e dos indivíduos, contra as suas próprias e autónomas razões, convicções e aspirações.[131] A sua utilização deve ser feita em termos tendencialmente minimalistas e não absolutistas, a partir de alguns elementos básicos de assentimento generalizado, na linha dos *acordos incompletamente teorizados* de que fala sugestivamente Cass Sunstein.[132]

Um aviso contra uma leitura absolutista do conceito de dignidade da pessoa humana pode colher-se na polémica que na Alemanha se suscitou

---

[127] Friederich Nietzsche, *On the Genealogy of Morals & Ecce Homo*, 1989, 90 ss.

[128] Michel Foucault, *The Archaeology of Knowledge & The Discourse on Language* (trad. R. Swyer), New York, 1972, 3 ss.

[129] Jacques Derrida, *Writing and Difference* (trad. A. Bass), Chicago, 1980, 3 ss; *Of Gramatology*, (trad. G. Spivak), Baltimore, 1998, 6 ss.

[130] Peter Singer, *Animal Liberation*, New York, 2002, 1 ss.; um dos resultados práticos desta corrente de pensamento é a nova moda de apresentar seres humanos em jardins zoológicos, ao lado dos outros animais como aconteceu recentemente em Londres, em que os "homo sapiens" foram apresentados não apenas como primatas avançados, mas também como uma "praga" que invadiu o planeta. http://www.worldnetdaily.com/news/article.asp?ARTICLE_ID=45968, em 25-8-2005.

[131] Este aspecto adquire particular relevância tendo em conta a existência, na doutrina constitucional, de uma importante corrente doutrinal que advoga a imposição do valor da dignidade humana aos sujeitos, mesmo quando estes desconheçam esse valor ou ignorem as suas implicações. Este problema é discutido na doutrina germânica relativamente como a proibição da pornografia, do sexo ao vivo e do sexo telefónico, a partir dos casos Peep-Show, I e II (BVerwGE, 64, 274; 84, 317) e do caso sobre sexo telefónico do Tribunal do Land Mannheim, *Neue Juristische Wochenschrift*, 1995, 3398; Cfr., por exemplo, Leibholz, Rinck, *Grundgesetz für die Bundesrepublik Deutschland...*, cit. 5; Reinhard Harstein, Wolf-Dieter Ring, Johannes Kreile, Dieter Dörr, Rupert Stettner, *Rundfunkstaatsvertrag, Kommentar zum Staatsvertrag der Länder zur Neuordnung des Rundfunkwesens*, 2ª ed., München, 1995, 500; Horst Dreier "Art. 1º § I", *Grundgesetz Kommentar*, I, (ed. Horst Dreier), Tübingen, 1996, 124 ss.

[132] Cass R., *One Case at a Time, Judicial Minimalism in the Supreme Court*, Cambridge, Mass. 1999, 42 ss.

em torno do "reality show" Big Brother. Discutindo o estatuto jurídico deste controverso programa, Stephen Huster insurgiu-se contra as interpretações paternalistas da dignidade humana, por ele designadas como "tirania da dignidade".[133] Para o autor, uma sobrevalorização da qualidade de "decisão de valor objectiva" da dignidade da pessoa humana pode facilmente atentar contra os direitos de liberdade, reduzindo o seu conteúdo às manifestações consideradas "boas", "autênticas", "sérias", "verdadeiras", "humanamente dignas e adequadas", com a inescapável promoção e edificação de um paternalismo estatizante.[134]

Em todo o caso, no seu presente *status* jurídico-constitucional e jurídico-internacional, a dignidade da pessoa humana não se apresenta como um mero conceito vazio, antes sedimenta e cristaliza uma síntese, dotada de um elevado grau de generalidade e abstracção, dos principais desenvolvimentos teológicos, filosóficos, ideológicos e teorético-políticos resultantes da reflexão multi-secular em torno da pessoa e do significado que as suas capacidades, exigências e objectivos espirituais, morais, racionais, intelectuais, emocionais, físicos e sociais, juntamente com as suas limitações e necessidades, devem assumir na conformação da comunidade política.[135]

A interpretação constitucional não é filosofia. Por entre as leituras *absolutistas* pré-modernas e *nihilistas* pós-modernas, a dignidade da pessoa humana, no sentido jurídico-constitucional do termo, resiste na sua referência à integridade física e autonomia racional e moral-prática de cada indivíduo, como valores a realizar em concreto.[136] Ela deve ser compreendida como contendo uma dimensão de *intangibilidade* das dimensões físicas, emocionais e espirituais da pessoa humana, e de *proibição de reificação* da mesma, de acordo com a fórmula kantiana de que os indivíduos devem ser

---

[133] Stephen Huster, "Individuelle Menschenwürde oder öffentliche Ordnung?,Ein Discussionsbeitrag anlässlich 'Big Brother'", *Neue Juristischewochenschrift*, 47, 2000, 3477 ss. Curiosamente, o autor defendia a censura do programa Big Brother, não com base na dignidade da pessoa humana, que achava normativamente confuso, mas com base na preservação da "ordem pública" e da "ecologia cultural", como se aqui se estivesse aqui perante critérios claros, precisos e determinados.

[134] Com expressões próximas, Huster, *Individuelle Menschenwürde oder öffentliche Ordnung?*, cit., 3477.

[135] Ernst Benda, "Menchenwürde und Persönlichkeitsrecht", *Handbuch des Verfassungsrechts* (eds. Ernst Benda, Werner Maihofer, Hans-Jochen Vogel), 2ª ed., Berlin, 1994, 161 ss. e 168 ss; Alan Gewirth, "Human Dignity as the Basis of Rights", William Parent, "Constitutional Values and Human Dignity", David Richards, "Constitutional Liberty, Dignity and Reasonable Justification", *The Constitution of Rights, Human Dignity and American Values* (ed., M. Meyer, W.A. Parent), Ithaca, 1992, respectivamente, 10 ss, 47 ss. e 73 ss.; Dreier, "Art. 1º§I,", *Grundgesetz Kommentar*, I, cit., 90 ss. e 103 ss.; entre nós, Canotilho, *Direito Constitucional e Teoria da Constituição...*, cit. 225 ss; João Carlos S. G. Loureiro, *O Procedimento Administrativo entre a Eficiência e a Garantia dos Particulares, Algumas Considerações*, Coimbra, 1995, 175.; Jónatas E.M. Machado, *Liberdade Religiosa numa Comunidade Constitucional Inclusiva.*, Coimbra, 1996, 192 ss.

[136] Thomas Scanlon Jr., *What We Owe to Each Other*, Cambridge, Mass., 1998, 103 ss.

tratados como fins em si mesmos e não como meios.[137] No *jogo de linguagem* constitucional, a dignidade da pessoa humana implica a protecção da integridade física, da garantia dos fundamentos materiais da existência, da garantia da igualdade jurídica e da protecção da identidade pessoal e da sua liberdade de autorepresentação.[138] No âmbito do direito constitucional da comunicação social, este valor pressupõe que o sujeito se desenvolve *na* comunicação e *através da* comunicação,[139] sendo esta um pressuposto fundamental do seu sentimento de auto-estima, da sua afirmação existencial e da sua capacidade de escolha racional. Assim, o valor da dignidade da pessoa humana funciona, a um tempo, como fundamento da liberdade de expressão e limite da mesma. Ele pode justificar restrições à programação dos meios de comunicação social, designadamente quando esteja em causa uma programação que degrade a igual dignidade e liberdade da pessoa humana, nos seus aspectos físicos e emocionais, em termos intoleráveis, arbitrários, desproporcionais e irreversíveis.[140]

A articulação de uma retórica argumentativa fundamentadora de restrições aos direitos, liberdades e garantias com base na dignidade da pessoa humana assenta numa base demasiado geral e abstracta para poder ser juridicamente operativa de acordo com as exigências de precisão, clareza e determinabilidade, previsibilidade e controlabilidade que devem caracterizar o ordenamento jurídico de um Estado de direito. A "imagem do homem da lei fundamental" tem que ser necessariamente compatível com a radical diversidade de ontologias, mundividências, epistemas, concepções do bem, valorações, perspectivas, opiniões, etc., que coexistem no seio da comunidade política. A mesma nunca se nos apresenta *in propria persona*, surgindo sempre mediada por visões do mundo e da vida controversas.[141] O valor em

---

[137] Michael Sachs (ed.), *Grundgesetz Kommentar*, 3ª ed., München, 2003, 82 ss. Sobre esta fórmula, Reinhold Niebuhr, *Moral Man Imoral Society*, New York (1932) 1960, 58, chama atenção para o facto de que a fórmula kantiana, longe de ser uma criação do filósofo germânico, é indissociável da visão religiosa pietista que Kant herdou.

[138] Sachs (ed.), *Grundgesetz Kommentar*, cit., 87 ss. e 91 ss., considerando que a participação, temporalmente limitada e com propósitos de sucesso comercial, em "reality shows" como o *Big Brother* não constitui uma ameaça fundamental à dignidade da pessoa humana.

[139] Wolfgang Hoffmann-Riem, "Kommunikations- und Medienfreiheit", *Handbuch des Verfassungsrechts* (eds. Ernst Benda, Werner Maihofer, Hans-Jochen Vogel, 2ª ed., Berlin, 1994, 192 ss, falando em "entfaltung in der Kommunikation" e "entfaltung duch Kommunikation"; Herrmann, *Rundfunkrecht...*, cit. 136.

[140] Assim deve ser entendida a disposição do art. 21º/1 da Lei nº 31º-A/98 de 14-7 (Lei da Televisão), onde se determina que "[n]ão é permitida qualquer emissão que viole os direitos, liberdades e garantias fundamentais, atente contra a dignidade da pessoa humana ou incite à prática de crimes. Com uma praticamente enquidistante da Lei da Televisão e do anterior art. 8º/3 da Lei n. 87/88, na redacção que lhe foi dada pela Lei nº 2/97 de 18 de Janeiro, o art. 35º/1 da Lei nº4/2001, de 23 de Fevereiro (Lei da Rádio), dispõe actualmente que "[n]ão é permitida qualquer emissão que atente contra a dignidade da pessoa humana, viole direitos, liberdades e garantias fundamentais ou incite à prática de crimes."

[141] J. J. Gomes Canotilho, Jónatas E. M. Machado, *"Reality Shows" e Liberdade de Programação*, Coimbra, 2003, 47 ss.

presença valerá, quando muito, em situações extremas, quando estejam em causa lesões graves e irreversíveis a bens jurídicos essenciais de natureza física e psíquica (v.g. liberdade, autonomia, integridade física e moral), que não se encontrem cobertos pelo direito penal. Do mesmo modo, ele é susceptível de ser mobilizado, nomeadamente, em situações especialmente graves de instrumentalização e exploração abusiva da dor, do sofrimento, da deficiência, da velhice, da orientação sexual ou das crenças das pessoas, por razões de puro entretenimento, sem qualquer relevo informativo ou formativo.[142] Outros exemplos de programas contrários à dignidade humana são o combate de gladiadores até à morte ou o jogo da roleta russa, a tortura ou a amputação, independentemente de consentimento.[143] Tirando algumas dimensões absolutamente intangíveis, trata-se de um conceito dependente das circunstâncias concretas de tempo, lugar e contexto social, dotado de abertura suficiente para acomodar transformações significativas das representações éticas e morais vigentes.[144]

4.2. Direitos fundamentais

Uma defesa vigorosa das liberdades comunicativas não implica, de forma alguma, a sua dissociação dos demais direitos fundamentais constitucionalmente consagrados. Do mesmo modo, a tutela dos direitos fundamentais não pode esquecer a centralidade destas liberdades e das respectivas finalidades constitucionais substantivas como factores de autonomia individual e de auto-governo democrático. O princípio da *unidade da Constituição*, exige a interpretação da lei fundamental como um único instrumento, sem contradições ou hierarquias de normas e obriga à adopção de uma metódica de *ponderação, harmonização* e *concordância prática* de todos os direitos fundamentais. Tal obrigação impende sobre todos os operadores jurídicos, desde o legislador até à administração e aos tribunais. Nesta linha, a LTV dispõe, no seu artigo 24º/1, que todos os elementos dos serviços de programas devem respeitar os direitos fundamentais. Numa formulação menos abrangente, o artigo 35º/1 da LR, determina que não é permitida qualquer emissão que viole direitos, liberdades e garantias fundamentais. A limitação da liberdade de expressão em sentido amplo pelos demais direitos fundamentais é um dado normativo adquirido no direito internacional dos direitos humanos. O artigo 10º/2 da CEDH admite a restrição da liberdade de expressão com base, designadamente, na "protecção da honra ou dos direitos de outrem".

---

[142] Mesmo em programas informativos, existem cuidados especiais que devem ser tidos, em situações de dor e sofrimento. Em 11 de Julho de 2001, a AACS, aprovou uma *Directiva Genérica Acerca da Autorização de Utilização da Imagem, em Televisão, de Pessoas em Situação de Manifesta Fragilidade Psicológica*.
[143] Huster, *Individuelle Menschenwürde oder öffentliche Ordnung?*, 3477 ss.
[144] Harstein, Ring, Kreile, Dörr, Stettner, *Rundfunkstaasvertrag...*, cit. 500.

De um modo geral, o exercício da *liberdade de programação* coloca numa situação de especial vulnerabilidade alguns direitos fundamentais de personalidade, como sejam, entre outros, os direitos à identidade pessoal, ao desenvolvimento da personalidade, à cidadania, ao bom nome e reputação, à imagem, à palavra e à reserva de intimidade da vida privada e familiar,[145] os quais, sendo oponíveis à generalidade das entidades públicas e privadas, suscitam problemas especialmente difíceis e delicados quando se confrontam com a comunicação social. Da sua consagração constitucional decorre um dever de protecção, por parte do Estado, através de meios civis de prevenção, inibição e compensação dos danos, e de meios penais, estruturalmente sancionatórios. Na impossibilidade de abordar toda esta problemática,[146] limitar-nos-emos a colocar alguns princípios rectores que devem nortear a ponderação de bens nesta sede.

Em primeiro lugar, deve reconhecer-se que os direitos de personalidade, enquanto manifestações da dignidade humana, projectam-se de forma restritiva sobre o *âmbito de garantia* das liberdades da comunicação.[147] No entanto, a tensão entre estas liberdades e aqueles direitos deve resolver-se através de um efeito de *recíproco condicionamento*, numa óptica de *harmonização* e *concordância prática*. A isso obriga o princípio da *unidade da Constituição*.[148] Ao mesmo tempo que constituem um fundamento de restrição das liberdades da comunicação, os direitos de personalidade são objecto de restrição com base no livre exercício das mesmas e na promoção das diversas finalidades substantivas que lhe estão subjacentes, as quais devem ser consideradas no processo de ponderação, precludindo um excessivo efeito inibitório (*chilling effect*) sobre a esfera pública[149] Assim é, dada a centralidade das finalidades constitucionais substantivas desempenhadas pelas liberdades comunicativas, enquanto possibilitadores da autonomia individual e do auto-governo democrático, que devem ser sempre salvaguardadas no seu conteúdo essencial.

Isso significa que a medida de protecção civil e penal dos direitos de personalidade deve ser determinada a partir dos parâmetros constitucionais das liberdades da comunicação, recusando-se qualquer autonomia valorativa *sistémico-imanente* daqueles ramos do direito, que os coloque à margem de uma ponderação de bens constitucionalmente saudável. O direito constitucional confere um particular relevo à finalidade constitucional de

---

[145] Art. 26º da CRP.
[146] Machado, *Liberdade de Expressão*..., cit., 746 ss.
[147] Rupert Scholz, Karlheinz Konrad, "Meinungsfreiheit und allgemeines Persönlichkeitsrecht", *Archiv des öffentlichen Rechts*, 12, 1998, 60 ss.; Maria da Glória Carvalho Rebelo, *A Responsabilidade Civil pela Informação Transmitida pela Televisão*, Lisboa, 1998, 44 ss.
[148] Kokkott, *Grundrechtliche Schranken und Schrankenschranken*, cit., 875 ss.
[149] Eric Barendt, Laurence Lustgarten, Kenneth Norrie, Hugh Stephenson, *Libel and the Media, The Chilling Effect*, Oxford, 1997, 1 ss. e 189 ss.

criação de uma esfera pública de discussão aberta, robusta e desinibida dos assuntos de interesse geral, devendo este objectivo estar sempre presente na *análise dos resultados* da aplicação do direito.[150] Do mesmo modo, pretende-se estruturar um espaço público de aberto ao confronto de diferentes mundividências e estilos de vida. Ou seja, a protecção destes direitos não poder comprometer seriamente as finalidades substantivas subjacentes à intencionalidade histórica e teorética originária das liberdades da comunicação.[151]

O *âmbito normativo* dos direitos em presença não pode ser definido, em última instância, pelas normas de responsabilidade civil e penal criadas pelo legislador ordinário, dependendo sempre de uma validação jurídico-constitucional. Em vez de existir um direito civilístico de personalidade ou um direito penal da honra, o que verdadeiramente existe é a protecção civil e penal dos direitos fundamentais de personalidade constitucionalmente consagrados. Daí que se deva, desde logo, defender uma reconceptualização das tradicionais teorias penais do *bem jurídico*, de pendor mais ou menos idealista, decisionista, objectivista e moralista, e cujas raízes mais profundas remontam a uma fase pré-moderna e pré-constitucional, com base nas premissas do moderno Estado constitucional secularizado, dos direitos fundamentais, da democracia e do Estado de direito, apostadas na criação das possibilidades concretas da igual dignidade e liberdade individual nas várias esferas da vida social.[152] A justiça constitucional deve controlar as ponderações do legislador e dos tribunais neste domínio, por via da fiscalização abstracta e concreta da constitucionalidade. A liberdade de expressão deve ser amplamente protegida, sem prejuízo da existência de sanções constitucionalmente adequadas para as violações especialmente *claras, graves e injustificadas* dos direitos de personalidade.

Em segundo lugar, a ponderação de bens constitucionais em colisão deve conduzir a soluções materiais diferenciadas, de acordo com os direitos em presença, a intensidade da sua compressão, o tipo de interesses públicos em causa e o tipo de programação de que se trate, no quadro da já referida tríade programática. Deve adoptar-se uma metódica de ponderação proporcional, harmonização e *concordância prática* entre as finalidades prosseguidas no exercício da liberdade de programação e os bens pessoais da

---

[150] Sugestiva é a formulação do Supremo Tribunal norte-americano, no caso *New York Times Co. v. Sullivan*, 376 U.S. 254, 269 (1964) quando, referindo-se à difamação, afirmou que a mesma "can claim no talismanic immunity from constitutional limitations. It must be measured by standards that satisfy the First Amendment". No mesmo sentido, Manuel da Costa Andrade, *Liberdade de Imprensa e Inviolabilidade Pessoal, Uma Perspectiva Jurídico-Criminal*, Coimbra, 1996, 50 ss. e 52 ss.

[151] Shiffrin, *The First Amendment, Democracy and Romance...*, cit., 43.

[152] v. Arnauld, *Die Freiheitstrechte und ihre Schranken...*, cit., 33 ss.; Ivo Appel, "Rechtsgüterschutz dürch Strafrecht?", *Kiitische Vierteljahresschrift für Gesetzgebung und Rechtswissenschaft*, 3, 1999, 278 ss., 286 ss., 301 ss. e 306 ss.

identidade, imagem, palavra, bom nome, honra e privacidade, assente na consideração de diferentes variáveis, quer do lado dos meios de comunicação social, quer do lado do indivíduo em causa. No que diz respeito ao primeiro aspecto, são atendíveis as questões relativas à actualidade da informação, ao facto de se tratar de um programa informativo, formativo ou de entretenimento, bem como o saber se se está perante um programa de rádio ou de televisão[153] Igualmente importante pode ser o estar-se perante programação de tendência, em que são promovidas visões do mundo que podem estar em franca oposição com outras. Nestes casos, a par da liberdade de programação pode mobilizar-se a liberdade religiosa ou ideológica. Em programas de informação ou formação podem surgir interesses públicos especialmente ponderosos que justifiquem uma mais intensa restrição do âmbito de protecção dos direitos de personalidade, fazendo-se sentir com menor peso a exigência de consentimento do lesado. De acordo com o princípio da proporcionalidade, que deve regular estas ponderações, quanto maior for a intensidade da compressão dos direitos fundamentais em presença, tanto maior deverá ser o peso das razões de interesse público mobilizadas para a sua justificação.

4.3. Protecção da infância e juventude

Nos termos do artigo 67º/2/c) da CRP, incumbe ao Estado, para a protecção da família, "cooperar com os pais na educação dos filhos". Além disso, o 69º da CRP dispõe que "[a]s crianças têm direito à protecção da sociedade e do Estado com vista ao seu desenvolvimento integral". Por seu lado, o artigo 70º/2 da CRP, consagra o desenvolvimento da personalidade dos jovens como bem jurídico de dignidade constitucional. A esta luz, compreende-se que a questão da protecção da infância e juventude deva ser considerada quando se trata dos limites à liberdade da programação, à semelhança do que sucede, de um ou outro modo, na generalidade das ordens jurídicas.[154] De resto, trata-se aqui de um fundamento de restrição que tem tido acolhimento no direito internacional dos direitos humanos e no direito comunitário. Com efeito, o artigo 7º/2 da CSTT prescreve que "[o]s elementos que compõem os serviços de programas que possam influenciar

---

[153] Herrmann, *Rundfunkrecht...*, cit. 176.
[154] Maunz, Dürig, Herzog, *Kommentar von Grundgesetz...*, art. 5º, 88 a ss.; Löffler, Ricker, *Handbuch des Presserechts...*, cit. 58; Ricker, Schiwy, *Rundfunkverfassungsrecht...*, cit. 130 ss. e 434 ss.; Herrmann, *Rundfunkrecht...*, cit. 601.; Schraut, *Jugendschutz und Medien...*, cit. 17 ss e 27 ss. ; Paschke, *Medienrecht...*, cit. 192 ss. ; Enrique Ramos Chaparro, "Niños y Jovenes en el Derecho Civil Constitucional", *Derecho Privado y Constitución*, 7, 1995, 195 ss.; Josef Isensee, Peter Axer, *Jugendschutz im Fernsehen*, München, 1998, 5 ss. e 41 ss.; sobre a questão no art. 22º da Directiva da Televisão, 97/36/EC e na Recomendação sobre Protecção da Juventude e da Dignidade Humana, de 24-9-1998, Dieter Dörr, Judith Eckel, "Die Entwicklung des Medienrechts", *Neue Juristische Wochenschrift*, 27, 1999, 1926 ss.; Luis, Escobar de la Serna, *Derecho de la Información*, Madrid, 1998, 360 ss.

negativamente o desenvolvimento físico, psíquico ou moral de crianças e ou adolescentes não devem ser transmitidos sempre que, em virtude do horário de transmissão e de recepção, sejam susceptíveis de serem vistos por eles". Por seu lado, a DSTF, pretendendo, como se lê no respectivo preâmbulo, "clarificar as regras relativas ao desenvolvimento físico, mental e moral dos menores", dedica uma atenção especial a esse objectivo, no seu artigo 22º, com especial atenção à "pornografia" e à "violência gratuita".

Subjacente a todas estas disposições de direito interno, internacional e comunitário está o objectivo de prevenir lesões graves e irreversíveis no desenvolvimento da personalidade dos menores, que possam comprometer a sua adequada socialização e a sua capacidade de autodeterminação, nos planos físico, intelectual, moral, emocional e relacional.[155] No mesmo sentido se pronunciou o Supremo Tribunal norte-americano, ao sublinhar a necessidade de proteger as crianças de conteúdos relacionados com o sexo considerados manifestamente ofensivos, com especial relevo para a programação de radiodifusão, por esta ser facilmente acessível pelas mesmas.[156] Embora neste momento nos preocupemos apenas com os limites negativos à programação, a protecção das crianças e adolescentes tem justificado igualmente obrigações positivas em matéria de programação.[157] Refira-se que, do ponto de vista do direito da programação tende a considerar-se que o conceito de criança vai até aos 12 anos, o de adolescente estende-se dos

---

[155] Hesse, *Rundfunkrecht...*, cit.; 86 ss.; Herrmann, *Rundfunkrecht...*, cit., 600 ss.; Ricker, Schiwy, *Rundfunkverfassungsrecht...*, vit. 434.; Bernhard Schraut, *Jugendschutz und Medien*, Baden-Baden, 1993, 43 ss.

[156] *Denver Area Educational Tele-Communications Consortium, Inc. v. FCC*, 518 U.S. 727 (1996).

[157] Por exemplo, nos Estados Unidos o *Childrens Television Act*, de 1990, (47 USC Secs. 303, 303 a) sucessivamente revista, veio adoptar orientações positivas e negativas em matéria de programação, que a *Federal Communications Commission* tem vindo a executar, nomeadamente fazendo depender a renovação das licenças da respectiva observância pelos operadores e alargando a sua vinculação aos operadores de televisão. Desde logo, insiste-se no fornecimento antecipado aos pais e consumidores de informações sobre os programas a apresentar, especialmente com conteúdo sexual, violento e indecente, embora precludindo a qualificação dos programas com base em critérios políticos ou religiosos. Em segundo lugar, avança-se uma definição dos programas nucleares para menores de 16 anos, especificamente concebidos para educar e informar crianças e adolescentes. Estes programas deveriam ter no mínimo uma duração de 30 minutos, ser difundidos entre as 7h e as 10h e constituir uma parte integrante da programação semanal regular. Do mesmo modo, a mesma limita o tempo admissível para a publicidade em programas infantis (12 m/h durante a semana e 10,5 m/h ao fim de semana), devendo ocupar, pelo menos, 3 horas semanais na programação. Presentemente, a lei limita a apresentação de sites na internet dirigidos ao público infantil com fins comerciais. A mesma pretende proteger as crianças da sobrecomercialização da televisão. Veja-se, "Report & Order In the Matter of Policies and Rules Concerning Children's Television Programming"; MM Docket No. 93-48, FCC 96-335, August 8th, 1996; "Report and Order and Further Notice of Proposed Rule Making In the Matter of Children's Television Obligations of Digital Television Broadcasters" MB Docket No. 00-167, FCC 04-221, November 23, 2004. "Order on Reconsideration In the Matter of Children's Television Obligations of Digital Television Broadcasters"; MB Docket No. 00-167, FCC 04-221, January 31, 2005; "Order Extending Effective Date In the Matter of Children's Television Obligations of Digital Television Broadcasters"; MB Docket No. 00-167, FCC 05-211; December 16, 2005.

13 aos 15 anos de idade e o de jovem abrange os 16 e os 17 anos. O público adulto é composto por maiores de 18 anos.[158]

A doutrina do direito constitucional deve partir da inquestionável procedência destes bens jurídicos, procurando assegurar que a ponderação dos mesmos com outros bens jurídicos constitucionalmente relevantes se faça de forma saudável, numa óptica de harmonização, concordância prática e máxima efectividade. É que, a difusão daquele tipo de conteúdos corresponde às preferências de sectores importantes do público.[159] O problema apresenta alguma delicadeza por não existir consenso, no âmbito das ciências sociais, em torno dos efeitos dos meios de comunicação sobre as crianças e adolescentes, particularmente no contexto da sua exposição à circulação de conteúdos expressivos a nível global. Por exemplo, quando se trata de analisar os efeitos dos programas violentos sobre as crianças e adolescentes, algumas teorias apontam efeitos positivos ao seu visionamento (catarse, descompressão, inibição), outras referem efeitos negativos (aumento da agressividade, habituação, interiorização, imitação), ao passo que outras ainda negam a existência de quaisquer efeitos directos significativos.[160] O carácter inexacto das ciências sociais, a que não é alheia a existência nesse âmbito de diferentes perspectivas e agendas político-ideológicas, está na base da advertência feita por Nicholas Wolfson, de que, quando tentamos medir a protecção constitucional das palavras a partir da sua relação causal com um dano social complexo, movemo-nos em águas perigosas.[161] Por sua vez, o Juiz norte-americano Frank Easterbrook, sustenta que muitos dos efeitos do discurso se manifestam através de um processo complexo de socialização, sendo difícil medir os benefícios ou os danos incrementais causados por um determinado tipo de discurso.[162] Às divergências existentes no âmbito das ciências sociais somam-se o facto de que, numa sociedade pluralista, o significado da ideia de protecção da infância e da juventude está longe de ser consensual, o mesmo valendo para a determinação do conteúdo do dever de protecção.

---

[158] *Independent Television Commision (ITC) Programme Code*, Sec. I, 1.2.

[159] Weiler, *Entertainment, Media, and the Law...*, cit., 2.

[160] Uma referência às diferentes teorias pode ver-se em Schraut, *Jugensdschutz und Medien...*, cit. 58 ss.; Herrmann, *Rundfunkrecht...*, cit. 517 ss. ; Hesse, *Rundfunkrecht...*, cit., 86 ss.; cfr., ainda, o importante trabalho de Kevin W. Saunders, *Violence as Obscenity, Limitng the Media's First Amendment Protection*, Durham, 1996, 27 ss., autor que, depois de passar em revista as discussões das ciências sociais em torno da violência, aponta para a conclusão de que a exposição continuada a actos de violência é um factor causal de comportamentos agressivos mais importante do que a exposição a práticas sexuais. Um amplo debate sobre estas e outras questões relacionadas com a televisão pode ver-se em Horace Newcomb (ed.), *Television, the Critical View*, Oxford, 2000, 13 ss. esp. 252 ss.

[161] Cfr., Wolfson, *Hate Speech, Sex Speech, Free Speech...*, cit., 59.

[162] *American Bookseller Association, Inc. v. Hudnut*, 771 F 2d 323, 330 (7th Cir. 1985) aff'd 106, S.Ct.,1172 (1986) (mem.).

Em todo o caso, numa ordem constitucional livre e democrática, a educação das crianças e dos adolescentes dificilmente se pode afastar dos padrões éticos e morais dominantes, os quais, de resto, exercem significativa influência sobre os próprios operadores de comunicação social.[163] Com efeito, considerando-se que os menores se encontram dependentes dos respectivos progenitores ou tutores no seu processo educativo e havendo divergências entre os cientistas sociais sobre o impacto dos *media* em crianças, adolescentes e jovens, deve ser a comunidade social globalmente considerada, com base nos padrões éticos dominantes, a determinar em que termos é que o Estado deve colaborar com os pais na educação dos filhos e na protecção da infância e da juventude. Numa sociedade democrática, dificilmente se poderá prescindir dos padrões comunitários geralmente aceites na conformação do dever do Estado de colaborar na educação dos filhos. Isto não significa, evidentemente que se conceda à maioria uma posição de controlo total sobre a programação, devendo haver sempre possibilidades e alternativas para as minorias e os indivíduos. Como anteriormente se disse, no direito constitucional da comunicação de uma ordem social livre e democrática, o controlo absoluto dos fluxos de comunicação não pode pertencer à maioria, às minorias ou aos indivíduos.

Como é sabido, relativamente aos materiais ou programas de conteúdo pornográfico e violento, abrangendo a violência física, verbal e psicológica, parece haver um consenso generalizado, na esmagadora maioria dos ordenamentos jurídicos, nos termos do qual os mesmos devem permanecer fora do alcance de crianças e adolescentes, na medida em que se prendem com comportamentos sexuais cuja adopção prematura e imatura pode produzir graves consequências psíquicas, físicas, sociais e económicas na sua vida. O mesmo sucede com cenas perigosas ou danosas susceptíveis de serem imitadas por crianças e adolescentes. Especialmente digna de atenção é a transmissão de cenas de violência doméstica ou da prática do suicídio.[164] Isto, sem prejuízo da admissibilidade de cenas de violência estilizada em

---

[163] Refira-se que em 9 de Julho de 1997, em sede de auto-regulação, operadores televisivos, por proposta da Alta Autoridade para a Comunicação Social, celebraram um Acordo Sobre A Representação da Violência na Televisão, com a adopção de várias medidas, nos domínios da sinalética informativa comum designadamente sobre o grau de violência da programação, da divulgação da referida sinalética comum nos noticiários sobre a programação, da criação de "spots" promocionais de filmes e séries adequados a diversos tipos de público e da informação sobre programas infantis. No âmbito da informação, considerou-se que "[s]endo a violência uma realidade incontornável e só podendo a comunicação social abordá-la, de harmonia com o dever de informar, constitucionalmente consagrado, mas tendo em conta o carácter chocante que aspectos dessa abordagem poderão revestir para certos espectadores mais sensíveis, os operadores reafirmam que os critérios jornalísticos assumidos pelas respectivas direcções de informação se baseiam no respeito pelas regras deontológicas vigentes e atendem à necessidade de adequar a representação da violência ao seu contexto, evitando explorar a dor, os sentimentos mórbidos e o sensacionalismo".

[164] ITC Programme Code, Sec. I, 1.2. e 1.7.

programas de entretenimento ou humorísticos especialmente concebidos para um público infantil.[165]

Este entendimento é perfeitamente compatível com uma interpretação das liberdades da comunicação assente na presunção constitucional de *favor libertatis*,[166] de maneira que se proteja razoavelmente o desenvolvimento dos menores, facilitando o acesso a materiais considerados importantes para a sua formação, juntamente com os direitos comunicativos da generalidade da população. O potencial danoso do conteúdo de alguns programas relativamente a crianças e jovens pode justificar algumas restrições por parte do legislador democrático, sem que isso signifique a legitimação da censura pura e simples.[167] As restrições operadas devem limitar-se ao estritamente necessário, tendo em consideração as características do meio de comunicação em causa. Assim, as restrições legais devem operar apenas quando os mecanismos de auto-controlo deontológico e institucional não forem considerados suficientes.[168]

No caso da televisão, devem ser privilegiadas restrições conformadoras da programação, designadamente no que toca ao tempo de emissão, à advertência, à identificação e à promoção de programas considerados potencialmente perigosos, juntamente com a remissão da programação dirigida a um público adulto para um horário adequado.[169] Pretende-se canalizar a programação considerada imprópria para o público infantil para aquelas horas e canais em que a probabilidade de existirem crianças a assistir seja menor, sem comprometer o direito da generalidade do público, das minorias e dos indivíduos a uma programação variada. É importante o fornecimento de informação regular e rigorosa sobre a programação, de forma a permitir aos pais uma maior regulação dos hábitos mediáticos dos seus filhos menores. Igualmente importantes são as técnicas de filtragem e bloqueio do acesso a determinados programas pelos encarregados de educação, bem como as possibilidades de *scrambling*.[170] O ponto óptimo de harmonização

---

[165] ITC Programme Code, Sec. I, 1.2.

[166] Em sentido algo diferente, Ricker, Schiwy, *Rundfunkverfassungsrecht...*, cit.m 436.

[167] Assim entendeu o Supremo-Tribunal norte-americano no caso, já citado, *Joseph Burstyn, Inc. v. Wilson*, 343 U.S. 495 (1952)

[168] Harstein, Ring, Kreile, Dörr, Stettner, *Rundfunkstaasvertrag...*, cit. 499.

[169] Ricker, Schiwy, *Rundfunkverfassungsrecht...*, cit 436, chamando a atenção para o facto de que a determinação das horas de emissão dos programas deve abarcar, não apenas as cenas potencialmente perigosas para crianças e jovens, mas os programas em que as mesmas vêm inseridas.

[170] Middleton, Chamberlin, Bunker, *The Law of Public Communication...*, cit. 592 ss. Nos Estados Unidos e no Canadá discute-se o recurso à tecnologia do V-Chip, sendo o "V" inspirado no imperativo de controlo da violência televisiva. Na União Europeia, um estudo recente, *Parental Control Over Broadcasting*, elaborado em 1999 pela Universidade de Oxford a pedido da Direcção Geral X, partindo da premissa do reforço da responsabilização de pais e tutores, assinala as dificuldades técnicas de utilização deste dispositivo na Europa, embora aponte outras possibilidades, como a adopção de guias programáticos electrónicos (EPG') usando as "set-top-boxes" como elemento central, e sublinhe a necessidade de tirar partido da tecnologia digital.

dos bens jurídicos em colisão não requer, necessariamente, aquele grau de protecção para todos os jovens, a todo o tempo e em todas as circunstâncias, mas sim uma protecção significativa e razoável, sob pena de se ir longe demais na restrição das liberdades da comunicação.

No caso específico da televisão, o artigo 22º/1 da DTSF estabelece que "[o]s Estados-membros tomarão as medidas apropriadas para assegurar que as emissões televisivas dos organismos de radiodifusão sob a sua jurisdição não incluam quaisquer programas susceptíveis de prejudicar gravemente o desenvolvimento físico, mental ou moral dos menores, nomeadamente programas que incluam cenas de pornografia ou de violência gratuita". Esta exigência é aplicável à retransmissão de serviços de programas, nomeadamente através da rede de cabo.[171] Nos termos do nº 2 do mesmo artigo, trata-se de medidas a aplicar a todos os programas susceptíveis de prejudicar o desenvolvimento físico, mental ou moral dos menores. Isto, a menos que o horário da emissão ou a adopção de quaisquer medidas técnicas, assegurem que, em princípio, os menores não verão nem ouvirão essas emissões. O nº 3, obriga a que a transmissão desse tipo de programas em canal aberto seja precedida de um sinal sonoro ou identificada pela presença de um símbolo visual durante todo o programa. Concretizando estas disposições, a LTV, no seu artigo 24º/2, determina que os "programas susceptíveis de influírem de modo negativo na formação da personalidade das crianças ou de adolescentes ou de afectarem outros públicos vulneráveis só podem ser transmitidos entre as 23 e as 6 horas e acompanhados da difusão permanente de um identificativo visual apropriado". Tendo havido classificação étaria das obras, para efeitos de distribuição cinematográfica ou videográfica, o nº3 do mesmo artigo dispõe que o programa fica sujeito às exigências referidas sempre que a classificação em causa considere desaconselhável o acesso a tais obras por menores de 16 anos. Nestes programas, a eventual presença de imagens de sexo, violência, abuso de menores, suicídio, consumo de drogas ou ocultismo, por vezes tangencial à linha dos limites aceitáveis, justifica inteiramente a inclusão de uma advertência ao público.

Este regime abrange unicamente os serviços de programas de acesso livre, compreendendo quaisquer elementos de programação, como sejam a publicidade e mensagens, extractos ou quaisquer imagens de autopromoção ou o anúncio da programação.[172] Sublinhe-se que a informação sobre a

---

[171] Art. 24º/7 da LTV.
[172] Arts. 24º/4/5 e 25º da LTV. Sobre esta questão, a AACS aprovou uma directiva genérica em que se entende enquadrada na definição normativa do art. 24º/5 da LTV toda e qualquer promoção dos programas referidos no n.º 2 do mesmo artigo, ainda que essa promoção não insira palavras ou imagens que, em si mesmas, possam ser reputadas como susceptíveis de influir de modo negativo na formação da personalidade das crianças. Assim, de acordo com esta Directiva, as promoções de programas susceptíveis de influir de modo negativo na formação das crianças, não poderão nunca ter lugar durante os períodos programativos infanto-juvenis, independentemente da sua estrutura de imagem e som.

programação é especialmente relevante no caso dos canais generalistas, de acesso livre ou integrando a plataforma básica do serviço de televisão por cabo, na medida em que desempenha um papel importante nas decisões dos pais sobre a prática de visionamento dos seus filhos. As restrições em causa não pretendem justificar o nivelamento da programação informativa, formativa ou de entretenimento com base em critérios infantis ou juvenis, mas apenas operar a necessária concordância prática entre a liberdade de programação e os direitos e interesses associados ao desenvolvimento da personalidade de crianças e adolescentes.[173] À medida que aumenta o grau de condicionamento da programação, através de mecanismos de subscrição, codificação, TV paga e vídeo-a-pedido, aumenta igualmente a responsabilidade dos adultos aderentes a esses serviços pela programação tornada acessível a menores.

4.4. Incitamento à violência, crime, ódio, racismo e xenofobia

Uma outra área crítica das restrições à liberdade de expressão diz respeito ao problema genérico do incitamento ao ódio e à violência, com o que isso implica de degradante e destrutivo da dignidade humana e da vida comunitária. Trata-se de um importante tema em debate na doutrina constitucional da liberdade de expressão, que inevitavelmente se repercute na liberdade de programação. Assim, o artigo 24°/1 da LTV proíbe o incitamento ao ódio, ao racismo e à xenofobia através de quaisquer elementos dos serviços de programas. A Lei da Rádio, por seu lado, no artigo 35°, proíbe o incitamento à prática de crimes através da programação. Nos termos do

---

[173] A solução legal vai no sentido de impor que as imagens chocantes ou violentas possam ser transmitidas em quaisquer serviços noticiosos quando, revestindo importância jornalística, sejam apresentadas com respeito pelas normas éticas da profissão e antecedidas de uma advertência sobre a sua natureza. Art. 24°/6 da LTV. O Tribunal da Relação de Lisboa, no Acórdão sobre o Processo n°, de 22-06-2004, mostrou-se particularmente rigoroso neste ponto, tendo decidido manter a sentença da primeira instância que condenou uma estação de televisão privada na coima de 19951,92 (muito acima do valor mínimo na moldura sancionatória), inicialmente aplicada pela AACS à luz da legislação então em vigor, por ter emitido uma reportagem no 'Jornal da Noite' contendo imagens e sons "particularmente violentas e chocantes para quem quer que seja", numa reportagem não editada sobre o abuso sexual de menores, contendo depoimentos de adolescentes alegadamente vítimas de abusos sexuais contendo referências sexualmente explícitas. Em nosso entender, uma correcta aplicação destas normas não pode prescindir de uma constitucionalmente adequada ponderação dos interesses em confronto, dentro da moldura sancionatória em presença. Considerando que os serviços noticiosos não são primariamente dirigidos ao público infantil, a protecção deste público específico e de outros mais sensíveis deve ser harmonizada com o objectivo de fornecer à opinião pública uma informação completa e justa (*full and fair coverage*), especialmente quando se trate de temas ou problemas de interesse público premente, em que um conhecimento profundo da matéria por parte da opinião pública seja essencial para forçar e controlar a respectiva resolução por parte das entidades competentes. Tanto mais, quanto a protecção de públicos sensíveis pode ser feita, em muitos casos, pela simples mudança do canal em emissão. A presunção da presença de um público especialmente sensível no seio da audiência dos serviços, noticiosos, que está subjacente à legislação, deve ser confrontada e matizada com outros interesses públicos, de relevo constitucional, como seja o de permitir um diálogo público aberto e realista sobre questões socialmente delicadas, como é a da pedofilia.

artigo 10º/2 da CEDH, as liberdades comunicativas podem ser restringidas com base nos objectivos da "defesa da ordem e a prevenção do crime".

A generalização de normas como estas assenta no entendimento de que as imputações injuriosas dirigidas a um grupo de pessoas se repercutem inevitavelmente no sentimento de auto-estima e no *status* social dos seus membros. A doutrina refere, a propósito, o problema da "morte do espírito" do "ódio e auto-ódio" e do "sentimento de indignidade e degradação" que podem afectar a identidade de indivíduos e comunidades.[174] Para além disso, aponta-se o facto de que a generalização destas imputações se pode repercutir no estatuto cívico e político dos indivíduos e comprometer a respectiva fruição de bens constitucionais fundamentais como a vida, a integridade física, a segurança, a liberdade de circulação e de escolha de residência, o direito ao trabalho, etc. Estes e outros direitos, sendo constitucionalmente tutelados, são fundamentos legítimos de restrição da liberdade de expressão. Todavia, numa sociedade pluralista, livre e democrática estes pontos de partida, por importantes que sejam, mostram-se insuficientes para reduzir a complexidade. É que, para além disso, deve ter-se em conta que as modernas sociedades estão longe de ser étnica, religiosa e culturalmente homogéneas. As mesmas implicam a coexistência de visões do mundo muito diferentes, e mesmo opostas, num quadro de competição espiritual e ideológica. Essa heterogeneidade, e os sentimentos contraditórios que daí resultam, não se apagam por decreto, sem prejuízo de ao direito caber um contributo do maior relevo na criação de condições de coabitação pacífica. Além disso, uma ordem constitucional livre e democrática tem nas liberdades comunicativas um dos seus pilares centrais, sendo que uma das suas finalidades substantivas consiste em permitir a expressão das diversas mundividências, perspectivas e sentimentos dos diferentes sectores da sociedade, mesmo quando em colisão uns com os outros. Estas considerações apontam já para a necessidade de se fazer uma utilização prudente destas normas.

O alvo principal deste tipo de normas é o *discurso do ódio* (*hate speech*) ou as *palavras de guerra* (*fighting words*), que consistem na comunicação de conteúdos expressivos susceptíveis de provocarem um dano de *status* ou uma *lesão estigmática* num determinado grupo, repercutindo-se, em seguida, no estatuto social dos seus membros individualmente considerados, comprometendo as suas possibilidades de igual desenvolvimento político, económico, social e cultural.[175] Parece-nos relevante, neste contexto,

---

[174] Edward J. Eberle, "Cross Burning, Hate Speech, and Free Speech in America"36, *Arizona State Law Journal*, 3, 2004, 953 ss.

[175] Kent Greenawalt, *Fighting Words, Individuals, Communities and Liberties of Speech*, Princeton, N.J., 1995, 47 ss.; Richard Delgado, Jean Stefanic, *Must We Defend the Nazis? Hate Speech, Pornography, and the New First Amendment*, New York, 19973 ss., 42 ss. e 70 ss; Laraine R. Fergenson, "Group Defamation: From Language to Thought to Action", *Group Defamation and Freedom of Speech...*, cit., 71 ss.; George P. Fletcher, "Constitutional Identity", Robin West, "Toward a First

a definição de grupo social avançada por Owen Fiss,[176] para quem o grupo social é uma entidade distinta de cada um dos seus membros, embora contribua decisivamente para a definição da identidade de cada um deles. O grupo estabelece com os seus membros uma relação de interdependência, no sentido de que o estatuto e o bem estar dos mesmos está intimamente relacionado com a identidade, o estatuto e o bem estar do grupo. Nestas circunstâncias, o facto de não haver um indivíduo directamente visado por imputações odiosas a um determinado grupo não impede que as mesmas tenham consequências sobre cada um dos membros do grupo individualmente considerado.[177]

Numa ordem constitucional livre e democrática, o princípio básico da igual dignidade e liberdade de todos os cidadãos, que se encontra nos antípodas de qualquer organização social com base em *estamentos* ou *castas*, é inseparável da dignidade social dos grupos a que os mesmos pertencem e que definem, em boa medida, a sua identidade.[178] Por esse motivo o direito não pode abstrair do modo como, no âmbito da programação audiovisual, formas de expressão racistas, misóginas, xenófobas, homofóbicas ou anti-religiosas podem ter um forte impacto no princípio fundamental da igual dignidade e liberdade de todos os indivíduos, o qual não é mais do que uma outra formulação do valor da dignidade da pessoa humana. Estas considerações apontam para a legitimidade constitucional de restrições legais, com consequências nos planos civil e criminal, a condutas expressivas que tenham por *único* objectivo a ofensa e a humilhação social de determinados grupos sociais.[179] Isto, independentemente da questão de saber se se está, ou não, diante de actos expressivos de provocação à violência.[180] É discutível que essas formas expressivas possam reclamar para si o mesmo esta-

---

Amendment Jurisprudence of Respect: a Comment on George Fletcher's Constitutional Identity", *Constitutionalism, Identity, Difference and Legitimacy...*, cit., 223 ss. e 245 ss.; Rosenfeld, *Just Interpretations...*, cit., 182 ss.

[176] Owen M. Fiss, "Groups and the Equal Protection Clause", *Philosophy and Public Affairs*, 5, 1976, 141 ss.; Robert C. Post, "Racist Speech, Democracy and the First Amendment", *William and Mary Law Review*, 32, 1991, 267 ss.

[177] Louis Henkin, "Group Defamation and International Law", *Group Defamation and Freedom of Speech, The Relationship Between Language and Violence*, (ed., Monroe H. Freedman, Eric M. Freedman),Westport, Conn, 1995123 ss.

[178] A questão pode tornar-se mais complexa, pois os indivíduos integram não um mas mais grupos simultaneamente, o que pode em diferentes situações reforçar, ou mitigar, o que se diz no texto. Lee C. Bollinger, "Rethinking Group Libel", *Group Defamation and Freedom of Speech...*, cit., 243 ss.

[179] Na jurisprudência constitucional norte-americana, considerou-se, no caso *Beauharnais v. Illinois*, 343 U.S.250 (1952), ser admissível a proscrição de injúrias dirigidas a grupos, raciais ou religiosos, embora se tenha ainda colocado o acento tónico no problema da perturbação da ordem pública. Kent Greenawalt, *Speech, Crime and the Uses of Language*, Oxford, 1992, 199; Geoffrey Robertson, Andrew G.L. Nicol, *Media Law, The Rights of Journalists and Broadcasters*, 2ªed., London, 199081 ss.; Kenneth Lasson, "To Stimulate, Provoke, or Incite? Hate Speech and the First Amendment", *Group Defamation and Freedom of Speech...*, cit., 267 ss.

[180] Greenawalt, *Fighting Words...*, cit. 48 ss.

tuto de uma simples opinião, digna de protecção como qualquer outra, sendo certo que o fundamento para a protecção das diferentes opiniões expressas reside no reconhecimento da dignidade da pessoa humana que é um valor fundamental do constitucionalismo liberal, desde que Thomas Jefferson proclamou que *all men are created equal*.

E eis-nos assim chegados à velha querela, inerente ao constitucionalismo liberal, sobre a questão de saber se deve haver tolerância para os intolerantes. De um lado está o objectivo da *inclusividade* da esfera pública e o propósito de impedir que a inclusão se processe à custa da subtracção de temas "tabu" a qualquer discussão, inviabilizando a ideia de esfera de discurso público. De outro lado, está o risco, sempre presente, da imposição coerciva de uma "ortodoxia politicamente correcta", também ela subtraída a qualquer discussão.[181] Não existem respostas matematicamente correctas para esta questão, verificando-se que o constitucionalismo moderno é compatível com leituras diferentes dos valores em presença, à qual não é alheia a trajectória histórica dos diferentes Estados.[182] Em todo o caso, é patente que em alguma da retórica em torno do *discurso do ódio* detecta-se um irreprimível impulso censório e inquisitorial, idêntico àquele que, em várias etapas do desenvolvimento histórico, procurou combater o erro e o pecado.

Por nossa parte, mantemo-nos fieis ao entendimento segundo o qual as restrições à liberdade de expressão devem ser interpretadas restritivamente, pelo que o referido equilíbrio entre esses dois pólos em tensão, implica reservar estas normas para situações *extremas* em que os conteúdos programáticos são utilizados com o intuito deliberado de insultar, humilhar, intimidar, estigmatizar, aterrorizar ou ameaçar um determinado grupo, seja ele minoritário ou maioritário, para além de qualquer objectivo sério de confronto de factos, ideias e opiniões, em termos que se repercutam, de forma actual ou iminente, no perímetro de segurança pessoal e na capacidade de gozo e de exercício dos direitos fundamentais, em condições de igual dignidade e liberdade, por parte dos visados.[183] Nos casos de ameaças ostensivas, ou de "conduta terrorista que não é expressão",[184] a restrição

---

[181] Marc Carrillo, *Los Limites a la Libertad de Prensa en la Constitucion Espanola de 1978*, PPU, 1987, 54 ss. ; Harrt M. Bracken, *Freedom of Speech, Words Are Not Deeds*, Westport, Conn., 1994, 134 ss., aludindo ao modo como dois professores foram acusados de racismo, pelo corpo discente, por terem defendido um aluno que tinha criticado as políticas de discriminação positiva a favor de minorias étnicas desenvolvidas pela Universidade de Georgetown.

[182] Winfried Brugger, "Ban on or Protection of Hate Speech? Some Observations Based on German and American Law", *Tulane European & Civil Law Forum*, 17, 2002, 1 ss.

[183] Karl Popper, *The Open Society and its Enemies*, 5ª ed., Princeton, 1966, 265 ss.; *International Media Liability...*, cit., 139 ss; Delgado, Stefanic, *Must We Defend the Nazis?...*, cit., 10 ss.; Robertson, Nicol, *Media Law...*, cit. 129 ss.; Jonathan Cooper, Adrian Marshall Williams, "Hate Speech, Holocaust Denial and International Human Rights Law", *European Human Rights Law Review*, 6, 1999 609 ss.

[184] Assim se referiu o Juiz Clarence Thomas, na sua *dissenting opinion* no caso *Virginia v. Black*, 538 U.S. 343, 394 (2003), à prática racista de queimar cruzes, considerando que a mesma se encontra para além do âmbito normativo da liberdade de expressão.

deve valer em termos categóricos. Do mesmo modo, quando os programas, em si mesmos, preenchem tipos legais de crimes, a questão também é, em princípio, fácil de resolver, embora mesmo nesses casos haja que ponderar as finalidades constitucionais da liberdade de expressão.

Diferentemente se passam as coisas nos casos em que as referências que possam feitas a grupos étnicos, partidos políticos, profissões, confissões religiosas, etc., se apresentem como generalizações grosseiras, insusceptíveis de serem tomadas ao pé da letra, reflectindo preconceitos sociais enraizados que devem vir ao de cima a fim de serem prontamente combatidos O mesmo se aplica a imputações genéricas que têm na base juízos de valor estritamente pessoais, num contexto de polémica, sobre factos, ideias, realidades, instituições e formações sociais que não podem pretender subtrair-se à discussão pública e à crítica.[185] Particularmente importante é uma atenção casuística aos factos, ao contexto, aos motivos, aos objectivos prosseguidos, bem como aos valores constitucionais em confronto.[186] Ou seja, aponta-se para uma interpretação restritiva das ofensas dirigidas a grupos sociais, de forma a que sempre que o objectivo preponderante de um conteúdo expressivo consista em formar, informar, debater, denunciar, questionar ou criticar, o mesmo não deva ser proscrito, independentemente dos efeitos sociais que daí possam resultar, desde que os mesmos não afectem a essência de bens constitucionais fundamentais.[187]

4.5. Moralidade pública e padrões comunitários

Uma relevante temática que se discute em sede de restrições aos direitos fundamentais, com especial relevo no âmbito dos direitos, liberdade e garantias, prende-se com saber se e em que medida é que se pode fazer uso de uma qualquer "clausula de comunidade" com fundamento dessas restrições. Em causa está a possibilidade de se lançar mão de conceitos como "moralidade pública", "bons costumes", "padrões comunitários", da "consciência axiológica da comunidade", do "direito a uma sociedade decente" como fundamentos da restrição da liberdade de expressão, particularmente do direito à liberdade de programação.[188] Pretende-se saber se os

---

[185] Isto mesmo não deixou de ser reconhecido pelo Tribunal Constitucional Federal alemão quando foi chamado a pronunciar-se sobre o epíteto "os soldados são assassinos!", impresso por um indivíduo em autocolantes, por altura da guerra do Golfo. BVerfGE, 93, 266, 267 ss.
[186] Eberle, *Cross Burning, Hate Speech, and Free Speech in America*, cit., 987.
[187] Richards, *Free Speech and the Politics of Identity*..., cit., 1 ss. Em sentido convergente, Robertson, Nicol, *Media Law*..., cit., 130, criticando a alteração à sec. 22 do *Public Order Act* de 1986 introduzida pelo *Broadcasting Act* de 1990, pelo facto de, na opinião dos autores, a mesma poder vir inibir a produção de programas de rádio e de televisão sobre temas como o racismo, na medida em que a solução legal coloca o assento tónico nas circunstâncias fácticas que podem dar origem ao ódio racial, abstraindo da intenção do produtor do programa.
[188] Nos Estados Unidos, a decisão do caso *Miller v. California*, 413 U.S. 15 (1973) veio considerar obscenos os materiais que, cumulativamente, 1) fossem considerados pelo observador médio, usando

direitos fundamentais são constitucionalmente protegidos sob reserva de limites *imanentes da ordem social* ou de *limites eticamente imanentes*.[189] A constituição portuguesa não inclui qualquer referência a noções como as referidas. No entanto, as mesmas parecem ser amplamente admitidas no direito internacional dos direitos humanos. Com efeito, o artigo 29º/2 da DUDH admite a restrição legal dos direitos humanos, no seio de uma sociedade democrática, com base nas "justas exigências da moral, da ordem pública e do bem-estar". Este inciso é especialmente digno de nota, por força do artigo 16º/2 da CRP que eleva a DUDH a auxiliar interpretativo do catálogo de direitos fundamentais. Referindo-se explicitamente aos fundamentos de restrição da liberdade de expressão, o artigo 19º/3/c) fala da "segurança nacional", da "ordem pública", da "saúde e da "moralidade públicas". Do mesmo modo, também no âmbito particular da liberdade de expressão, o artigo 10º da CEDH admite a restrição da liberdade de expressão, numa sociedade democrática, com base na "segurança nacional", a "integridade territorial" ou a "segurança pública", a defesa da "ordem" "saúde" "moral". Por sua vez, o artigo 7º/1/a) da CSTT, abordando especificamente o tema de que curamos, dispõe que os serviços de programas emitidos pelos radiodifusores dos Estados partes não devem ser "contrários aos bons costumes".

A questão que se coloca consiste em saber qual o significado que o amplo emprego dessas cláusulas gerais pelo direito internacional dos direitos humanos tem, deve ter ou pode ter para o direito constitucional, especialmente nos casos, como o português, em que a lei fundamental omite qualquer referência a cláusulas dessa natureza como fundamento de restrição. Em Portugal, o Tribunal Constitucional já recorreu a cláusulas gerais previstas no direito internacional para justificar a restrição de direitos, liberdades e garantias previstos na Constituição.[190] Esta prática suscitou pronunciamentos diversificados na doutrina. Por um lado, Vieira de Andrade, partindo do princípio de que os direitos fundamentais são indissociáveis da responsabilidade social e de um conjunto de valores comunitários, sustenta que aqueles direitos se apresentam internamente limitados.[191] Esta concepção leva o autor a considerar o recurso aos fundamentos de restrição pre-

---

os padrões comunitários, como apelando ao desejo sexual; 2) apresentem ou descrevam, de forma manifestamente ofensiva, em face dos padrões comunitários, conduta sexual como tal definida na legislação estadual e 3) o conteúdo apresenta-se desprovido de valor literário, artístico, político ou científico sério.

[189] Norman Redlich, John Attanasio, Joel K. Goildstein, *Understanding Constitutional Law*, 2ª ed, 1999, 494 ss.; J. J. Gomes Canotilho, *Direito Constitucional e Teoria da Constituição*, 7ª ed., Coimbra, 2004, 1279 ss.

[190] Acórdão nº 6/86 do TC, de 24/3. Esta solução foi coonestada por Jorge Miranda, *Manual de Direito Constitucional*, IV, Coimbra, 1993, 296 ss.

[191] J. C. Vieira de Andrade, *Os Direitos Fundamentais na Constituição Portuguesa de 1076*, 2ª ed., Coimbra, 2001, 275 ss.

vistos no artigo 29º da DUDH nos casos em que a Constituição não forneça um ponto de apoio expresso para o efeito.[192] De acordo com este entendimento, as cláusulas gerais acima referidas mais não fazem do que exprimir a existência desses limites internos.

Diferentemente, Gomes Canotilho questiona o recurso, por parte da jurisprudência constitucional, às cláusulas gerais do artigo 29º/2 da DUDH como fundamento de restrição dos direitos, liberdades e garantias consagrados na CRP, no que tem sido secundado por mais autores. Subjacente a este entendimento está uma advertência para o perigo das cláusulas gerais, venham as mesmas de onde vierem, por alegadamente ameaçarem a "reserva de restrição" constitucionalmente consagrada, colocando os direitos, liberdades e garantias na disponibilidade do legislador e repristinando a malograda "teoria da regulamentação das liberdades", com a inevitável frustração da intencionalidade originária dos catálogos de direitos fundamentais de ampliação do grau de protecção e de respectiva subtracção à disponibilidade do legislador maioritário.[193] Recentemente, este entendimento recebeu um apoio substancial por parte de Jorge Reis Novais, para quem o artigo 29º/2 da DUDH não pode ser um fundamento autónomo de restrição dos direitos fundamentais ou de declaração de limites imanentes, mas um critério para o controlo da legitimidade internacional das restrições operadas pelo legislador nacional, aplicando esse resultado a disposições congéneres de outros instrumentos de direito internacional.[194]

E a verdade é que o facto de o direito constitucional dos direitos humanos admitir o recurso pelos Estados a certas cláusulas gerais não deve ser considerado, por si só, suficiente para tornar legítima essa prática à face do direito constitucional de cada um deles. Isto, na medida em que os *standards* internacionais de protecção dos direitos humanos pretendem constituir, acima de tudo, um mínimo razoavelmente aceitável por parte generalidade dos Estados, e não um nível máximo de protecção. Com efeito, o direito internacional dos direitos humanos funciona de acordo com uma lógica de supletividade e complementaridade, que se manifesta no reconhecimento de uma margem razoável de apreciação e de manobra aos Estados na protecção e restrição dos direitos humanos. Em face desta deferência do direito internacional dos direitos humanos para com a soberania dos Estados, cuja tendência é para diminuir e não para aumentar, a adopção por parte dos Estados de critérios mais apertados para a restrição do que os previstos na DUDH corresponde a um exercício legítimo e desejável dessa soberania, que modo nenhum frustra os desígnios daquela declaração ou compromete

---

[192] Kokkott, *Grundrechtliche Schranken und Schrankenschranken*, cit., 874.
[193] Canotilho, *Direito Constitucional e Teoria da Constituição...*, cit., 1280.
[194] Jorge Reis Novais, *As Restrições Aos Direitos Fundamentais Não Expressamente Autorizadas pela Constituição*, Coimbra, 2003, 522 ss.

o seu valor interpretativo. Ou seja, o direito internacional ao admitir a utilização dessas cláusulas de modo algum as impõe, antes remete a decisão final sobre a questão para as constituições nacionais.

Cabendo ao direito constitucional a última palavra sobre a admissibilidade da utilização de cláusulas gerais para a restrição de direitos fundamentais, coloca-se a questão de saber se, em que medida e em que termos é que as mesmas podem ser utilizadas em face de uma ordem constitucional, como a portuguesa, que não oferece um fundamento expresso para a sua utilização. Uma resposta possível consiste na identificação automática das mesmas cláusulas com a teoria da regulamentação das liberdades e, consequentemente, na completa proscrição das mesmas. Esta posição, de sentido radical, não parece ter assento na doutrina. A mesma é difícil de sustentar tendo em conta a permanência, no direito civil, de referências à "moral pública" e aos "bons costumes" para justificar a restrição da liberdade contratual e da autonomia privada, sem qualquer questionamento quanto à respectiva constitucionalidade.

Outra hipótese, consiste na utilização dessas cláusulas como "reservas de conteúdo ético-constitucional", passíveis de uma utilização constitucionalmente adequada, em conformidade com o princípio da interpretação das normas jurídicas em conformidade com os direitos fundamentais. Em nosso entender esta possibilidade afigura-se perfeitamente aceitável no quadro de uma ordem constitucional livre e democrática. Surgem assim as noções constitucionalmente construídas e densificadas de "moral pública", "bons costumes", "sociedade decente", escoradas nos valores fundamentais da "auto-determinação democrática da comunidade", da "igual dignidade" da "protecção das minorias" e da "liberdade individual". As mesmas não devem ser confundidas com concepções ideológicas e religiosas específicas, nem pressupõem a adesão a uma particular "ontologia dos grupos". Em todo o caso, as mesmas também não podem abstrair totalmente dessas concepções.

Por um lado, elas não são indiferentes à interacção dinâmica entre o contexto cultural e a autonomia individual, bem como ao modo como as diferentes mundividências influenciam os valores, as atitudes, os sentimentos e as acções de sectores significativos da comunidade, com inevitáveis reflexos nos processos político-constitucional e legislativo.[195] Por outro lado, as referidas cláusulas são calibradas com uma valoração positiva das condições constitucionais que permitem o respeito pela diferença, a protecção das vozes dissidentes e o enriquecimento pluralista da cultura através da emergência de visões alternativas. Este aspecto deve ser sublinhado, na medida em que a liberdade de programação é uma grandeza publicística que

---

[195] Andrew Vincent, *The Nature of Political Theory*, Oxford, 2004, 215 ss.

pretende agregar diferentes subpúblicos com interesses, valores, gostos e sensibilidades diferentes.[196] Na verdade, têm inteiro cabimento aqui as palavras de Juiz Brennan, no seu voto de vencido à sentença do caso *FCC v. Pacifica Foundation*,[197] um *leading case* em matéria de liberdade de programação, envolvendo a difusão do monólogo *Filthy Words*, quando este, apoiado por três outras vozes discordantes, acusava os seus colegas do Supremo Tribunal norte-americano de censurarem conteúdos constitucionalmente protegidos, apontando-lhes a "deprimente inabilidade de apreciar que na nossa terra de pluralismo cultural há muitos que pensam, agem e falam diferentemente dos membros deste Tribunal, e não partilham a sua frágil sensibilidade." Em causa está, em última análise, a abertura a noções como "liberalismo cultural ou multicultural" com importantes repercussões na metódica constitucional. Por um lado, manifesta-se uma maior deferência aos padrões comunitários. Por outro lado, protegem-se vias alternativas de discurso para desvios a esses padrões. De ambas as formas se honra vontade da maioria e a função de protecção das minorias e dos indivíduos ínsitas numa ordem constitucional livre e democrática. Subjacente a este entendimento, está a ideia de que a retórica dos direitos humanos não contém em si mesma uma resposta para todas as questões éticas que se colocam no seio da comunidade política, havendo sempre uma inegável remissão para valores extra-jurídicos dominantes no seio da mesma. No entanto, essa remissão, ainda que inescapável, deve conter sempre válvulas de escape e espaços de expressão para as minorias e os indivíduos, de acordo com o princípio de que, em sede de liberdade de expressão, nem a maioria, nem as minorias ou os indivíduos podem ter um controlo absoluto sobre os fluxos de comunicação.

V – Conclusão

O presente trabalho teve como principal objectivo dar conta do relevo constitucional assumido pela liberdade de programação, enquanto "direito-filho" da liberdade de expressão em sentido amplo, ou liberdade comunicativa, procurando aplicar à liberdade de programação as conclusões a que tínhamos chegado nos nossos estudos sobre liberdade de expressão. Embora

---

[196] Maunz, Dürig, Herzog, *Kommentar von Grundgesetz*, art. 5º, 72ª: Mangoldt, Klein, Starck, *Das Bonner Grundgesetz...*, cit., I, 531 ss.; Hermann, *Rundfunkrecht...*, cit., 446 ss.; Grob, *Programmautonomie von Radio und Fernesehen in der Schweiz...*, cit., 95 ss.;, Dörr, Eckel, *Die Entwicklung des Medienrechts...*, cit., 1934 ss.
[197] 438 U.S. 726 (1978); Smith, Meeske, Wright II, *Electronic Media and Government*, cit., 361 ss.; Middleton, Chamberlin, Bunker, *The Law of Public Communication...*, cit. 557 ss.; Ginsburg, Botein, Director, *Regulation of the Electronic Mass Media, Law and Policy for Radio, Television, Cable and the New Video Tecnologies*, cit., 526 ss.; Weiler, *Entertainment, Media, and the Law...*, cit., 40 ss.

por razões de espaço e tempo nos tenhamos cingido à apresentação de algumas notas caracterizadoras da liberdade de programação e à tematização dos limites negativos principais, pretendemos com isso chamar a atenção para o facto de que a liberdade de programação, tendo na dignidade da pessoa humana e nos seus direitos o seu sentido e os seus limites, constitui uma dimensão essencial e nevrálgica das liberdades da comunicação. A mesma tem como sustentáculos básicos o direito subjectivo à liberdade de expressão e de radiodifusão, por um lado, e o interesse objectivo na garantia das liberdades comunicativas numa *sociedade aberta* caracterizada pelo pluralismo de concepções e mundividências. Assim, o direito subjectivo à liberdade de programação é inseparável do interesse objectivo no pluralismo da programação. Este importante dado constitucional deve ser levado em conta na compreensão do sentido e dos limites da liberdade de expressão. No entanto, a promoção daquele direito e deste interesse é uma tarefa complexa, que pode ser levada a cabo de diferentes maneiras e que permeia todo o direito constitucional e administrativo da comunicação social. Por um lado, ela pode ser conseguida através da *regulação estrutural*, que disciplina juridicamente matérias como o acesso à actividade, a titularidade e a concentração dos meios de comunicação social, bem como mediante a *regulação publicística*, que define os limites positivos e negativos da liberdade da programação. A atenção que o tema merece por parte da doutrina constitucional resulta do facto de estarem em jogo, em última instância, os pilares da autonomia individual e da auto-determinação democrática da comunidade política globalmente considerada. A consideração desta realidade justifica o acolhimento, por parte dos operadores jurídicos, do entendimento de que as liberdades da comunicação em geral e a liberdade de programação em especial devem ser interpretadas em termos amplos, ao passo que os limites às mesmas devem ser interpretados de forma restritiva. Pretende-se edificar os direitos comunicativos de um modo que, considerando as pretensões legítimas da maioria, das minorias e dos indivíduos, retira a qualquer deles controlo absoluto dos fluxos de comunicação.

— 6 —

Direito à informação *ou* deveres de protecção informativa do Estado?[1] [2]

PAULO FERREIRA DA CUNHA

I. Introdução: Perspectiva

1. Conflito de Paradigmas e Retóricas explicativas

Oh Brave new world! Este é o mote que sempre apetece voltar a citar nos novíssimos desafios da sociedade moderna e da tecnologia actual.[3] Além de novos desafios decorrentes de bem diversa conjuntura política, desde logo internacional, o Direito é profunda e visceralmente interpelado pelas recentes novidades tecnológicas, ao ponto de a sua própria essência poder estar em causa. Como podem alguns juristas mais clássicos, ou quiçá mais tradicionais chocar-se com até simples (ou não tão simples assim) novas expressões, como desde logo, "direito virtual". Como pode o direito ser, além de objectivo, subjectivo e tanto mais, ser ainda virtual? E contudo já há cursos e livros com tal designação.[4]

---

[1] Texto que serviu de base à nossa palestra no IV Seminário Internacional *Direitos Fundamentais, Informática e Comunicação*, na Pontifícia Universidade Católica do Rio Grande do Sul, Porto Alegre, 21-23 de Setembro 2005. Agradeço à Dr² Sandra Pinto, investigadora do Instituto Jurídico Interdisciplinar da Faculdade de Direito da Universidade do Porto, e ao Eng° João Luís Pinto, do Instituto de Engenharia de Sistemas e Computadores, Porto (que animaram, aliás, uma sessão de estudos no IJI sobre alguns dos temas aqui abordados) os preciosos comentários a uma versão anterior deste trabalho. Como é óbvio, os erros e opiniões são meus somente.

[2] Para que o todo não redundasse num título setecentista, apenas neste rodapé especificamos o que poderia ser um subtítulo quiçá mais esclarecedor: O presente texto pretende articular os dois termos referidos no título numa *Problematização Metodológica e Ideológica em demanda de um Super-Conceito Constitucional no domínio da Comunicação*.

[3] Embora procuremos uma outra abordagem, que foge claramente a este ritualismo evocativo e tópico, num paratexto (*Teatro do Absurdo, "Bela Adormecida" e Teorias dos Direitos*) destinado à edição da tese de Têmis LIMBERGER. *O Direito à Intimidade na Era da Informática*, Porto Alegre, no prelo.

[4] Cf., no Brasil, desde logo, Carlos Alberto RORHMANN. *Curso de Direito Virtual*, Belo Horizonte, Del Rey, 2005.

E como sempre sucede nestes casos, os paradigmas de enquadramento e explicação oscilam entre, por um lado, o normal desvanecimento prometeico e até de Pigmaleão dos cientistas e dos técnicos, ante a belíssima Galateia de sua criação, e, por outro lado, a desconfiança, por vezes até reaccionária, dos observadores mais ou menos politizados que vêem nos progressos o advento do controlo tecnocrátrico, o fim da liberdade, o verdadeiro *Big Brother* (não o programa homónimo que é, de algum modo, um avesso dele).

É muito difícil fugir a esta dicotomia. Os dois pólos galvanizadores da opinião pública correspondem a dois tópicos fortíssimos: o tópico do progresso, e da felicidade pelo progresso técnico, que já Diderot e D'Alembert celebravam nesse momento fundador da mitificação da tecnologia moderna que foi a *Enciclopédia*, por um lado; e, por outro lado, o tópico do Leviathã, o mostruoso estado que tudo controla, absorve, domina, erguendo-se de ceptro e báculo em riste, como na capa da obra homónima de Hobbes. E agora servido pela ciência e técnica todas-poderosas, de que o *Brave new World* de Aldous Huxley foi, certamente, o grande marco fundador, no pensamento distópico ou da utopia negativa.

Afinal, trata-se apenas de optar dentro de uma retórica que remete para dois tipos de utopia: a eutopia da *Enciclopédia*, ou a distopia do *Admirável Mundo Novo*.

Mas estaremos, no nosso tempo, condenados a essa simples oposição? A tomar parte dela?

Não posso deixar de lembrar de novo uma história em quadrinhos,[5] de uma série hoje em retoma na Europa, aliás com novos autores, depois da morte do seu criador, Edgar P. Jacobs. Trata-se de Black & Mortimer, álbuns que fizeram as delícias de minha pré-adolescência e dos inícios do meu tempo de *teenager*. Num deles, *Le piège diabolique*, num típico clube inglês, dois figurantes afundam-se em seus sofás, fincando-se nas suas razões de louvor do passado irremediavelmente consumido e irrecuperável, de uma banda, e de apologia de um futuro utópico, da outra banda. Ao que o prudente e moderado Capitão Blake, verdadeiro *gentleman*, interrompendo aquela ritualística conversa de surdos (que representa afinal o colóquio tantas vezes repetido em tantos lugares) adianta uma hipótese: e se o melhor dos mundos fosse, afinal, o de hoje?

Esse é o desafio, afinal. Porque o passado mitificado por Jacobs é também de obscurantismo e opressão, e o futuro é-o igualmente, apenas

---

[5] Fi-lo já em Paulo Ferreira da CUNHA. *O Século de Antígona*, Coimbra, Almedina, 2003, pp. 19-20, e, em castelhano, Idem. *Claves del Pensamiento Jurídico en el Siglo XXI: Los desafios*, in *Filosofia Jurídica y Siglo XXI*, org. de José Calvo González / Cristina Monereo Atienza, Málaga, Universidad de Málaga, 2005, pp. 43-44.

com tecnologia diversa: o que lhe dá uma diferente cor local, susceptível de complicar e baralhar a essência das coisas em jogo.

A tecnologia do passado é ideológica e bélica primária. A tecnologia do futuro, sem deixar de ser ideológica, é mais subtil nesse domínio, e sem deixar de ser bélica, tem novas armas, designadamente armas químicas, biológicas e psicológicas. E armas tecnológicas propriamente ditas. Por isso, a equiparação, nos Estados Unidos, da criptografia (usada hoje em imensos instrumentos informatizados) a munições (em legislação entretanto dulcificada), teria, em tese, algum sentido. Pelo menos tanto quanto se disse, com Yves Lacoste, que *a Geografia serve sobretudo para fazer a guerra*.[6]

O desafio é deixar de conceber o presente como um ponto geométrico sem espaço, comprimido entre passado e futuro, e alargar em espaço o "presente", como tempo ainda de alguma compatibilização entre liberdade e comodidade tecnológica. E em que a tecnologia seja instrumento e não entrave ou forma de controlo ou niilização da liberdade. Um presente assim será, também ele, mitificado, evidentemente; porque no presente ainda há muito de passado e já vai havendo boa parte de futuro

2. As teorias clássicas sob o fogo das realidades novas

Os desafios do presente, como este, colocam normalmente em questão as nossas certezas domésticas e particulares, mesmo quando essas certezas se chamam "teorias" e mesmo "teorias gerais", elevadas a dogmas sagrados e incontestáveis do "Direito", ele próprio coisa sagrada, como procurei desenvolver num livro que muito me orgulho de ter publicado aqui, em Porto Alegre[7]

Podem ser desafios políticos, como o da Constituição Europeia, de que acabo de falar em São Paulo,[8] desafios do progresso do conhecimento e da difusão do conhecimento nas ciências humanas, como, é o caso especificamente na História do Direito, da descoberta dos velhos direitos pré-modernos, sobretudo as liberdades luso-brasileiras, de que falarei daqui a dias no Rio de Janeiro,[9] ou desafios de mudança tecnológica e social (não uma sem outra: porque a hipotética invenção da máquina a vapor pelos romanos, sem

---

[6] Yves LACOSTE. *La géographie, ça sert, d'abord, à faire la guerre*, Paris, Maspero, 1976, reed., La Découverte, 1985.

[7] Paulo Ferreira da CUNHA. *Anti-Leviathã. O Direito, a Política e o Sagrado*, Porto Alegre, Sergio Fabris, 2005.

[8] No II Ciclo de Estudos Constitucionais "Arquitectura Constitucional Contemporânea", 20 – 21 de Setembro de 2005, promovido pelo Instituto Brasileiro de Estudos Constitucionais.

[9] Por motivos de saúde, esta conferência, na Universidade Federal Fluminense, teria de ser adiada.

mudança social de aceitação e difusão do invento, em nada mudou Roma). Em todos os casos, estes desafios são magníficos sublevadores da nossa tranquilidade teórica. Porque lhe lançam o repto da realidade prática, que operadores velhos não podem captar, nem compreender; e paradigmas perenes como tal se comprovam na medida em que capazes de se adaptarem, como as réguas de Lesbos de que falava Aristóteles, à avaliação das coisas diferentes.

II. Pressupostos para uma Teorização

1. Da Pirâmide à Rede

Não será indiferente a forma de encarar esta constelação de problemas, que, tal como o mega-paradigma do nosso tempo, se desenham precisamente em rede. Rede de constituições, rede de direitos, que não pirâmide normativa, rede de problemas e desafios.

Direitos Fundamentais, informática e comunicação: qualquer dos elementos do sintagma identificador do nosso Seminário comunga da metáfora da rede, hoje.

Mais que degraus de direitos, mais que gerações de direitos mesmo (que são ambas perspectivas formas narrativas e sequenciais, logo, hierarquizadoras, ainda que subtilmente hierarquizadoras na última versão: pela antiguidade e "pergaminhos" dos direito) os direitos fundamentais tendem hoje a espraiar-se em interconexões, a não apenas hetero- e auto-limitar-se (sob pena de uma irredutibilidade levar à preterição geradora de graves disfunções e injustiças). Que é a concordância prática entre direitos conflituantes *in casu*, ou a limitação de um direito, pelo salvar do núcleo ou círculo mínimo, senão manifestações de uma forma reticular (plástica, flexível) de conceber os direitos? Não se trata de uma concepção prévia, *a priori*, mas de uma prática que, se analisada, nos permite descortinar essa concepção, certamente ainda não muito apercebida. Mesmo a ordem de valores, quando não é contestada, tem de ser perspectivada para cada caso.[10] Mesmo o direito natural, ao ser considerado, por um Francisco Puy, como tópico dos tópicos jurídicos,[11] e por Michel Villey uma metodologia,[12] dei-

---

[10] Cf., em geral, Robert ALEXY. *Theorie der Grundrechte*, Suhrkamp, 1986, trad. cast. de Ernesto Garzón Valdés, *Teoría de los Derechos Fundamentales*, Madrid, Centro de Estudios Cotitucionales, 1ª reimp. 1997, e para a nossa perspectivação da ordem de valores, Paulo Ferreira da CUNHA. *Teoria da Constituição*, vol. II. *Direitos Humanos, Direitos Fundamentais*, São Paulo / Lisboa, Verbo, 2000, p. 278 ss.
[11] Francisco PUY. *Tópica Jurídica*, Santiago de Compostela, I. Paredes, 1984, p. 149.
[12] Michel VILLEY. *Abrégé de droit naturel classique*, in "Archives de Philosophie du Droit", VI, Paris, Sirey, 1961, in *Leçons D'Histoire de la Philosophie du Droit*, nova ed., Paris, Dalloz, 1962, p. 146.

xa de ser concebido à maneira de um decálogo-sombra, como ainda sucede no aliás excelente romanista Álvaro D'Ors,[13] ou um manual de escuteiro na pena de alguns epígonos, adequadamente já qualificados de junaturalistas positivistas. E ao reencontrar-se na tópica e na dialéctica, não deixa de estar em rede, na argumentação, na retórica.

Ora uma tal prática, cuja teorização não tem chegado ainda, de forma alguma, às teorias prevalecentes e didácticas, põe totalmente em causa a *forma mentis* anterior, que não é de rede, mas de pirâmide. Recordemos essa fábula em que, obedecendo aos preceitos do rei, a moça demandada a vir diante dele simultaneamente vestida e nua se vestiu *de rede*. Belíssima imagem. Perante o poder, e o direito do poder, perante o direito identificado com o poder por Kelsen, a resposta é semelhante à da moça perante o rei – que ao mesmo poder representava (ou consubstanciava – não curemos agora desse ponto).

Kelsen, não sendo o criador da realidade da juridicidade piramidal, é o Midas[14] que em pedra talhada em pirâmide transformará todo o direito em que toca, como grande disseminador da metáfora pétrea e construtiva. Mesmo a crítica pós-moderna, como a de Boaventura Sousa Santos, não deixará de falar no "direito do asfalto".[15] Claro que é uma planificação já do que em Kelsen é hierarquia levantada ao alto, da base até a um vértice. Mas recordemos o *slogan* do Maio 68: *Sous le trottoir, la plage*. O direito do asfalto é sem dúvida asfixiador da praia

2. Comunicação hierarquizada e comunicação reticular

Não será absolutamente necessário invocar Habermas[16] para afirmar, com os simples olhos atentos de hoje, que *sociedade é sobretudo comunicação*. Ainda que tal comunicação seja simplesmente fáctica, e mesmo que Niklas Luhmann tenha tido imensa razão no seu brilhante mas pouco lido livro *A Improbabilidade da Comunicação*, e Konrad Lorenz haja profetizado a possibilidade do fim da intersubjectividade comunicativa realmente significante em pouco tempo

---

[13] Álvaro D'ORS. *Derecho y Sentido Común. Siete lecciones de derecho natural como límite del derecho positivo*, Madrid, Civitas, 1995.

[14] Aliás, na sua obra mais clássica, não deixará de citar o mito de Midas: Hans KELSEN. *Reine Rechtslehre*, trad. port. de João Baptista Machado, *Teoria Pura do Direito*, 4ª ed., Coimbra, Arménio Amado, 1976.

[15] Designadamente no clássico Boaventura de Sousa SANTOS. *O Discurso e o Poder. Ensaio sobre a sociologia da retórica jurídica*, separata do "Boletim da Faculdade de Direito", Coimbra, 1980, hoje publicado na Sérgio Fabris.

[16] Cf. sobretudo o clássico Juergen HABERMAS. *Theorie des kommunikativen Handels*, 3ª ed., Frankfurt, Suhrkamp, 1985 (1ª ed. 1981). De entre os comentários ao autor, *v.g.*, Jean-Marc FERRY. *Habermas. L'Etique de la communication*, Paris, P.U.F., 1987; Anthony GUIDDENS *et alii. Habermas y la Modernidad*, 2ª ed., Madrid, Cátedra, 1991.

As sociedades de comunicação hierarquizada, primacialmente unívoca, têm aparelhos ideológicos (e fundam-se em ideologias) com tal concordes: estratificam-se em castas ou em classes, e privilegiam elitismos oligárquicos, fazem proliferar os evitamentos sociais, os tabus, promovem o snobismo a par dos complexos de superioridade/inferioridade, insinuam-se poderosamente em certas formas de etiqueta, além de, como *ultima ratio*, se sustentarem pela acção repressiva da censura e da detenção absorventemente monopolítica ou oligárquica dos meios de comunicação.

Tais sociedades limitam o acesso ou os produtores e agentes, a direcção e o sentido, a forma ou o modo, o tempo e a duração da comunicação.

Quando o pai da *Terceira Vaga*, Alvin Toffler, pressagiu que o poder soviético cairia pela difusão da informação, fez uma notabilíssima profecia. E realmente assim sucedeu. É por isso que as limitações ao próprio funcionamento da *Internet*, são uma sensitiva do grau de liberdade de uma sociedade. Os países mais repressivos são, hoje, aqueles que desconfiam desse meio, e tudo fazem para o sufocar. Porque a *Internet*, evidentemente com todos os seus malefícios residuais, que são também existentes no mundo não virtual (não digo real, porque o virtual também é uma forma de realidade), é a mais expressiva forma de liberdade de comunicação – ou pode sê-lo. Só com o tempo certamente se compreenderá que as questões de limitações nesse meio, são em tudo muito semelhantes aos argumentos do muito respeitável, mas completamente errado, Doutor Serafim de Freitas, que contra Grotius (que contudo não pleiteava inocentemente) procurava defender a limitação da navegação dos mares, ou seja, a chamada doutrina do *mare clausum*.[17] *Mare clausum* nas navegações da *Net*? Se o futuro for o do *Big Brother*, do grande *Leviathã*, certamente. Mas se prevalecer a argúcia da moça vestida de rede, jamais.

O trabalho de clausura dos mares é impossível. Como impossível era a tarefa de vertê-lo, com a concha da mão, na areia da praia. Santo Agostinho foi advertido para esse intuito verdadeiramente prometeico, votado ao fracasso. Também as ondas do ciberespaço são incontroláveis, e, além do mais, como disse, com graça, João Luís Pinto, "enquanto não formos *cyborgs*, o 'buraco analógico' há-de sempre existir" Felizmente Há, assim, nos nossos dias, uma luta de liberdade contra controlo. Porque os paradigmas jurídicos dominantes ainda são em grande medida estadualistas.

Essa é uma das contradições históricas mais interessantes que herdamos do liberalismo. É que o liberalismo triunfante fundiu-se com a tradição

---

[17] Cf. Paulo Ferreira da CUNHA. "Os Descobrimentos Portugueses e o Problema da Liberdade dos Mares", in *Faces da Justiça*, Coimbra, Almedina, 2002, p. 57 ss.

absolutista, racionalista e iluminista anterior, criando um Estado de Direito, mas que foi ainda, e muito, e cada vez mais, um Estado. E o pensamento liberal ulterior (mesmo o pensamento já dito democrático, e social, e até socialista democrático ou social democrático), sempre firmado nesse legado, jamais deu mostras de realmente abdicar da máquina e da simbólica estaduais. É assim que a democracia liberal que impera entre nós é estadualista. E o Estado é uma criação de um génio hierarquizador, em que avulta a cisão com a sociedade (dita "civil").

Ora, uma realidade social de comunicação reticular, ao contrário das hierarquizadas, fica necessariamente em dissenso e assimétrica comunicação com esse interlocutor chamado Estado, que é resultado e vector de *soberania* – precisamente o seu grande paradigma fundante e nutriente. Soberania, gramática da comunicação hierarquizada, em que o poder do Estado não conhece limitação, interna ou externa. Soberania, na sua acepção bodiniana e hobbesiana mais claras e clássicas, precisamente grande obstáculo às redes de poder intra-societais e extra-societais. Porque se o feudalismo era, no processo de suserania, uma sintaxe de hierarquia piramidal, a verdade é que quando um monarca era definido como *primus inter pares*, em seu reino, e simultânea e não contraditoriamente, poderia ser ainda vassalo de outro rei, seu par internacionalmente (porque senhor de feudo no reino do vizinho), era o "poder conjugado"[18] e o equilíbrio de rede que assomavam. Sem rival no seio ou no exterior do seu território, o soberano Estado, "dono" do povo, e sede máxima do poder político, só pode conceber a comunicação exterior como troca de notas diplomáticas entre estados pares, ou pelo *diktat* (mais ou menos subtil, quanto mais ou menos seja Estado: veja-se a flexibilidade portuguesa e inglesa – a primeira moderada pela ideia de Império do Espírito Santo, a segunda talvez porque o Reino Unido nunca haja sido Estado propriamente dito, segundo alguns) sobre os territórios que não são soberanosque faz colónias, protectorados, etc. Sem concorrência ao nível interno, o Estado moderno nasceria sobre o sangue dos levantamentos de regiões ou antigos reinos absorvidos, pela unificação linguística forçada, e mesmo sobre os cadáveres dos duques concorrentes. Mesmo numa terra de brandos costumes como Portugal (como advertido pela belíssima sinestesia do *Fado Tropical*, de Chico Buarque) a própria mão do Estado apunhala o Duque de Viseu com o punhal de D. João II, e tortura a família Távora às ordens do Marquês de Pombal. Resposta mítica do primeiro, ao tópico *primus inter pares*: *"eu sou o senhor dos senhores, não o servo dos servos"*.

---

[18] Afonso BOTELHO. *Monarquia, poder conjugado*, in "Nomos. Revista Portuguesa de Filosofia do Direito e do Estado", Lisboa, nº 2 (Julho-Dezembro de 1986), p. 38 ss.

3. Vectores de reticularização: globalização, progresso técnico, emancipação mental

No nosso tempo, a globalização – fenómeno planetário independente dos Estados que, enquanto aparelhos, reivindicam e vão exercendo poderes (em geral, cada vez menos soberanamente) – vai democratizando as esperanças e as aspirações, e o capital, neste caso muito felizmente, "sem pátria", na sua sede de conquista de mercados, vai colocando à disposição de mais e mais pessoas, em mais e mais pontos do globo, aquilo a que, de forma paternalista, a Constituição Portuguesa do "Estado Novo" chamava os "benefícios da civilização": ou seja, o progresso técnico e as comodidades quotidianas dele decorrentes. Nesta sociedade globalizada, que é aquela em que vivemos, o social emerge, e irrompe nas amarras e fronteiras políticas. A tal vai ajudando o desencantamento do mundo, a maioridade ou pelo menos o sonho de emancipação que Kant viu nas Luzes (e patente, designadamente em *Was ist Aufklärung ?*). A declaração constitucional americana dos Direitos do Estado da Virgínia, de que a busca da felicidade (*pursuit of happiness*) e não meramente a resignação e a obediência, são inerentes ao Homem, e são seus direitos, terá constituído um corolário muito significativo dessas esperanças que ainda hoje nos animam.[19]

Quando todos têm direito à felicidade, quando o Homem pode aspirar ao fim das suas tutelas, quando, mesmo por toda a parte a ferros, como constatou Rousseau, ele se sabe livre, essencialmente livre, e essencialmente igual, que poder poderá fazê-lo calar-se? Porque exprimir-se, ainda que seja pelo grito, ou pelo choro, ou pelo gesto, será o primeiro dos direitos, a primeira das liberdades. Nada se pede senão que nos deixem traduzir o que nos vai na alma. A liberdade de expressão não é só historicamente das primeiras: é-o logicamente. Compreendeu muito bem essa realidade o liberal Visconde de Seabra, autor do primeiro Código Civil português, que no seu monumento legislativo com clareza identificou a vera liberdade de pensamento, consciência, com a liberdade da sua expressão e comunicação. Já que só a Deus somos devedores de contas pelo que simplesmente em silêncio connosco mesmos cogitarmos.

Assim, a Liberdade, pelo menos a liberdade civil e política, começa, em grande medida, com a liberdade de expressão e comunicação. Uma vez assegurado o pressuposto dos direitos todos que é a vida, garantida a integridade física e psíquica *q.b.*, e a liberdade geral de movimentos (sem constrições gritantes, sem cativeiro), o momento primeiro de livre desenvolvimento da personalidade em que se analisa a dignidade humana em acção, será o livre interagir com o seu semelhante. *Lecteur, mon semblable*

---

[19] Para a historicidade da felicidade, *v.g.*, Robert MAUZY. *L'idée du bonheur dans la littérature et la pensée françaises au XVIIIe siècle*, Paris, 1965.

et mon frère, assim se dirige ao seu leitor potencial, invocando tacitamente (inconscientemente?) a mesma natureza humana, fundamento dos direitos do mesmo nome, o iconoclasta Charles Baudelaire.[20] E diz o leitor "hipócrita". Naturalmente, pois a personalidade e a socialidade é um *persona*, como a do *hypocrites*, o actor grego. É uma máscara Jamais o ser mais profundo pode ser protegido. Só a sociabilidade, a imagem social dessa insondável essência: a dignidade antropológica[21] é inatingível, salvemos a dignidade comunicativa. Dessa cura o Direito, e em especial os direitos fundamentais.[22] Aliás, a imanente dignidade humana, por absoluta, é insus-

[20] Vale a pena enquadrar a passagem no contexto do poema, *Le Lecteur*:
La sottise, l'erreur, le péche, la lésine,
Occupent nos esprits et travaillent nos corps,
Et nous alimentons nos aimables remords,
Comme les mendiants nourrissent leur vermine.
Nos péchés sont têtus, nos repentirs sont lâches;
Nous nous faisons payer grassement nos aveux,
Et nous rentrons gaiement dans le chemin bourbeux,
Croyant par de vils pleurs laver toutes nos taches.
Sur l'oreiller du mal c'est Satan Trismégiste
Qui berce longuement notre esprit enchanté,
Et le riche métal de notre volonté
Est tout vaporisé par ce savant chimiste.
C'est le Diable qui tient les fils qui nous remuent.
Aux objets répugnants nous trouvons des appas;
Chaque jour vers l'Enfer nous descendons d'un pas,
Sans horreur, à travers des ténèbres qui puent.
Ainsi qu'un débauché pauvre qui baise et mange
Le sein martyrisé d'une antique catin,
Nous volons au passage un plaisir clandestin
Que nous pressons bien fort comme une vieille orange.
Serré, fourmillant comme un million d'helminthes,
Dans nos cerveaux ribote un peuple de démons,
Et quand nous respirons, la Mort dans nos poumons
Descend, fleuve invisible, avec de sourdes plaintes.
Si le viol, le poison, le poignard, l'incendie,
N'ont pas encore brodé de leurs plaisants dessins
Le canevas banal de nos piteux destins,
C'est que notre âme, hélas! n'est pas assez hardie.
Mais parmi les chacals, les panthères, les lices,
Les singes, les scorpions, les vautours, les serpents,
Les monstres glapissants, hurlants, grognants, rampants,
Dans la ménagerie infâme de nos vices,
Il en est un plus laid, plus méchant, plus immonde!
Quoiqu'il ne pousse ni grands gestes, ni grands cris,
Il ferait volontiers de la terre un débris
Et dans un bâillement avalerait le monde.
C'est l'Ennui!- L'oeil chargé d'un pleur involontaire,
Il rêve d'échafauds en fumant son houka.
Tu le connais, lecteur, ce monstre délicat,
Hypocrite lecteur, mon semblable, mon frère!
[21] Várias perspectivas, da jusfilosofia e do direito constitucional, em Ingo Wolfgang SARLET (org.). *Dimensões da Dignidade*, Porto Alegre, Livraria do Advogado Editora, 2005.
[22] Cf., desde logo, Ingo Wolfgang SARLET. *A Eficácia dos Direitos Fundamentais*, 5ª ed., Porto Alegre, Livraria do Advogado, 2005, p. 112 ss.

ceptível de mácula e violação. Só a expressão social dos atentados à dignidade, e só no domínio colectivo podemos agir

4. Liberdade vs. Estado

Mas essa liberdade liberal, já então, é contraposta ao Estado. Porque o Estado não a protegia, antes a limitava. A liberdade constitucional liberal de expressão e comunicação, nas suas mais diversas facetas, vai-se instalando no lugar escavado na pétrea pirâmide do poder estatal, que começou por desejar uma sociedade unanimista em matéria de religião, depois uma consonância de opinião política com o soberano e seus ministros, e finalmente foi abdicando de sucessivas fatias da sintonia de credos, e da sua expressão. Alijar sucessivo de lastro para o balão poder continuar a manter-se no ar.

Nos tempos áureos do despotismo esclarecido, o poder chegava a punir os *outsiders* que, mesmo louvando o poder despótico, o punham a nu, e mesmo execrando ou parodiando os poderes dele concorrentes (como o eclesiástico), inquietavam os espíritos, distraindo-os do seu viver "habitual". Foi esse o crime de Tomás António Gonzaga, o *Dirceu* de Marília, poeta da inconfidência mineira, no seu *Tratado de Direito Natural*,[23] foi essa a heresia de António Diniz da Cruz e Silva no seu poema *O Hissope*. Ambos viriam para o Brasil, onde, afinal, menores ventos de Estado sopravam, e quase só visitadores eventuais da Inquisição, Estado dentro do Estado.[24] Seguiriam afinal os passos daqueles que, como dizia Agostinho da Silva, "se não resignaram ao que tinham em volta e sobretudo em cima (...) que abandonaram um Portugal que lhes não servia nem se deixava servir por eles e partiram para o Brasil, para as terras novas de gente nova, e tudo fizeram aí, longe dos monopólios, dos reis e dos tridentinos, a fim de instaurar uma grande nação que conservasse as liberdades populares".[25]

---

[23] Tomás António GONZAGA. *Tratado de Direito Natural. Carta sobre a usura. Minutas. Correspondência. Documentos*, Ed. crítica de M. Rodrigues Lapa, Rio de Janeiro, Instituto Nacional do Livro, 1957 (ms. original de data ainda incerta).
[24] Sobre a situação particular da Inquisição no Brasil, cf., *v.g.*, João Lúcio de AZEVEDO. *Notas sobre o Judaísmo e a Inquisição no Brasil*, in "Revista do Instituto Histórico Geográfico Brasileiro", t. 31, Rio de Janeiro, pp. 677-97; Silidónio LEITE (filho). *Os judeus no Brasil*, Rio de Janeiro, J. Leite, 1923; Afrânio PEIXOTO *et al. s judeus na História do Brasil*, Rio de Janeiro, Uri Zwerling, 1936; Joseph Eskenazi PERNIDJI. *Das Fogueiras da Inquisição às Terras do Brasil. A Viagem de 500 anos de uma família judaica*, Rio de Janeiro, Imago, 2002; Neusa FERNANDES. *A Inquisição em Minas Gerais no séc. XVIII*, 2ª ed., EDUERJ, Rio de Janeiro, 2004; Dirce Lorimier FERNANDES. *A Inquisição na América durante a União Ibérica (1580-1640)*, São Paulo, Arké, 2004; e, em ficção, por exemplo, Nelson de ARAÚJO. *1591. A Santa Inquisição na Bahia e outras estórias*, Rio de Janeiro, Nova Fronteira, 1991, e Miguel REAL. *Memórias de Branca Dias*, Lisboa, Temas e Debates, 2003. Mais bibliografia in: http://www.ensinandodesiao.org.br/Abradjin/biblio.htm.
[25] Agostinho da SILVA. "Portugal e Brasil", in *Ensaios sobre Cultura e Literatura Portuguesa e Brasileira*, vol. II, Lisboa, Círculo de Leitores, 2002, p. 91.

Liberdades evidentemente pré-estaduais, pré-modernas. E note-se: Era da comunicação estadual e hierárquica que se tratava de fugir: "não se resignaram ao que tinham em cima".

É assim muito diferente colocarmos a tónica da nossa investigação na *Liberdade*, como coisa que vem de dentro das pessoas, imanente ao Homem, seu direito natural – o que, se presos a uma lógica ainda de hierarquias, diríamos como provindo "de baixo" –, ou, pelo contrário, e ainda nessa ordem de ideias, pensarmos o tema como centrado no *Estado*, ainda que nos deveres do Estado para com a sociedade ou as pessoas.

Uma coisa será sempre pensar o problema a partir "de cima", do Estado, dessa lógica hierarquizada e unilateral, ainda que de um centro para várias periferias, de um emissor para vários receptores, mais ou menos estratificados, filtrados por diferentes estatutos jurídicos e sociais, e outra fazê-lo tendo como base a questão da Liberdade de informar, de produzir conteúdos significativos e socialmente transmissíveis, de comunicar.

III. Ilustração problemática no direito constitucional vigente

1. Na Constituição da República Portuguesa

É claro que o Estado é hoje "Estado democrático de Direito", e que, por exemplo na Constituição Portuguesa, diversos dos seus objectivos ou cometimentos, constitucionalmente consagrados, levariam água ao moinho de uma benévola actividade em prol dos cidadãos. O mais claro dispositivo é o da alínea b) do Art. 9º da Constituição, que assinala como tarefa fundamental do Estado: "Garantir os direitos e liberdades fundamentais e o respeito pelos princípios do Estado de direito democrático" – o que incluiria naturalmente liberdades, direitos e garantias neste âmbito. E mesmo outras alíneas do mesmo artigo poderão, mais ou menos directamente, caminhar nesse sentido.[26]

2. Na Constituição da República Federativa do Brasil

Também na Constituição Brasileira, os objectivos fundamentais da República Federativa do Brasil são todos concordes com esta perspectiva

---

[26] Designadamente, pelo menos em parte: c) Defender a democracia política, assegurar e incentivar a participação democrática dos cidadãos na resolução dos problemas nacionais; d) Promover o bem-estar e a qualidade de vida do povo e a igualdade real entre os portugueses, bem como a efectivação dos direitos económicos, sociais, culturais e ambientais, mediante a transformação e modernização das estruturas económicas e sociais; e) Proteger e valorizar o património cultural do povo português, defender a natureza e o ambiente, preservar os recursos naturais e assegurar um correcto ordenamento do território; f) Assegurar o ensino e a valorização permanente, defender o uso e promover a difusão internacional da língua portuguesa; (...)".

demofílica e democrática,[27] e muito em especial no capítulo dos direitos individuais e colectivos, que abre o título de direitos e garantias fundamentais, o art. 5º contém várias normas que vão, em geral (sendo a nosso ver discutível a proibição do anonimato), no mesmo sentido: por exemplo, com aflorações, de muito diversa ordem, nos respectivos números IV a X, XII, XIV, XXVII, XXVIII, XXIX, XXXIII, XXXIV, LII, LV, LX, LXIII.[28]

3. Constelações de liberdades e direitos nos textos constitucionais brasileiro e português vigentes

O catálogo brasileiro (acumulativa carta de muitos direitos na aparência classificatória bem diversos) talvez mais eloquentemente que a Constituição portuguesa (mais sincopada e distribuindo os diferentes direitos por

---

[27] Art. 3º. Constituem objetivos fundamentais da República Federativa do Brasil:
I – construir uma sociedade livre, justa e solidária; II – garantir o desenvolvimento nacional; III – erradicar a pobreza e a marginalização e reduzir as desigualdades sociais e regionais; IV – promover o bem de todos, sem preconceitos de origem, raça, sexo, cor, idade e quaisquer outras formas de discriminação."

[28] Especialmente: IV – é livre a manifestação do pensamento, sendo vedado o anonimato; V – é assegurado o direito de resposta, proporcional ao agravo, além da indenização por dano material, moral ou à imagem; VI – é inviolável a liberdade de consciência e de crença, sendo assegurado o livre exercício dos cultos religiosos e garantida, na forma da lei, a proteção aos locais de culto e a suas liturgias; VII – é assegurada, nos termos da lei, a prestação de assistência religiosa nas entidades civis e militares de internação coletiva; VIII – ninguém será privado de direitos por motivo de crença religiosa ou de convicção filosófica ou política, salvo se as invocar para eximir-se de obrigação legal a todos imposta e recusar-se a cumprir prestação alternativa, fixada em lei; IX – é livre a expressão da atividade intelectual, artística, científica e de comunicação, independentemente de censura ou licença; X – são invioláveis a intimidade, a vida privada, a honra e a imagem das pessoas, assegurado o direito a indenização pelo dano material ou moral decorrente de sua violação; XII – é inviolável o sigilo da correspondência e das comunicações telegráficas, de dados e das comunicações telefônicas, salvo, no último caso, por ordem judicial, nas hipóteses e na forma que a lei estabelecer para fins de investigação criminal ou instrução processual penal; XIV – é assegurado a todos o acesso à informação e resguardado o sigilo da fonte, quando necessário ao exercício profissional; XXVII – aos autores pertence o direito exclusivo de utilização, publicação ou reprodução de suas obras, transmissível aos herdeiros pelo tempo que a lei fixar; XXVIII – são assegurados, nos termos da lei: a) a proteção às participações individuais em obras coletivas e à reprodução da imagem e voz humanas, inclusive nas atividades desportivas; b) o direito de fiscalização do aproveitamento econômico das obras que criarem ou de que participarem aos criadores, aos intérpretes e às respectivas representações sindicais e associativas; XXIX – a lei assegurará aos autores de inventos industriais privilégio temporário para sua utilização, bem como proteção às criações industriais, à propriedade das marcas, aos nomes de empresas e a outros signos distintivos, tendo em vista o interesse social e o desenvolvimento tecnológico e econômico do País; XXXIII – todos têm direito a receber dos órgãos públicos informações de seu interesse particular, ou de interesse coletivo ou geral, que serão prestadas no prazo da lei, sob pena de responsabilidade, ressalvadas aquelas cujo sigilo seja imprescindível à segurança da sociedade e do Estado; XXXIV – são a todos assegurados, independentemente do pagamento de taxas: a) o direito de petição aos Poderes Públicos em defesa de direito ou contra ilegalidade ou abuso de poder; b) a obtenção de certidões em repartições públicas, para defesa de direitos e esclarecimento de situações de interesse pessoal; LII – não será concedida extradição de estrangeiro por crime político ou de opinião; LV – aos litigantes, em processo judicial ou administrativo, e aos acusados em geral são assegurados o contraditório e ampla defesa, com os meios e recursos a ela inerentes; LX – a lei só poderá restringir a publicidade dos atos processuais quando a defesa da intimidade ou o interesse social o exigirem; LXIII – o preso será informado de seus direitos, entre os quais o de permanecer calado, sendo-lhe assegurada a assistência da família e de advogado; (...)"

artigos independentes) seja capaz de inculcar a ideia de similitude de essência e interdependência e interacção destes (e entre estes) dispositivos protectores. Mesmo não alargando o âmbito a matérias especificamente de liberdade associativa, ou religiosa, por exemplo, que são evidentemente manifestações ou prolongamentos evidentes dos direitos, liberdades e garantias em torno da informação, da expressão e da comunicação. E até matérias de protecção penal (e mesmo garantias processuais gerais, muitas vezes judiciais, mas também administrativas e até constitucionais, como as de petição e audição) são obviamente fundamentais nesta constelação de instrumentos jushumanistas. Sem esquecer as disposições relativas à autoria, tanto no concernente a direitos morais como a direitos patrimoniais.

Mesmo na técnica legislativa portuguesa, de mais clara individualização formal dos direitos, liberdades e garantias, a diversidade de aspectos e a mescla reticular acabam por vir à tona no articulado. Atentemos no preceituado pelo art. 37 da CRP (Liberdade de expressão e informação), que é o primeiro, e mais geral, sobre as matérias em apreço:

1) Todos têm o direito de exprimir e divulgar livremente o seu pensamento pela palavra, pela imagem ou por qualquer outro meio, bem como o direito de informar, de se informar e de ser informados, sem impedimentos nem discriminações.

2) O exercício destes direitos não pode ser impedido ou limitado por qualquer tipo ou forma de censura.

3) As infracções cometidas no exercício destes direitos ficam submetidas aos princípios gerais de direito criminal ou do ilícito de mera ordenação social, sendo a sua apreciação respectivamente da competência dos tribunais judiciais ou de entidade administrativa independente, nos termos da lei.

4) A todas as pessoas, singulares ou colectivas, é assegurado, em condições de igualdade e eficácia, o direito de resposta e de rectificação, bem como o direito a indemnização pelos danos sofridos.

Neste artigo fundante, claramente se podem detectar, logo no n. 1, várias vertentes do problema, vários astros na constelação jurídico-informativa:

Primeiro, a expressão e a comunicação ("direito de exprimir e divulgar"), e, logo a seguir, a pluralidade de meios (*media*) por que tal pode ser livremente veiculado ("pela palavra, pela imagem ou por qualquer outro meio").

Na segunda e última parte desta norma, são contempladas as múltiplas formas de informação (já não expressão ou divulgação do "pensamento" em geral, como nos casos precedentes), considerando os seus agentes ou as acções prevalecentes, ou as suas diferentes perspectivas ("o direito de informar, de se informar e de ser informado ...").

Donde se conclui que, mesmo na formulação geral da "liberdade de expressão e informação" são consideradas realidades muito distintas, embora comungando todas do mesmo princípio e valor de Liberdade: expressão do pensamento (sem intuitos mediáticos, presume-se), comunicação social por qualquer meio, no pólo da liberdade de expressão *lato sensu*; e no domínio da liberdade de informação em especial (naturalmente aqui colocada neste artigo geral e primeiro pela sua enorme relevância política), o direito de emitir informação, o direito de recolher informação ou de obter informação, e o direito a que lhe seja transmitida informação.

Os demais pontos, como é óbvio, patenteiam correlações primacialmente políticas (censura), criminais (infracções no âmbito destas liberdades) e pessoais (direito de resposta e indemnizações), o que corrobora a ideia de constelação multi-dimensional de formas protectivas jushumanistas, transversais aos diversos ramos do Direito, de que as constituições não podem ser senão *têtes de chapitre*. Embora a Constituição portuguesa, por exemplo, se alongue ainda nestes assuntos por vários artigos, bem recheados de conteúdo protectivo.

4. Multidimensionalidade e ambiguidade do direito à informação

Mesmo sem mais considerações, já resultará certamente claro pelo afirmado que mesmo a formulação, aparentemente não estadualizante, "direito à informação" pode ser algo ambígua, neste contexto. Direito à informação que pode ter, como vimos, conotações de liberdade de emissão de conteúdos, acesso a dados por acção própria de pesquisa, e finalmente, direito a recepção (mais passiva, em comparação com a anterior) elementos ou mensagens informativas – presume-se que por parte do Estado, primariamente, mas também, de algum modo, de particulares que detenham e /ou transmitam informação, na medida em que a comunicação social deixa de ser monopólio ou quase-monopólio estadual.

O direito à informação na perspectiva do agente comunicador é, na verdade, reconduzível à liberdade de expressão e comunicação. O direito à informação como direito de se informar, obriga à abertura de algumas portas por parte dos poderes e de certos particulares, desde logo a transparências administrativas, arquivos abertos, acesso a documentos, etc. A informação não é nem pura nem nua. A neutralidade é, na verdade, impossível[29] –

---

[29] Cf., *v.g.*, Gabriel GALDÓN LÓPEZ. *Desinformación. Método, Aspectos y Soluciones*, trad. port. de Maria Amélia Pedrosa, *Desinformação e os Limites da Informação*, Lisboa, Folhas e Letras, 2003, p. 76 ss.

embora se deva procurar alguma objectividade, ainda que sempre situada. E na medida que os "factos" necessitam, para não serem cegos, de interpretações, o direito a uma cabal informação é direito que, na sua maior extensão, tem inegáveis conexões com o direito à educação e à cultura, o direito a aprender, etc.

Importa cada vez mais compreender global e nas suas complexas e múltiplas inter-conexões todos estes direitos, para que se não venha a dar o caso de absurdas decisões por limitação meramente sistemática. Aí está uma revolução teórica constitucional no domínio dos direitos fundamentais: depois da pulverização dos direitos, a sua compreensão holística, por arquipélagos, perspectiva que deverá suceder à atomística visão das ilhas.

Decerto a maior ambiguidade do "direito à informação" residirá no facto de dela se poder também enfatizar a perspectiva quietista e passiva do consumidor de conteúdos informativos, determinados ou, pelo menos, fortemente regulados, pelos poderes: sejam estaduais, sejam monopolistas privados, mas sempre condicionadores da liberdade de informação na sua mais pura expressão.

IV. Conclusão:
Sistematização, Perspectiva, Dilemas

1. Categorias jurídicas da informação

Pelo exposto, preferimos a ênfase na liberdade e não no direito (que é mais restritivo, ou pelo menos mais restrito – ou assim susceptível de ser interpretado), considerando que aquela implica também direitos e garantias. Embora esta preferência não colida com a possibilidade de, numa perspectiva epistemológica, se chamar a um ramo de direito autónomo sobre todos os problemas em apreço, e outros análogos, "Direito da Informação": expressão menos rigorosa, mas, pelo seu sintetismo, talvez preferível, à fórmula "Direito da sociedade da informação".[30] Mas a questão é de pormenor.

Seja como for, e não curando do melindre e da polémica do talhar de territórios novos, ou produzir cortes epistemológicos, o *Oberbegriff* (ou super-conceito) a considerar neste domínio seria o de *Liberdade de Informação*, uma forma de liberdade, política e cidadã, ancorada no mais lato valor da Liberdade política (um dos três grandes valores políticos dos nossos tempos, a par da Justiça e da Igualdade). Tal liberdade é imediatamente análoga da liberdade de expressão e comunicação (ou divulgação).

[30] Cf., em Portugal, José de Oliveira ASCENSÃO. *Estudos sobre Direito da Internet e da Sociedade da Informação*, Almedina, 2001; Maria Eduarda GONÇALVES. *Direito da Informação*, Almedina, 2003.

Analisa-se em diversos direitos: de informar, de obter informação, de ser informado Com um sem-número de direitos e outras entidades ou formas jurídicas conexas, instrumentais e afins, tais como interesses difusos, interesses legítimos, poderes, faculdades, poderes-deveres, ónus, etc. E também implica simplesmente deveres, deveres *tout court*, porque a liberdade de informação e seus deveres têm seus correlatos de responsabilidade.

Nesta perspectiva, os deveres de que aqui primariamente se cura são mais deveres dos emissores e utentes da informação que de terceiros. Porque a ligação entre produtores e consumidores de sentidos se encontra, a nosso ver, nesta lógica pluralista e dinâmica, quase se diria inter-activa, muito mais favorecida. Contudo, não poderá negar-se que à Liberdade de informação de que é titular cada cidadão, cada pessoa, cada Homem, têm de corresponder, na sociedade actual, em que o poder se concentra em enormíssima parte no Estado, também alguns deveres. Resta saber que tipo de deveres.

2. O Problema dos Deveres de Protecção e o Estado

A primeira tendência é a para considerar deveres de protecção.

Logo, porém, uma análise não inocente do problema, perguntaria: mas protecção de quem? Do próprio Estado? Embora não seja para muitos essa a primeira lembrança, a verdade é que o Estado sempre se protegeu muito contra a informação – pela *arcana praxis*, pela censura (e mais latamente, a montante, pela repressão dos dissidentes e opositores), pela cifra, pela classificação de matérias, pela *raison d'Etat*, pelo segredo de Estado, etc., etc.

Mas é evidente que apenas um anarquista libertário dos mais consequentes levaria ao extremo a crítica a uma comedida, sábia e democrática utilização de alguma discrição e até sigilo em certas actividades do Estado, mormente governamentais e nos clássicos domínios da defesa, ao menos.

A questão é muito complexa, além de, como é óbvio, ser polémica. E de modo algum nos poderemos quedar pela olímpica generalidade e abstracção dos direitos e liberdades absolutos das Constituições, porque infra-constitucionalmente, ainda que por vezes não simplesmente pela fonte estadual-nacional, os dados do problema se vão complicando.[31]

Claro que, na opinião mais geral e óbvia, a protecção pelo Estado deveria primacialmente virar-se para o cidadão, proteger o cidadão e a sua liberdade e direito à informação. O problema é que, neste com nalguns outros aspectos (a nosso ver não nos de direitos sociais, prestações positi-

---

[31] Veja-se, por exemplo, nos seus considerandos e nos seus objectivos, a Directiva 2003/98/CE do Parlamento Europeu e do Conselho, de 17 de Novembro de 2003, relativa apenas à reutilização de informações do sector público.

vas, etc. – em que o Estado ou quem lhe faça as vezes, da Polis à Federação ou ao Império, deve intervir activamente, embora inteligentemente), a mais efectiva protecção do cidadão pode ser a mais assumida abstenção. Ou, ao menos, um equilíbrio, nem sempre muito simétrico e estável, entre acção e abstenção.[32]

Assim, para garantir o acesso à informação, por exemplo, o Estado tem de ser muito interventor: de forma a que largas camadas de excluídos sociais, excluídos culturais, tenham meios materiais, e ócio criativo e digno que os leve a consumir e até a criar informação. Aqui o direito à informação efectivo sobrepuja largamente a liberdade de informação meramente passiva, que alguns diriam simplesmente "liberal" *hoc sensu*.[33]

A já antiga ideia de que a informação está aberta todos como o estão as portas do Ritz (hoje falar-se-ia de outros hotéis, evidentemente) tem uma enorme razão de ser.

Não cabe no fundamental princípio da equidade informativa o dever de o Estado dotar cada desprotegido de um canal de televisão mundial para que exponha o seu pensamento a todos os habitantes da Terra. Mas poderá legislar no sentido de que, por hipótese, um humilde utente dos transportes colectivos de uma pequena localidade eficazmente e em tempo útil veja a sua reclamação pública reiterada sobre a demora dos ónibus publicada no jornal local, com os seus comentários urbanos, ainda que indignados.

Neste caso, a acção do Estado não (lhe) custa muito, se acatada. O problema é quando as secções de "Cartas do Leitor" são vítimas de censura, e ou são truncadas (por vezes com o álibi do espaço) ou pura e simplesmente omitidas. Tem-se discutido o dever de noticiar e não ocultar ou silenciar. Tal primariamente versou sobre as notícias incómodas para titulares, patrocinadores, e em geral "amigos" dos detentores do poder de selecção da notícia efectivamente dada pelos *media*. Mas também se pode aplicar à notícia fornecida pelo leitor, ainda que o mais simples e "anónimo", ainda que "devidamente identificado". Se o silêncio por motivos políticos, económicos e outros, de conveniência do órgão de informação, ou de alguns dos seus membros, cai sobre a alçada da tutela dos interesses difusos, e configura, para o próprio Ministério Público Federal do Brasil, um dano moral colectivo, no caso de uma carta de um leitor indignado ou lamentoso não deixa de haver interesse pessoal, directo e muito razoável de um cida-

---

[32] Dependendo, porém, das áreas. Se na informação jornalística a abstenção pode bem ser uma solução-tipo, a comportar excepções, já no tocante à protecção da informação do consumidor, ou da protecção da informação do cidadão (enquanto "administrado" – expressão horrível), ou da protecção da informação do paciente, em situação de intervenção médica, ou da protecção do interveniente num processo, etc. – afigura-se-nos que os deveres de protecção activa do Estado primam sobre a sua reserva e discreção.

[33] Uma perspectiva crítica "clássica" do entendimento dessas questões ideológicas poderá consultar-se in Maria Eduarda GONÇALVES. *Direito da Informação*, p. 37 ss., *et passim*.

dão, no exercício da sua liberdade de expressão, que deve ser garantida. E eventualmente poderão concorrer outros interesses e direitos mais colectivos De todo o modo, a simples tutela da liberdade de expressão do cidadão parece impor que se leve a sério o seu direito.

Mas, assim sendo, como conseguir eficazmente uma publicação?

Garantindo acesso expedito ao tribunal? Estamos em crer que a cultura da litigiosidade é uma ambiguidade civilizacional do nosso tempo: se por um lado representa, em alguns casos, a desenvolta assunção dessa maioridade cidadã já invocada no *Was ist Aufklaerung?*, sem temor reverencial, e lutando com armas limpas pelos direitos violados, por outro lado, muitas vezes é apenas sinónimo de anomia social, incapacidade de concertação dos conflitos, falência das ordens sociais normativas alternativas ao Direito, e até perverso demandar de má fé, quantas vezes – como sucede nos casos de patentes hoje em dia, e sucedeu no *Ancien regime* com as demandas dos causídicos vinculistas procurando fazer valer no foro velhíssimos direitos feudais, que o tempo havia consumido as mais das vezes, se não mesmo todas – uma forma de enriquecer ainda mais à custa de quem não tem meios de se defender. Espécie de desporto dos grandes à caça dos pequenos, conhecendo aqueles as regras e tendo as melhores armas. Por isso dizia a litigante compulsiva dos *Plaideurs*, de Racine: "Mais vivre sans plaider, est-ce contentement?"

3. Internet: esperanças e limites

Quando a cobertura de rede (de sinal), de parque informático e sobretudo de mentalidade for universal, e quando a capacidade de discernimento e de selecção da poluição informativa for alcançada – problema é que são variáveis hipotéticas demais –, a solução para a comunicação seria a *Internet*. De um para todos, de todos para um, de todos para todos a *Internet* em dois tempos coloca à vista potencial geral o que qualquer um deseje: pelo menos, se não pedir muita sofisticação na sua mensagem. Claro que nunca será dado a todos empacotar o *Bundestag* com "crepes" brancos, ou passear-se na rua com uma *baguette* gigante, como formas de expressão artística pessoal.

A máxima liberdade de expressão na *Internet* não responderia, porém, à necessidade de uma ordem livre na comunicação. De algum modo, ela lembra os jornais de parede chineses do tempo da Revolução Cultural. Em ambos os casos, a catarse psicológica do autor, do emissor, fica, de uma certa forma ao menos, assegurada: ele sente que pode exprimir-se e que terá um público. Simplesmente, em ambos os casos, tal público é muito limitado. No jornal chinês, a limitação é restritíssima: quem pode ler são os passantes pelo mural, e, de entre eles, os que tenham atenção e coragem para o fazer. Na *Internet*, sendo a mensagem potencialmente alargada a um mundo de milhões de pessoas conectadas na rede, efectivamente apenas os que tiverem interesse e meio de buscar a notícia usufruirão da mesma. A imensidade de conteúdos na *Internet* é um obstáculo ao conhecimento e à correcta fruição de cada um. Trata-se de uma situação de poluição informativa, de excesso de informação, com muita informação irrelevante. E apenas um muito avisado e experimentado surfista da *Net* será capaz de resistir aos cantos de sereia, e de encontrar o seu caminho no mar sem fim em que navega.

Mesmo enquanto muitas das variáveis referidas se não verificam, a *Internet* é o espaço possível de mais vasta liberdade de informação em todos os sentidos. Sabendo embora que muito frequentemente as equipas do crime são melhores e mais ardilosas que os pacatos e ordeiros guardiães da ordem e do Estado, não parece repugnar a muitos uma concorrência entre ambas as equipas: não por simpatia cretina ou até *snob* pelo grupo dos marginais, mas pelo medo que o controlo, pela turma dos bons, das regras do jogo, acabe por, pelo menos marginalmente, dar-lhes tentações que os aproximariam muito das características do grupo rival. Entre polícias e ladrões, o cidadão honesto procura também o seu espaço de liberdade e fruição, desejando sem dúvida que os primeiros e o Estado que representam o protejam. Mas, ao mesmo tempo sempre reclamando quando tal protecção se traduz – e raríssimas vezes se não traduzirá – em limitação do seu espaço.

E é por isso que nos filmes em que os maus são apenas espertos, nos filmes dos "bons malandros", muitos cidadãos que não fariam mal a uma mosca, mais secreta ou menos secretamente, acabam por torcer contra a ordem estabelecida, os poderes constituídos, e os seus agentes. Assim como não têm pena nenhuma dos bancos ou dos capitalistas lesados. É um fenómeno talvez inofensivo em si (e também ele catártico: nisso jogam os produtores cinematográficos, ninguém duvide), mas que pode ser indício de descontentamentos maiores E aí sim, já preocupante.

4. Usos e abusos do direito

Sabe-se como são boas as intenções do policiamento e da estadualização (ou mesmo de um policiamento internacional utópico). Contudo, não chegarão nunca ao *panopticon* perfeito, nem deixarão de apanhar na malha inocentes, e de deixar escapar culpados.

Atentemos muito sucintamente em alguns exemplos de como "pensada a lei", foi "pensada a malícia". Sem ir buscar ilustrações de âmbito mais complexo, como o político ou o criminal, baste-nos a dimensão comercial e autoral.

O *copyright* é essencial manifestação do direito dos autores.[34] Todavia, sabemos como, na iminência de o rato Mickey passar a cair no domínio público, a legislação foi mudada, ao que se diz por força de intenso *lobbying*, aliás legal nos EUA: e em 1998, pelo *Sonny Bono Copyright Term Extension Act* estende-se tal direito para a duração da vida do autor mais 75 anos após a sua morte, além de que, no caso de *copyright* detido por empresas, tal direito póstumo se prolonga por mais 20 anos ainda: 95 anos *post mortem*, pois.

Idêntica justificação no direito de propriedade intelectual, com as suas vertentes moral e patrimonial, tem a *patente*. Contudo, verifica-se o patenteamento indiscriminado, e com fito de litigiosidade de má fé. Para além de algoritmos, alguns dos quais de tal forma essenciais que poderão entravar a pesquisa futura (como o que formaliza a distância mais curta entre dois pontos – essencial nos programas de percursos), espécies biológicas de países alheios são patenteadas, e mesmo palavras (até designações indígenas originárias de frutos brasileiros), assim como pequenos *quids* técnicos. De entre eles, sublinhe-se desde logo o método "Amazon 1 click" para aquisição de livros e outros artigos *online*, cujo patenteamento daria lugar ao êxito daquela empresa num processo contra a concorrente Barnes & Noble, etc. O anedótico chega assim a este domínio social e jurídico: a sanduíche de amendoim e manteiga e um certo método de andar de baloiço estão incluídos no acervo patenteado. Diz-se que quando certa empresa de informática resolver tirar dos cofres os seus milhares de patentes e encetar um sistemático processo de demandas judiciais, não ficará certamente pedra sobre pedra nos sítios da *Internet*. Um vulgar sítio de compras, limitado ao mínimo, violaria (é caso de dizer "virtualmente") dezenas de patentes já registadíssimas. Quando, num churrasco, comermos um naco de porco, deveremos acautelar-nos: pode ter direitos de autor, já que há estirpes de porco patenteadas[35]

---

[34] Cf. algumas fontes essenciais *in*: Convenção de Berna – *Berne Convention for the Protection of Literary and Artistic Works* – http://en.wikipedia.org/wiki/Berne_Convention_for_the_Protection_of_Literary_and_Artistic_Works; Convenção Universal do Copyright – *Universal Copyright Convention* – http://en.wikipedia.org/wiki/Universal_Copyright_Convention; *Copyright Term Extension Act* – http://en.wikipedia.org/wiki/Sonny_Bono_Copyright_Term_Extension_Act; *Digital Millennium Copyright Act* – http://en.wikipedia.org/wiki/DMCA; Directiva da União Europeia sobre Copyright – EU *Copyright Directive* – http://en.wikipedia.org/wiki/EU_Copyright_Directive. No plano doutrinal ou comentarístico, *v.g.*, *Mark Twain on Copyright* – http://www.bpmlegal.com/cotwain.html; *Disney In Washington*: *The Mouse That Roars* – http://www2.cnn.com/ALLPOLITICS/1998/08/10/cq/disney.html; *The Right to Read by Richard Stallman* – http://www.gnu.org/philosophy/right-to-read.html; *Copyright Duration* by João Luís Pinto – http://jpinto.homeip.net/drupal/node/59.

[35] Algumas patentes por alguns consideradas absurdas: Food slices and method and apparatus for making same (USP 5,855,939) – http://patft.uspto.gov/netacgi/nphParser?Sect1=PTO1&Sect2=HITOFF&d=PALL&p=1&u=/netahtml/srchnum.htm&r=1&f=G&l=50&s1=5,855,939.WKU.&OS=PN/5,855,939&RS=PN/5,855,939; Method of swinging on a swing (USP 6,368,227)- http://patft.uspto.gov/netacgi/nphParser?Sect1=PTO1&Sect2=HITOFF&d=PALL&p=1&u=/netahtml/srchnum.htm&r=1&f=G&l=50&s1=6368227.WKU.&OS=PN/6368227&RS=PN/6368227; sandwiches (USP 6,874, 409) http://patft.uspto.gov/netacgi/nph-Parser?Sect1=PTO2&Sect2=HITOFF&p=1&u=/netahtml/search-bool. html&r=1&f=G&l=50&co1=AND&d=ptxt&s1='peanut+butter+jelly+sandwich'&OS=%22 peanut+butter+jelly+sandwich%22&RS=%22peanut+butter+jelly+sandwich%22.

Aparentemente, talvez devesse fazer-se uma destrinça de categorias. Desde logo, as patentes industriais, consideradas "tradicionais", parecem ter, neste contexto, um comportamento diverso, e bem mais benévolo, do que revelam as patentes de algoritmos, e, em geral, de *software*.[36] O abuso do direito seria, naqueles primeiros casos, relativamente raro, decerto devido aos requisitos formais relativamente rígidos requeridos para o respectivo registo.

E contudo, essas patentes de créditos firmados, e de comportamento mais ou menos "burguês", acabariam por englobar as muito mais discutíveis patentes de determinadas sequências de ADN, patentes de moléculas utilizadas nas indústrias farmacêutica ou química. Um exemplo limite, neste domínio, seria a patente de um determinado método de suinicultura.[37]

E a *Internet* vai disseminando patentes-submarino:[38] numa das suas versões (pois há variadíssimas acepções e ilustrações), tudo começa com simpáticos *downloads* muito gratuitos, e a pouco e pouco, quando um segmento significativo do mercado se encontra conquistado, os respectivos *upgrades* e compatibilidades subsequentes obrigam a pagar porque as patentes estão registadas.

Há empresas cuja vocação é já constituir *port-folios* de patentes. E a caça ao distraído utilizador começou. Fotógrafos de Paris viram-se em apuros porque se pretendeu que a iluminação da torre Eifel era uma instalação artística autónoma, logo protegida e fonte de direitos. Prédios construídos em contravenção de normas urbanísticas e que legalmente deveriam ser demolidos são objecto de pedidos milionários de indemnizações pelos arquitectos respectivos, alegando com os seus direitos morais – que na verdade acabam por se traduzir em demandas patrimoniais. Os livros anglo-saxónicos enchem-se de agradecimentos por autorizações de citação ínfimas, algumas de *lana caprina*... E esperemos que a moda da restrição da citação não venha a pegar na Europa, num mundo de mimetismo dessa área cultural. Os editores temem os processos, e defendem-se com fórmulas de disponibilidade para pagar direitos a quem provar ser seu titular, mas muitas vezes nem arriscam reproduções de obras de titularidade ignorada, ou incerta. Ou quando não conseguem identificar o fotógrafo de uma estampa, e saber há quanto tempo teria morridoMesmo na Europa, ainda não oficial, vai acumulando registos o *European Patent Office*. E a pressão para um direito europeu "patentista" e proprietarista parece ser muito significativa.

---

[36] http://webshop.ffii.org/
[37] http://www.greenpeace.org/international/news/monsanto-pig-patent-111.
[38] http://en.wikipedia.org/wiki/Submarine_patents.

5. Entre dois Leviathãs

Parece que a má aplicação das regras de *copyright* e de patentes, alguns *lobbyes*, e multinacionais, parece estarem a contribuir para o atrofiar da investigação, da difusão, e do acesso dos cidadãos à informação, à educação, à cultura. Um proprietarismo possessivo parece tomar conta de alguns, ao ponto de não poder reconhecer-se já no liberalismo que eventualmente apregoe. Porque o excesso de entraves, como no feudalismo, acaba por entravar a circulação comercial, a criatividade autoral, e mesmo pear a liberdade política. Há quem tema já pelo "fair use", pela cópia privada legal, e pelo domínio público. Na verdade, se o anarco-capitalismo teve como bandeira os rios privados, como não açambarcar toda a cultura, depois de ter desejado apropriar-se da natureza? Paradoxo máximo do neoliberalismo, porque não temperado por preocupações sociais: no máximo da sua coerência económica, renega a sua essência política.

A responsabilidade, a culpa, a própria identidade (e a identificação: o anonimato internético é ainda em grande medida possível), um sem número de pressupostos e fundamentos da juridicidade não virtual se colocam também hoje em crise.

Mas será solução passar para o Estado o controle das coisas, subtraindo-o ao controlo dos poderes privados?

A questão é antiga, e resume-se num velho brocardo: *Qui cusdodet custodes ipsos*? Quem guarda os guardas?

Tanto temos medo do *Homem que era quinta-feira*, de Chesterton, como do seu contrário Ele comporta, aliás, o seu avesso.

Como melhorar a sorte do anónimo cidadão, consumidor, utilizador, etc., entre os grandes interesses económicos, e o poderio enorme do poder político e seus aparelhos burocráticos e policiais, que por vezes podem ceder aos primeiros? Entre dois Leviathãs

A resposta é, em tese, muito simples: Nenhuma perversão do direito de propriedade em proprietarismo pode fazer perigar o princípio que reconhece o direito. Embora os tempos actuais propiciassem formas mais comunitárias e flexíveis do entendimento da propriedade, sobretudo a intelectual, e a sua circulação pela *Internet*.[39] São questões a ponderar e aprofundar, com mais imaginação que rigor titularista. Aliás, a ideia de erigir a propriedade em direito natural é tardia, sobretudo difundida com Locke,[40] e de modo algum se encontra, por exemplo, em Tomás de Aquino.[41]

---

[39] Cf., *v.g.*, Lawrence LESSING. *The Future of Ideas*, 2ª ed., Nova Iorque, Vintage, 2002.
[40] John LOCKE. *On Civil Government*, II Tratado, Cap. V.
[41] O grande comentário sobre esta matéria é o de François VALLANÇON. *Domaine et Propriété (Glose sur Saint Thomas D'Aquin, Somme Theologique IIA IIAE QU 66 ART 1 et 2)*, Paris, Université de Droit et Economie et de Sciences Sociales de Paris (Paris II), 1985, 3 vols., policóp.

Por outro lado, apesar das possibilidades míticas inúmeras e das experiências históricas incontáveis de abuso do poder, o Estado permanece detentor de um papel protectivo essencial: regulando com independência e sentido social, corrigindo abusos (desde logo o próprio abuso do Direito), assumindo, afinal, a sua função natural de árbitro. Também aqui o abuso não pode proscrever o uso.

A Liberdade de Informação poderá ser simultaneamente defendida pelo dever de abstenção do Estado na esfera de exercício privado não perigoso de cada cidadão ou grupo "ordeiro" de cidadãos, e pelo dever de protecção dos cidadãos e das suas pessoas morais (incluindo associações e empresas) nos casos em que a ordem natural da rede social paritária e equitativa seja rompida, designadamente por fenómenos de massificação arregimentadora, *trusts* anti-concorrência, violação de direitos fundamentais, etc., e, no limite, crime. Mas o discernimento e ponderação terão que ser muito grandes: agindo sempre menos como prevenção e sobretudo a pretexto dela (pois pode ser limitadora, e trituradora de inocentes) que como pronta punição. Lembremo-nos das lições do filme *Minority Repport* quanto à excessiva prevenção E, muito antes disso, aos abusos propiciados pela tese desse zeloso juiz britânico que afirmava mandar enforcar os ladrões de cavalos, não pelo facto de os terem furtado, mas para que outros o não viessem a fazer.

Cabe afinal ao Estado um papel de *mão visível de equilibro e de Justiça, sempre que a mão invisível verdadeira e própria, a do livre jogo empresarial e social em geral, prove ter falhado nessa sua vocação. Mas só então, e mesmo assim com conta, peso e medida.*

Porque os Deveres de protecção comunicacional do Estado estão submetidos à mais alta Liberdade de Informação.

—7—
Proibição ou tutela do discurso do ódio? Uma controvérsia entre a Alemanha e os EUA[1]

WINFRIED BRUGGER
Tradução de Peter Naumann

I. A controvérsia em torno da classificação jurídica do discurso do ódio

Nos países de orientação liberal, a liberdade de expressão goza de um grande prestígio. É protegida por direitos fundamentais, e os tribunais constitucionais enfatizam a sua função proeminente. Mas isso ainda vale nos casos, nos quais as manifestações são opiniões controvertidas ou inconvenientes de minorias, julgadas revoltantes pela maioria? Mesmo então, e justamente então a liberdade de opinião é tutelada constitucionalmente nos ordenamentos jurídicos modernos: a opinião da maioria não carece da tutela dos direitos fundamentais, por estar ancorada na cultura e ser garantida pela política. Quem necessita da tutela contra a opressão pela maioria – e também a merece é a opinião divergente da dominante. Esta é a posição dos clássicos da liberdade de opinião. Voltaire, o destacado representante do Iluminismo francês, defendeu a seguinte posição: "Rejeito o que o senhor diz, mas defenderei até a morte o seu direito de expressar a sua opinião".[2]

---

[1] Texto correspondente à palestra proferida na assembléia dos membros do DAJV em 13 de abril de 2002 em Bonn e, posteriormente, apresentada no âmbito do IV Seminário Internacional de Direitos Fundamentais realizado na PUC/RS, em setembro de 2005. Uma versão mais extensa da palestra foi publicada na revista *Archiv des öffentlichen Rechts*.

[2] Freqüentemente essa afirmação é considerada uma citação literal de Voltaire. Em *The Cost of Free Speech*.1990, p. 3, Simon Lee chama a atenção ao fato de se tratar de um resumo *ex post facto* da filosofia voltairiana.

E o filósofo britânico Bertrand Russell enfatizou: "Um elemento essencial da democracia consiste em que grupos maiores, inclusive maiorias, exerçam a tolerância diante de grupos divergentes, não importa quão pequenos estes possam ser e quão grande a indignação dos grandes grupos e das maiorias possa ser. Em uma democracia é necessário que os cidadãos aprendam a suportar tais indignações".[3] Bem nesse sentido julgam os tribunais constitucionais. Assim a Corte Suprema dos Estados Unidos enfatiza que o "discurso inconveniente" é tutelado pelo art. 1º Adicional da Bill of Rights.[4] Idêntica é a jurisprudência do Tribunal Constitucional Federal da Alemanha: mesmo uma "crítica exagerada ou até abertamente agressiva" é tutelada pelo princípio da liberdade de expressão.[5]

Isso ainda vale também diante do discurso do ódio? Para responder a essa pergunta, precisamos inicialmente analisar mais de perto o conceito. Discurso do ódio (*hate speech*) abrange "manifestações [...] que se prestam a insultar, intimidar ou incomodar uma pessoa ou um grupo, bem como aquelas manifestações que se prestam a conclamar à violência, ao ódio ou à discriminação". A razão do ódio ou da discriminação é quase sempre a "raça, a religião, o gênero ou a orientação sexual".[6] Por isso o tema do discurso do ódio também é discutido no contexto do tópico da agitação racista. Por um lado, essa definição ainda não fornece nenhum material concreto de exemplos, do qual evidentemente necessitamos para estabelecer uma distinção entre o discurso do ódio e discursos "normalmente" inconvenientes; por outro, ela nos permite ao menos compreender por que essa espécie de discurso talvez não mereça nenhuma tutela: por que um ordenamento jurídico que pretende integrar os cidadãos ou ao menos garantir estados de paz social deveria tutelar o ódio? O ódio atiça a discórdia e pode conduzir à violência.

Uma visão panorâmica revela que a atitude de Estados de Direitos esclarecidos e do Direito Internacional Público diante do discurso do ódio não pode ser reduzida nem a "sempre tutelado" nem a "nunca tutelado". Muito pelo contrário, o Direito às vezes socorre o discurso do ódio, às vezes não o socorre. Mas na comparação em escala mundial podemos divisar dois grupos de Estados, que definem posições claras a favor e contra o discurso do ódio.[7] O direito constitucional dos EUA quase sempre tutela o "hate

---

[3] Citado em John Dewey & Horace M. Kallen (edd.). *The Bertrand Russell Case*. 1941, p. 183, aqui citado ap. Harry M. Bracken. Freedom of Speech. Words Are Not Deeds. 1994, p. 32.

[4] Cf. genericamente sobre a tutela da "offensive speech" Winfried Brugger. *Einführung in das öffentliche Recht der USA*. 2ª ed. 2001, § 14 IV.

[5] Cf. BverfGE 93, 266 (294).

[6] Assim Anja Zimmer. *Hate Speech im Völkerrecht*. 2001, p. 17 com documentação comprobatória adicional.

[7] V. a documentação comprobatória em Winfried Brugger. *Constitutional Treatment of Hate Speech*, in: Eibe Riedel. Stocktaking in German Public Law. 2002, pp. 117 ss.

speech", mesmo se tal discurso acarreta custos consideráveis para a dignidade, honra ou igualdade dos atacados ou para a civilidade da discussão pública e a paz pública. Em contrapartida, a Alemanha e os Estados-Membros do Conselho da Europa, bem como o Direito Internacional Público, identificam no discurso do ódio mais o ódio do que um discurso, negando ao discurso um primado genérico com relação à tutela da dignidade, honra, igualdade, civilidade e paz pública. Tais diferenças não são questiúnculas jurídicas, mas estratégias opostas de legitimação na comparação sistêmica de Estados que se declaram, sem exceção, "Estados Democráticos de Direito".

Para ilustrar as diferenças, recorro a um caso hipotético que, no entanto, conforme veremos, não foi inteiramente inventado. Suponhamos que numa bela tarde estamos sentados na escadaria do Capitólio em Washington, D.C. De repente, o silêncio é interrompido. Uma manifestante ergue um cartaz e levanta a voz: "Acordem, massas dormentes! Anuncio-lhes três mensagens, e vocês farão bem em tomar conhecimento delas e concordar com elas. A *primeira mensagem* é: o nosso presidente é um porco. Para que vocês compreendam o que quero dizer, pintei dois quadros no meu cartaz. No primeiro vocês vêem o nosso presidente representado como um porco, que copula com outro porco; conforme vocês verão sem dificuldade, o segundo porco veste uma toga de juiz. O outro quadro para ilustrar a minha mensagem mostra o presidente num WC em uma pose erótica com a sua mãe. A *segunda mensagem* é: todos os nossos soldados são assassinos! A *terceira mensagem* afirma: vamos acabar com a invasão e o desnaturamento do nosso país por esses estrangeiros criminosos, que ameaçam a nossa liberdade e propriedade e nos inundam com drogas!"

Essas três mensagens gozariam ou não da tutela dos direitos fundamentais? Nos EUA elas são subsumidas sem exceção à tutela da liberdade de expressão, impondo-se também contra interesses concorrentes. Proferidas na escadaria do *Reichstag* (Parlamento) em Berlim ou em outro lugar na Alemanha, as mesmas palavras configurariam ilícitos penais, e a invocação da liberdade de expressão não alteraria isso em nada. Onde, como e por que aparecem tais diferenças?

II. O direito aplicável e as regras de ponderação do Tribunal Constitucional Federal da Alemanha

Como todas as outras constituições modernas, a Lei Fundamental contém um *direito fundamental à liberdade de expressão*. O art. 5º, I, estabelece: "Todos têm o direito de expressar e divulgar livremente a sua opinião pela palavra falada, por escrito e pela imagem [...]". Por opinião, o Tribunal Constitucional Federal entende enunciados "caracterizados pela relação subjetiva do indivíduo com o conteúdo dos seus pronunciamentos [...]. São determinantes os elementos do posicionar-se e do reconhecimento/comprometimento [...]. Nessa medida esses enunciados também não podem ser provados como verdadeiros ou falsos. Não importa se a manifestação é avaliada como fundada ou infundada, emocional ou racional, valiosa ou pejorativa, perigosa ou inofensiva [...]. A expressão de uma opinião não perde a tutela dos direitos fundamentais por ser formulada de modo cortante ou ferino [...]".[8] À semelhança da Corte Suprema dos EUA, o Tribunal Constitucional Federal rejeita argumentos, segundo os quais palavras que ferem não se localizam na esfera de tutela da liberdade de opinião, mas são correlacionadas como ataque (por assim dizer com violência física) ao direito universal da liberdade, que pode ser restringido com maior facilidade.

Enquanto essa correlação de palavras ofensivas à liberdade de expressão nos EUA predetermina o resultado em quase todos os casos, em virtude do primado genérico de todo e qualquer discurso sobre outros valores constitucionais, pode-se afirmar que na Alemanha tendencialmente vale o contrário. A determinação do âmbito de tutela, fortemente simpática à liberdade de expressão, que chega mesmo a soar libertária, promete bem mais do que cumpre, pois em manifestações de opinião realmente ofensivas, que revoltam a maioria, revoga-se por intermédio das pertinentes barreiras dos direitos fundamentais uma grande parte do que antes fora classificado como em princípio digno de tutela, na determinação deste âmbito.

A seguir apresentaremos esse problema exemplificativamente com base em duas normas que desempenham um papel decisivo para a solução dos três casos apresentados no início: ofensa e incitação da população no Código Penal alemão. A 14ª Seção do Código Penal trata de "ofensa", sendo que esse conceito deve ser compreendido num sentido comparativamente mais amplo do que a sua acepção mais estrita prevista no § 185, que enuncia: "A ofensa é punida com prisão de até um ano ou multa [...]". A ofensa no sentido comparativamente mais amplo abrange os §§ 185 a 200 do Código Penal alemão, quer dizer, também a difamação [üble Nachrede], objeto do § 186, e a calúnia [*Verleumdung*], objeto do § 187 do Código Penal alemão, ao passo que a ofensa no sentido mais estrito, isto é, do § 185 do Código Penal, precisamente exclui essas duas normas. As prescrições referentes à ofensa protegem a honra, que diz com o direito de respeito interior ou genérico da pessoa, por um lado, e o direito de *status* social da pessoa, por outro lado.

---
[8] BverfGE 90.241 (247).

Ao lado das prescrições protetoras da honra o Código Penal alemão contém na sua 7ª Seção os "delitos contra a ordem pública", dentre os quais discutimos aqui a incitação da população, objeto do § 130 do Código Penal, por ela ser especialmente ilustrativa da punição do discurso do ódio. A prescrição prevê o seguinte no inciso primeiro: "Pune-se com prisão de três meses a cinco anos quem incita, de uma maneira que pode perturbar a paz pública, (1) ao ódio contra partes da população ou conclama a medidas violentas ou arbitrárias contra elas, ou (2) agride a dignidade de outras pessoas insultando partes da população, apresentando-as malevolamente como desprezíveis ou caluniando-as". O inciso 2 pune com prisão de até três anos ou com uma multa escritos comparáveis, que são publicados e distribuídos de modo definido mais pormenorizadamente. Esse inciso é interessante por colocar à disposição uma concretização do discurso do ódio mediante a referência a "grupo(s) nacional (nacionais), racial (raciais), religioso(s) e definido(s) pela sua etnia".[9] Por fim o inciso terceiro do § 130 do Código Penal penaliza mentiras de qualquer espécie sobre o campo de concentração de Auschwitz, igualmente subsumidas ao discurso do ódio, mas não discutidas aqui.

A jurisprudência considerou constitucionais essas sanções contra o discurso do ódio nos §§ 185 e seguintes e no § 130 do Código Penal alemão. A justificação constitucional se dá em dois planos, no plano abstrato e no plano concreto.

No plano abstrato, o Tribunal Constitucional Federal remete a normas constitucionais que formam um contrapeso à liberdade de expressão e tutelam interesses concorrentes. Em primeiro plano estão a proteção da dignidade humana dos agredidos pelo discurso do ódio (art. 1º, I), o direito ao livre desenvolvimento da personalidade (art. 2º, I), a igualdade (art. 3º, I) e a proteção da honra dos agredidos, bem como a proteção da juventude (art. 5º, II). Nesse plano abstrato da ponderação de normas, encontramos, portanto, contrapesos a uma absolutização da liberdade de expressão, nitidamente identificáveis.

Aqui se manifesta uma *primeira diferença com relação à Constituição dos EUA*. Nela, a liberdade de expressão não é um de vários artigos sobre direitos fundamentais, mas, no tocante à sua posição e importância, o primeiro artigo da *Bill of Rights*. Nos EUA, ele está envolto pela aura invocada entre nós para a dignidade humana. Mais ainda: a dignidade humana é percebida por muitas pessoas como constituída pelo andar ereto e comunicativo. Além disso, o *First Amendment* não contém barreiras explícitas, o que reforça a impressão de um direito especialmente importante, prioritário diante de outros interesses. Por fim, inexiste um ancoramento expresso da

---
[9] Cf. nota de rodapé 6 (*supra*).

dignidade humana e da proteção da honra.[10] Pretendo ilustrar essa posição destacada do *First Amendment* com uma citação de uma decisão da Corte Suprema. No litígio *West Virginia State v. Barnette* o tribunal formulou a seguinte proposição: "[If] there is any fixed star in our constitutional constellation, it is that no official, high or petty, can prescribe what shall be orthodox in politics, nationalism, religion or other matters of opinion [...]".[11]

No tocante à aplicação concreta, o Tribunal Constitucional Federal da Alemanha desenvolveu *regras referidas a grupos de casos*. "De acordo com elas a liberdade de opinião de modo algum reivindica o primado diante da proteção da personalidade [...]. Muito pelo contrário, na expressão de opiniões que devem ser consideradas ofensas formais ou injúrias, a proteção da personalidade tem regularmente prioridade sobre a liberdade de expressão. Em expressões de opinião combinadas com afirmações sobre fatos, o merecimento da proteção pode depender do teor de verdade das hipóteses factuais subjacentes a essas expressões. Se elas forem comprovadamente inverídicas, a liberdade de opinião passa regularmente ao segundo plano. De resto importa saber qual bem jurídico no caso individual merece a preferência. Aqui, porém, deve se considerar que em questões, que afetam substancialmente a esfera pública, a presunção favorece o discurso livre [...]".[12]

Nesse plano concreto da ponderação, a *diferença entre a Alemanha e os EUA* ainda se torna mais nítida. Abstraindo de exceções bem específicas, a serem discutidas mais adiante, nos EUA a liberdade de expressão é em regra o direito prioritário diante de outros interesses e valores constitucionais – um "preferred right". Em contrapartida, na Alemanha, a proteção da personalidade e da dignidade humana por trás dela são mais importantes. Onde ela é violada, nos casos da ofensa formal, da injúria e de afirmações inverdadeiras, a liberdade de expressão passa ao segundo plano.

Apesar disso, o Tribunal Constitucional Federal não pretende abdicar do tradicional *status* especial da livre expressão, presente na retórica de todos os Estados Democráticos de Direito. Assim o tribunal encontra uma saída por via da tese, de que *a liberdade de opinião não seria um direito fundamental genericamente prioritário, mas especificamente significativo*. No caso Lüth, encontra-se a formulação fundamental: "Enquanto expressão

---

[10] O quadro não é, porém, tão unilateral. Por um lado, os limites da liberdade de opinião não aparecem no texto do *First Amendment*, mas na jurisprudência da Corte Suprema, o que deverá ser comentado ainda mais pormenorizadamente. A igualdade entre as raças é um valor que a constituição dos EUA apóia sobretudo nos artigos adicionais 13 a 15; e o artigo adicional 14 contém um direito universal à igualdade.

[11] 319 U.S. 624, 642 (1943). Essa passagem representa a seguinte mensagem: nos processos de formação de opinião dos cidadãos, o Estado deve manter-se neutro.

[12] BverfGE 90, 241 (248).

direta da personalidade humana na sociedade, o direito fundamental à liberdade de expressão é um dos direitos humanos mais importantes. Ele simplesmente constitui a ordem do Estado Democrático comprometido com a liberdade, pois sem ele a discussão intelectual permanente, o embate das opiniões, que é o seu elemento de vida, nem seriam possíveis [...[. Ele é de certo modo o fundamento de toda e qualquer liberdade, 'the matrix, the indispensable condition of nearly every other form os freedom' (Cardozo)".[13] Assim o grau hierárquico específico da liberdade de opinião é assegurado mediante uma determinação dual da sua função: por um lado, a expressão da opinião é constitutiva da condição humana, com isso constitutiva para cada pessoa enquanto tal, independentemente da avaliação das conseqüências que a expressão tenha para outras pessoas ou para a coletividade. Por outro lado, o tribunal pensa também nas conseqüências. Dependendo da sua natureza positiva ou negativa para a coletividade constitucionalmente definida como Estado Democrático de Direito, deve-se cogitar uma proteção especialmente forte ou menos pronunciada do discurso.

Essa regulamentação fica mais clara no caso do discurso político, relevante para a esfera pública. Do ponto de vista histórico e sistemático, a proteção de tal discurso representa o núcleo da liberdade de expressão. Ela merece uma proteção especialmente forte: dito em termos norte-americanos, trata-se de "high-value speech".

Em reformulação dogmática, tais reflexões funcionais conduzem o Tribunal Constitucional Federal a três conseqüências: no caso de restrições da liberdade de expressão, especialmente pela barreira das "leis gerais" prevista no art. 5º, II, da Lei Fundamental, não basta qualquer interesse público "normal"; muito pelo contrário, as barreiras devem, por sua vez, ser "percebidas no seu efeito limitador do direito fundamental à luz do significado desse direito fundamental e interpretadas de tal modo que o teor axiológico especial desse direito (que na democracia liberal deve conduzir a uma presunção em favor da liberdade de expressão em todas as áreas, nomeadamente na vida pública) continue resguardado de qualquer modo".[14] Em segundo lugar, uma lei "geral" pressupõe em regra que a lei não se volta contra a opinião em si ou contra uma opinião específica, embora um tal "direito especial contra a opinião" nem sempre esteja excluído. O Tribunal Constitucional Federal considera possíveis exceções, e essas exceções abrangem as numerosas sanções contra o discurso do ódio. Em terceiro lugar, os tribunais devem beneficiar, no caso de uma opinião penalizada pelo Estado, justamente essa opinião também com uma interpretação favorável à liber-

---
[13] BverfGE 7, 198 (208)
[14] BverfGE 7, 198 (208)

dade. À medida que uma expressão admite várias interpretações, os órgãos executivos e, em última instância, os tribunais só podem partir da variante semântica ilegal depois de terem excluído previamente de modo convincente outras interpretações legais igualmente possíveis.[15]

O Direito Constitucional norte-americano retoma esses três tópicos, mas radicaliza-os ainda mais em favor da liberdade de expressão. A liberdade de expressão não é apenas um direito "especialmente importante", mas em quase todos os casos "prioritário". Conseqüentemente, um direito especial contra a opinião não só adquire uma certa aura de suspeição constitucional, que em numerosos casos consegue ser desfeita, muito pelo contrário, a "viewpoint discrimination" é efetivamente suspeita e conduz em regra à inconstitucionalidade. Não poucos autores designam esse direito especial contra a opinião ("favoritism") como "pecado mortal", mesmo se ele for cometido com a melhor das intenções, a saber, para eliminar o discurso do ódio.[16]

II. Análise de casos controvertidos

Depois desse esboço da dogmática da liberdade de opinião na Alemanha e nos EUA, passo a abordar grupos de casos pertinentes.

1. Ofensa de indivíduos

O discurso do ódio quase sempre se volta contra a coletividades ou indivíduos na condição de membros de tais coletividades. Mas a crítica excessiva também pode dirigir-se a indivíduos e ser punível de acordo com o direito alemão, quando ela se apresenta como ofensa no sentido do § 185 do Código Penal alemão. De acordo com a opinião dominante, a ofensa é uma agressão ilegal à honra de uma pessoa mediante a exteriorização da própria desconsideração ou não-consideração. O conceito ganha um perfil mais nítido, quando distinguimos *três espécies distintas de honra*, que podem ser o ponto de agressão de ataques verbais.

1) No sentido mais elementar, a honra circunscreve o *status pessoal de cada pessoa*. Merece respeito cada pessoa, independentemente dela produzir alguma coisa, de quanto ela produzir ou mesmo se ela "produziu algo",

---

[15] Cf. e.g. BverfGE 82, 272 (280 s.).

[16] Cf. Kathleen Sullivan. *Freedom of Expression in the United States. Past and Present*, in: Thomas R. Hensley (ed.). The Boundaries of Freedom of Expression and Order in American Democracy. 2001, p. I (9): "[V]iewpoint discrimination by the government is the cardinal First Amendment sin, all the more when it is directed against political dissent [...]. Under this approach, one may express any idea one wants as long as it remains on the side of the mind/body line, no matter how unpatriotic and no matter how far beyond the pale it might seem in civilized society."

e.g. como delinqüente. Esse é o direito ao respeito que cabe a cada pessoa em grau igual e cuja tutela nuclear está no art. 1º, I, da Lei Fundamental. Esse plano da honra é violado e quando esse direito elementar do respeito é negado a uma pessoa mediante uma expressão verbal. No centro estão, por conseguinte, agressões verbais que negam à pessoa agredida a condição de ser humano, assim e.g. na forma de afirmações de superioridade e inferioridade racial, ou quando uma pessoa é equiparada a animais, com a conseqüente contestação da sua da dignidade humana.

2) O segundo plano da honra refere-se à preservação e à proteção de *exigências mínimas no convívio social*. Aqui estão em jogo as formas elementares de convívio civilizado, bem como a observância de papéis e posições sociais mediante formas correspondentes de comunicação, sem que se necessite pensar efetivamente o que se diz. O cerne disso é o *direito ao respeito social*, localizado no plano constitucional sobretudo no direito geral da personalidade do art. 2º, I, da Lei Fundamental. Esse direito ao respeito social pode ser violado, ocorrendo uma ofensa no sentido do § 185 do Código Penal alemão, se juízos depreciativos são enunciados ou afirmadas falhas de caráter. Exemplos disso são o "policial" intitulado como "porco"[17] ou o oponente caracterizado como "crápula" ou "idiota".

3) O terceiro plano da honra entra em jogo quando são afirmados *fatos* que prejudicam o direito ao *status* social, a reputação da pessoa agredida, com a afirmação de que o entorno ou parte do mesmo, diante do pano de fundo de uma tal afirmação, não querem mais ter nada a ver "com uma pessoa dessa laia" ou não querem mais celebrar negócios com ela. Do ponto de vista do Direito Constitucional, estão aqui em jogo igualmente os direitos da pessoa do art. 2º, I, da Lei Fundamental; no fundo aparece nos casos, nos quais a reputação e a renda estão interligadas, o art. 12º da Lei Fundamental, o direito fundamental ao desenvolvimento profissional irrestrito e à atividade remunerada de livre escolha. No âmbito do Direito Penal, dá-se aqui o passo do § 185 do Código Penal alemão, que abrange tais afirmações factuais nocivas apenas entre a pessoa que as emite e o destinatário, na direção dos §§ 186 e 187 do mesmo diploma legal, que prevê punições para tais afirmações como ofensa no sentido mais abrangente do termo, isto é, para a difamação ou calúnia. Estas últimas ocorrem quando se diz de alguém que ele cometeu um ato delituoso ou incorreu em falhas morais graves.

Com isso chegamos ao primeiro caso inicial, neste referido. Nele, a manifestante tachara o presidente de porco, e pintara, para fins de ilustração, um cartaz no qual por um lado o presidente estava representado como porco, copulando com outro porco que vestia a toga de juiz; por outro lado, o presidente foi representado num WC em uma pose erótica com a sua mãe.

---
[17] Tradução literal da expressão alemã: "touro de merda" (N.d.T.)

A designação como porco e a primeira imagem remetem com força de evidência a um problema de natureza política, relevante para a esfera pública. Mesmo sem examinar mais detidamente a ocorrência, sabemos que o presidente é acusado ou considerado capaz de manipular o Judiciário. A proteção de tal crítica é o interesse central da liberdade de expressão. Enquanto manifestação relevante para a esfera pública, essa afirmação deveria ser fortemente tutelada, e de acordo com a visão norte-americana, ela também o é e acabaria prevalecendo sobre o direito do presidente ao respeito. Diferente foi, porém, a reação do Tribunal Constitucional Federal da Alemanha no caso *caricatura do político bávaro Franz Josef Strauss*, que forma o pano de fundo real do caso hipotético. Nesse caso, o Tribunal Constitucional Federal reconhece a existência de uma crítica injuriosa não tutelada. Citemos aqui as palavras da sentença:

> "Mesmo se considerarmos que exageros são 'estruturalmente típicos' para caricaturas e que pessoas [...] atuantes na vida pública também são, em grau mais elevado, o alvo da crítica pública, também satírica, as representações no caso em espécie transcendem em muito os limites do aceitável. [...] Ao autor do recurso [...] importou não apenas, diferentemente das representações costumeiras, mostrar e exagerar determinados traços do caráter ou a fisionomia de uma pessoa mediante o emprego da forma do animal; ele evidentemente intencionou desferir um ataque à dignidade pessoal da pessoa caricaturada. O objetivo do estranhamento escolhido pelo autor do recurso não foi mostrar ao observador os traços humanos e as peculiaridades pessoais do atacado. Muito pelo contrário, o objetivo era mostrar que este tem traços pronunciadamente 'animalescos' e se comporta correspondentemente. Justamente a representação do comportamento sexual, que hoje ainda pertence ao núcleo da intimidade da pessoa, digno de tutela, tinha por objetivo desvalorizar o afetado enquanto pessoa, despojá-lo da sua dignidade humana. Com isso, o autor do recurso desrespeita o atacado de uma forma necessariamente condenável para um ordenamento jurídico que reconhece na dignidade da pessoa o seu valor supremo".[18]

Se seguirmos esse resultado do Tribunal Constitucional Federal, o segundo desenho da manifestante também configuraria uma ofensa passível de pena. Diferentemente seria a interpretação da Corte Suprema dos EUA, conforme mostra o caso *Hustler Magazine v. Falwell*, que inspirou o caso fictício citado no início dessa conferência.[19] Nele um tribunal de instância inferior concedera ao autor Jerry Falwell, um pregador televisivo, isto é, uma pessoa não atuante na política, mas na esfera pública, uma elevada

---
[18] BverfGE 75, 369 (379 s.).
[19] Cf. 485 U.S. 46 (1988).

indenização por danos morais pelo fato do magazine Hustler lhe ter causado intencionalmente sofrimentos emocionais ("intentional infliction of emotional distress"). Muito controvertido na sua abrangência, esse fundamento da pretensão indenizatória não assenta na afirmação e comprovação de afirmações factuais inverdadeiras, mas no fato de que algumas palavras efetivamente são ofensivas e violam a dignidade – o tribunal não afirmara que a paródia tinha sugerido que Jerry Falwell efetivamente teria mantido relações sexuais com a sua mãe. Mas a sentença foi cassada pela Corte Suprema, que concordou com o tribunal de instância inferior quanto à inexistência de uma afirmação sobre fatos, que poderia ter levado a uma condenação por "difamação" ("defamation"), mas reconheceu a existência de um juízo de valor crasso, excessivo. Tudo indicava que os caricaturistas acreditavam que Jerry Falwell – à semelhança do caso de Franz Josef Strauss – fosse capaz dos atos mais variados imagináveis e não davam um tostão pelo seu caráter e suas pregações sobre moral sexual. De acordo com a Corte Suprema dos EUA, é lícito formular tais juízos, ao menos diante de pessoas atuantes na esfera pública. A tutela da honra dessas pessoas não se impõe contra a crítica excessiva, nem contra a crítica injuriosa. Muito pelo contrário, o debate público deve poder ser realizado de forma aberta e robusta, para que nenhuma crítica possivelmente relevante seja excluída do mercado das opiniões.

O limite é apenas a "defamation" no sentido do terceiro grupo de casos do sistema alemão de tutela da honra. Os primeiros dois grupos de tutela da honra na Alemanha, o do direito ao respeito pela pessoa enquanto tal e o do direito ao respeito social diante de juízos de valor exagerados (mas formulados sem base factual) inexistem nos EUA ou existem, quando muito, apenas de forma marginal.[20]

Conforme documentam os dois casos relacionados, as diferenças entre a Alemanha e os Estados Unidos resultam sobretudo no caso de juízos de valor fortemente negativos em oposição a outros juízos que efetivamente ferem a pessoa atacada. No plano do texto, essa diferença pode ser explicada com o fato já mencionado de que a Lei Fundamental, diferentemente da Constituição dos Estados Unidos, enfatiza, na ponderação entre a exteriorização da opinião e a honra e a dignidade, mais os valores mencionados em segundo lugar. Historicamente, o Direito Constitucional alemão se vê

---

[20] As exceções dizem respeito ao discurso agressivo ou de conteúdo sexual no local de trabalho, que intimidam a pessoa atacada, ou a ameaças sérias de violência. Tentativas de estabelecer "hate speech codes" nas universidades fracassaram em grande parte. Sobre a proteção dada até à propaganda nazista, v. *Collin v. Smith*, 578 F 2nd 1197 (1978). Diferentemente de "hate speech", "hate crimes" podem ser punidos severamente, até mais severamente do que outros delitos, cf. Brugger, *Einführung* (nota de rodapé 4), p. 175. Esse último dado poderá parecer incoerente aos olhos de juristas alemães, mas pode ser relacionado com a diferença entre discurso e ação ("speech" versus "conduct"), fundamental nos EUA. Cf. *supra* nota de rodapé 16.

justificado ou mesmo constrangido pelo nazismo a dar uma atenção especial à proteção da dignidade humana. Por fim, a Alemanha se insere em uma tradição cultural que não apenas aprecia socialmente e exalta constitucionalmente os elementos básicos da civilidade no convívio com outras pessoas, mas protege-os também com sanções penais para impedir violações. Poderíamos dizer também que a Alemanha usa o Direito Penal para elevar preventivamente o *status* da civilidade externa no convívio, assim, e.g., no sentido da máxima: cada cidadão é germinalmente um aristocrata dotado das correspondentes formas de urbanidade, mesmo se por meio dessa civilidade imposta pelo Estado a franqueza e robustez do conflito na comunicação sofram prejuízos em alguns poucos ou mesmo em numerosos casos. Quem perde ocasionalmente ou mesmo mais freqüentemente é a espontaneidade da discussão. Isso acarreta mais facilmente desvantagens para pessoas menos cultas ou menos disciplinadas (seria isso uma violação do princípio da igualdade diante do "povão"?). Além disso, fica relativizada a seriedade da afirmação tradicional de que o Direito Penal seria apenas a *ultima ratio*.

Nos EUA o Direito se abstém de participar de tais conflitos de civilidade. Eles deveriam ser solucionados na sociedade, e não mediante a interferência do poder estatal. Poderíamos dizer também: o Direito não eleva o *status*, mas rebaixa-o: cada pessoa tem o direito de ser grosseira. Por um lado, isso acarreta custos para os direitos ao respeito social e às vezes também para os direitos genericamente humanos, na falta de normas sociais para impor a civilidade; por outro lado, isso assegura que nenhuma opinião possivelmente relevante se perca. Implicitamente, o Direito e os tribunais também exigem da esfera pública a capacidade de distinguir entre o que "é direito" no sentido da moral e da eticidade e "o Direito"; não se deve fazer tudo o que se pode fazer. Além disso, os tribunais se vêem, num número bem menor de casos do que na Alemanha, obrigados a entrar no cipoal freqüentemente inextricável e imprevisível de conflitos sobre direitos à honra e direitos à livre expressão da opinião. Em sociedades multiculturais, tais conflitos em torno do respeito e ser esperado entre os cidadãos aumentam ainda mais. A resposta norte-americana a essa evolução é: esses conflitos devem ser dirimidos entre os membros dos grupos afetados e também entre os próprios grupos; em regra, o Direito se abstém. Em contrapartida, o direito alemão sobre a honra se intromete: pretende surtir efeitos dissuasórios contra violações multiformes da honra e eventualmente também penalizá-las.

2. Ofensa coletiva

Na Alemanha a ofensa coletiva pode ser punida de acordo com os §§ 185 e ss. do Código Penal, mas ela pode também ser subsumida ao parágrafo referente à incitação da população. Sob determinados pressupostos, maiorias de indivíduos são passíveis de serem ofendidas. Aqui interessa sobretudo a ofensa coletiva no sentido mais amplo da "ofensa grupal" [*Sammelbeleidigung*]. Trata-se, no fundo, de uma cumulação de muitas ofensas individuais, nas quais a honra de cada pessoa é agredida mediante a referência à designação do grupo ao qual essa pessoa pertence. Deve, porém, existir um ataque à honra individual de cada pessoa, e não apenas de alguns, muitos ou típicos representantes do grupo, pois do contrário inexistiriam, na ofensa de indivíduos por meio de uma designação coletiva ou cumulativa, a determinabilidade e o caráter individualizado do ataque à honra. Traduzido para a linguagem da dogmática penalista, isso conduz a exigência de que o grupo deve estar nitidamente delimitado no contexto da coletividade, o que em regra somente deveria ser o caso em se tratando de grupos minoritários.

Isso nos leva ao segundo caso inicial, no qual a manifestante proclamara que "todos os nossos soldados são assassinos". Existe aqui uma ofensa coletiva passível de punição, não coberta pela liberdade de expressão? O caso inicial se assemelha ao caso real da afirmação "soldados são assassinos",[21] mas distingue-se dele num detalhe: a mensagem não é "soldados são assassinos", mas "todos os nossos soldados são assassinos". De acordo com a jurisprudência do Tribunal Constitucional Federal, isso pode constituir a diferença essencial. No caso real, o Tribunal Constitucional Federal negara a constitucionalidade de uma ofensa coletiva, aduzindo, entre outros, o argumento de que na afirmação "soldados são assassinos" não estaria claro se o autor da afirmação teria se referido apenas a todos os soldados das Forças de Defesa da República Federal da Alemanha ou também a outros soldados, talvez a todos os soldados do mundo. Mas para individualizar uma ofensa coletiva, seria necessária a especificação dos atacados, inexistente nesse caso ou não suficientemente comprovada pela corte penal. No meu caso inicial, essa dúvida é eliminada pela formulação "todos os nossos soldados". Nesse caso valeria, de acordo com a jurisprudência do Tribunal Constitucional Federal, que "as cortes penais não estariam constitucionalmente impedidas de ver nos membros ativos das Forças de Defesa da República Federal da Alemanha um grupo suficientemente identificável para a configuração de uma ofensa coletiva, de modo que uma manifestação referida a elas poderiam também magoar cada membro individual, caso ela se reportasse a um traço distintivo visível ou ao menos tipicamente pertinente para todos os membros da coletividade".[22]

Nos EUA, a afirmação "todos os nossos soldados são assassinos" não poderia ser punida como ofensa coletiva. A fundamentação seria bastante

---
[21] BverfGE 93, 266.
[22] Loc. cit. 302.

simples: por um lado, só a "defamation" é eximida da tutela da liberdade de expressão, o que pressupõe nesse caso a afirmação factual de que uma determinada pessoa tenha cometido um "assassinato" ou talvez até um "homicídio"; a mera afirmação de que a atividade de soldados estaria moralmente no mesmo nível de matar ou assassinar não bastaria. Além disso, a categoria da ofensa coletiva inexiste nos EUA; deveriam efetivamente aparecer indivíduos que tivessem sido "difamados", comparavelmente à tipificação prevista nos §§ 186 e 187 do Código Penal alemão.

A falta da categoria da ofensa coletiva nos EUA é ilustrada também por um olhar comparativo sobre o delito de *incitação da população* previsto no § 130 do Código Penal alemão. Essa sanção penal, que visa a proteger "partes da população" (inc. 1) ou grupos nacionais, raciais, religiosos ou definidos pela sua etnia (inc. 2) contra ataques retóricos tipificados em seus detalhes, apresenta fortes semelhanças com a ofensa coletiva dos §§ 185 e ss., embora o bem jurídico tutelado seja, em última instância, de outra natureza, a saber, a paz pública. O objetivo é evitar um clima de incitação da população, que para fomentar delitos de incitação do povo. Para dizê-lo em termos ingleses: a prescrição parte da hipótese de que "hate speeches" podem levar a "hate crimes" e pretende reduzir esse risco. Trata-se de um crime de perigo abstrato, localizado, em termos juspenalistas, nitidamente antes do delito iminente ou da sua instigação.

Essa prescrição representa uma ampla restrição da liberdade de expressão, desde que uma expressão tenha características agressivas e se direcione contra grupos. No fundo, o § 130 do Código Penal alemão é a espada juspenalista para o controle das condições meteorológicas na política, uma espécie de delito climático. De acordo com a opinião norte-americana, tal "discriminação da opinião" encerra o pecado capital referente ao respeito da liberdade de expressão. Há muito tempo a Suprema Corte parte da hipótese de que manifestações agressivas contra indivíduos, bem como contra coletividades, só poderiam ser criminalizadas caso conduzissem ao perigo claro e atual de um ato ilícito, um "clear and present danger", ou se a manifestação permitisse esperar na situação concreta a progressão das palavras às vias de fato ("fighting words"). Em decisões mais recentes, a corte afirma que o Estado só poderia criminalizar a defesa genérica da violência ou ilegalidade se "such advocacy is directed to inciting or producing imminent lawless action, and is likely to incite or produce such action".[23] De acordo com essa jurisprudência, largos trechos do § 130 do Código Penal alemão seriam inconstitucionais.

Com isso, chego à *terceira mensagem* da nossa manifestante, construída nos moldes de um caso dos EUA: "Vamos acabar com a invasão do nosso

---

[23] O assim denominado Teste de Brandenburg, de acordo com o caso *Brandenburg v. Ohio*, 395 U.S. 444 (1969). Trata-se de uma variante do antes mencionado "clear and present danger test".

país por esses estrangeiros criminosos, que ameaçam a nossa liberdade e propriedade e nos inundam com drogas!". Nos EUA, essa mensagem gozaria de tutela constitucional, portanto, diferentemente da Alemanha, na qual ela seria criminalizada como incitação da população segundo o disposto no § 130, I, do Código Penal alemão. Por um lado, são permitidos entre nós relatos objetivos sobre a criminalidade de certos segmentos da população, mesmo quando se prestam a criar ou reforçar um clima hostil contra determinados grupos e mesmo quando talvez sejam apresentados com más intenções. Mas a crítica em pauta não foi "objetiva" no sentido aqui pressuposto. Ela foi genérica e é difamante de acordo com a jurisprudência alemã,[24] pois equipara genericamente segmentos dos grupos atacados com os grupos mencionados, estigmatizando-os como delinqüentes e traficantes de drogas.

Quais são as *reflexões que respaldam a jurisprudência dos EUA*, nitidamente contrária à compreensão alemã do Direito? Podemos aduzir várias razões:

Em primeiro lugar, os norte-americanos partem da hipótese de que num concurso de opiniões ou afirmações factuais, as "boas" opiniões e as afirmações "verdadeiras" acabam por impor-se diante das "más" opiniões e das afirmações "inverdadeiras", enquanto na Alemanha o instinto coletivo aponta na direção contrária. Formulando com alguma simplificação devida ao exagero, mas de modo perfeitamente pertinente no mérito, poderíamos dizer: os fantasmas da incitação da população na Alemanha são o *pogrom*, o massacre e o genocídio. O contraste fica claro com base na terceira mensagem da nossa manifestante fictícia: se as afirmações sobre os índices de criminalidade de estrangeiros e o seu estilo de vida não são verdadeiras, isso ficará evidente no decorrer de uma discussão aberta, segundo a concepção norte-americana da liberdade de expressão. De acordo com a visão estadunidense, tal resultado, embora obtido ao preço de ataques verbais, produz em última instância um efeito mais integrador do que a espada do Direito Penal, que os tribunais alemães desembainham rapidamente. E na medida em que os dados sejam corretos ou apenas exagerados, pode-se afirmar que de qualquer modo está sendo discutido em valoração talvez exagerada um problema relevante para a esfera pública, e isso deveria ser possível em uma democracia comprometida com o valor da liberdade.

Em segundo lugar, os americanos não fizeram apenas experiências negativas, mas também positivas e libertadoras com essa espécie de discurso agressivo: afinal de contas, não são apenas maiorias ou minorias apoiadas ou toleradas pela maioria que incitam contra outros grupos, mas minorias

---

[24] Eventualmente também entra em cogitação a punibilidade segundo os §§ 185 e 186 do Código Penal alemão, na forma da ofensa coletiva.

oprimidas têm, por meio de uma concepção expansiva da liberdade de expressão, a mesma possibilidade de chamar a atenção aos seus problemas, usando palavras drásticas. Isso também aconteceu nos EUA durante o movimento pelos direitos civis ou durante a Guerra do Vietname. Já na Alemanha, o discurso do ódio é percebido apenas a partir das suas possíveis conseqüências negativas.

Em terceiro lugar, os norte-americanos são movidos por uma profunda desconfiança diante dos órgãos do Estado, que na sua opinião não têm capacidade de, no caso de dúvida, delimitar em todos os casos ou ao menos a longo prazo as opiniões "boas" das opiniões "más". Seria melhor que tais diferenciações fossem produzidas na sociedade no embate entre todos os grupos. Em contrapartida, a Alemanha confia bem mais no Estado, apesar das experiências negativas no passado recente. Predomina na Alemanha uma tônica pró-Estado no modo maior. Isso se expressa no tratamento distinto, já mencionado, do "direito especial contra a opinião". Enquanto a "discriminação da opinião", mesmo com boas intenções, constitui um pecado mortal no direito constitucional dos EUA, esse direito especial diante de "opiniões más" é perfeitamente aceitável na Alemanha, conforme mostra a constitucionalidade das normas contra o discurso do ódio.

Por fim – e em quarto lugar –, a proteção mais forte da liberdade de expressão contra a honra e a dignidade conduz, nos EUA, a uma atitude, de acordo com a qual, no caso de dúvida por ocasião do discurso de ódio, os americanos olham mais para o discurso – a parcela objetiva no interesse que nele se manifesta –, aceitando em troca a agressão conexa como um mal necessário, muitas vezes como um indicador psicologicamente compreensível da revolta, da rejeição e do ódio. Na visão americana, este é o preço da liberdade que todos devem pagar: a postura ereta na discussão pública, na afirmação e contestação, e a rejeição de um culto da vitimização [*Betroffenheit*], no qual o papel da vítima e posterior acusadora pode afigurar-se mais atraente do que o do lutador ativo em prol do respeito que uma pessoa reivindica para si e seu grupo de referência. Já a Alemanha enfatiza no discurso do ódio mais o elemento do ódio e quer eliminá-lo em benefício de uma proteção expansiva da honra e da dignidade, mesmo ao preço de uma restrição da crítica relevante para a esfera pública.

—8—

Direito e informática: o desafio de proteger os direitos do cidadão

TÊMIS LIMBERGER

1. Introdução

O mundo globalizado apresenta problemas que envolvem diferentes países e como tal, demanda soluções no âmbito nacional e internacional. Hoje se assiste a um incremento tecnológico capaz de lesar os direitos fundamentais. Assim, os correios eletrônicos não desejados, denominados *spams,* representam aproximadamente 2/3 do tráfego mundial de mensagens e provocam o desperdício de tempo e dinheiro. Um estudo realizado pela União Européia[1] revelou que a circulação diária de lixo eletrônico por *e-mail* custa U$ 9,36 bilhões para os internautas, a cada ano. Considerando que há aproximadamente 500 milhões de internautas no mundo, o *spam* tem um custo individual de U$ 20,00.

Desta forma, instrumentos que podem ser utilizados para armazenar uma infinidade de conhecimento, bem como para transmiti-lo de uma maneira célere são desvirtuados pelos *spammers* ou até pelo uso de práticas criminosas pelos *hackers.* Destarte, além do elevado custo econômico e desperdício de tempo que estas práticas provocam, a lesão ao direito à intimidade resta evidente. Por isso, as questões referentes às novas tecnologias e os direitos fundamentais por afetarem a distintos países passam por soluções de regulação na órbita jurídica internacional e nacional.

Das situações da vida cotidiana surgem possibilidades de interferência na intimidade, como as videocâmeras de segurança (colocadas em edifícios

---
[1] Disponível no *site* http://www.uol.com.br/folha/informática.

públicos e privados, especialmente em bancos e lojas) ou de controle da atividade no local de trabalho, os programas de televisão interativos e os rastreadores em Internet. Também podem ser considerados os bancos de dados pessoais, voltados na maioria das vezes ao consumo, bem como as reclamações dos empregados na Justiça do Trabalho no Brasil, muitas vezes compiladas em listas negras utilizadas pelos empregadores no momento de escolher um candidato a um posto de trabalho. Percebe-se, desse modo, que o homem vigiado constantemente pelo Grande Irmão de George Orwell[2] não é mais ficção, mas se converteu em realidade. Por isso, é atual a lição do jusfilósofo Norberto Bobbio,[3] quando assevera: o desafio principal dos direitos do homem, atualmente, não é o de justificá-los, mas sim o de protegê-los. Este é um problema que ultrapassa a filosofia e entra no âmbito da política. Garantir a efetividade dos direitos fundamentais, em geral, e da intimidade diante do fenômeno informático, em particular, é a grande questão enfrentada pelos juristas, considerando as invasões que se costumam ocorrer nos bancos de dados.

No Brasil, não existe, ainda, uma lei específica de proteção de dados que discipline a matéria, em que pese a existência de projetos de lei. Existem somente leis setoriais que conferem a proteção, como o art. 43 do Código de Defesa do Consumidor (Lei nº 8.078/90), a Lei da Interceptação Telefônica (Lei nº 9.296/96), a Lei que regulamenta o *habeas data* (Lei nº 9.507/97) e a Lei da Quebra de Sigilo Bancário (Lei Complementar nº 105/01). Do exame do direito comparado, impõe-se a necessidade de regulamentação em nosso país da matéria, por, no mínimo, dois aspectos importantes: a proteção dos direitos dos cidadãos e a necessidade de oferecer um nível de proteção adequado nas relações comerciais internacionais. De nada adianta um país europeu oferecer um nível de proteção razoável internamente se as relações de comunicação hoje transcendem fronteiras. O Estado brasileiro deve promover a edição de lei específica, sob pena de perder competitividade nas relações comerciais internacionais.

A legislação nos Estados Europeus vem se desenvolvendo há mais de três décadas e culmina com a Diretiva Comunitária (DC) nº 95/46, que regulamenta, de maneira uniforme, a proteção de dados para os países da União Européia. Porém, a evolução aí não acaba: a Carta dos Direitos Fundamentais da União Européia,[4] em seu art. 8º, consagra o direito à proteção de dados, isto representa um marco em termos legislativos, e a discussão a respeito do surgimento de um novo direito fundamental à proteção de da-

---

[2] ORWELL, George. *1984*. 29. ed. São Paulo: Companhia Editora Nacional, 2003.
[3] BOBBIO, Norberto. *A era dos direitos*. Rio de Janeiro: Campus, 1992, p. 24.
[4] Disponível em: http:www//.Europa-convention.eu.in/.

dos.[5] Para não deixar a discussão somente nos outros continentes, no âmbito da América Latina, deu-se o primeiro passo na XIII Cumbre celebrada em Santa Cruz de la Sierra, nos dias 14 e 15 de novembro de 2003, na qual se reconheceu de forma expressa a importância do direito fundamental à proteção de dados. No âmbito latino-americano, a Argentina foi o primeiro país a possuir legislação (Lei n° 24.236/00). Desde logo, percebe-se que o Brasil deve promover esforços para legislar sobre o tema, sob pena de ser um país destituído de uma legislação específica, ficando à margem deste momento histórico, transformando-se em um "faroeste informático".

2. O fenômeno informático e o Estado no contexto atual

Se o fenômeno informático é recente, a problemática dos direitos fundamentais é pensada há muito tempo. O Estado Constitucional surge no final do século XVIII e se inter-relaciona com o Estado de Direito e os direitos fundamentais. É a função limitadora[6] da Constituição, que coincide

---

[5] Stefano RODOTÀ, uma das maiores autoridades na matéria de proteção de dados, foi autor do art.8°, da Carta Européia, conforme palestra por ele proferida no I Seminário Internacional de Proteção de Dados realizado em São Paulo, em 25 de novembro de 2005, no Hotel Transamérica.
PIÑAR MAÑAS, José Luis. El derecho fundamental a la protección de datos personales. In: PIÑAR MAÑAS, José Luis (Org.). *Protección de datos de carácter personal en iberoamérica*. Valencia: Tirant to Blanch, 2005, p. 22-23.

[6] As funções do Estado com relação ao constitucionalismo podem ser dividas no mínimo em três, segundo o Professor Jorge Miranda (MIRANDA, Jorge. *Manual de Direito Constitucional*. Coimbra: Coimbra Ed., 1988, p. 179. Tomo II). Por primeiro, a função político-institucionalizadora: esse é um período pré-constitucional, no qual não há Constituição tal como se conhece hoje. Começa na Antiguidade, passa pelo absolutismo e se fortalece com o renascimento. A necessidade em toda a sociedade humana de um mínimo de organização política conduz ao aparecimento histórico do Estado. O sentido moderno a que se denomina Estado é uma contribuição de Maquiavel (MAQUIAVEL, Nicolau. *O Príncipe*. 14. ed. Rio de Janeiro: Bertrand Brasil, 1990). Maquiavel é o fundador do realismo político. Estabeleceu a diferença entre política, ética e religião. Separou o político da política. Os gregos já tinham uma concepção de Estado, evidente no pensamento de Platão e de Aristóteles, embora tenham contraponto de idéias. O caráter abstrato de Platão em "A República" (PLATÃO. *A República*. 8. ed. São Paulo: Atena, 1962. Biblioteca Clássica) e caráter o concreto de Aristóteles (ARISTÓTELES. *A Política*. São Paulo: Martins Fontes, 2002), que, para escrever "A Política", pesquisou instituições de mais de cento e cinqüenta Estados – Repúblicas e Monarquias. Suas conclusões não eram oriundas do seu imaginário, mas assim tiradas a partir de soluções concretas das sociedades. Os romanos não teorizaram o Estado, mas desenvolveram uma estrutura de poder: as instituições (a magistratura, o senado, os comícios, com suas formas de poder: Realeza, República e Império). Os romanos não conheciam a noção de direito público subjetivo, o direito romano se funda na *actio*. A palavra latina *jus*, que por vezes é traduzida como "direito", na realidade significava uma "justa relação entre as coisas", VILLEY, Michel. *Leçons d'histoire de la philosophie du droit*. Paris: Dalloz, 1957, citado por ARNAUD, André-Jean. *O Direito entre a Modernidade e a Globalização: Lições de Filosofia do Direito e do Estado*. Rio de Janeiro: Renovar, 1999, p. 44. Com o absolutismo, o poder público passa por uma fragmentação nas mãos dos senhores feudais. Na Inglaterra (MIRANDA, *op. cit.*, p. 119-120), o absolutismo não é tão forte como em outros países (Espanha, França, etc).

com a idéia de Constituição escrita[7] e encontra seus expoentes máximos na Constituição dos Estados Unidos (1787) e na Constituição Francesa (1791), que têm duas funções básicas: limitar o poder do Estado e garantir os direitos fundamentais. São Constituições com as características do Estado Liberal, sendo o individualismo sua marca. A Constituição consagra direitos públicos subjetivos. As liberdades são negativas,[8] e o cidadão se contenta com que o Estado não interfira na sua liberdade. Especificamente com relação à intimidade, surge o direito a não ser molestado.[9]

A função diretiva surge com o advento do Estado Social, a partir da segunda metade do século XIX. Os direitos com cunho individual já não são suficientes, e tem início a questão social. Com o desenvolvimento da indústria, a população, que até então era na sua grande parte camponesa, vem para as cidades, e passa a ser necessário contestar as reclamações de trabalho e da seguridade social. Nessa fase há dois períodos: o anterior e o posterior à Segunda Guerra Mundial.

A preocupação social nos textos constitucionais esteve presente pela primeira vez na Constituição do México, em 1917.[10] A Constituição de Weimar,[11] em 1919, se compromete sobretudo com o ensino público,[12] além de prever o direito ao trabalho e à seguridade na vida econômica da Constituição.[13] A partir de então, começam as demandas por prestações concretas do cidadão com relação ao Estado.

---

[7] São documentos que antecederam e influenciaram as constituições escritas: a Magna Carta, em 1215, e dois documentos fundamentais: *Petition of Rights*, em 1628, e *Bill of Rights*, em 1689, que começam a desenvolver direitos com relação aos indivíduos. Durante o Renascimento, o homem passa a ser o centro do universo, e os pensadores com essas características desenvolvem suas obras. Nesse contexto, o cidadão reivindica ser titular de direitos, culminando na Revolução Francesa, que, além de um movimento da França, teve o cunho da pretensa universalidade, pelo menos no mundo ocidental.

[8] BERLÍN, Isaiah. *Dos conceptos de libertad:* Cuatro ensayos sobre la libertad. Madrid: Alianza, 1988, p. 187-243.

[9] WARREN, D.; BRANDEIS, Louis D. The right to privacy. *Harward LR*, Harward, v. IV, n. 5, p. 193-220, dec. 1890. (*Vide* também notas n. 50 e 103).

[10] A Constituição do México, que ocorreu depois da Revolução de 1910, contempla o direito ao trabalho e a responsabilidade do Estado para garantir uma vida digna a cada um dos cidadãos, com programa social do Estado. Merece referência, também, a Constituição Russa de 1918, depois da Revolução Soviética de 1917, porque em muitos aspectos representou, para o século XX, o mesmo que a francesa significou para o XIX. A Carta incorporou a declaração de direitos do povo operário e explorado, a transformação da ordem social e a ditadura do proletariado. A propósito, *vide* SÁNCHEZ AGESTA, Luis. *Curso de Direito Constitucional Comparado*. 7. ed. Madrid: Facultad de Madrid, 1998, p. 370-371.

[11] A Constituição recebe esse nome porque o movimento de idéias socialistas começa na região de Weimar, no Porto de Kiel, em 3 de novembro de 1918, e depois se desloca para as cidades de Stuttgart e Hamburgo, sendo chamada de "coalizão de Weimar", com três objetivos principais: a) forma republicana do Estado, b) tributos com objetivo de alcançar as grandes fortunas e c) socialização das empresas. Esse texto político alemão assim foi conhecido porque a reunião da Assembléia Constituinte ocorreu na cidade de Weimar, conforme SILVA NETO, Manoel Jorge. *Curso de Direito Constitucional do Trabalho*. São Paulo: Malheiros, 1998, p. 60-61.

[12] A Constituição de Weimar se preocupa com o ensino obrigatório para todos, até a idade de 18 anos. Constituição de Weimar, cap. IV, educação e escola, principalmente os arts. 143, 145 e 146 *apud Textos Constitucionales*. Barcelona: EUB, 1995, p. 55.

[13] Constituição de Weimar, arts. 157, 158 e 161, p. 59.

Depois da aniquilação dos Estados com a Segunda Guerra, foi necessária uma nova organização nas Constituições, que partiu de três textos básicos: a lei Fundamental de Bonn (1949), a Constituição Italiana (1947) e a Constituição Francesa (da V República, do general De Gaulle, de 1958, com a emenda de1962).

Posteriormente, há o denominado constitucionalismo jovem europeu, inspirado nos três grandes modelos citados anteriormente, que ocorre em Portugal depois da ditadura de Salazar, em 1976, e a Constituição Espanhola de 1978, depois de Franco. Essas são as primeiras cartas que prevêem a utilização da informática e o resguardo dos direitos fundamentais.

Nesse contexto, a Constituição do Brasil de 1988 surge depois da ditadura militar e se inspira no constitucionalismo jovem europeu. Como exemplos de contribuição, podem ser citados os institutos da inconstitucionalidade por omissão,[14] com inspiração na Constituição portuguesa, e o *habeas data*[15] da Constituição espanhola (CE).

Considerando que a informática está presente em todo o mundo e ocasionou uma modificação nos costumes, há o enfrentamento da questão pelo art. 18.4 da CE. A quantidade de informações que podem ser armazenadas e transmitidas é de tal magnitude que exige o estabelecimento de soluções para os problemas que podem resultar da relação entre informática e intimidade.[16]

Assim, além do caráter subjetivo[17] do cidadão (de defesa do direito da intimidade diante da informática), há o caráter objetivo[18] do mandato ao legislador, que ocorre na proteção do direito, muitas vezes com determinação de elaboração legislativa que deve ser concretizada.[19] A defesa do di-

---

[14] Constituição Portuguesa, art. 103, § 2°, CF e art. 283.
[15] Constituição Brasileira, art. 5°, X e o direito à informação, art. 5°, XXXIII, que foi regulamentado pela Lei n°. 9.507/97, que disciplina o *habeas-data*. Constiuição Espanhola, art. 18.4 e art. 105, "b".
[16] A relação do art. 105, "b", e do art. 18.4 da CE frente ao art. 20.1, "d".
[17] Para a noção de direito público subjetivo, ver JELLINEK, Georg. System der Subjektiven öffentlichen recht, zweite durchgesehene und vermehrte auflage, anastastischer neudruck der ausgabe von 1905. Tübingen: editora, 1919, p. 86 *et seq.*
[18] A propósito ver Lopez Pietsch, Pablo. Objetivar el recurso de amparo: las recomendaciones de la Comisión Benda. *REDC*, ano 18, n. 53, mayo/agosto 1998. Pérez Tremps, Pablo. La naturaleza del recurso de amparo y su configuración procesal. *RVAP*, Vitoria, IVAP, n. 39, mayo/agosto 1994, p. 93; e Diez-Picazo, Luis Maria. Dificultades prácticas y significado constitucional del Recurso de Amparo. *REDC*, ano 14, n. 40, enero-abr. 1994, p. 9-37. PÉREZ LUÑO, Antonio. *Derechos humanos, Estado de derecho y constitución*. 8. ed. Madrid: Tecnos, 2003, p. 438, também aponta para o caráter objetivoinstitucional dos direitos fundamentais, que vai além do sentido clássico. Os direitos humanos como "um conjunto de faculdades e instituições que, em cada momento histórico, concretizam as exigências de dignidade, liberdade e igualdade humana, as quais devem ser reconhecidas positivamente pelos ordenamentos jurídicos." (N.T.: Tradução livre da tradutora. *Vide* original na bibliografia).
[19] Baño Leon, Jose Maria. La distinción entre direito fundamental y garantía institucional en la Constituión Española. *REDC*, Madrid, ano 8, n. 24, p. 159, sep./dic. 1988. Häberle afirma, também, que o legislador tem um papel ativo importante para assegurar o conteúdo e, posteriormente, a efetividade dos direitos fundamentais. É a proposição de Häberle do *status activus processuali*, qual seja, a parti-

reito fundamental é a da própria Constituição, realizada muitas vezes com a ponderação de direitos na tarefa de interpretação pelo TC.

As liberdades no Estado Social possuem um cunho positivo, que é o aspecto prestacional de demanda com relação aos poderes públicos. A intimidade, que até então se restringia ao direito a não ser molestado (aspecto negativo), resolvido com a não-intervenção da esfera pública na seara particular, começa a demandar ações concretas, como o consentimento para a coleta de dados, com especial ênfase para os dados sensíveis. Estes devem ser corretamente armazenados e por um prazo delimitado, bem como utilizados para os fins a que foram recolhidos (e que somente haja repasse nas hipóteses legais). São também exemplos dessas prestações concretas o direito de informação, acesso, retificação e cancelamento dos dados.

Os típicos elementos[20] referenciais de Estado não subsistem. A Internet muda o clássico conceito de território, e a noção de soberania também sofre transformações. Os acordos comerciais entre as nações estão na ordem do dia. A Europa desenvolveu um mercado comum que originou a União Européia.[21] O Estado perde a soberania em proveito de instâncias superiores, como os pactos internacionais e os acordos políticos regionais. Há diminuição no papel do Estado e dialética constante entre o global e o regional. Durante séculos, houve a convicção de que não poderia haver regulação social senão pelo direito do Estado, idéia hoje que está superada.

Os fluxos de dados não ocorrem somente nas fronteiras de um país, por isso a necessidade da DC 95/46, que colabora para a resolução dos problemas nos países comunitários, mas ainda não contempla os demais Estados. O comércio e o intercâmbio de informação e de dados são necessários, são uma demanda da sociedade atual, e por isso impõe-se a tutela dos direitos fundamentais, com a denominada globalização.[22]

---

cipação do indivíduo no Estado Constitucional, sem separar direito fundamental e garantia. (HÄBERLE, Peter. *Le libertà fondamentali nello Stato Costituzionale*. Roma: La Nuova Italia Scientifica, 1996). Para Carl Scmitt, a distinção entre direito e garantia é obrigada, (SCHMITT, Carl. *Teoría de la Constitución*. Madrid: Alianza, 1996, p. 45-57).

[20] JELLINEK, Georg. *Teoría General del Estado*. 2. ed. [reimp. de la segunda edición alemana (1905) editada por el Ed. Albatros en el año 1954]. Buenos Aires: Julio César Faira, 2005, p. 495-625. Georg Jellinek estruturou os elementos do Estado, levando em conta, o típico do Século XIX: povo, território e poder (soberano). Com o advento do fenômeno informático, onde se pode fazer com que os dados se desloquem de um país ou continente a outro, isso provoca mudanças em todos os referenciais com relação ao território, e o mesmo ocorre com relação à soberania, *vide* o fenômeno da Comunidade Européia.

[21] Em outra perspectiva, o MERCOSUL é de grande importância para o sul da América Latina. México, Estados Unidos e Canadá constituíram uma espécie de mercado comum conhecido como NAFTA (em inglês) ou ALENA (Associação de livre intercâmbio da América do Norte). Esses são exemplos de supranacionalidade.

[22] Por vezes, a palavra "globalização" é preferida pelos economistas e cientistas políticos, enquanto a "pós-modernidade" o é pelos filósofos e sociólogos. André-Jean Arnaud (ARNAUD, 1999, p. 203) aponta para as principais características da modernidade: abstração, subjetivismo, universalismo, uni-

O pluralismo contemporâneo é oriundo da fragmentação das soberanias, manifestada na noção de supranacionalidade que culminará provavelmente com a Carta de Direitos Fundamentais da União Européia. É a denominada "europeização do direito constitucional".[23]

A superação do jusnaturalismo e as insuficiências do positivismo abriram caminho ao pós-positivismo, o qual atribui um papel importante à normatividade dos princípios. O constitucionalismo moderno se reaproxima dos valores, em especial da ética no direito.[24] De longo tempo, os princípios estão no direito, a novidade é sua normatividade. Os princípios constitucionais fazem uma síntese de valores no ordenamento jurídico e têm como funções principais, a partir do resumo estabelecido, conferir unidade ao sistema e auxiliar a atividade de interpretação.

É possível pensar nos direitos humanos como uma idéia agregada à democracia. Assim, no dizer de Canotilho,[25] o Estado Democrático de Direito exige os direitos fundamentais, e os direitos fundamentais exigem o Estado Democrático de Direito. A democracia tenta superar o confronto dos direitos fundamentais pela ponderação jurisprudencial.

A aplicação dos princípios ocorre com a ponderação de valores ou interesses, como, por exemplo, a intimidade e o interesse público, a prevalência de um em detrimento de outro, a ser analisada caso a caso pela jurisprudência, bem como a problemática de conteúdo e limites próprios dos direitos fundamentais com sua forte carga axiológica. Assim, a ponderação dos direitos fundamentais e a dignidade da pessoa são basilares no direito constitucional pós-moderno. Os direitos fundamentais como exigência e concretização do princípio da dignidade humana.[26]

Então, poder-se-ia propugnar uma construção ou uma leitura dos direitos fundamentais com base nos valores superiores do ordenamento jurídico: a liberdade, a justiça, a igualdade e o pluralismo político, bem como

---

dade da razão, axiomatização, simplicidade, o contraponto sociedade civil e Estado e segurança. Em contraposição, na pós-modernidade: pragmatismo, descentralização do sujeito, relativismo, pluralidade de racionalidades, lógicas partidas, complexidade, retorno da sociedade civil e risco. O pós-moderno é o que se segue ao moderno (período do pensamento ocidental nos séculos XVI a XVIII). Assim, para Arnaud, a pós-modernidade no direito se caracteriza por uma superação dialética do paradigma "moderno" estruturado a partir da abstração, axiomatização, subjetivismo, simplicidade e segurança nas relações jurídicas, separação da sociedade civil e do Estado, universalismo e unidade da racionalidade jurídica.

[23] Häberle, Peter. *Pluralismo y Constitución*. Madrid: Tecnos, 2002, p. 125.

[24] É o que os alemães denominam de o "retorno Kantiano", HÖFFE, Otfried. *Kategorische Rechtsprinzipien. Ein Kontrapunkt der Modern*, citado por Torres, Ricardo Lobo. *O orçamento na Constituição*. Rio de Janeiro: Renovar, 1995, p. 90.

[25] Canotilho, J. J. Gomes *et al*. *Fundamentos da Constituição*. Coimbra: Coimbra Ed., 1991, p. 99.

[26] A respeito da dignidade da pessoa humana, vide a obra de SARLET, Ingo Wolfang. *Dignidade da pessoa humana e direitos fundamentais na Constituição de 1988*. 3. ed. rev. atual. ampl. Porto Alegre: Livraria do Advogado, 2004, p. 86 *et seq*., "sem que se reconheçam à pessoa humana os direitos fundamentais que lhe são inerentes, em verdade estar-se-á lhe negando a própria dignidade".

na dignidade da pessoa, na perspectiva do fenômeno informático.[27] A informática atuando a serviço do homem, e não como restritiva dos direitos fundamentais.

3. A evolução das legislações

A relação entre o direito à intimidade e a informática também apresenta um lado negativo e um positivo. O primeiro se configuraria com relação ao resguardo geral dos dados e, em particular, dos dados sensíveis. Já o segundo se caracteriza pelo direito de acesso aos dados e pelo direito ao esquecimento.[28] Este último é cada vez mais difícil de ocorrer, devido ao armazenamento dos dados por longos períodos, por isso a necessidade de fixar na legislação um período pelo qual os dados podem ser mantidos.

A mais moderna experiência e que destaca a importância do tema é a Constituição Européia,[29] que estabelece no art. 7º o respeito pela vida privada e familiar e no art. 8º, a proteção dos dados pessoais.

A legislação nos países é diferente. Em alguns, a tutela se estabelece em nível constitucional; outros, por meio de lei ou da jurisprudência. No tocante à legislação européia,[30] podem ser caracterizadas três gerações, em uma análise dos últimos 30 anos.

A fase inicial se caracteriza pelo rigor na criação dos arquivos informatizados. A lei do *Land* Hesse, na Alemanha é a primeira, inaugurando a proteção dos dados informatizados de 7/10/70. Este texto pioneiro contemplava somente os arquivos informatizados de titularidade pública. A lei da República Federal Alemã, de 27/1/77, que posteriormente a sucedeu, passou a regular os arquivos de titularidade pública e privada.

Neste período, foram editadas: a lei sueca de 11/5/73, a lei dinamarquesa de 18/6/78 e a lei austríaca de 18/10/78, que já é de transição.

A segunda fase se caracteriza por normas menos rigorosas para criação de arquivos e pela preocupação com relação à tutela dos direitos fundamen-

---

[27] A propósito da proteção de dados e a dignidade humana, RODOTÀ, Stefano. Privacy, freedom and dignity, In: *Closing remarks at the 26 th Internacional Conference on Privacy and Personal Data Protection*, Wroclaw, Polonia, september 16, 2004.

[28] Sobre o direito ao esquecimento, FERRI, Giovanni B. *Privacy* e libertà informatica. In: ALPA, Guido; BESSONE, Mario. Banche dati telematica e diritti della persona, QDC, Padova, 1984, p. 51.

[29] http://europa.eu.int/futurum

[30] Importante referir também a experiência nos EUA: o *Freedom of Information Act* (1974) e o *Freedom of Information Reform Act* (1986), que visam assegurar o acesso e à retificação ou complementação das informações. No direito norte-americano, a preocupação se centra nos dados armazenados na administração pública. Estima-se que aí estão cerca de 50% dos dados informatizados do mundo, segundo Robert M. Gellman, "Les trois piliers de la politique de diffusion de l'information publique aux États-Units", Revue française d'administration publique, nº 72, octobre-décembre 1994, p. 602. Por isso, evidentemente merece preocupação os bancos de dados públicos, pela quantidade de informação armazenada nos EUA.

tais. São exemplos deste período: a lei francesa de 6/1/78, a lei suíça de 1981, a lei da Islândia de 26/5/81 e a de Luxemburgo de 30/3/79.

A legislação francesa aporta uma contribuição importante para o âmbito jurídico de proteção de arquivos informatizados, que é a criação da Agência Nacional para proteção de dados. O objetivo do organismo de controle é garantir a segurança e o resguardo da informação pessoal.

O Convênio de Estrasburgo de 28/1/81 marca a terceira fase, que se caracteriza pela unificação do direito europeu. O objetivo é a garantia dos direitos e a tentativa de não obstaculizar o desenvolvimento do setor informático. São deste período a lei do Reino Unido de 12/7/84, a nova lei alemã de 20/12/90, a primeira lei de Portugal de 20/4/91, modificada pela de 26/10/98, a lei espanhola de 31/10/92, revogada pela de 13/12/99, bem com a lei italiana de 31/12/96.

Atualmente, a última grande novidade em termos de direito comunitário é a Diretiva 95/46, de 24/10, que, além da unificação dos grandes rumos da legislação de dados informatizados na Europa, tenta possibilitar a livre circulação dos mesmos, especialmente no âmbito da Comunidade Européia.

Na Alemanha, devido à anulação parcial da Lei de Censo da população de 1982, pela sentença do Tribunal Constitucional, em virtude da sentença de 25/12/83.[31] O Tribunal extrai do direito fundamental do livre desenvolvimento da personalidade, a faculdade de cada indivíduo de dispor principalmente sobre a revelação e o uso de seus dados pessoais para a proteção em função da autodeterminação informativa. Inicia-se, então, um trabalho para aperfeiçoar a lei federal de proteção de dados, aprovada em 20/12/90. A concepção básica da lei não modificou com relação à legislação de 1977. Trata-se de uma lei que preenche lacunas do ordenamento jurídico e desempenha uma função subsidiária, ainda que não complete a totalidade do sistema normativo correspondente.

A mudança substancial que a lei aporta, com relação à anterior é a que se refere ao bem protegido. Estatui como fim o objeto legal, o de proteger os dados pessoais contra os abusos a que pudesse dar lugar o armazenamento, cessão, modificação e eliminação dos dados, visando a impedir assim toda a lesão dos interesses legítimos das pessoas.

A lei alemã de 1990 estabelece um conjunto de princípios que afetam ao recolhimento e ao processamento dos dados. Esta lei pertence à terceira geração sobre a matéria, com as características da legislação unificada e a tentativa de não impedir a circulação dos dados. Introduz o Princípio da Finalidade, que já havia sido definido pelo Convênio 108 do Conselho de Europa. Substitui a noção de responsável do banco de dados pelo de orga-

---
[31] Boletín de Jurisprudencia Constitucional nº 33, enero de 1984, p. 137.

nismo depositante. Por fim, a organização, o sistema de controle e a fiscalização se diversificam em função do caráter público ou privado das entidades que armazenam os dados.

A terceira geração se caracteriza, ainda, por alguns Estados preverem na Constituição esta matéria e pela perspectiva de direito unificado. Neste contexto, o importante aporte da Diretiva Comunitária 95/46, que contempla a garantia de proteção à intimidade com relação ao tratamento informatizado de dados pessoais.

Na Itália, após a edição da Diretiva, foi promulgada a Lei n° 675, de 31/12/96. O estatuto legal italiano não pretende somente se adequar ao rumos da legislação européia. A pessoa, seja com a titularidade singular ou coletiva, é colocada no centro do ordenamento e é provida de uma garantia específica no setor da informação, que atualmente é o setor mais dinâmico e de maior desenvolvimento na sociedade. O texto legislativo contém duas formas de proteção: uma para o setor público e outra para o privado. O aspecto público concerne à liberdade de iniciativa econômica e ao bom funcionamento da Administração com a proteção dos direitos dos administrados. Com relação à pessoa, considerada em sua dimensão individual ou coletiva, a legislação prevê: direito à intimidade e à identidade pessoal, respeito à liberdade fundamental e respeito à dignidade humana. Esta nova legislação é estreitamente relacionada com os novos caracteres da sociedade informatizada.

Na Espanha, a previsão normativa começa com o art. 18.4 CE.[32] A Constituição espanhola, junto com a portuguesa,[33] são as duas únicas da Europa a prever o problema dos dados informatizados e a intimidade. São as Constituições mais jovens[34] da Europa ocidental, que estão atentas a essa problemática. A primeira possui uma vantagem sobre a segunda, uma vez que contém o tratamento da matéria de forma mais sistemática e sucinta. A Espanha, visando a adequar-se ao comando da Diretiva Comunitária, editou a Lei Orgânica de Proteção de dados – LOPD (Lei n° 15, de 13/12/99), em substituição à LORTAD (Lei n° 5/92).

A principal novidade que traz a nova lei espanhola é a ampliação de seu objeto, que até então vinha restrito à proteção da honra e intimidade

---

[32] O art. 18.4, da CE dispõe: "A lei limitará o uso da informática para garantir a honra e a intimidade pessoal e familiar dos cidadãos e o pleno exercício dos direitos".

[33] A Constituição portuguesa, em seu artigo 3°, disciplina a utilização da informática e em seu artigo 26, diz respeito a outros direitos pessoais, entre eles a reserva da intimidade da vida privada e familiar.

[34] Costuma-se estabelecer como marco as Constituições do segundo pós-guerra. Assim, na Alemanha, a Lei Fundamental de Bonn de 1949, as Constituições Francesa de 1958 e a Italiana de 1947, todas elas ainda em vigor. Estas Constituições vão influenciar a mudança das Cartas, após a queda de Salazar e Franco com a mudança dos regimes políticos. Tal exigiu a elaboração de novas Constituições em Portugal e na Espanha. Estas, por sua vez, influenciaram o modelo brasileiro na Constituição de 1988. Tratam o tema com acuidade, dentre outros: Jorge Miranda, *Manual de Direito Constitucional*, tomo I, 4ª ed., Coimbra Ed., 1990 e Marcello Cerqueira, *A Constituição na História – origem e reforma*, Ed. Revan, Rio, 1993.

pessoal e familiar dos cidadãos, diante do tratamento de seus dados. A inovação ocorre em duplo aspecto: a) incluem-se no âmbito de proteção da lei todos os bancos de dados, informatizados ou não. Esta é a principal obrigação derivada da Diretiva Comunitária que deveria ser objeto de transposição no direito interno, ao estender a proteção aos arquivos não informatizados; b) protege-se o tratamento de dados pessoais, agora, com relação ao conjunto de liberdades públicas e direitos fundamentais das pessoas, embora permaneça a especial ênfase no âmbito da intimidade.

Desta maneira, o direito comunitário evoluiu no sentido da Diretiva Comunitária e rumo à Constituição Européia, assinalando nitidamente a unificação das disposições jurídicas.

4. A *privacy* e sua criação doutrinária nos EUA

O direito à intimidade, *the right to privacy*,[35] surgiu por criação de Samuel Warren e Louis D. Brandeis, sendo que este último, posteriormente, foi juiz da Suprema Corte. O Senador Samuel Warren considerou que a imprensa de Boston tinha exagerado ao divulgar notícias reservadas sobre o matrimônio da sua filha. Warren pediu ajuda ao jurista Brandeis, a fim de verificar se a *common law* oferecia uma norma para proteger a intimidade do cidadão. A partir da análise dos precedentes, documentou-se o reconhecimento na *common law* de um direito geral à *privacy*, reconstruído por meio dos casos de violação de propriedade (*property*), violações da confiança (*breach of confidence*), violações do direito de autor (*copyright*) e também dos casos de difamação (*defamation*). A conclusão a que chegaram foi de que, através do direito geral à *privacy*, era possível obter uma proteção jurídica também no caso de a violação da vida privada ocorrer por meio da imprensa. As conclusões foram publicadas num artigo em 1890.

A doutrina de Warren e Brandeis parte dos clássicos direitos de liberdade e propriedade para defender o direito a ser deixado em paz. Dessa maneira, o direito à liberdade assegura direitos civis, e o direito à propriedade assegura toda forma de posse, de conteúdo material ou não. Partindo do direito de propriedade, surgem o direito de propriedade intelectual e criação artística, cada vez com conteúdo mais imaterial, até chegar à *privacy*, como um direito autônomo. Partiu-se da *privacy-property*, que se configurava como uma relação entre o particular e sua vida privada, e, em

---

[35] Warren, 1890, p. 193-220. O motivo que impulsionou Warren a escrever este artigo foram as intromissões escandalosas dos jornais de Boston na sua vida familiar. Para a tarefa, convidou Brandeis, que posteriormente acedeu a juiz ao Tribunal Supremo Federal. O direito a ser deixado em paz, da expressão inglesa *the right to be let alone*, surge com a difusão generalizada da imprensa e a sua possibilidade de interferir na vida privada.

conseqüência, com a faculdade de fazer públicas certas manifestações quando se entende oportuno. A *privacy* se via atacada somente naqueles casos em que um estranho entrava no círculo de confiança de outra pessoa. A vulnerabilidade era verificada somente por meio de intromissões físicas. Posteriormente, a *privacy* se associou com a idéia de liberdade, configurando-se a inviolabilidade da personalidade humana.

Warren e Brandeis[36] conseguiram que, três anos depois da publicação do artigo, um Tribunal utilizasse pela primeira vez a expressão *privacy*. O Tribunal de Geórgia, em 1905, reconheceu o direito à intimidade na vida privada. O impulso notável ocorreu com o caso "Griswold x Connecticut",[37] julgado pela Corte Suprema Americana em 1965, quando se declarou que o direito à intimidade está implicitamente contemplado na Constituição dos EUA, conferindo-lhe uma notável extensão.

Em 1960, Willian Prosser[38] propôs uma sistematização do conceito de *privacy*, que até então tinha se desenvolvido em relação a casos concretos. Estes representam quatro situações diferentes de violação da *privacy* protegidas pela *common law* nos Estados Unidos: a) intromissão na solidão da vida de uma pessoa ou nos seus assuntos privados; b) divulgação de fatos embaraçosos que afetam o cidadão; c) publicidade que poderia desprestigiar o indivíduo ante a opinião pública; d) apropriação (com vantagens para a outra parte) do nome ou do aspecto físico do litigante.

No direito norte-americano, a intimidade apresenta quatro facetas. A primeira consiste em que não haja intromissão no círculo íntimo de uma pessoa, mediante uma conduta ofensiva e/ou molesta. A segunda é marcada pela divulgação de fatos privados pertencentes ao círculo íntimo da pessoa, bem como pelo "direito ao esquecimento", no caso de fatos verdadeiros que, pelo passar do tempo ou por alguma mudança na vida da pessoa, já tinham deixado de ser conhecidos. A divulgação desses dados atenta ao direito à intimidade. Em terceiro lugar está a apresentação ao público de circunstâncias pessoais sob uma falsa aparência – *false light in public eye*. É o caso de divulgar fatos relacionados a uma pessoa com um aspecto deformado ou equivocado. A quarta faceta diz respeito à apropriação, em benefício próprio, do nome ou imagem de outra pessoa. No direito brasileiro, seria o direito à própria imagem.

O direito à intimidade nos Estados Unidos apresenta um conteúdo muito mais amplo do que na Espanha. É importante desde agora destacar que, conforme o sistema legislativo, diferente será a configuração do direito à intimidade.

---

[36] Cf. Herrero-Tejedor, 1994, p. 39.
[37] *Ibid.*, p. 41.
[38] PROSSER, Willian. Privacy, *California LR*, California, v. 48, n. 3, 1960, p. 389.

5. A eficácia horizontal e o direito à intimidade

Inicialmente, a Constituição somente limitava os poderes do Estado, por isso a importância em atribuir eficácia aos dispositivos constitucionais. Assim, a grande novidade consistiu em que o cidadão pudesse opor direitos contra o Estado, o que se denomina eficácia vertical. Em contraposição, as relações modernas costumam acontecer muito mais na denominada esfera privada,[39] ou seja, do indivíduo com relação a grupos, o que se reconhece como eficácia horizontal.

Os conflitos não mais se situam na polaridade Estado x cidadão,[40] mas nas relações grupo x indivíduo. Isso ocorre porque alguns grupos econômicos possuem poder paralelo ao Estado, decorrente, em alguns casos, das privatizações, em que muitos serviços públicos são prestados por empresas privadas. O desenvolvimento da *drittwirkung*,[41] também conhecida por eficácia diante de terceiros ou eficácia horizontal, é hoje questão principal nos direitos do indivíduo. Os litígios foram progressivamente se deslocando do plano das relações públicas para o das privadas.

É necessário fazer uma crítica à expressão *eficácia horizontal*, pois, apesar de as relações situarem-se na esfera privada, não estão necessariamente na mesma categoria. Um exemplo disso é uma grande empresa e os trabalhadores ou as instituições financeiras e seus clientes, sendo que ambos podem afrontar o direito à intimidade com seus arquivos. O desenvolvimento da eficácia horizontal se constitui numa normatização jurídica que tenta compensar as desigualdades fundamentais. Nessa conjuntura, um novo desafio está proposto ao jurista, pois, uma vez que as relações se tornaram mais complexas e dissimuladas, o poder tende a assumir muitas faces.

---

[39] Apesar de a contraposição do público com relação ao privado ser típica do Liberalismo e cada vez mais ocorrer o fenômeno a que se denomina de publicização do privado, serve para exprimir a idéia das relações que se dão entre os particulares.

[40] No dizer de Natalino Irti: "O Código Civil perdeu, por um lado, todo valor 'constitucional': as liberdades políticas e civis, o direito da propriedade, a iniciativa privada econômica recebem hoje a tutela da Constituição, isto é, das normas hierarquicamente superiores." (IRLI, Natalino. *La edad de la descodificación*. Barcelona: Bosch, 1992, p. 35.). (N.T.: Tradução livre da tradutora. *Vide* original na bibliografia.)

[41] Não obstante a eficácia dos direitos fundamentais terem se desenvolvido a partir da década de 1950, isso não é uma total novidade na história constitucional. A declaração dos direitos do homem de 1789 não afirmava somente o valor dos direitos fundamentais com relação ao Estado. Conduzia-se também contra os privilégios da nobreza e do clero, contra as posições desiguais em virtude da classe social e do poder econômico no âmbito privado. O Estado deveria assegurar a liberdade no âmbito privado. Somente com a teoria Liberal individualista surgiram duas idéias: a função dos direitos fundamentais é a defesa dos indivíduos com relação ao Estado (direitos de defesa), b) o direito privado possui seu próprio direito, sobretudo códigos, apartado do direito constitucional, no dizer de Canotilho. (CANOTILHO, 1991, p. 608).

Claphan[42] utiliza a expressão "privatização dos direitos fundamentais", retomando a Constituição como norma[43] na qual se assenta a unidade do ordenamento jurídico e agregando a influência do direito privado. A Constituição se converte em elemento de unidade e integração do ordenamento jurídico, no dizer de Smend.[44]

García-Pelayo[45] utiliza o termo "complexo público-privado" valendo-se da denominação dos norte-americanos, no sentido de que "muitas das funções do Estado são levadas a efeito por entidades privadas ao mesmo tempo em que estas não podem cumprir seus fins privados sem participar nas decisões estatais".

A antiga distinção público e privado cede diante da tendência atual de privatização. Como conseqüência disso, cada vez mais serviços que eram prestados pelo Estado deixam de ser públicos. As instituições financeiras, além de moverem grandes quantias patrimoniais, armazenam grande quantidade de dados, isto é, de informações sobre seus clientes. Esse fenômeno demanda repensar os temas de direito público.

Desse modo, uma leitura tradicional dos direitos fundamentais como direitos oponíveis diante dos poderes públicos deixaria os indivíduos sem a tutela jurídica dos direitos fundamentais na esfera privada. A célebre dicotomia público-privado, que ocorreu no período do Estado Liberal,[46] pode ser um instrumento arbitrário para excluir grupos e pessoas vulneráveis da proteção conferida pelos direitos fundamentais.

A filosofia abstencionista do Estado-liberal entra em crise quando a consciência da marginalização se generaliza nos amplos setores populares e se conecta aos problemas de conflitos da sociedade de massa. Como alternativa ao Estado-liberal, surge o Estado-social.

Os direitos sociais requerem estrutura para sua implantação, porque são demandas positivas com cunho prestacional oponíveis ao poder público, por exemplo: saúde, segurança, educação e cultura, etc. O direito à intimi-

---

[42] CLAPHAN. *Human Rights in the Private Sphere.* Oxford: Clarendon Press, 1989, p. 343, *apud* BILBAO UBILLOS, Juán Maria. *La eficacia de los derechos fundamentales frente a particulares.* Madrid, CEC, 1997, p. 256.

[43] García de Enterría, Eduardo. *La Constitución como norma y el Tribunal Constitucional.* 3. ed. Madrid: Civitas, 1994.

[44] Cf. SMEND, Rudolf. *Constituicón y Derecho Constitucional.* Madrid: CEC, 1982. p. 132: "A Constituição é a ordenação jurídica do Estado, melhor dito, a finalidade desse processo é a perpétua reimplantação da realidade total do Estado: e a Constituição é a plasmação legal ou normativa de aspectos determinados desse processo". (N.T.: Tradução livre da tradutora. *Vide* original na bibliografia.)

[45] García-Pelayo, Manuel. *Las transformaciones del Estado Contemporáneo.* 3. ed. Madrid: Alianza, 1982, p. 25.

[46] A forma liberal de tratar as relações sociais no período liberal são as distinções entre Estado/sociedade, público/privado, indivíduo/grupo, direito/político, objetivo/subjetivo, etc. A grande dicotomia: público e privado. Bobbio, Norberto. *Estado, governo e Sociedade.* 4. ed. São Paulo: Paz e Terra, 1992, p. 33-49.

dade começa num aspecto negativo, o direito a não ser molestado,[47] e evolui em direção a um aspecto positivo, o direito a pedir prestações concretas do Estado. Daí resultam a objetividade dos dados, o direito ao esquecimento, a necessidade de prazo para armazenamento de informações negativas e a comunicação de repasse de dados, a fim de favorecer o direito de acesso e retificação de informação.

O limite apontado pelo art. 18.4 da Constituição espanhola (CE) não é imposto somente aos organismos públicos. O legislador constituinte não restringiu o campo de aplicação dessa garantia. É evidente que o uso indevido da informática se constitui numa ameaça aos direitos que independe da natureza pública ou privada de quem armazena os dados. Inclusive, é crescente o número de problemas no setor privado.[48] É possível apontar alguns setores potencialmente conflitivos nesse âmbito, como entidades financeiras e de crédito, companhias de seguro e de segurança privada e empresas de venda e de envio de mala-direta.

A propósito da eficácia mediata ou imediata[49] com relação ao art. 18.4, a própria Constituição aponta para a necessidade de mediação do legislador, o que efetivamente ocorreu;[50] no entanto, alguns efeitos sem dúvida foram concedidos.

Bilbao Ubillos[51] reúne as concepções em três classificações: a) as que negam a *drittwirkung* aos direitos fundamentais,[52] b) as que defendem a

---

[47] WARREN, 1890, p. 193-220. Vide notas n. 6 e 103.
[48] BILBAO UBILLOS, 1997, p. 778, (In nota nº 767), relata um fenômeno preocupante das empresas privadas que fazem comércio aberto dos dados pessoais. Inclusive no início de 1992 se descobriu na Espanha uma ampla rede de compra e venda desse tipo de dados informatizados que souberam aproveitar o vazio legal. Empresas comerciais e instituições financeiras solicitam informação acerca da solvência e o grau de cumprimento de morosos ou de condutores com alto índice de sinistralidade (junto às companhias de seguro de carros), são as conhecidas "listas negras". Essas listas circulam sem que os afetados tenham conhecimento delas, mas podem, no entanto, lhes causar graves prejuízos.
[49] Vide o desenvolvimento das posições por BILBAO UBILLOS, op. cit., p. 289-327.
[50] Enquanto não havia a promulgação da LORTAD, o TC fez a aplicação do dispositivo pela STC 254/93.
[51] BILBAO Ubillos, op. cit., p. 278.
[52] Nos quais se encontra Ernst Forsthoff, (FORSTHOFF, Ernst. *El Estado de la sociedad industrial*. Madrid: Instituto de Estudios Políticos, 1975, p. 124 e p. 262-263), respectivamente citados por BILBAO UBILLOS, op. cit., p. 278-279, "para que os direitos fundamentais possam cumprir uma função social, não é necessário renunciar a sua configuração como limites ao poder do Estado". Forsthoff tem claro que "a liberdade significa distanciamento do indivíduo frente ao Estado". Assim, "o mais razoável é manter a função protetora dos direitos fundamentais dentro dos limites de eficácia que desde sempre se lhes atribuiu, e que permitiu apresentá-los como defesa diante das intervenções soberanas". (N.T.: Tradução livre da tradutora. Vide original na bibliografia.) Nessa classificação, com posições um pouco mais distintas, as afirmações de G. Amato, A. Favre, J. F. Aubert, etc. O denominador comum entre os que rechaçam a *drittwirkung* dos direitos fundamentais é "a ênfase com a qual se denunciam os riscos que essa doutrina entranha para a liberdade contratual e a segurança jurídica. Esses autores chamam a atenção sobre a lógica de liberdade que atravessa o direito civil. Suas normas se apresentam como um modelo de equilíbrio na defesa das liberdades individuais, de modo que a irrupção dos direitos garantidos diretamente pela Constituição neste marco de paz social e liberdade seria perturbadora, produziria 'entrecruzamentos e colisões' e conduziria em última instância a uma 'inflação protetora'". Em síntese,

eficácia mediata, que pode ser dividida em:b.1) mediação do legislador e b.2) mediação do juiz;c) as que reconhecem a eficácia imediata.

O direito previsto no art. 18.4 da CE pode ser classificado na eficácia mediata, porque é pendente da mediação do legislador.

A teoria da eficácia mediata ou indireta é uma solução intermediária que condiciona a operatividade dos direitos fundamentais no campo das relações privadas à mediação de um órgão do Estado, seja a figura do legislador ou do juiz.

Alexy[53] vai mais adiante e estatui os direitos de proteção, sendo que os direitos do titular podem ser oponíveis contra o Estado, para que esse o proteja de intervenções de terceiros. Propugna, inclusive, a possibilidade de um direito subjetivo constitucional[54] frente ao Estado, a fim de que este realize ações positivas fáticas ou normativas que tenham como objetivo a delimitação das esferas de sujeitos jurídicos de igual hierarquia.

Na realidade, é problemático definir em que consiste essa obrigação de proteção assumida pelo Estado e qual é seu alcance. A inércia do legislador é de difícil fiscalização judicial,[55] e sua conseqüência ocorre principalmente na esfera política. A questão primordial é que o problema dos direitos fundamentais em relação aos particulares ocorre pelas abstenções de realizações estatais. Responsabilizar o Estado por todas as condutas omissivas ou comissivas não é algo que resolva os problemas.

A necessidade de mediação do legislador parece hoje inconteste, pois ninguém discute o papel preferente do legislador democrático na efetividade dos direitos fundamentais.

É possível sustentar a eficácia imediata, ainda que residual, dos direitos fundamentais nas relações privadas, porque, no ordenamento espanhol, as normas constitucionais são as que garantem que os direitos fundamentais sejam de aplicação imediata, pelas disposições do art. 53.1 da CE. No entanto, há outras disposições cuja plena efetividade está subordinada a uma intervenção do legislador. A pioneira nesse assunto foi a STC 254/93,[56] referente ao uso abusivo da informática de que trata o art. 18.4 da CE. O

é "a convicção de que a *drittwirkung* possa ser uma espécie de 'cavalo de tróia' que destruiria o sistema articulado sobre a base da autonomia privada" (BILBAO Ubillos, 1997, p. 283). (N.T.: Tradução livre da tradutora. *Vide* original na bibliografia).

[53] Alexy, Robert. *Teoría de los Derechos Fundamentales*. Madrid: CEC, 1997, p. 435.

[54] *Ib.*, p. 437-438.

[55] Constituição Portuguesa (art. 283) prevê a ação de inconstitucionalidade por omissão quando o Tribunal Constitucional verificar a inércia do legislativo. No entanto, não há fixação de prazo para a adoção das medidas cabíveis, até porque não se pode obrigar o legislativo a legislar. O mesmo ocorre com a Constituição Brasileira, art. 103, § 2º, com uma diferença: tratando-se de cientificação do órgão administrativo, o cumprimento deverá ocorrer em 30 dias, e, no caso do Poder Legislativo, não há prazo.

[56] STC 254/93, de 20 de julho.

Tribunal Constitucional (TC) assim se manifestou: "os direitos para obter informação exercitados pelo demandante de amparo (...) formam parte do conteúdo mínimo que consagra o art. 18 da CE com eficácia direta (...)" (F° 6°). Então surge o problema "de qual deve ser esse conteúdo mínimo, provisional, com relação a esse direito ou liberdade que o cidadão deve encontrar garantido, inclusive na ausência de desenvolvimento legislativo do mesmo". O TC conclui com relação ao mínimo que a "liberdade informática" compreende, em virtude dos dispositivos da Constituição, "o direito a controlar o uso dos mesmos dados inseridos num programa informático *habeas-data*" (F° 7°).

Com relação aos efeitos no direito constitucional, o TC se manifestou quando ainda não havia o desenvolvimento legislativo. A STC 254/93[57] aponta que a ausência de desenvolvimento legislativo (período anterior à edição da LO 5/92 – LORTAD) não priva totalmente de eficácia esse direito, que, por força da Constituição, possui um conteúdo mínimo a ser protegido. Os efeitos são em relação aos bancos de dados administrados pelos setores público e privado.[58]

Além de incidir no setor público, a lei também incide no privado, como, por exemplo, nas relações de trabalho, nas entidades financeiras e creditícias, nas companhias de seguros e nas empresas comerciais.

Bilbao Ubillos[59] afirma que a doutrina da eficácia mediata que aponta a intervenção do legislador como "condição para reconhecimento do próprio direito nesse plano"[60] nega a eficácia dos direitos fundamentais. A intervenção do legislador não pode ser um trâmite indispensável. A atuação não tem um caráter constitutivo, senão meramente declaratório.[61] O direito fundamental "poderá ser invocado diretamente, em ausência de uma regulação legal, e será possível obter a oportuna satisfação com seus próprios critérios, a partir da ponderação".[62]

---

[57] Conforme BILBAO Ubillos, 1997, p. 777. Nessa decisão, reitera-se a doutrina propugnada pela STC 15/82 com respeito à aplicabilidade imediata do direito à objeção de consciência e à direta exigilibilidade, enquanto não se desenvolva o mandato constitucional de um mínimo de conteúdo, que há de ver-se desenvolvido e completado pelo legislador. Nesse caso, os direitos a obter informação exercitados pelo demandante de amparo formam parte, sim, segundo o Tribunal, "do conteúdo mínimo que consagra o art. 18 da CE com eficácia direta" (F°6°). (N.T.: Tradução livre da tradutora. *Vide* original na bibliografia.)

[58] A experiência norte-americana é no sentido inicial de ocupar-se unicamente do tratamento desses dados nas instituições públicas, a *Privacy act* de 1974. Posteriormente, foram aprovadas leis setoriais e estatais que se ocupam das entidades privadas (bancos, instituições financeiras, companhias de seguros, etc).

[59] Bilbao Ubillos cita o pensamento de J.Jiménez Campo, sustentando que a intervenção do legislador é condição para o reconhecimento do próprio direito neste plano, alheio já às relações jurídico-públicas normatizadas de modo direto pela Constituição". (BILBAO UBILLOS, 1997, p. 296).

[60] N.T.: Tradução livre da tradutora. *Vide* original na bibliografia.

[61] BILBAO Ubillos, *op. cit.*, p. 297.

[62] *Ibid.*, p. 297.

Ao juízo de Bilbao Ubillos,[63] "um direito cujo reconhecimento depende do legislador não é um direito fundamental. É um direito de categoria legal, simplesmente. O direito fundamental se define justamente pela indisponibilidade de seu conteúdo pelo legislador. (...) Daí que o termo 'eficácia mediata' denote um equívoco. Aqueles que defendem a necessidade de uma mediação legal como uma obrigação para o reconhecimento do direito estão negando, na realidade, a eficácia 'horizontal' dos direitos fundamentais".[64]

Assim, a aplicabilidade é uma conseqüência do direito fundamental. A intervenção do legislador ocorrerá para explicitar o conteúdo da regra. O legislador, obviamente, não pode prever tudo, e os critérios e a ponderação serão estabelecidos pelo Poder Judiciário. Isso transcende à questão dos direitos fundamentais e sua eficácia com relação a terceiros.

No que se refere à mediação do juiz, é importante destacar a doutrina do Tribunal Constitucional Federal (TCF), que parte da incapacidade das disposições constitucionais para solucionar diretamente um conflito entre particulares. Para fazer a conexão entre a normativa constitucional e o direito privado, incidem os valores. Essa doutrina pressupõe o significado objetivo dos direitos fundamentais, uma característica sublinhada pela teoria dos valores.

A tese da eficácia mediata foi acolhida pelo TCF no célebre caso "Lüth-Urteil".[65] O Tribunal começa por reconhecer que a Constituição não é um ordenamento ligado a valores, rechaçando expressamente uma interpretação positivista desvinculada de todo fundamento axiológico. Assim, a Constituição não quer ser uma ordenação neutral e, por isso, regulou no capítulo dos direitos fundamentais uma ordem objetiva de valores, fundada no respeito à dignidade da pessoa humana e no livre desenvolvimento da personalidade, que deve valer como decisão fundamental do Direito Constitucional para todos os ramos do direito.

---

[63] *Idem.*, p. 297.
[64] N.T.: Tradução livre da tradutora. *Vide* original na bibliografia.
[65] BILBAO Ubillos, 1997, p. 305 e 309, (BverfGE 7, 198), de 15/1/1958. Lüth, diretor de uma agência de imprensa de Hamburgo, apresentou recurso porque tinha sido condenado a cessar sua incitação ao boicote de um filme do diretor Harlan suspeito de conexões com o nazismo. O argumento de que Lüth deveria ter sido mais comedido ao expressar sua opinião em atenção a Harlan e aos interesses profissionais não foi acolhido. Quando está em jogo a formação da opinião pública sobre um assunto de relevante interesse público, os interesses privados (em particular, os de caráter econômico) devem ceder ante o direito fundamental. O Tribunal censurou a atitude do órgão judicial porque não levou em conta as modificações do direito privado que resultam da conexão com as normas que garantem os direitos e liberdades fundamentais. Ao vincular a lei ou a cláusula geral, o que se aplica como regra de decisão do litígio é uma norma de direito privado. A eficácia da norma constitucional seria indireta, por via do direito ordinário.

Ao vincular a lei ou a cláusula geral, o que se aplica como regra de decisão do litígio é uma norma de direito privado. A eficácia da norma constitucional seria indireta, por via do direito ordinário.

A teoria da eficácia mediata pelo juiz é similar, na prática, ao princípio geral de interpretação de todas as normas em conformidade com a Constituição.

No caso "Lüth", o Tribunal assim se manifestou expressamente: "uma controvérsia entre particulares sobre direitos e deveres que derivam de tais normas do direito civil influídas pelos direitos fundamentais segue sendo materialmente e processalmente uma norma de direito civil".[66] A eficácia dos direitos fundamentais, no sentido objetivo, desenvolve-se no direito privado sob a influência das normas legais. O direito privado é interpretado em conformidade com a Constituição. Essa conclusão, na prática, tira a eficácia da *drittwirkung*, isto é, significa sua negação.

A eficácia imediata com relação a terceiros significa sua potencialidade direta, sem mediações. É reconhecer que são direitos subjetivos com *status* constitucional diante de violações procedentes de sujeitos privados, isto é, os direitos fundamentais superam a dicotomia público e privado e se convertem em limitadores do Poder.

A questão que se coloca sobre a eficácia das normas constitucionais com relação a terceiros refere-se aos limites que elas sofrem por influência das relações privadas.

No direito espanhol, a fundamentação da eficácia imediata se encontra em distintos dispositivos constitucionais:[67] a cláusula do Estado Social, o mandato de igualdade substancial e a dignidade da pessoa humana.

Canotilho[68] aponta para a necessidade de uma resolução diferente na atualidade. O problema da eficácia dos direitos, liberdades e garantias na ordem jurídica é no sentido da superação da dicotomia eficácia mediata ou imediata em prol de soluções que levem em conta: a função de proteção dos direitos fundamentais, ou seja, as normas que consagram direitos, liberdades e garantias e direitos análogos indicam os princípios de ordenação objetiva, em especial, deveres de garantia e de proteção do Estado, que são

---

[66] BILBAO Ubillos, 1997, p. 314. (N.T.: Tradução livre da tradutora. *Vide* original na bibliografia.)
[67] *Ibid.*, p. 350.
[68] CANOTILHO, J. J. Gomes. *Direito Constitucional*. 5. ed. Coimbra: Almedina, 1992, p. 607. Cinco exemplos são colocados, a fim de refletir se estão por incidir normas de direito privado ou constitucional para a resolução do conflito. O primeiro caso é referente a um condomínio nos Estados Unidos no qual se proibiu, no contrato, a venda de imóveis a negros. A cláusula viola a Constituição no princípio da igualdade ou no direito civil por ferir a liberdade contratual? – CANOTILHO, J. J. Gomes. Civilização do Direito constitucional ou Constitucionalização do Direito civil ? – A eficácia dos direitos fundamentais na ordem jurídico-civil no contexto de direito pós-moderno *apud* GRAU, Eros Roberto; GUERRA FILHO, Willis Santiago (Org.). *Direito Constitucional: estudos em homenagem a Paulo Bonavides*. São Paulo: Malheiros, 2001, p. 108-115.

eficazes na ordem jurídica privada; b) a necessidade de se considerar a pluralidade de funções dos direitos fundamentais, de maneira a possibilitar soluções distintas, conforme o direito fundamental que esteja em causa; c) a proposição de que a eficácia imediata com relação às entidades privadas dos direitos fundamentais não pretende que os titulares dos direitos, localizados numa posição de igualdade nas relações verticais com o Estado, tenham nas relações horizontais, como em princípio são as relações jurídicas civis, a mesma igualdade.[69] Na realidade, o que tenta a lei é amenizar a desigualdade demasiada, uma vez que uma grande empresa multinacional e um empregado, ou uma companhia de seguro e um segurado, não estão na mesma posição.

A seguir, estatui uma diferenciação[70] entre eficácia horizontal expressamente consagrada na Constituição; eficácia horizontal que necessita da mediação do legislador no âmbito da ordem jurídica privada; eficácia horizontal imediata e mediação do juiz; poderes privados e eficácia horizontal; e o núcleo irredutível da autonomia pessoal.

O constitucionalista português[71] assinala a utilização da informática do art. 35.2 da CRP como norma que consagra direitos, liberdades e garantias, podendo ela mesma estabelecer a eficácia dos direitos na ordem jurídica privada. Como conseqüência disso, aos particulares é facultado, em suas relações com outros sujeitos privados, requererem eficácia imediata às normas constitucionais que expressamente vinculam os atos das entidades submetidas aos direitos fundamentais.

A eficácia imediata é uma leitura possível a partir do art. 9º, "b", da CRP, apesar do teor do art. 35.2[72] da CRP, que remete à definição legal. Destarte, o direito ao acesso dos dados está sem dúvida garantido com as condições do seu exercício, ficando pendente apenas o conceito de dados pessoais na regulamentação legal.

No direito brasileiro não existe artigo similar[73] ao da Constituição Portuguesa. O art. 5º, LXII, CF regula a concessão de *habeas data,* e a intimidade encontra proteção em sede constitucional, art. 5º, X, CF. Vale assinalar que o art. 5º, §1º, CF dispõe que as normas definidoras de direitos e garantias fundamentais têm aplicação imediata.

---

[69] Já se fez uma crítica à expressão eficácia horizontal, uma vez que as partes da causa não estão na mesma posição, inexistindo a igualdade.
[70] Canotilho, 1992, p. 608-10.
[71] *Ibid.*, p. 608-609.
[72] Art. 35.2. A lei define o conceito de dados pessoais, bem como as condições aplicáveis a seu tratamento automatizado, conexão, transmissão e utilização, e garante sua proteção pela entidade administrativa independente.
[73] Considerando o art. 18.4 da CE e o art. 35.2 da CRP.

6. A importância do direito à intimidade diante da informática: os perfis de consumo

A necessidade de proteger o cidadão juridicamente se origina no fato de que os dados possuem um conteúdo econômico, pela possibilidade de sua comercialização. Devido às novas técnicas da informática, a intimidade adquire outro conteúdo, uma vez que se tenta resguardar o cidadão com relação aos dados informatizados. Um cadastro pode armazenar um número quase ilimitado de informação. Assim, o indivíduo que confia seus dados deve contar com a tutela jurídica para que estes sejam utilizados corretamente, seja em entidades públicas ou privadas.

Os dados traduzem aspectos da personalidade e revelam comportamentos e preferências, permitindo até traçar um perfil psicológico dos indivíduos. Dessa maneira, podem-se detectar hábitos de consumo, que têm grande importância para a propaganda e o comércio. É possível, por meio dessas informações, produzir uma imagem total e pormenorizada da pessoa, que se poderia denominar de traços de personalidade, inclusive na esfera da intimidade. O cidadão converte-se no denominado "homem de cristal".[74]

As novas tecnologias[75] tornam a informação uma riqueza fundamental da sociedade. Os programas interativos criam uma nova mercadoria. O sujeito fornece os dados de uma maneira súbita e espontânea e, por conseguinte, depois que estes são armazenados, esquece-se[76] de que os relatou. Por isso, é um desafio oferecer proteção à intimidade com relação a esses serviços.

Os meios de comunicação interativos modificam a capacidade de coleta de dados, instituindo uma comunicação eletrônica contínua e direta entre os gestores dos novos serviços e os usuários. Portanto, é possível não só um controle do comportamento dos usuários, mas também um conhecimento mais estreito de seus costumes, inclinações, interesses e gostos. Disso deriva a possibilidade de toda uma série de empregos secundários dos dados recolhidos.

Quanto mais sofisticados são os serviços oferecidos, maior é a quota de informação pessoal deixada pelo indivíduo nas mãos do provedor do serviço, e tal informação pode ser utilizada para a criação de perfis individuais e coletivos de usuários. Além disso, quanto maior é a extensão da rede

---

[74] Sentença de 15/12/83, do TC Alemão, BJC n. 33, jan. 1984, p. 137.
[75] Fernandez Esteban, María Luisa. *Nuevas tecnologías, Internet y derechos fundamentales*. Madrid: McGraw-Hill, 1998, p. 138.
[76] Zeno Zencovich, Vicenzo. I nuovi sistemi telematici interattivi e la tutela del diritto all'identità personales, QDC, In: Banche Dati Telematica e Diritti della Persona, CEDAM, Padova, 1984, p. 295-307. O problema dos dados interativos é que, depois de armazenados, o sujeito tende a esquecer que os forneceu.

dos serviços, mais crescem as possibilidades de interconexão entre os cadastros ou bancos de dados e a disseminação internacional da informação recolhida.[77]

Por fim, a seguinte notícia ilustra o que aqui se pretende desenvolver: "Loja filma todas as reações de seus consumidores".[78] Diante da constatação de que as pessoas omitem ou alteram informações quando são questionadas em pesquisas de consumo, determinada loja de departamentos[79] resolveu usar centenas de câmeras de circuito interno de TV, microfones ultra-sensíveis e uma central de última geração na qual se concentram monitores. Os consumidores são filmados em todas as suas reações: quanto tempo ficam paradas diante de um produto, qual o cartaz de ofertas que foi mais observado, quais são as expressões faciais diante das mercadorias e quais são as reações diante dos preços. O consumidor é observado como um peixe num aquário. Como advertência aos que entram na loja, foi colocado um cartaz com os seguintes dizeres: "Este lugar está sendo filmado para testes; se isso o incomoda, volte quando este aviso não estiver aqui".[80] Ressalte-se que o cartaz está quase sempre no local. Segundo as leis do Estado, os proprietários podem filmar e gravar o quanto quiserem, desde que fiquem longe dos provadores.

Até que ponto um pequeno cartaz é suficiente para advertir os consumidores? O consentimento para a captação dos dados está atendido? Saliente-se que, outras vezes, pode haver câmeras em locais sob o pretexto de vigilância que, na realidade, servem para observar perfis de consumo, em um completo desvio de finalidade.

Os publicitários perceberam que num questionário o consumidor pode alterar as informações, seja sonegando as que entender inadequadas, seja respondendo perguntas de forma inverídica. Assim, com as filmagens, a privacidade do consumidor está sendo fortemente invadida, visto que é mais devassada do que se ele preenchesse um formulário.

A necessidade de proteger o cidadão juridicamente se origina no valor econômico que os dados possuem, ou seja, pela possibilidade de sua comercialização. Diante das novas técnicas da informática, a intimidade adquire outro conteúdo: visa-se a resguardar o cidadão com relação aos dados informatizados. Um arquivo informatizado pode guardar um número quase ilimitado de informações. Assim, o indivíduo que confia seus dados deve

---

[77] Com relação ao tratamento dos dados pessoais e à proteção da intimidade no setor das telecomunicações, a DC 97/66, de 15/12/97, é complementar à DC 95/46. Protege, inclusive, os interesses das pessoas jurídicas.
[78] DÁVILA, Sérgio. Big Brother EUA. *Folha de São Paulo*, São Paulo, p. A23, 16 jun. 2002.
[79] Loja *Once Famous*, em Mineapolis (Estado de Minnesota).
[80] DÁVILA, *op. cit.*, p. A23.

contar com a tutela jurídica para que estes sejam utilizados corretamente, quer se trate de um organismo público ou privado.

As novas tecnologias convertem a informação em uma riqueza fundamental da sociedade. A função da intimidade no âmbito informático[81] não é apenas proteger a esfera privada da personalidade, garantindo que o indivíduo não seja incomodado devido à má utilização de seus dados. Pretende-se evitar, outrossim, que o cidadão seja transformado em números,[82] tratado como se fosse uma mercadoria, sem a consideração de seus aspectos subjetivos.

É significativo que cada vez com maior freqüência sejam realizadas sondagens de opinião e perfis de consumo. Por isso, constitui um desafio oferecer proteção à intimidade com relação a esses serviços.

7. Os dados sensíveis e o princípio da igualdade

Um dos fatos que diferenciam o direito das demais áreas do conhecimento é o de que as declarações, quando registradas, ficam vinculadas ao cidadão que as proferiu. Já não se podem promover alterações tão livremente, o dado está "posto",[83] na medida em que a informação é armazenada no cadastro de um computador. Quando se elaboram as leis no plano normativo, isso é fruto de uma exigência social e, como tal, é dotado de um conteúdo genérico e com força de sanção. Dessa maneira, os critérios de identificação da pessoa devem ser respeitados (seja no âmbito físico, social ou ideal). A finalidade da ordem jurídica, *in casu*, é defender os direitos da pessoa, ou seja, tutelar sua identidade.

A construção jurídica da identidade pessoal se desenvolve a partir dos direitos surgidos com a Revolução Francesa até nossos dias. Os direitos são portadores de tutela de valores e não configuram a identidade ideal mediante proteção jurídica no âmbito singular e coletivo. Dessa forma, a lei não garante a intimidade no sentido ideal, somente no real.

---

[81] A respeito dos reflexos da Internet nas modernas relações de consumo, ver Marques, Cláudia Lima. A proteção do consumidor de produtos e serviços estrangeiros no Brasil: primeiras observações sobre os contratos a distância no comércio eletrônico. *Revista de Direito do Consumidor*, São Paulo, n. 41, p. 39-80, 2002.
[82] Nos bancos de dados com registro negativo, o controle do consumidor inadimplente é feito por números, qual seja por meio do nº do CPF, conforme Leonardo Roscoe Bessa, em: BESSA, Leonardo Roscoe. *O consumidor e os limites dos bancos de dados de proteção ao crédito*. São Paulo: RT, 2003, p. 33.
[83] Em uma analogia ao pensamento de Kelsen, direito posto pelo Estado. Assim, como norma mais elevada, ela tem que ser pressuposta, visto que não pode ser posta por uma autoridade cuja competência teria de se fundar em uma norma ainda mais elevada. (KELSEN, 1985, p. 207).

Os dados de caráter pessoal[84] contêm informação das pessoas físicas que permitem sua identificação no momento ou posteriormente. Na sociedade tecnológica, os cadastros armazenam alguns dados que possuem um conteúdo especial, e por isso são denominados dados sensíveis.[85] Tais dados podem referir-se a questões como ideologia, religião ou crença, origem racial, saúde[86] ou vida sexual. Exige-se que os cadastros que os armazenam contenham uma segurança especial, como forma de evitar que sejam mal utilizados.

Com as cautelas especiais relativas aos dados sensíveis, seja quando são recolhidos,[87] seja quanto à segurança[88] em seu armazenamento, tenta-se garantir que os mesmos não sejam utilizados para outra finalidade ou de maneira equivocada.

O dado pessoal é uma informação que permite identificar uma pessoa de maneira direta. A proteção do dado sensível tenta prevenir ou eliminar discriminações. Pode-se dizer que é uma nova leitura do princípio da igualdade,[89] e sua intenção é a de que os dados armazenados não sirvam para prejudicar as pessoas.

Uma das formas prejudiciais de utilização de informações seria o caso em que um banco de dados que contém dados sobre a religião, sexo ou saúde os concedesse a determinada empresa e assim criasse uma situação de desigualdade. Um exemplo disso seria a hipótese de um trabalhador de determinada religião que não pode, em virtude de suas crenças, trabalhar no sábado. Apesar de poder acomodá-lo em outra jornada de trabalho, como

---

[84] Art. 3, *a* da LO 15/99.

[85] O art.7 e seus aparelhos da LO 15/99 se ocuparam dos dados especialmente protegidos com uma novidade. O art.16.2, CE somente referia a ideologia, religião e crenças. O art.7.1, da LORTAD reproduzia o mesmo. O art.7.2, da LOPD acrescenta os dados de afiliação sindical.

[86] Jañez Ramos, Fernando Maria et al. *La protección de datos personales en el ámbito sanitario*. Navarra: Aranzadi, 2002.

[87] Art. 16.2 da CE e art. 7.2 da LO 15/99, em que se exige o consentimento expresso para o tratamento dos dados de caráter pessoal. A nova lei reforça o consentimento dos cidadãos para que seus dados possam ser tratados. A LORTAD não definia o consentimento, do que agora a LOPD se ocupa, nos arts. 6.1 e 7.2. Assim, o consentimento deverá ser inequívoco nos dados de caráter pessoal e expresso e por escrito nos dados especialmente protegidos. Dessa maneira, é possível concluir que o consentimento seja livre, inequívoco, específico e informado. Sobre a necessidade do consentimento expresso, *vide* STC 202/99.

[88] Sobre a segurança dos cadastros automatizados que contenham dados de caráter pessoal, art.9.2 e art.44.3, "h", da LO 15/99 e, também o Real Decreto 994/99, de 11 de junho.

[89] Os princípios básicos do liberalismo são a liberdade e a igualdade. A Revolução Francesa propugna a "igualdade formal", porque estabelece a fórmula genérica de que todos são iguais perante a lei. A evolução do postulado conduz à "igualdade material". Reconhecem-se algumas distinções como forma de estabelecer uma igualdade na vida real. Dessa maneira, podem ser apontadas situações discriminatórias, em virtude do reconhecimento de características próprias, que não violam o princípio da igualdade. São exemplos dessas situações alguns casos de *aposentadoria em tempo distinto*, em virtude da profissão, a licença maternidade, que é conferida na maioria dos países somente às mulheres, e a discriminação positiva como forma de melhorar a representação política das mulheres nos Parlamentos.

forma de garantir seu direito fundamental de liberdade religiosa,[90] a empresa, conhecendo esse dado de forma antecipada, pode deixar de contratá-lo, admitindo outro trabalhador que não traga essa espécie de problema. No que se refere à saúde, um portador do vírus HIV pode não ser contratado em virtude da doença. A possibilidade de a empresa escolher um trabalhador sadio, no momento da contratação, é muito grande, o que caracterizaria uma discriminação.

Portanto, a divulgação de dados sensíveis pode ocasionar situações de discriminação e prejuízos às pessoas. Desse modo, o princípio da igualdade pode ser vinculado aos dados sensíveis, buscando-se uma maior proteção tanto na sua coleta como na guarda ou na utilização para os fins aos quais foram captados, evitando-se, assim, situações de desigualdade.

8. Bancos de dados de consumo

Para ilustrar a necessidade de disciplina legal, somente o SERASA disponibiliza três milhões de consulta por dia,[91] no tocante aos dados creditícios. No Brasil, ainda não existe proteção jurídica eficaz e disciplinada da intimidade com relação aos bancos de dados informatizados.[92] O instituto que se aproxima, ainda que de maneira tímida, dessa matéria é o *habeas data*,[93] previsto no art. 5º, LXXII, da CF. A Lei nº 9.507/97 estatuiu a

---

[90] STC 19/85, de 13/2, que considerou vulnerado o direito fundamental de liberdade religiosa com relação à demissão, uma vez que havia a possibilidade de mudança do regime de descanso semanal.

[91] Conforme conferência proferida por Silvânio Covas, do departamento jurídico do SERASA, no I Seminário Internacional de Proteção de Dados, Hotel Transamérica, São Paulo, no dia 25/11/2005.

[92] Apesar de o Brasil ter recebido a influência das Constituições portuguesa e espanhola, que contemplam dispositivos de proteção à intimidade relacionada à informática, nossa Carta não institui comando similar. O art. 18.4, da CE dispõe que "A lei limitará o uso da informática para garantir a honra e a intimidade pessoal e familiar dos cidadãos e o pleno exercício dos direitos". A Constituição portuguesa, em seu artigo 3º, disciplina a utilização da informática e, em seu artigo 26, refere-se a outros direitos pessoais, entre eles a reserva da intimidade da vida privada e familiar. Costumam-se estabelecer como marco as Constituições do segundo pós-guerra: a Lei Fundamental de Bonn, de 1949, na Alemanha, as Constituições Francesa de 1958 e a Italiana de 1947, todas elas ainda em vigor. Tais Constituições vão influenciar a mudança das Cartas após a queda de Salazar e Franco com a mudança dos regimes políticos, o que exigiu a elaboração de novas Constituições em Portugal e na Espanha. Estas, por sua vez, influenciaram o modelo brasileiro na Constituição de 1988. Tratam o tema com acuidade, dentre outros: Miranda, Jorge. *Manual de Direito Constitucional*. 4. ed. Coimbra: Coimbra, 1990. Cerqueira, Marcello. *A Constituição na História*: origem e reforma. Rio de Janeiro: Revan, 1993, t. 1.

[93] O *habeas data* foi concebido na Constituição de 1988 como um instrumento essencialmente político. Os membros da Assembléia Nacional Constituinte tinham em mente, sobretudo, os registros do antigo Serviço Nacional de Informações – SNI, durante o regime militar de 1964, conforme Meirelles, Hely Lopes. *Mandado de Segurança, Ação Popular, Ação Civil Pública, Mandado de Injunção, Habeas-Data*. 21. ed. São Paulo: Malheiros, 1999, p. 240. As informações sigilosas, obviamente, restariam protegidas. Não haveria razões para restringir o instituto, sob a alegação de que desborda o conteúdo constitucional. A *mens legis* era específica, visava aos dados constantes nos arquivos do SNI. Essa problemática, todavia, cresceu muito nos últimos anos, adquirindo maiores proporções com relação à

regulamentação do preceito constitucional. O veto presidencial[94] diminuiu o alcance da lei. O âmbito de proteção é ainda muito restrito, uma vez que somente se assegura o conhecimento de informações por parte do cidadão com relação aos bancos de dados de entidades governamentais ou de caráter público. O impetrante fica com a proteção jurídica fragilizada, do ponto de vista da aplicabilidade da norma, sempre que estiver diante de entidade de caráter privado e numa relação que não seja de consumo.[95]

Embora o art. 86 do Código de Defesa do Consumidor – CDC, que dispunha sobre o *habeas data*, tenha sido vetado[96] sob o argumento de que contrariava o art. 5º, LXXII, as regras remanescentes[97] nos arts. 43/4 do CDC, referentes ao banco de dados e cadastros dos consumidores, são muito mais avançadas e protetivas do que a lei que dispunha sobre o *habeas data*.

O § 4º do art. 43 equiparou os arquivos de consumo de qualquer gênero às entidades de caráter público. O art. 5º, LXXII, da CF trata da concessão do *habeas data* com relação aos bancos de dados de entidades governamentais ou de caráter público. Daí se conclui que o consumidor poderá optar entre a proteção conferida pelo CDC ou pelo *habeas data*, sendo o primeiro de conteúdo mais protetivo. Desse modo, percebe-se que as relações privadas nas quais não incide o direito do consumidor estão à margem de

---

idéia da tutela inicial. Para a propositura do *habeas data* em sede judicial, é necessário o esgotamento da via administrativa. Nesse sentido, há a Súmula nº 2 do STJ, desde o tempo em que havia somente o dispositivo constitucional, destituído de regulamentação legal. Tal orientação jurisprudencial foi chancelada pelo parágrafo único do art. 8º da Lei.

[94] "Art. 1º (Vetado). Parágrafo único – Considera-se de caráter público todo registro ou banco de dados contendo informações que sejam ou que possam ser transmitidas a terceiros ou que não sejam de uso privativo do órgão ou entidade produtora ou depositária das informações." Texto do veto do *caput* do art. 1º – "Toda pessoa tem direito de acesso a informações relativas à sua pessoa, constantes de registro ou banco de dados de entidades governamentais ou de caráter público". Razões do veto: "Os preceitos desbordam sensivelmente a configuração constitucional do *habeas-data*, impondo obrigações aos entes governamentais ou de caráter público sem qualquer respaldo na Carta Constitucional. A definição constitucional do *habeas-data* é precisa, não permitindo a conformação pretendida nesses dispositivos. Não é estabelecida, ademais, qualquer sorte de ressalva às hipóteses em que o sigilo afigura-se imprescindível à segurança do Estado e da sociedade, conforme determina a própria Constituição (art. 5º, XXXIII)."

[95] Apesar de não haver uma proteção específica, há quem sustente que seria possível construir tutela jurídica ao não-consumidor, a partir do art. 29 do CDC.

[96] "Art. 86 – *Vetado*- Aplica-se o *habeas-data* à tutela dos direitos e interesses dos consumidores." A justificativa apresentada ao veto dos arts. 85/6 é de que "As ações de mandado de segurança e de *habeas-data* destinam-se, por sua natureza, à defesa de direitos subjetivos públicos e têm, portanto, por objetivo precípuo os atos dos agentes do Poder Público. Por isso, a sua extensão ou aplicação a outras situações ou relações jurídicas é incompatível com a sua índole constitucional. Os artigos vetados, assim, contrariam as disposições dos incs. LXXI e LXXII do art. 5º da Carta Magna.". Watanabe, Kazuo. *CDC Comentado pelos autores do anteprojeto*. 7. ed. São Paulo: Forense, 2001, p. 778-779.

[97] "Art. 45 – *Vetado* – As infrações ao disposto neste Capítulo, além das perdas e danos, da indenização por danos morais, da perda dos juros e de outras sanções cabíveis, ficam sujeitas à multa de natureza civil, proporcional à gravidade da infração e à condição econômica do infrator, cominada pelo juiz na ação proposta por qualquer dos legitimados à defesa do consumidor em juízo." O veto ao art. 45 do CDC não inibe a aplicação das disposições sobre a indenização por perdas e danos, bem como sobre o dano moral.

proteção da disciplina legal específica, restando ao jurista o desafio da solução.

Com os computadores, o armazenamento de dados fica cada vez mais fácil, e aumentam os riscos que podem ser causados por sua má utilização. Apesar das limitações da lei, pode-se destacar como aspecto positivo o fato de que alguns registros comerciais, como o Serviço de Proteção ao Crédito ou as listagens de mala-direta, estarem abrangidos na definição legal. São hipóteses em que, apesar de se tratar de atividade privada, dá-se o tratamento de caráter público no caso de as informações serem transmitidas, em virtude do parágrafo único do art. 1º da lei. Considera-se transmissão da informação a que ocorre de forma potencial ou efetiva. Nessas situações, estão abrangidos órgãos de qualquer natureza, desde que as informações sejam ou tenham possibilidade de ser transmitidas a terceiros.

Existem muitas entidades privadas que possuem um sem-número de informações sobre os cidadãos e que ficam com a guarda de muitos dados, sem que haja um controle efetivo sobre os mesmos. É evidente que há uma busca de conteúdo comercial e patrimonial ao estabelecer-se um perfil do consumidor. Nesses casos, a intimidade do cidadão fica exposta por largo período de tempo.

O princípio estruturante do qual decorrem os demais direitos fundamentais é a dignidade da pessoa humana (art. 1º, IV, da CF). Tal proposição vem prevista no CDC, em seu art. 4º, *caput*, a partir do qual se pode concluir que a proteção da intimidade é corolário do princípio maior da dignidade da pessoa humana.

O caminho realizado pela legislação de nosso país é distinto do realizado por outros países, uma vez que a intimidade[98] e a privacidade[99] no direito brasileiro apresentam sede constitucional, sendo assegurada indenização pelo dano material ou moral decorrente de sua violação (art. 5º, X, da CF). Essa regra indenizatória é reforçada no art. 6º, VI, do CDC. Atual-

---

[98] O direito brasileiro diferencia a intimidade da privacidade. A intimidade é o âmbito mais exclusivo que alguém reserva para si, do qual não deseja repercussão social. A intimidade refere-se ao aspecto interior, e a honra, ao aspecto exterior da personalidade. A jurisprudência do Tribunal Constitucional espanhol aponta no sentido de que a honra é um conceito jurídico indeterminado. A honra não é um conceito fixo, depende das normas, valores e idéias sociais vigentes em cada momento. A evolução da intimidade acompanha as mudanças históricas do Estado. No Estado Liberal, ao indivíduo somente é assegurada proteção à intimidade contra atos exteriores. Na fase do Estado Social, com a Constituição com características intervencionistas e normas programáticas, o indivíduo pode exigir providências do poder público. No âmbito da informática, o que se pretende é o conhecimento do cidadão com relação ao conteúdo do banco de dados, tanto na coleta quanto no armazenamento dos dados relativos ao indivíduo.

[99] A privacidade é mais ampla e genérica do que a intimidade, abrange as situações em que não se pode evitar a comunicação. Constituem-se em manifestações de privacidade a inviolabilidade do domicílio, de correspondência, etc. As exemplificações são referidas por FERRAZ JR., Tércio Sampaio. Sigilo de dados: o direito à privacidade e os limites à função fiscalizadora do Estado. *Cadernos de Direito Constitucional e Ciência Política*, n. 1, p. 77-90, 1992.

mente, o novo CCB protege a vida privada. A previsão dos direitos da personalidade primeiramente ocorreu na Constituição, e depois houve previsão na legislação ordinária.

O CDC prevê, nos arts. 43/4, a tutela das informações que o consumidor presta ao estabelecer uma relação de consumo, bem como as possibilidades de acesso e retificação e o prazo[100] pelo qual tais informações podem ser guardadas.

A importância em atribuir a eficácia da Constituição a esses dispositivos consiste em que o Constitucionalismo, quando foi criado, serviu para conferir direitos ao cidadão e limitar os poderes do Estado. Modernamente, os conflitos não residem mais na polaridade Estado x cidadão, deslocaram-se para o âmbito privado, em grande parte porque alguns grupos econômicos detêm poder paralelo ao Estado.

9. A previsão da privacidade no novo CCB

A novidade no direito brasileiro consiste em que os direitos de personalidade foram contemplados na sistemática do novo Código Civil (arts. 11/21), sendo a vida privada objeto de exame específico no art. 21. A norma constitucional encontra, agora, reforço na previsão legislativa do novo Código Civil, que expressamente consagrou a vida privada (art. 21).

O tratamento dos direitos da personalidade era previsto no CDC quando este tutelava o grande princípio estruturante da Dignidade da Pessoa Humana, do qual decorrem os demais direitos. A indenização por dano moral também já era prevista pelo CDC, sendo encontrada na previsão do novo Código (art. 927).

O Código de Beviláqua não continha dispositivo similar no tocante à privacidade. Nesse aspecto, o novo CCB avança ao prever direitos fundamentais, com sua forte carga axiológica, graças à matriz ideológica em que se funda o Código. Trata-se do culturalismo de Miguel Reale,[101] que trabalha com a perspectiva do significado de cultura, experiência e história. Nesse contexto, a teoria tridimensional do direito, com sua perspectiva da compreensão do fenômeno jurídico a partir do fato, do valor e da norma, é conseqüência da concepção culturalista do direito.

O Código Civil de 1916 foi estruturado a partir de um sistema fechado, sob forte influência da idéia de completude pretendida pelo Código Francês Napoleônico. Os Códigos oitocentistas como "códigos totais", no dizer de

---

[100] O prazo de cinco anos (art. 43, § 3º) para que as informações sejam armazenadas.
[101] MARTINS-Costa, Judith; Branco, Gerson Luiz Carlos. *Diretrizes Teóricas do Novo Código Civil*. São Paulo: Saraiva, 2002, p. 14.

Judith,[102] "tiveram a pretensão de cobrir a plenitude dos atos possíveis e dos comportamentos devidos na esfera privada". Assim, restava ao jurista a mera exegese da lei, ainda sob forte influência das idéias de Montesquieu, para quem o juiz era somente a "boca da lei".

Ocorre, então, uma mudança de paradigma com a abertura do sistema, cabendo aos "operadores do direito", no dizer de Miguel Reale,[103] um papel ativo na determinação do sentido das normas jurídicas. A abertura do sistema e o papel criativo do jurista foram estimulados pela aplicação de cláusulas gerais e conceitos jurídicos indeterminados a assuntos polêmicos, como, por exemplo, a função social, a boa-fé objetiva, os bons costumes e os usos e costumes. Nesse contexto, a inserção dos direitos da personalidade na Parte Geral, que assegura unidade ao sistema e que vai nortear a Parte Especial do Código e outros microssistemas, como o CDC, representa um avanço.

A possibilidade de abertura do sistema leva a uma integração da responsabilidade civil por danos à pessoa no tocante aos direitos da personalidade, inclusive quando houver relação de consumo (interpretação integrada da Constituição, do CDC e do novo CCB). São aplicáveis, então, os seguintes dispositivos: art. 5º, X, da CF e arts. 21, 927 e parágrafo único do novo CCB, que vem ao encontro dos arts. 4º, *caput* (dignidade) e 6º, VI, do CDC. Desse modo, o novo CCB vem a reforçar posições anteriormente já existes no Código Consumerista, especificamente as relacionadas ao tema do presente trabalho: como os direitos da personalidade e a indenização por dano moral.

10. O Brasil no contexto latino-americano de proteção de dados

A América Latina começa a dar os primeiros passos no tema da proteção de dados. Importante documento firmado no âmbito ibero-americano constitui-se na XIII Cumbre, celebrada em Santa Cruz de la Sierra, na Bolívia, nos dias 14 e 15 de novembro de 2003, na qual se reconheceu de forma expressa a importância do direito fundamental à proteção de dados: "Somos

---

[102] *Ibid.*, p. 115-116, "Sabe-se que os grandes Códigos oitocentistas, de que é paradigma o *Code* francês, foram construídos como sistemas fechados, isto é, o mais possível impermeáveis à intervenção da realidade e do poder criador da jurisprudência. Acreditava-se que a perfeição da construção conceitual e o encadeamento lógico-dedutivo dos conceitos bastaria para a total apreensão da realidade nos lindes do *corpus* codificado." Posteriormente, assevera a autora "(...) aquele que tributário das concepções iluministas era dominado pela pretensão de plenitude lógica e completude legislativa. Surgiram, assim, como um fenômeno típico da modernidade oitocentista, os Códigos *totais*, totalizadores e totalitários, aqueles que, pela interligação sistemática de regras casuísticas, tiveram a pretensão de cobrir a plenitude dos atos possíveis e dos comportamentos devidos na esfera privada, prevendo soluções às variadas questões da vida civil em um mesmo e único *corpus* legislativo, harmônico e perfeito em sua abstrata arquitetura."

[103] MARTINS-COSTA, 2002, p. 53.

cosnscientes de que a proteção de dados pessoais é um direito fundamental das pessoas e destacamos a importância das iniciativas reguladoras iberoamericanas para proteger a privacidade dos cidadãos contidas na Declaração de Antigua, pela qual se cria a Rede Americana de Proteção de Dados, aberta a todos os países de nossa Comunidade".[104]

Tal pacto internacional é uma referência para o desenvolvimento da matéria nos países da América Latina.

A Argentina foi o país pioneiro na elaboração legislativa referente ao tema de proteção de dados, por meio da Lei nº 25.326, de outubro de 2000, posteriormente regulamentada pelo Decreto nº 1.558, de novembro de 2001. Essa lei contém o objeto de proteção dos dados pessoais no âmbito público e privado e as definições referentes a dados pessoais, dados sensíveis, armazenamento e tratamento de dados informatizados, titular e usuário dos dados e dissociação dos dados. Versa a respeito de questões polêmicas como consentimento do titular quanto ao repasse dos dados, direito de informação sobre o uso desses dados e distinção entre dados sensíveis e não-sensíveis, bem como prevê um órgão de controle dos dados: a Agência de Proteção de Dados. As sanções administrativas estão definidas genericamente na lei e são pormenorizadas pelo Decreto.

Posteriormente, o Uruguai regulamentou a matéria, ainda que com âmbito restrito, protegendo especificamente os dados para informes comerciais e estabelecendo o *habeas data* (Lei nº 17.838, de setembro de 2004).

Nos demais países, somente existem leis setoriais a tratar do tema. No Chile, a Lei nº 19.628/99 dispõe a respeito da vida privada; no Paraguai, a Lei nº 1.682, de 2000, regulamenta a informação de caráter privado; no Peru, a Lei nº 27.489, de 2001, regula as centrais privadas de informação de riscos e de proteção ao titular da informação; no México, há a Lei de transparência e acesso à informação pública governamental, de abril de 2002.

No Brasil não há previsão constitucional específica, à semelhança do que ocorre na Espanha e em Portugal. No entanto, a partir de dispositivos constitucionais, é possível construir alguma proteção legal, como o *habeas data* (art. 5º LXXII); a proteção à intimidade e à vida privada (art. 5º X), a inviolabilidade das comunicações (art. 5º XII) e a proteção ao consumidor (art. 5º, XXXII, CF). Não obstante, algumas leis setoriais regulamentam a matéria, tais como a Lei nº 9.507/97, que disciplina o *habeas data*, e as Leis nº 9.296/96 e nº 10.217/01, que dispõem sobre a interceptação telefônica e a gravação ambiental e que tratam também dos dados aí envolvidos. Há ainda a Lei nº 8.078/90, que, em seus arts. 43/4, dispõe sobre os banco de dados nas relações de consumo; a Lei Complementar nº 105/01, que permite que autoridades administrativas quebrem o sigilo bancário, na hipótese de

---

[104] Tradução livre da autora.

delito grave, sem autorização judicial; a Lei n° 9.613/98, referente à lavagem de dinheiro; e o novo Código Civil (Lei n° 10.406/02), que, em seus artigos 11/21, dispõe sobre direitos de personalidade.

11. Conclusão

A informática provocou mudanças de costumes na humanidade. Suscita, por isso, novas questões com relação à proteção dos direitos fundamentais, e neste contexto, com a intimidade.

Os bancos de dados contêm informações que traduzem aspectos da personalidade, que permitem traçar um perfil do consumidor. Estas informações são uma nova mercadoria com interesse comercial. É necessário, por essa razão, proteger o cidadão juridicamente com relação aos avanços da tecnologia, que pode ter sua intimidade violada, caso os dados sejam divulgados ou utilizados indevidamente.

É essencial o aprimoramento da tutela jurídica, com o objetivo de proteger o cidadão contra os ataques que a informática pode causar na intimidade do cidadão. Devem-se considerar, por conseguinte, as legislações estrangeiras que já estão atentas à problemática há mais tempo, sem deixar de sopesar as características próprias da realidade de cada país.

Pode-se, concluir que a tutela dos direitos da pessoa deve ser compatibilizada com as exigências do mundo atual, que almeja a liberdade de informação e a livre circulação dos dados. Em última análise, a informática é algo que já se incorporou na vida quotidiana moderna. Hoje, não se vislumbra retrocesso. O desafio é como proteger os dados informatizados frente a uma sociedade e um mercado cada vez mais livres de fronteiras. A globalização pressupõe e propõe uma economia sem fronteiras e sem regulamentação. No entanto, não se pode desprezar anos de construção de direitos fundamentais e mudar tudo isso por uma única lei: a lei de mercado e a ilusão de que o mercado tudo regulará. O grande desafio que se impõe no plano dos direitos fundamentais é como fazer com que não somente o capital e os bens de consumo circulem em todo o mundo, mas também os direitos. Deste modo, as experiências de direito comparado demonstram a necessidade de proteção jurídica , neste contexto, é importante que o Brasil promova a edição de uma lei de proteção de dados para proteger os direitos dos cidadãos e integrar-se nas relações comerciais internacionais, como um país que oferece nível adequado à proteção de dados.

— 9 —
O conteúdo essencial dos direitos fundamentais à intimidade e à vida privada na relação de emprego: o monitoramento do correio eletrônico pelo empregador

REGINA LINDEN RUARO

I – Introdução

O avanço das tecnologias postas à disposição da humanidade a partir do século passado, aliado ao fenômeno da globalização, proporcionou profundas modificações nas relações sociais. A revolução cibernética fez com que os meios de comunicação ficassem mais rápidos, eficazes e, desta forma, possibilitou, em poucos segundos, a troca de informações entre os mais distantes lugares do mundo. Tais transformações refletiram na seara jurídica, pois, ante a ausência de previsão legal para disciplinar as situações novas surgidas pela informática, fez-se necessária a atenção dos operadores do direito para a elaboração e interpretação de normas, bem como para a formação da jurisprudência, no intuito de normatizar o fenômeno.

Como conseqüência natural desse quadro, o direito por ser bem mais lento que o fato social teve de adaptar-se a fim de regular as situações advindas da relação de trabalho, tanto pública quanto privada, na medida em que se tornaram freqüentes as demissões decorrentes do mau uso individual pelos empregados dos equipamentos colocados à sua disposição pelo empregador.

Por outro lado, ao mesmo tempo em que se aplicam os direitos fundamentais da inviolabilidade das correspondências, da privacidade e da intimidade do trabalhador, no ambiente laboral o poder diretivo e o direito de propriedade do empregador são colocados em confronto com aqueles, pois são direitos indissociáveis da relação de trabalho.

Desde essa perspectiva, pode-se afirmar, com segurança, que os direitos fundamentais à intimidade e à privacidade recebem uma leitura distinta quando se trata de relações de trabalho. Com tal assertiva, quer-se deixar claro que há um conteúdo essencial de tais direitos que, em que pese não poderem ser afetados, são matizados em certas circunstâncias.

Assim, há de se argüir em que medida o poder de direção pode ou não justificar a limitação ao direito fundamental de intimidade do trabalhador, impedindo o exercício da liberdade de expressão deste e configurando em determinadas ocasiões um verdadeiro abuso de direito. Ou ainda, em que medida se pode limitar o trabalhador de veicular informações atinentes a seu trabalho?

Nesse prisma, o estudo das transformações originadas pela utilização dos meios informáticos no ambiente de trabalho tornou-se tema extremamente importante nos dias de hoje, na medida em que o direito deve acompanhar a evolução das novas tecnologias, das relações sociais, e, conseqüentemente, da relação de trabalho público, objeto de sua normatização.

Também em relação ao trabalho público,[1] o fenômeno provocado pelas novas tecnologias e meios de comunicação tem incidência e, dadas suas peculiaridades, acresce ainda a necessidade de que tais relações devem ser interpretadas a partir do artigo 37, *caput* da Constituição Federal, cujos princípios são um marco de atuação para a Administração Pública.

Ademais de tudo isso, não se pode olvidar da disposição de plena eficácia das normas dos direitos fundamentais inserta na Constituição Federal. Dessa forma, quando se abordam questões que envolvem direitos fundamentais, imprescindível proceder também a uma análise axiológica do estudo, a partir da dignidade da pessoa humana.

No limiar desse novo milênio, marcado pela globalização, a rede mundial de computadores, a Internet, tornou importante mecanismo de informação e troca de dados entre pessoas, estabeleceu a possibilidade de conexão entre o mundo inteiro. Criada com propósitos estratégico-militares, em plena guerra fria, em 1969, pela Arpa – *Advanced Research Projects Agency* –, do Departamento de Defesa dos Estados Unidos, a chamada "Arpanet" visava a conectar entre si diversos computadores, situados em diferentes locais, sem que houvesse um computador principal realizando a ligação. A idéia era a de preservar a manutenção de uma rede independente,

---
[1] Entende-se por relação de trabalho público toda aquela estabelecida entre o servidor e a Administração Pública Direta e Indireta.

de modo que ainda que um dos computadores fosse descoberto e destruído, os outros continuassem conectados sem qualquer prejuízo.[2]

Esta tecnologia, ao longo do tempo, passou a ser empregada em centros de pesquisa, em universidades, empresas, administração pública e outros, colocando-se, hoje, praticamente ao alcance de todos.

O *eletronic mail* surgiu de uma experiência realizada por Ray Tomlison, no ano de 1971, em Cambribge, Massachusetts que, embora exitosa, naquela oportunidade não teve grande repercussão.[3] Trata-se de correspondência eletrônica através do qual os usuários poderão enviar e receber mensagens, anexando documentos em formatos de texto, áudio ou vídeo a partir de um *software* de um computador ligado a uma rede de telecomunicação, como telefone, cabo, etc.

Em que pese tratar-se de uma tecnologia de ponta, o correio eletrônico é um meio de comunicação que não possibilita uma garantia de privacidade, pois a mensagem enviada transita por uma série de pontos antes de chegar ao destinatário, podendo, inclusive, ser interceptada nesse percurso. O mesmo ocorre em relação aos sites "navegados" pelos usuários da Internet. Portanto, a par da rapidez, agilidade, baixo custo, facilidade, entre outras inúmeras vantagens desse mecanismo e do correio eletrônico, há que se atentar para o fato de que se pode facilmente rastrear, interceptar e monitorar as mensagens enviadas pelo e-mail e as páginas acessadas na rede.

Tal avanço alcançou também o Estado. A Internet passou a ser utilizada para auxiliar na busca de novos conhecimentos, pela facilidade e rapidez nas comunicações, proporcionando agilidade no trabalho e, em conseqüência, gerando aumento de produção e atendendo aos princípios da eficiência, publicidade e transparência dos atos e contratos da Administração.

Enquanto no meio empresarial passou a assegurar praticamente a garantia de competitividade no mercado e a possibilidade de concorrência na medida em que ou as empresas se adaptavam à tecnologia, ou perderiam espaço na economia capitalista e globalizada, no âmbito do Estado possibilitou toda a geração de informações e controles necessários no atendimento do interesse público.[4] Dessa forma, a Internet tornou-se, rapidamente, indispensável ferramenta de trabalho utilizada pela grande maioria dos empregados e servidores públicos na atualidade.

Por outro lado, face à relevância da matéria que, como já afirmamos se dá de forma igual no setor público e privado, sustenta-se a realização de um

---

[2] ALBERTIN, Alberto Luiz. *Comércio eletrônico: modelos, aspectos e contribuições de sua aplicação.* São Paulo: Atlas, 1999, p. 40.
[3] PAIVA, Mário Antônio Lobato de. *O E-mail no Ambiente de Trabalho: O Uso Social do E-mail.* . [*on line*] Disponível em http://www.mct.gov.br/legis/consultoria-juridica/artigos/e-mail-trabalho.htm. Acesso em: 7 de agosto de 2003.
[4] Veja-se os sistemas SIAPE de gerenciamento de pessoal e SICAF cadastro de fornecedores. Note-se, ainda, a importância da matéria em relação à Receita Federal.

estudo indistinto, tanto nas relações de trabalho privado enquanto público. Isto porque, no contexto atual, já não se pode, *a priori* estabelecer a dicotomia público/privado, na medida em que estamos convivendo diariamente com a publicização do privado e, ao mesmo tempo, a privatização do público.

As relações de trabalho em ambos os setores têm características peculiares, porém tais características estão longe de estabelecer uma diferença substancial a ponto de impedir a aplicação de paradigmas comuns no objeto específico de nosso estudo. Daí por que é perfeitamente possível que a análise do tema verse indistintamente sobre os dois sistemas.

O que nos parece possível afirmar é que, em decorrência dos princípios de atuação do agente público, insculpidos no artigo 37 da Constituição Federal, o alcance do controle dos atos dos servidores públicos pelo Estado sofre um matiz que possibilita uma esfera maior de atuação deste. No demais, repetimos, não há por que em nossos dias tecer uma análise distinta no presente caso de estudo.

No ambiente de trabalho, a utilização dos meios informáticos é realidade constante nos dias atuais. Inegavelmente, o servidor público e o trabalhador da iniciativa privada dependem desse mecanismo para agilizar a transmissão de informações, aumentar a produção de seu trabalho e reduzir os custos operacionais, substituindo, por exemplo, uma ligação telefônica pelo envio de uma mensagem virtual.

Para gozar desses benefícios, o Estado necessita fornecer os instrumentos informáticos para seus servidores. Não obstante, constantemente se têm observado conflitos decorrentes da utilização indevida da Internet e do e-mail pelo trabalhador no ambiente de trabalho.

Um dos mais utilizados recursos proporcionados pela Internet no ambiente de trabalho chama-se *eletronic mail,* popularmente denominado *e-mail* ou correspondência eletrônica. O uso desse instrumento informático no trabalho pode provocar novas formas de conflito e gerar profundas controvérsias acerca do direito de intimidade em tal meio de comunicação.

Maior ainda a polêmica se considerarmos que tal direito, em virtude da efetividade dos direitos fundamentais disposta na Constituição Federal, bem como pela dignidade da pessoa humana, estaria limitado no ambiente laboral público, se o poder diretivo do Estado/empregador garantisse a possibilidade de fiscalização dos e-mails e dados eletrônicos manipulados pelo servidor público, entre outros.

Inúmeros são os acontecimentos ocorridos envolvendo o uso indevido do e-mail e dos meios informáticos no trabalho.[5] A Gessy Lever responde

---

[5] Fato importante envolvendo o uso de e-mail por empregado, de competência da Justiça do Trabalho, aconteceu em São Paulo. O Tribunal Regional do Trabalho da 2ª Região julgou um recurso ordinário, cujo objeto era a desconstituição da justa causa aplicada a um empregado. Tratava-se de ação distri-

por ação indenizatória por danos morais em virtude do envio de um e-mail de conteúdo supostamente racista por um funcionário. Referida demanda foi promovida por um dos destinatários da mensagem eletrônica recebida, que se sentiu lesado, contra a empresa, na medida em que o endereço eletrônico utilizado para o envio da mensagem pelo empregado foi o corporativo da Gessy Lever. O processo está em segredo de justiça, e a empresa não comentou sobre o caso, porém alegou que adota um código de conduta para o uso da Internet e do correio eletrônico, que estabelece que os recursos são para uso exclusivo dos negócios da empresa.[6]

Da mesma forma, também se tornou público o recurso julgado pelo Tribunal Regional do Trabalho da 10ª Região (Brasília). Nesse caso, a 3ª Turma do Regional reformou a sentença da 13ª Vara do Trabalho de Brasília, que havia afastado a justa causa aplicada pelo HSBC Seguros (Brasil S.A) ao empregado E. L. N., pelo uso do correio eletrônico, cujo domínio e provedor pertenciam à empresa, para o envio de fotos pornográficas pela Internet. A decisão de primeiro grau havia adotado como fundamento para descaracterizar a justa causa a ilegalidade na obtenção da prova pela empresa, qual seja, o rastreamento do e-mail, ao passo que a superior instância entendeu que, na hipótese, não havia violação ao princípio da privacidade, uma vez que o endereço eletrônico não era particular, mas sim da empresa.[7]

Fato semelhante também ocorreu com duas das maiores montadoras de automóveis do Brasil. A General Motors, situada em São Caetano do Sul, demitiu 33 funcionários e advertiu outros 111 pelo envio de mensagens de conteúdo pornográfico.[8] Na Ford, dois empregados foram despedidos por justa causa, ambos com mais de oito anos de vínculo empregatício, pelo envio de uma mensagem que reproduzia a fotografia de uma pessoa de busto para cima para o destinatário adivinhar se era mulher ou travesti. O e-mail chegou ao computador de uma empregada da multinacional no Canadá, que o repassou a uma comissão da matriz, nos EUA, criada para analisar os casos de assédio sexual.[9]

---

buída em 20.03.2000, pelo rito sumaríssimo, em que o reclamante havia sido dispensado por justa causa em razão de ter retransmitido um e-mail, do tipo "corrente", em que supostamente a Microsoft pagaria US$5,00 por cada e-mail enviado. A decisão regional afastou a justa causa aplicada pelo empregador, por entender que o e-mail se caracteriza como correspondência pessoal e porque o fato de ter sido enviado por computador da empresa não lhe retira essa qualidade. Ainda, referido acórdão entendeu que o poder diretivo cede ao direito do obreiro à intimidade.

[6] Notícia extraída do Jornal Valor Econômico, dia 09.07.2002, *on line*. Disponível em www.sup.com.br/NoticiaDetalhe.asp?NOTI-CODIGO=90.

[7] Fonte: Gazeta Mercantil, 28.06.02, p. 8.

[8] Notícia *on line*. O Estado de São Paulo, disponível em www.estadao.com.br/tecnologia/internet/2002/mai/22/394.htm, acesso em 22.05.02.

[9] Fonte Agência do Estado, *on line*, disponível em www.curriex.com.br/centro-carreira/ver-noticia.asp?codigo=618, acesso em 06.06.02.

Em nível de conflito coletivo e internacional, interessante fato envolvendo a utilização do correio eletrônico aconteceu na Espanha, com o Grupo BBVA – Banco Bilbao Vizcaya Argentaria S.A. O conflito originou-se a partir do envio de e-mail pela *Confederación Sindical de Comisiones Obreras,* contendo informações sindicais aos empregados do Banco Bilbao por intermédio do correio eletrônico da empresa. A quantidade de e-mails enviados pela entidade sindical provocou um colapso no servidor da empresa. Por essa razão, o BBVA estabeleceu um mecanismo de filtragem, impedindo o ingresso dos e-mails do sindicato, os quais retornavam com a notificação ao remetente. Diante de tal circunstância, a entidade sindical, a fim de assegurar seu direito de transmitir notícia de caráter laboral, da mesma forma que fazia por intermédio de documentos escritos, pelo correio eletrônico, deu seguimento ao conflito recorrendo a Sala Social da Audiência Nacional de Madrid.[10]

Tal realidade não se afasta da esfera pública e não tardaremos em acompanhar fatos semelhantes decorrentes das relações de trabalho entre o servidor e o Estado, mormente se considerarmos que os princípios que pautam o agir da Administração Pública são muito mais categóricos ao pautar a conduta dos agentes públicos.

Ante a ocorrência de inúmeros conflitos, a cada dia aumenta o número de empresas que adotam formas de controle sobre os sistemas de informática no ambiente de trabalho, podendo rastrear tanto os *sites* percorridos, como ter acesso às mensagens eletrônicas enviadas e recebidas pelos empregados.

O monitoramento eletrônico, conforme refere Mauro César Martins de Souza,[11] é feito através de programas que registram os *sites* visitados por seus funcionários, com a freqüência de tais acessos, bem como filtram, registram e classificam automaticamente cada palavra que passa pelos e-mails de suas redes. Sabe-se quais as pessoas recebem ou enviam tais mensagens, as mais longas que atravancam as redes, as de conteúdo comprometedor, etc. Com tais *softwares* é possível: visualizar os textos das mensagens e anexos, bem como fazer busca de mensagens com anexos terminados em "exe", como vídeos animados, ou outro anexo com tamanho

---

[10] PAIVA, Mário Antônio Lobato de. *O e-mail como instrumento de divulgação sindical.* [on line] www.direito.com.br/doutrina.ASP?O=1&T=1877. Acesso em 21.05.02,. Como defesa da empresa, foi sustentado que o envio de informação por parte do sindicato deu-se de maneira abusiva, ocasionando a saturação do servidor da Internet, expondo em risco a disponibilidade de serviços da empresa pela rede em horário de maior movimentação. A decisão pela Sala Social, em Madrid, foi de conceder parcial procedência à demanda, possibilitando ao Sindicato transmitir notícias de interesse sindical nas empresas do Grupo BBVA a seus filiados e trabalhadores em geral através do correio eletrônico, porém com razoabilidade, a fim de evitar colapso no servidor da empresa.

[11] SOUZA, Mauro César Martins de. *E-Mail (...NET) na Relação d Emprego: Poder Diretivo do Empregadpr (Segurança) & Privacidade do Empregado.* Revista Justiça do Trabalho, nº202: out–2002, p. 11.

superior a um *megabyte,* porque elas sobrecarregam as redes, tornam os computadores mais lentos e podem paralisar todo o sistema; procurar linhas de assunto com designação "Fwd" ou "Re" aparecendo diversas vezes em uma mensagem ou, ainda, frases como "procura de emprego" ou "currículo em anexo", pois é provável que sejam piadas ou, que o obreiro esteja insatisfeito com seu emprego e possa vir a deixá-lo de uma hora para outra; buscar também muitas mensagens enviadas em um só dia por um único funcionário a destinatários fora da empresa ou dos interesses dela; procurar palavras do tipo "confidencial", "segredo", "secreto" ou "pertencente à empresa" porque evidencia risco de divulgação, mesmo que não intencional, de informações sigilosas da empresa; buscar termos pejorativos racistas, ou palavras como "sexo", uma vez que podem ser trotes ou mensagens de teor ameaçador ou incômodo que podem motivar prejuízo à empresa.

Em pesquisa realizada pela revista Infoexame e Pricewaterhousescoopers, em 836 das maiores empresas brasileiras, constatou-se que 25,5% das companhias já despediram pelo menos um funcionário por uso inadequado da *web* ou do e-mail; 51,4% das empresas fiscalizam os *sites* acessados na Internet e 30,9% monitoram os e-mails. Já nas estatísticas do instituto de pesquisa americano Worldtalk Corp, registrou-se que 31% das mensagens que trafegavam na Internet possuem conteúdo inadequado, como pornografia e piadas.[12]

Com efeito, apesar dos referidos acontecimentos, ainda não existe legislação específica regulamentando a utilização dos meios informáticos no ambiente de trabalho, seja ele público ou privado. Inegavelmente, diversos outros conflitos dessa natureza já ocorreram em nosso país e outros milhares estão na iminência de acontecer inclusive no âmbito do setor público. Isso porque realmente o assunto é muito polêmico e controverso, na medida em que de um lado se encontra o empregado e seus direitos fundamentais à intimidade, à vida privada e à inviolabilidade das correspondências e comunicações e, do outro, o Estado/empregador, resguardado pelo direito de propriedade, pelo poder diretivo decorrente da relação de trabalho e pela responsabilidade de zelar pelo cumprimento da finalidade pública.

No mais, se já presenciamos demandas contra grandes empresas privadas que estão sendo responsabilizadas por atos de seus empregados, a conseqüência no meio público certamente terá contornos mais graves, pois a responsabilidade do Estado por dano a terceiros é objetiva (art. 37, § 6º, CF)

Existem hoje sistemas especiais usados para o controle do uso da Internet.

---

[12] PAIVA, Mário Antônio Lobato de; SILVEIRA NETO, Antônio. *A privacidade do trabalhador no meio informático.* [on line] Disponível em www.net.gov.br/legis/consultoria-juridica/artigos/informatica-tecnologia.htm.

Dois são os motivos que levam os empregadores a praticarem o monitoramento de seus empregados: um é em razão da segurança, pelos inúmeros fatos já relacionados anteriormente; outro é pelo tempo exacerbado gasto pelos trabalhadores com questões particulares na Internet, como por exemplo, o envio e recebimento de mensagens eletrônicas, visitas a *sites* de compras, programação de viagens de férias, procura por outro emprego, etc.

Com relação ao segundo ponto, tem-se relatório de pesquisa realizada nos EUA pela Burst Media que sugere que a internet é a melhor mídia para alcançar os consumidores durante o horário de trabalho.

Afirma-se que 56% dos trabalhadores adultos de todas as idades usam a internet para se informar durante o expediente. 25,5% dizem que as horas que passam no serviço são as melhores para realizar atividades pessoais *on line*. A velocidade das conexões de internet no trabalho, superior a de casa, é apontada como a principal razão.[13]

Outros dados, coletados pelo Meta Group junto a 300 empresas apontam que os *softwares* de mensagem instantânea são mais utilizados no trabalho do que em casa e indicam que 57% dos entrevistados usam os *messangers*, conhecido também como intranet, no trabalho para tratar de assuntos pessoais. Por outro lado, 56% disseram que utilizam em casa o mesmo recurso para motivos profissionais.[14]

Nos EUA cresce a busca por novo emprego através da Internet durante o horário comercial. O aumento é atribuído ao maior número de *sites* de recolocação aliado à utilização da banda larga nos escritórios. O estudo é da Internet Security Systems, que desenvolve produtos para que as empresas controlem a navegação de seus funcionários.[15]

Em suma, a produtividade em alguns estabelecimentos aumentaria 7%, caso os funcionários deixassem de usar o correio eletrônico para fins pessoais – seja atualizando os amigos com novidades ou enviando correntes de piadas.[16]

Na tentativa de evitar danos ao sistema de informática ou de controlar o serviço de seus funcionários, empresas e órgãos públicos adotam medidas especiais.

---

[13] Notícia coletada no site Blue Bus. *56% usam a web para se informar no trabalho*. In Noticiário da Tarde, 09/12/2004, 14h31. Disponível em: http://www.bluebus.com.br/cgi-bin/show.pl?p=2&id=57405&st=busca. Acesso em: 05 maio 2005.

[14] Notícia coletada no site. Blue Bus. *57% usam messenger para assuntos pessoais*. In Noticiário da Tarde, 11/11/2004, 15h00. Disponível em: http://www.bluebus.com.br/cgi-bin/show.pl?p=2&id=56788&st=busca. Acesso em: 05 maio 2005.

[15] Notícia coletada no site. Blue Bus. *Procuram emprego no horário de trabalho*. In Noticiário da Tarde, 02/06/2004, 12h44. Disponível em: http://www.bluebus.com.br/cgi-bin/show.pl?p=2&id=52533&st=busca. Acesso em: 05 maio 2005.

[16] Dados retirados da reportagem intitulada Uso adequado de e-mail aumentaria produtividade em 7%, diz estudo. In Folha Online. 27/04/2005, 17h04. Disponível em: http://www1.folha.uol.com.br/folha/informatica/ult124u18387.shtml. Acesso em: 02 maio 2005.

Uma das formas de estabelecer tal medida ao meio informatizado é por intermédio dos *softwares* supervisores de conteúdo, que, por intermédio de palavras e de relatórios-padrão de acompanhamento, impedem ou restringem o acesso a determinado tipo de informação, condições previamente estipuladas pelos administradores de sistemas ou pelo *security officer*.[17]

O administrador faz busca por mensagens com anexos terminados em ".exe", que corresponderia a vídeos animados, ou qualquer anexo com tamanho superior a um megabyte, tendo em vista que esses sobrecarregam as redes, tomam os computadores mais lentos e podem paralisar todo o sistema; também procura por linhas de assunto com designação "Fwd" ou "'Re" aparecendo diversas vezes em uma mensagem ou, ainda, frases como "procura de emprego" ou "'currículo em anexo", pois é provável que sejam piadas redirecionadas a diversas pessoas ou bate-papos ou, que o sujeito esteja insatisfeito com seu emprego e possa vir a sair de uma hora para outra; busca também muitas mensagens enviadas em um só dia por um único funcionário a destinatários fora da empresa ou dos interesses dela, eis que sobrecarregam o sistema e sugerem que o remetente esteja perdendo tempo com coisas estranhas ao trabalho; procura ainda palavras do tipo "confidencial", "segredo", "secreto" ou "pertencente à empresa" (proprietary) porque evidencia risco de divulgação, mesmo que não intencional, de informações sigilosas da empresa; busca termos pejorativos, racistas ou palavras como "sexo" uma vez que podem ser trotes, ou mensagens de teor ameaçador ou incômodo que podem motivar prejuízos à empresa. Pretende-se identificar, de forma geral, o envio e ou recebimento de e-mail questionáveis quanto a segurança, sobrecarga do servidor, perda de tempo, assuntos pessoais, informações da empresa a estranhos e abusos, antes que seu fluxo cresça de maneira descontrolada ou que gere perdas.[18]

Também é possível controlar o tipo de *sites* que pode ser acessado, sendo permitida a navegação apenas pelos *sites* autorizados. Essa ferramenta, contém grande número de *sites* cadastrados e, se alguém acessar qualquer página desconhecida pelo programa, o mesmo registra o ocorrido e em 48 horas o novo *site* poderá estar na lista.[19]

---

[17] LUCENA NETO, Cláudio de. *Função social da privacidade*. In Jus Navigandi, Teresina, a. 6, n. 56, abr 2002. Disponível em: http://www1.jus.com.br/doutrina/texto.asp? id=2834. Acesso em: 17 maio 2004.
[18] SOUZA, Mauro Cesar Martins de. *E-mail (... net) na relação de emprego: poder diretivo do empregador (segurança) & privacidade do empregado*. In Kplus. Disponível em http://kplus.cosmo.com.br/materia.asp?co=46&rv=Direito. Acesso em 20 jan. 2005.
[19] Entrevista feita com o diretor-comercial da E-Partner, Sr. Marcos Weber. *Abusos na internet fazem empresas investirem em tecnologia*. Publicada em 13/10/2004, no Jornal do Comércio, p. 5.

II – A Constituição Federal, os direitos fundamentais e a violação da intimidade e da vida privada na internet

Desde 1789, a proteção dos direitos do homem e do cidadão ficou vinculada à existência de uma Constituição. Sem esta, não haveria garantias desses direitos. Ao contrário, se a Constituição os explicita e lhes dá garantia, a tranqüilidade da sociedade é fato consumado.[20]

A Constituição é a lei das leis, *suprema lex*. Pairando acima de todas as demais normas do Estado, o dispositivo constitucional impede que qualquer outro dispositivo, interno ou externo, o contrarie.[21]

Numa visão mais ampla, ela detém o ato de construir, de estabelecer, de firmar; ou, ainda, o modo pelo qual se constitui uma coisa, um ser vivo, um grupo de pessoas; organização, formação. Juridicamente, porém, *Constituição* deve ser entendida como a lei fundamental e suprema de um Estado, que contém normas referentes à estruturação do Estado, à formação dos poderes públicos, forma de governo e aquisição do poder de governar, distribuição de competências, direitos, garantias e deveres dos cidadãos. Além disso, é a Constituição que individualiza os órgãos competentes para a edição de normas jurídicas, legislativas ou administrativas.[22]

No Brasil, com os exemplos constitucionais dos Estados Unidos, ocorridos em 1776, e da França, em 1792, os assessores de Pedro de Alcântara, entre os quais José Bonifácio de Andrada e Silva, pensaram na elaboração imediata da primeira Constituição Política do Império do Brasil, promulgada em 25.03.1824, terceiro ano da Independência e do Império.[23]

Em 1891, o país teve sua primeira Constituição Republicana, resultado de texto elaborado pela Assembléia Nacional Constituinte, eleita a 15.11.1890.

Por orientação de Rui Barbosa, nossa Primeira Constituição Republicana tomou por modelo a Constituição norte-americana, cujos princípios fundamentais foram adotados pelos constituintes pátrios.[24]

Após a evolução das Constituições do Brasil, de 1934 a 1988, os princípios fundamentais atingiram seu ponto atual, dos quais Alexandre de Moraes descreve:

Um poder político supremo e independente, entendendo-se por poder supremo aquele que não está limitado por nenhum outro na ordem interna

---

[20] CRETELLA JÚNIOR, José. *Elementos de direito constitucional*, 2ª ed. rev. São Paulo: Editora Revista dos Tribunais, 1998, p. 181.
[21] CRETELLA JÚNIOR, José. 1998, p. 14.
[22] CANOTILHO, J. J. Gomes, MOREIRA, Vital. *Fundamentos da constituição*. Coimbra: Coimbra Editora, 1991. p. 41.
[23] CRETELLA JÚNIOR, José. *Elementos de direito constitucional*, op. cit., p. 24.
[24] Idem, p. 30.

e por poder independente aquele que, na sociedade internacional, não tem de acatar regras que não sejam voluntariamente aceitas e está em pé de igualdade com os poderes supremos dos outros povos.[25]

É a capacidade de editar suas próprias normas, sua própria ordem jurídica (a começar pela Lei Magna), de tal modo que qualquer regra heterônoma só possa valer nos casos e nos termos admitidos pela própria Constituição. A Constituição traz a forma de exercício da soberania popular no art. 14.

Representa um *status* e apresenta-se simultaneamente como objeto e um direito fundamental das pessoas.

Concede unidade aos direitos e garantias fundamentais, sendo inerente às personalidades humanas. Esse fundamento afasta a idéia de predomínio das concepções transpessoalistas de Estado e Nação, em detrimento da liberdade individual. A dignidade é um valor espiritual e moral inerente à pessoa, que se manifesta singularmente na autodeterminação consciente e responsável da própria vida e que traz consigo a pretensão ao respeito por parte das demais pessoas, constituindo-se um mínimo invulnerável que todo estatuto jurídico deve assegurar, de modo que, somente excepcionalmente, possam ser feitas limitações ao exercício dos direitos fundamentais, mas sempre sem *menosprezar a necessária estima que merecem todas as pessoas enquanto seres humanos*;

É através do trabalho que o homem garante sua subsistência e o crescimento do país, prevendo a Constituição, em diversas passagens, a liberdade, o respeito e a dignidade ao trabalhador;

O artigo 5° da Constituição Federal assegura a todos os cidadãos o direito à privacidade, à intimidade, assim como à inviolabilidade da correspondência e da comunicação enquanto direitos fundamentais de aplicabilidade imediata.

Ingo Wolfong Sarlet[26] sustenta que tais direitos nunca se afastam do indivíduo e são aplicáveis em todas as relações, inclusive à relação de trabalho.

Qual seria então a definição de tais direitos e seu alcance?

Primeiramente, é importante que se deixe claro que esses direitos tomam como nomenclatura generalizada *direito à personalidade,* pois, justamente não devem ser levados a público. É o que torna a vida da pessoa uma só, diferente de todas as demais vidas. Pode-se tomar como exemplo com-

---

[25] CAETANO, Marcelo. Direito constitucional. 2ª ed. Rio de Janeiro: Forense, 1987, p. 169. v. 1. *apud* MORAES, Alexandre de. *Direito constitucional*, 13ª ed., São Paulo: Atlas, 2003, p. 50.

[26] SARLET, Ingo Wolfgang. *A eficácia dos direitos fundamentais.* Porto ALegre: Livraria do Advogado, 2003, p. 243-255. "O constituinte de 1988, além de ter consagrado expressamente uma gama variada de direitos fundamentais sociais, considerou todos os direitos fundamentais como normas de aplicabilidade imediata".

parativo para atribuir-lhes um grau de importância, o material genético de cada pessoa, que ninguém mais tem igual.

O direito à intimidade corresponde a todos os fatos, informações, acontecimentos, entre outros, que a pessoa deseja manter dentro de seu foro íntimo, somente ela tem acesso. Tudo que possa moldá-la de forma singular está sob a proteção do manto do direito à intimidade.

O direito ao sigilo está para salvaguardar as informações das correspondências e das comunicações que só dizem respeito à pessoa destinatária.[27]

Desde outra perspectiva está o direito do empregador, seja ele o Administrador Público ou particular, em ver resguardado determinadas informações, relativas ao empreendimento ou negócio, que, por motivos muitos, lhe convém não sejam divulgadas. Neste sentido, a questão transcende ao direito à intimidade do servidor para recair justamente no direito que tem àquele de preservar as informações de seu interesse.

Alguns estudiosos[28] defendem a classificação de dados que o empregador pretende resguardar em níveis de prioridade, no sentido de que os seus servidores devam saber, antecipadamente, quais as matérias que podem e quais as que não podem ser divulgadas em virtude, por exemplo, do segredo profissional. Segunda referida doutrina, os dados ou informações podem ser:

a) públicas – não há restrição à divulgação;

b) internas – o acesso não é irrestrito, muito embora não estejam em níveis vitais de manutenção de segredo;

c) confidenciais – são informações vitais para empresa, porque sua divulgação pode levar a um desequilíbrio ou a perdas financeiras;

d) secretas – são as chamadas "informações críticas" da empresa cuja integridade é inviolável e devem estar restritas a um número mínimo de pessoas.

No que concerne ao interesse das empresas e do Estado em manter determinadas informações em caráter de sigilo, torna-se evidente que a classificação das informações estabelece o verdadeiro limite a ser respeitado pelo trabalhador. Caso em que, se desrespeitado, não há como invocar o direito fundamental ao sigilo ou à intimidade. No entanto, quando o conteúdo das mensagens é de caráter pessoal a questão não é pacífica.

Ao fazer uma interpretação do conteúdo dos direitos fundamentais aqui versados, à primeira vista, parece que não há margem para que o Estado

---

[27] Aqui, não podemos incluir como direito da personalidade o sigilo bancário, pois este revela um valor patrimonial do cliente ou do banco.
[28] ABREU, Dimitri. *Melhores Práticas para Classificar as Informações*. São Paulo, 2001. BORAN, Sean. *The IT Security Cookbook Information Classification*. EUA, 1996.

ou o empregador da esfera privada monitore o correio eletrônico de seus servidores quando de caráter estritamente pessoal. Porém, tomando-se por base o paradigma privado que acena na direção da mesma postura quanto ao público, a doutrina está dividida:

A argumentação utilizada para defesa da fiscalização dos meios informáticos pelo empregador está fundamentada basicamente nos seguintes pontos:

– direito de propriedade do empregador, uma vez que a ele pertencem os meios de produção;

– no poder diretivo do empregador, através da possibilidade de controle da atividade laboral; no fato de que o correio eletrônico não goza de privacidade no ambiente do trabalho, enquanto instrumento ou ferramenta laboral;

– na responsabilidade civil do empregador pelo eventual uso inadequado do e-mail. Acrescendo-se, ainda, que em relação ao Estado deve-se salvaguardar o interesse público.

Em contrapartida, o monitoramento de dados eletrônicos não poderia ser aceito com base no princípio geral de direito de dignidade da pessoa humana,[29] nos direitos da personalidade (intimidade e inviolabilidade das comunicações), no princípio da boa-fé na relação de trabalho, de forma que eventual prova obtida pelo empregador referente ao uso indevido do correio eletrônico pelo empregado, nessas circunstâncias, seria considerada prova ilícita.

No que diz respeito à corrente que sustenta a impossibilidade do monitoramento do correio eletrônico pelo empregador, temos Antônio Silveira Neto[30] entendendo que o fato de as mensagens serem geradas a partir do computador de propriedade da empresa não lhe retira seu caráter privativo, devendo o direito de propriedade ceder à garantia da privacidade das comunicações. Argumenta que apesar dos banheiros e das linhas telefônicas serem de propriedade do empregador, não pode esse instalar câmeras nessas localidades, tampouco utilizar escuta telefônica para vigiar o empregado ou tomar conhecimento de suas conversas. Ressalta que o poder de direção não pode justificar o desrespeito à privacidade do trabalhador, que se constitui como direito personalíssimo deste. Assim, sustenta que o fato de exercer a propriedade sobre os bens que compõem a empresa não pode se sobrepor ao direito à intimidade do empregado que deles se utilizam.

---

[29] Conforme ensina Prof. Ingo Wolfgang Sarlet, a dignidade evidentemente não existe apenas onde é reconhecida pelo Direito e na medida que este a reconhece, já que constitui dado prévio, não esquecendo, todavia, que o direito poderá exercer papel crucial na sua proteção e promoção, pois se constitui em valor próprio da natureza humana. *In* Dignidade da pessoa humana e direitos fundamentais na Constituição Federal de 1988, 2. ed. Porto Alegre: Livraria do Advogado, 2002, p. 42.

[30] SILVEIRA NETO, Antônio. *A privacidade do trabalhador no meio informático*. [*on line*] Acessado de www.jusvi.com.

Nesse mesmo sentido, a vedação absoluta da violação do e-mail do trabalhador é defendida por Cibelly Farias, que entende que a exceção à regra da inviolabilidade das comunicações somente se aplica às comunicações telefônicas, quando devidamente autorizadas por decisão judicial. Assevera que é vedada a obtenção de prova por meio de violação de correspondência eletrônica, caracterizando-se como prova ilícita, logo inadmissível no processo. Destaca que o sigilo de correspondência, inclusive a eletrônica, se inclui entre as chamadas cláusulas pétreas, amparadas pela vedação de proposta de emenda que pretenda excluí-las do ordenamento jurídico. Por essa razão, a mencionada autora se insurge contra a aplicação do princípio da proporcionalidade[31] e conclui que garantia constitucional dessa ordem não pode ser aplicada ora sim, ora não, a critério subjetivo do operador jurídico; aduz que, não havendo garantias absolutas não será possível assegurar um mínimo de dignidade aos cidadãos.[32]

Com efeito, em se tratando de matéria tão resguardada pelo direito, qual seja, a proteção dos direitos que consubstanciam a dignidade da pessoa humana, o poder diretivo tem sido questionado nos dias atuais. Há, inclusive, quem entenda que as teorias justificativas do poder diretivo devem ser revistas, pois não se pode aceitar que a propriedade dos meios de produção justifique a violação das garantias fundamentais do indivíduo, asseguradas constitucionalmente.[33]

A inviolabilidade do correio eletrônico do trabalhador também é defendida segundo os institutos do abuso de direito,[34] da função social do contrato[35] e da boa-fé objetiva,[36] expressamente previstos pelo novo Código Civil.

Ainda, a impossibilidade do monitoramento do correio eletrônico também se tem justificado pelo fato de que a fiscalização dos e-mails do trabalhador sempre consistiria em violação da privacidade de terceiros que, provavelmente, desconhecem as normas e não sabem que a mensagem enviada ao destinatário não está assegurada por um grau de intimidade. Nessa situação, o direito de intimidade do remetente da mensagem, agente externo à política de fiscalização, seria infringido, uma vez que acreditava que o envio da informação somente seria transmitido ao destinatário.

---

[31] Preconiza referido princípio que não existe propriamente um conflito entre as garantias fundamentais, já que se deve sempre atentar para a razoabilidade do caso concreto.

[32] FARIAS, Cibelly. *O sigilo Postal na era da Comunicação digital*. Acessado em www.terc.gov.br/sj/cjd/doutrinas/cibelly.htm.

[33] OLIVEIRA NETO, Alberto Emiliano de; COLEHO, Luciano Augusto de Toledo. *Direito à intimidade e à privacidade – E-mail do empregado*. Revista Justiça do Trabalho., n. 233, maio de 2003, p. 44.

[34] Artigo 187 CC: também comete ato ilícito o titular de um direito que, ao excercê-lo, excede manifestamente os limites impostos pelo seu fim econômico ou social, pela boa-fé ou pelos bons costumes.

[35] Artigo 421 CC: "A liberdade de contratar será exercida em razão e nos limites da função social do contrato".

[36] Artigo 422 CC: "Os contratantes são obrigados a guardar, assim na conclusão do contrato, como em sua execução, os princípios da probidade e da boa-fé".

Em contrapartida, dependendo da forma como realizada, há entendimento de que a verificação ou monitoramento do correio eletrônico do trabalhador não consiste em violação à intimidade. Tal posição se fundamenta no fato de que, quando o e-mail é concedido exclusivamente como instrumento ou ferramenta de trabalho, alcançado a todos os empregados da empresa, não há de se falar em correspondência íntima passível de sigilo. O caráter estritamente profissional do e-mail, por exemplo, como forma de divulgação de vendas ou como meio de comunicação com clientes, abstrai a idéia de proteção e privacidade.

Nessa linha, partindo-se da premissa de que o e-mail dos trabalhadores no local de trabalho é um instrumento de trabalho, há quem defenda que, em determinadas circunstâncias e diante de certas políticas, seria possível ao empregador fiscalizar o conteúdo desses e-mails. Daí que se justificaria tal medida com muito mais eloqüência no setor público.

Mário António Lobato de Paiva, ao estudar a matéria no âmbito das relações de trabalho nas empesas privadas, entendeu que, em situações do abuso pelo empregado, como, por exemplo, nos casos de elevada freqüência no número de comunicações de caráter pessoal com títulos impróprios, seria possibilitado o controle do correio eletrônico. Asseverou, também, que, nessa situação, deve a empresa comunicar que o uso do correio eletrônico será destinado exclusivamente para a atividade laboral, sendo vedado para fins pessoais. Acredita que isso será possível mediante adoção de uma política clara por parte do empregador, estabelecendo e publicizando normas que indiquem cristalinamente as regras para utilização do e-mail na atividade laboral. Ademais, entende necessário que o trabalhador seja informado acerca dos meios que serão utilizados para verificar o cumprimento do pactuado.[37]

Compartilhando da posição acima, Mauro César Martins de Souza refere que o poder de controle concede ao empregador o direito de fiscalizar o trabalho, a forma de sua realização, assim como a utilização de material e ferramentas de trabalho. Dessa forma, sendo o correio eletrônico uma ferramenta concedida para o trabalho, está abrangido pelo poder de direção e, conseqüentemente, existe o direito do empregador de fiscalizar seu uso pelo funcionário. Tal regra, acredita ser aplicável tanto aos endereços eletrônicos gratuitos e/ou particulares quando acessados no local de trabalho. No entanto, recomenda que seja adotada pela empresa uma política efetiva de comunicações eletrônicas, com expressa anuência por escrito dos empregados, a qual poderia conter as seguintes diretrizes: declaração de que a rede computacional é de propriedade da empresa; alerta sobre o procedi-

---

[37] PAIVA, Mário Antônio Lobato de. *O monitoramento do Correio Eletrônico no Ambiente de Trabalho*. Revista Justiça do Trabalho, n. 227, nov.2002. HS editora, p. 22-23.

mento de monitoramento e interceptação do correio eletrônico; declaração de que a correspondência eletrônica pode não ser apagável; proibição da transmissão de declarações sexualmente ofensivas, agressivas ou difamatórias; proibição da cópia, distribuição ou impressão de material protegido por direitos autorais; proibição do uso da rede para atividades não relacionadas com a firma, assim como atividades ilegais, etc.[38]

A possibilidade de monitoramento do correio eletrônico também é defendida por Sandra Lia Simon, porque entende que no ambiente de trabalho o sigilo de comunicação não é ilimitado. Preconiza que "se o empregador forneceu um computador ao empregado, presume-se que este equipamento seja fundamental para a execução do serviço. Logo, com base no poder de direção, o empregador poderia checar as mensagens eletrônicas recebidas e enviadas pelos trabalhadores, pois é terceiro interessado". Não obstante, adverte que se a empresa permite o uso do correio para fins particulares, em caso de checagem de mensagens, somente poderia se tornar conhecido o conteúdo do e-mail profissional, excluindo-se a verificação das mensagens pessoais. Tal procedimento seria possível através da criação de mecanismos de identificação de arquivos de separação de mensagens. Todavia, a autora reconhece que, mesmo os e-mails particulares dos trabalhadores, quando houver fundado receio da prática de atividades irregulares, poderão ser checados, uma vez que as liberdades públicas não se prestam ao "acobertamento" de ilicitudes.[39]

A adoção de uma política de comunicação transparente foi o meio mais indicado às empresas como forma de prevenção de conflitos envolvendo empregados pelo uso do correio eletrônico pela *"The Eletronic Messaging Association"*,[40] que, inclusive, recomendou aos empresários que colocassem na tela do computador, a cada acesso do empregado à rede, uma mensagem de advertência sobre a política empresarial de uso da informática.

A experiência norte-americana em relação ao assunto em tela nos revela que quando não há uma "razoável expectativa de privacidade", originada através de intenções cristalinas da empresa de controle e verificação do correio eletrônico do empregado, pode-se sustentar a inexistência de direito à privacidade do empregado em suas comunicações no correio eletrônico fornecido pelo empregador. A jurisprudência americana entende que o empregado deva ter sua privacidade respeitada em determinadas zonas do lugar de trabalho, como vestiários ou banheiros, bem como que uma

---

[38] Op. cit., p. 14.
[39] SIMÓN, Sandra Lia. *A Proteção Constitucional da Intimidade e da Vida Privada do Empregado*. São Paulo: LTr, 2000, p. 161.
[40] "David Johnson and Scott Patterson: "Acces to and Disclosure of eletronic Mail on Company Computer Systems: A Tool Kit for Formulating Your Companys Policy", 1994. *In* VARGAS. Luiz Alberto. VARGAS, Luiz. FRAGA, Ricardo Carvalho; TELESCA; Maria Madalena. *Direito do Trabalho Necessário*. Porto Alegre: Livraria do Advogado, 2002, p. 127.

correspondência de natureza eminentemente pessoal deva ser protegida contra revistas do empregador. Além disso, os Tribunais dos EUA limitam a ação empresarial contra o que se chama "invasões altamente ofensivas da privacidade". No entanto, entende-se que, no ambiente de trabalho em que vigora uma política cristalina do uso do e-mail, não existe razoável expectativa de privacidade pelo obreiro, pois possui plena ciência de que será realizada fiscalização nos instrumentos de trabalho de propriedade da empresa. Dessa forma, segundo a jurisprudência americana, é necessário haver uma posição de equilíbrio entre as razoáveis expectativas de privacidade do empregado e as justificativas de monitoramento e busca por parte do empresário.[41]

A questão de maior relevância, no entendimento de Carlos Roberto Fornes Mateucci, acerca da legalidade do monitoramento de e-mail, é estabelecer se naquele determinado ambiente de trabalho e dentro das circunstâncias dispostas no caso concreto, o empregado teria direito à privacidade do correio eletrônico. Para o autor, o empregado dentro do ambiente laboral deve tratar apenas de assuntos profissionais, e as correspondências por ele enviadas ou recebidas no trabalho são de interesse da empresa, e não pessoais. Assim, sustenta que não há sigilo a ser protegido no ambiente de trabalho e tudo aquilo que não diga respeito exclusivo a ele pode e deve ser monitorado, inclusive para preservar os interesses de terceiros que lhe são confiados na pessoa da empresa. Reconhece que o empregado tem direito de manter suas questões pessoais fora do conhecimento de terceiros; contudo, deve estabelecer em que situações e em que ambientes o direito à privacidade é assegurado. Não é na internet ou por meio de suas ferramentas que o funcionário poderá desfrutar da privacidade, pois se trata de instrumento a ser utilizado para discussão de assuntos puramente profissionais; não fosse assim a empresa, por exemplo, não poderia abrir ou redirecionar qualquer mensagem que fosse a ele dirigida, em flagrante comprometimento com suas atividades.[42]

III – A construção do sistema jurídico a partir da jurisprudência

O sistema jurídico em nosso direito pátrio tem sido construído pelas decisões dos Tribunais e isto porque ainda carecemos de regras específicas que disciplinem a matéria. No entanto, pode-se verificar que há um enten-

---

[41] VARGAS, Luiz. FRAGA, Ricardo Carvalho; TELESCA; Maria Madalena. *Direito do Trabalho Necessário*. Porto Alegre: Livraria do Advogado, 2002, p. 128-129.
[42] "Privacidade e Mensagem Eletrônica", Gazeta Mercantil, 02.10.02, p. 2.

dimento dominante que vem sendo adotado pelo Poder Judiciário e que já nos demonstra o alcance do conteúdo essencial dos direitos fundamentais aqui versados quando se trata de relações de trabalho.

Em pesquisa relacionada ao sigilo de correspondência – por meios eletrônicos – em ambientes de trabalho, temos um julgado do TRT da Segunda Região (SP), datado de 02 de junho de 2005, Acórdão nº342384,de relatoria do juiz Sérgio Pinto Martins.

Nesta Ação trabalhista, foi confirmada a justa causa para demissão do empregado que, durante o expediente, enviava e-mails com conteúdo erótico para as colegas de trabalho.

O relator assevera que, durante a jornada de trabalho, o empregado deve se abster de fazer uso do e-mail com fins pessoais e desrespeitosos.

Com relação à possibilidade de monitoramento do e-mail corporativo, diferente do e-mail pessoal, a seguinte decisão do TST, de 18 de maio de 2005. Nela, o relator admite que o empregador possa obter provas que levem à justa causa rastreando o e-mail corporativo do empregado.

É muito interessante a ponderação de princípios realizada no caso concreto, bem como o estudo de direito comparado existente no voto.

"... PROVA ILÍCITA. 'E-MAIL' CORPORATIVO. JUSTA CAUSA. DIVULGAÇÃO DE MATERIAL PORNOGRÁFICO. 1. Os sacrossantos direitos do cidadão à privacidade e ao sigilo de correspondência, constitucionalmente assegurados, concernem à comunicação estritamente pessoal, ainda que virtual (*e-mail* particular). Assim, apenas o *e-mail* pessoal ou particular do empregado, socorrendo-se de provedor próprio, desfruta da proteção constitucional e legal de inviolabilidade. 2. Solução diversa impõe-se em se tratando do chamado *e-mail* corporativo, instrumento de comunicação virtual mediante o qual o empregado louva-se de terminal de computador e de provedor da empresa, bem assim do próprio endereço eletrônico que lhe é disponibilizado igualmente pela empresa. Destina-se este a que nele trafeguem mensagens de cunho estritamente profissional. Em princípio, é de uso corporativo, salvo consentimento do empregador. Ostenta, pois, natureza jurídica equivalente à de uma ferramenta de trabalho proporcionada pelo empregador ao empregado para a consecução do serviço. 3. A estreita e cada vez mais intensa vinculação que passou a existir, de uns tempos a esta parte, entre Internet e/ou correspondência eletrônica e justa causa e/ou crime exige muita parcimônia dos órgãos jurisdicionais na qualificação da ilicitude da prova referente ao desvio de finalidade na utilização dessa tecnologia, tomando-se em conta, inclusive, o princípio da proporcionalidade e, pois, os diversos valores jurídicos tutelados pela lei e pela Constituição Federal. A experiência subministrada ao magistrado pela observação do que ordinariamente acontece revela que, notadamente o 'e-mail' corporativo, não raro sofre acentuado desvio de finalidade, mediante a utilização abusiva ou ilegal, de que é exemplo o envio de fotos pornográficas. Constitui, assim, em última análise, expediente pelo qual o empregado pode provocar expressivo prejuízo ao empregador. 4. Se se cuida de 'e-mail' corporativo, declaradamente destinado somente para assuntos e matérias afetas ao serviço, o que está em jogo, antes de tudo, é o exercício do direito de propriedade do empregador sobre o computador capaz de acessar à INTERNET e sobre o próprio provedor. Insta ter presente também a responsabilidade do empregador, perante terceiros, pelos atos de seus empregados em serviço (Código Civil, art. 932, inc. III), bem como que está em xeque o direito à imagem do empregador, igualmente merecedor de tutela constitucional. Sobretudo, imperativo considerar que o empregado, ao receber uma caixa de 'e-mail' de seu empregador para uso corporativo, mediante ciência prévia de que nele somente podem transitar mensagens profissionais, não tem razoável expectativa de privacidade quanto a esta, como se vem entendendo no Direito Comparado (EUA e Reino Unido). 5. Pode o empregador monitorar e rastrear a atividade do empregado no ambiente de trabalho, em *e-mail* corporativo, isto é, checar suas mensagens, tanto do ponto de vista formal quanto sob o ângulo material ou de conteúdo. Não é ilícita a prova assim obtida, visando a demonstrar justa causa para a despedida decorrente do envio de material pornográfico a colega de trabalho. Inexistência de afronta ao art. 5º, incisos X, XII e LVI, da Constituição Federal. 6. Agravo de Instrumento do Reclamante a que se nega provimento.

Em seus fundamentos, o relator abordou ainda questões fundamentais como a prova ilícita, o "e-mail" e seu rastreamento, o direito à intimidade e inviolabilidade das correspondências no seguinte sentido ao qual entendemos de suma importância transcrever:

"... A Empresa ora Agravada despediu o ora Agravante por justa causa, depois de constatar que o Reclamante, no exercício de suas funções, teria expedido comunicações eletrônicas – *e-mail's* – com fotos pornográficas, utilizando-se do computador e do provedor da empresa, bem assim do próprio endereço eletrônico da empresa que lhe foi disponibilizado para a execução de suas tarefas profissionais.

Insurge-se o Reclamante no tocante à admissão das provas apresentadas pela Reclamada para comprovar a justa causa. Aduz que a Reclamada teria violado o seu *e-mail*, sem a sua anuência, contaminando, assim, as provas obtidas mediante esse acesso *ilegal*."

O Eg. Tribunal Regional consignou, no particular (sem grifo no original)

"JUSTA CAUSA. MEIO DE PROVA. LICITUDE. O juízo a que não acolheu a justa causa pretendida pela reclamada, alegando que as provas obtidas o foram de modo ilegal, com violação ao art. 5°, XXII, da Constituição, razão pela qual condenou a reclamada no pagamento das seguintes verbas rescisórias de direito. Renova a reclamada, em sede de recurso ordinário, a tese da justa causa. Diz que o autor utilizou-se indevidamente do correio eletrônico e do e-mail da empresa, os quais lhe foram concedidos para o exercício regular das suas atividades, para a transmissão de fotos de conteúdo pornográfico. Aduz, ainda, que existe norma do Banco determinando que e-mail recebido por empregado deverá ficar restrito a assuntos inerentes ao trabalho. Alega a reclamada que, ainda que assim não se considere, mesmo na hipótese de se entender que tenha sido a prova produzida através de meio ilícito, é importante que seja utilizado no presente caso o princípio da proporcionalidade, de forma a afastar os extremos, qual seja, a total inadmissibilidade da prova considerada ilícita. Comungo dos fundamentos lançados nas razões de recurso da reclamada acerca do princípio da proporcionalidade. A aplicação do princípio da proporcionalidade tem o objetivo de impedir que através do dogma ao respeito de determinadas garantias, sejam violados outros direitos, senão maiores, de igual importância, ou que, igualmente, precisam ser preservados, no caso dos presentes autos, a própria reputação da reclamada, que poderia ter a sua imagem abalada. A referida teoria, portanto, tem por objetivo sopesar os interesses e valores em discussão, quando da consideração da prova obtida através de meio ilícito, de forma que seja possível a verificação da relação custo-benefício da medida, através da ponderação entre os danos causados e os resultados a serem obtidos. A proteção à individualidade, à liberdade, à personalidade ou à privacidade, apesar de ser essencial no respeito ao Estado de Direito, não pode ser absoluta, de forma a resultar no desrespeito a outras garantias de igual relevância. Tal fato resulta na necessidade de que haja a ponderação do que gerará maior prejuízo ao cidadão, se é a admissibilidade ou não da prova ilicitamente obtida. De acordo com a decisão de 1° grau, a reclamada teria utilizado de meios ilícitos, substanciados no rastreamento do e-mail do reclamante, para descobrir quem teria passado as fotos pornográficas para outras pessoas dentro da empresa. A reclamada, com o objetivo de averiguar quem dentro da empresa estava a praticar tal fato, rastreou não só o e-mail do reclamante, como o seu próprio provedor. Entendo que, sendo a reclamada detentora do provedor, cabe a ela o direito de rastrear ou não os computadores da sua empresa, mormente quando são fornecidos aos empregados para o trabalho. A partir do momento que surge urna dúvida de uso indevido dos e-mail, por um certo grupo, só se poderá tirar esta dúvida através do rastreamento do seu provedor. A empresa poderia rastrear todos os endereços eletrônicos, porque não haveria qualquer intimidade a ser preservada, posto que o e-mail não poderia ser utilizado para fins particulares. É importante frisar que o obreiro, em seu depoimento, conforme se vê as fls. 117, não infirmou as alegações patronais no sentido de que a utilização do e-mail estaria restrito para fins de trabalho, tendo em vista ter declarado '... que o depoente não tem certeza se a reclamada tinha restrição em relação ao uso de e-mail para assunto que não de serviço...' Nestas circunstâncias sequer se poderia falar em privacidade; o fato é que a reclamada concedeu ao autor um e-mail com vistas à exclusiva utilização para o trabalho, visto que o provedor era do HSBC. Não há qualquer violação ao e-mail do reclamante, posto que isto não era de sua propriedade. Sendo o e-mail propriedade da reclamada, a mesma poderia ter amplo conhecimento da forma como estava sendo utilizado. Ocorre que muitos funcionários vem se utilizando da intranet para fins outros que não os inerentes às atividades da empresa. Tal conduta traduz-se em ato faltoso e, do ponto de vista de muitos juristas, inclusive, ensejador de rescisão contratual por justa causa. Há que se concordar que tal situação não pode ser enquadrada no artigo 5°, inciso XII, da Constituição Federal (...). O legislador constituinte, ao criar este dispositivo, o fez com o intuito de proteger a intimidade das pessoas, em situações que comumente ocorrem em locais privados. Entretanto, é evidente que dentro de uma empresa, onde todos os instrumentos são de sua propriedade e disponibilizados aos empregados com o único objetivo de melhor desenvolverem suas atividades, a situação é diversa, sendo até mesmo óbvio que não exista 'confidencialidade' dentro das empresas e que os usuários, acima de tudo, não confundam sua vida particular com a atividade profissional. Quando o empregado comete um ato de improbidade ou mesmo um delito utilizando-se do e-mail da empresa, esta, em regra, responde solidariamente por tal ato. Sob este prisma, podemos então constatar o quão grave e delicada é esta questão, que demanda a apreciação jurídica dos profissionais do Direito. Enquadrando tal situação à Consolidação das Leis do Trabalho, verifica-se que tal conduta e absolutamente imprópria, podendo configurar justa causa para a rescisão contratual, dependendo do caso e da gravidade do ato praticado. Considerando que os equipamentos de informática são disponibilizados pelas empresas aos seus funcionários com a finalidade única de atender às suas atividades laborativas, o controle do e-mail apresenta-se como a forma mais eficaz, tanto de proteção e fiscalização às informações que tramitam no âmbito da empresa, inclusive sigilosas, quanto de evitar o mau uso do sistema internet, que pode, inclusive, atentar contra a moral e os bons costumes, causando a imagem da empresa prejuízos de larga monta. Desta forma, não há qualquer indício de que a reclamada tenha tentado invadir, deliberadamente, a suposta privacidade do autor, ressaltando-se que, diante da gravidade das denúncias recebidas, cabia ao empregador promover as diligências necessárias a apuração dos fatos denunciados, sob pena de incorrer em omissão. Assim, não vejo, com a mesma clareza do Juízo a quo, a suposta violação à garantia da intimidade do reclamante, razão pela qual, no presente caso, não ha que se falar na obtenção de provas por meio ilícito. (fls. 535/540) ..."

O Brasil não se afasta da posição já adotada em países como os Estados Unidos, a Espanha e o Reino Unido para quem o e-mail corporativo não recebe a mesma proteção outorgada ao cidadão no tocante à inviolabilidade da comunicação e da privacidade.

Nos fundamentos da decisão jurisprudencial antes citada, o relator ainda utilizou-se do princípio da proporcionalidade como elemento importante a hora de matizar-se os direitos de intimidade do trabalhador.

Trouxe os ensinamentos de Karl Larenz, a respeito do princípio da proporcionalidade para que "las limitaciones o desventajas, que alguien tiene que tolerar en un caso concreto, en interés de otro o de la generalidad" e depois de referir ao "principio de que la intervención en un bien jurídico y la limitación de la libertad no puden ir más allá de lo que sea necesario para la protección otro bien o de un interés de mayor peso", arremata:

"El principio de proporcionalidad suministra un critério jurídico-constitucional para llevar a cabo una ponderación ajustada de los intereses a proteger, es decir, del campo de protección de los derechos fundamentales, por una parte, y de los intereses dignos de defensa, por otra. Ello significa, ante todo, que 'los medios de intervención tienen que ser adecuados a los objetivos del legislador y que no puden resultar excesivos para el particular'. Con el rasero de la proporcionalidad, el Tribunal Constitucional federal mide, entre otras cosas, la necesidad y la duración de la prisión preventiva. El principio de proporcionalidad, en su sentido de prohibición de la excesividad, es un principio del Derecho justo que deriva inmediatamente de la idea de justicia, indudablemente conccta con la idea de 'moderación' y de 'medida justa' en el sentido de equilibrio".[43]

---

[43] Derecho Justo, Civitas, 1985, p. 144/145.

Salientou o voto que "Na espécie, a invocação do princípio da proporcionalidade vem a propósito da necessidade de sopesarem-se os múltiplos valores jurídicos em xeque e não apenas o direito do empregado, como qualquer cidadão, à inviolabilidade da comunicação e da privacidade. No caso concreto, de um lado, não há, como ressaltado, identidade de fins entre o correio eletrônico particular e o corporativo, para que se pudesse cogitar de transgressão ao princípio da inviolabilidade da comunicação".

O nosso Tribunal Regional do Trabalho da 4ª Região adotou posicionamento no mesmo sentido cuja relatoria foi do juiz João Ghisleni Filho.[44]

Nesta ação, o Sindicato dos Trabalhadores em Processamento de Dados do Estado do RS contra o SERPRO buscava a declaração de nulidade de norma regulamentar no que se refere ao monitoramento e auditoria das estações de trabalhos, mensagens e arquivos eletrônicos, acesso ao correio eletrônico e à internet, assim como a utilização indevida desses instrumentos de trabalho.

Não vingou a tese sustentada pelo sindicato baseada no ferimento ao direito de intimidade por parte do empregador na medida em que monitorar e fiscalizar as ferramentas eletrônicas violavam o direito fundamental à intimidade dos empregados.

Na decisão do Tribunal, ficou patente que a norma fixada pelo empregador não caracterizava invasão ou intromissão na esfera íntima dos funcionários da empresa, ou abuso de poder por parte do empregador.

Salientou que o reclamado é responsável por grande parte do processamento de dados da União, possuindo posição estratégica no do Poder Público Federal, pois processa informações que exigem segurança elevada no seu sistema de informática, razão pela qual é plenamente razoável a regulamentação do uso dos terminais de computador disponibilizados aos seus funcionários. Além disso, a decisão ressaltou que o uso indevido, pelos empregados, dos meios informáticos, especialmente na situação em apreço, em que o demandado utiliza rede de computadores interligados, "pode provocar lentidão do sistema, com a sobrecarga de arquivos de fotos e vídeos, motivar punições legais à empresa pela eventual utilização de programas 'piratas', além de causar contaminação do sistema com vírus de computador inoculado por mensagens recebidas por seus funcionários". Por fim, o julgador asseverou que a regulamentação de uso dos meios informáticos pelo reclamado previa expressamente a utilização do correio eletrônico pessoal com absoluta privacidade pela disponibilização de Estação de Trabalho (Estações Livres) em local público e ambiente reservado, através da linha

---

[44] Processo 00782-2002-023-04-00-9 (RO) Data de Publicação: 09/09/2004. Fonte: Diário Oficial do Estado do RGS – Justiça. Partes: Serviço Federal de Processamento de Dados – Serpro eSindicato dos Trabalhadores em Processamento de Dados no RS.

discada e não conectada à rede da Empresa, negando, pois, provimento à irresignação do autor.

Com efeito, o assunto é instigante e, embora outras garantias à intimidade já estejam regulamentadas por lei, como por exemplo, a proibição de revistas íntimas nas empregadas e a impossibilidade da exigência de teste de gravidez ou de HIV, como condição à admissão no emprego, previstas pela Lei 9.799/99, ainda não há norma que discipline a utilização dos meios informáticos nas relações de trabalho. Dessa maneira, a questão ainda depende do bom-senso das partes envolvidas, cabendo ao Administrador avaliar os limites do poder diretivo e ao servidor não abusar do seu direito à intimidade.

Nesse sentido, conforme entendimento do Prof. Juarez Freitas, fundamental compreender que o Sistema Jurídico não é fechado, razão pela qual há concorrência de múltiplos princípios e fatores de todas as áreas, fazendo-se necessária uma análise sistemática do direito em caso da ocorrência de conflitos entre normas de mesma hierarquia,[45] assim como o estudo da proporcionalidade quando da colisão de princípios.

Com tal idéia, em que medida se justifica com maior intensidade o monitoramento do correio eletrônico do servidor público?

Se tomarmos como base a possibilidade de que os direitos fundamentais podem ser relativizados a partir de princípios e valores, como por exemplo, o direito fundamental à propriedade e a sua limitação frente à função social da mesma, terá que o limite entre o direito à intimidade somente pode ser matizado quando em frente a um princípio maior. Ainda, torna-se imprescindível que o servidor tenha prévio conhecimento de quais as finalidades de uso dos computadores em serviço que atuariam como limites preestabelecidos.

Tanto a insipiente jurisprudência, que no momento somente se manifestou no âmbito das relações privadas, como a doutrina não converge no sentido de consolidar uma posição igualitária acerca da possibilidade da fiscalização de dados eletrônicos pelo empregador.

O tema é emblemático e já não pode esperar. A evolução do mundo atual é tão rápida quanto às novas tecnologias e, por esta razão, urge que se tornem as regras a respeito da matéria o mais objetivas possível. Tal medida, ao nosso ver, somente será possível se sopesarmos os princípios que estão presentes na questão e pudermos estabelecer uma hierarquização dos mesmos.

Finalmente, como bem salienta Juarez Freitas ao tratar da matéria de interpretação sistemática, "cada preceito deve ser visto como parte viva do todo, eis que apenas no exame do conjunto tende a ser melhor equacionado

---

[45] FREITAS. Juarez. *A interpretação Sistemática do Direito.* São Paulo: Malheiros, 1995, p. 29.

qualquer caso, quando se almeja uma bem fundamentada hierarquização tópica dos princípios tidos como proeminentes".[46]

Referências bibliográficas

ABREU, Dimitri. *Melhores Práticas para Classificar as Informações.* São Paulo 2001.
ALBERTIN, Alberto Luiz. *Comércio Eletrônico: modelos, aspectos e contribuições de sua aplicação.* São Paulo: Atlas, 1990.
ARAÚJO, Francisco Rossal de. *A Boa-fé no Contrato de Emprego.* São Paulo: LTr, 1996. p. 169-172.
BARROS, Alice Monteiro de. Proteção à intimidade do empregado. São Paulo: LTr, 1997.
BITTAR, Carlos Alberto. *Os direitos da personalidade.* Rio de Janeiro: Forense Universitária, 1989.
BOBBIO, Norberto. *A Era dos Direitos.* Rio de Janeiro: Editora Campus, 1992.
BONAVIDES, Paulo. *Curso de Direito Constitucional.* 12.ed. São Paulo: Malheiros, 2002.
CANARIS, Claus-Wilhelm. *Pensamento sistemático e conceito de sistema na ciência do direito.* Trad. A. Menezes Cordeiro. Lisboa : Fund. Calouste Gulbenkian, 1989.
CANOTILHO, José Joaquim Gomes. *Direito Constitucional e Teoria da Constituição,* 3.ed. Coimbra: Almedina, 1999.
CATHARINO, José Martins. *Compêndio de Direito do Trabalho.* 3. ed. Vol. I. São Paulo: Saraiva, 1982.
COSTA JR., Paulo José da. O direito de estar só: tutela penal da intimidade. 21.ed. São Paulo: RT, 1995.
COUTINHO, Aldacy Rachid. *Poder Punitivo Trabalhista.* São Paulo: LTr, 1999.
FARIAS, Cibelly. *O Sigilo Postal na Era da Comunicação Digital. [on line].* Disponível em http://www.ter-sc.gov.br/sj/cjd/doutrinas/cibelly.htm._Acesso em: 24.ago. 2003. 10:45:03.
FERRAZ JR., Tércio Sampaio. "Sigilo de dados: o direito à privacidade e os limites à função fiscalizadora do Estado". Cadernos de Direito Tributário e finanças públicas. São Paulo: RT, v. 1: 141-154, out./dez. 1992.
FREITAS, Juarez. *A Interpretação Sistemática do Direito.* São Paulo: Malheiros, 2002.
GONÇALVES, Sérgio Ricardo Marques. *E-mail X Empregados: é legal o monitoramento pela empresa?.on line.* Disponível em http://www.securenet.com.br/artigo.php?artigo=107. Acesso em: 10.out. 2003.
GONÇALVES, Simone Cruxên. *Limites do Jus Variandi do Empregador.* São Paulo: LTr: 1997.
GRECO FILHO, Vicente. *Tutela Constitucional das Liberdades: direitos individuais na Constituição de 1988.* São Paulo: Saraiva, 1989.
HESSE, Konrad. *A força normativa da constituição.* Trad. de Gilmar F. Mendes. Porto Alegre : Fabris, 1991.
LIPPMANN, Ernesto. "Do direito à privacidade do empregado, nos tempos da internet". In: Revista LTr. São Paulo: LTr, v. 62,n. 04: 483-486, abr. 1998.
LOPES JUNIOR, Osmar. *Controle de Acesso à Internet pelas Empresas X Direito de Privacidade.* Disponível em http://www.revista.unicamp.br/infotec/artigos/osmar2.html. Acesso em: 24.mai. 2003.

---

[46] Idem, 3ª ed. p. 70.

MATEUCCI, Carlos Roberto Fornes. *Privacidade e Mensagem Eletrônica.* Gazeta Mercantil, p. 2.
OLIVEIRA NETO, Alberto Emiliano de; COELHO, Luciano Augusto de Toledo. *Direito à Intimidade e à Privacidade – E-Mail do Empregado.* Revista Justiça do Trabalho, n°233: maio – 2003.
PAESANI, Liliana Minardi. *Direito e Internet – Liberdade de Informação, Privacidade e Responsabilidade Civil.* São Paulo: Atlas, 2000.
PAIVA, Mário Antônio Lobato de. *O Monitoramento do Correio Eletrônico no Ambiente de Trabalho.* Revista Justiça do Trabalho, n°227: nov– 2002. p.11-44.
——. *Diretrizes para Utilização dos Meios Eletrônicos no Ambiente de Trabalho.* Revista Justiça do Trabalho, n°224. ago– 2002. p.58-64.
——. *O E-mail como Instrumento de Divulgação Sindical.* [*on line*] Disponível em http://www.direito.com.br/doutrina.ASP?O=1&T+1877. Acesso em: 217.maio. 2002.
——. *Comentários à Jurisprudência – E-mail – invasão de privacidade.* [*on line*] Disponível em http://www.kplus.cosmo.com.br/materia.asp?co=90&rv=Direito. Acesso em: 10 de setembro de 2003.
——. *O E-mail no Ambiente de Trabalho: O Uso Social do E-mail.* . [*on line*] Disponível em http://www.mct.gov.br/legis/consultoria-juridica/artigos/e-mail-trabalho.htm. Acesso em: 07 de agosto de 2003.
RODRIGUEZ, Américo Plá. *Princípios de Direito do Trabalho.* São Paulo: Editora LTr, 1997.
SARLET, Ingo Wolfgang. *Dignidade da Pessoa Humana e Direitos Fundamentais na Constituição Federal de 1988.* 2. ed. Porto Alegre: Livraria do Advogado, 2002.
——. *A Eficácia dos Direitos Fundamentais.* 3. ed. Porto Alegre: Livraria do Advogado, 2003.
SERRA, Antonio Truyol y. *Los Derechos Humanos.* Madrid: Editorial Tecnos, 1984.
SILVA, José Afonso da. *Curso de Direito Constitucional Positivo.* 9.ed. São Paulo: Malheiros, 1994.
SILVEIRA NETO, Antônio; PAIVA, Mário Antônio Lobato de. *A Privacidade do Trabalhador no Meio Informático.* [*on line*] Disponível em http://www. mct.gov.br/legis/consultoria-juridica/artigos/informática-tecnologia.htm.Acesso em: 19.set. 2003. 17:48:23.
SIMÓN, Sandra Lia. *A Proteção Constitucional da Intimidade e da Vida Privada do Empregado.* São Paulo: LTr, 2000.
SOUZA, Mauro César Martins de. *E-Mail (...NET) na Relação d Emprego: Poder Diretivo do Empregadpr (Segurança) & Privacidade do Empregado.* Revista Justiça do Trabalho, n°202: out– 2002, p. 7-23.
SUSSEKIND, Arnaldo; MARANHÃO, Délio; VIANNA, Segadas; TEIXEIRA, Lima. *Instituições de Direito do Trabalho.* Vol. I e II. 16.ed. São Paulo: Editora LTr, 1996.
TELESCA, Maria Madalena (coord.); VARGAS, Luiz Alberto de; FRAGA, Ricardo Carvalho. *Direito do Trabalho Necessário.* Porto Alegre: Livraria do Advogado, 2002.

— 10 —

Libertad de expresión y jurisprudencia constitucional. El caso español[1]

MIGUEL AZPITARTE

A. Introducción: la premisa del título

1. El título que se me propuso para disertar en esta Facultad de Derecho presume una concepción del derecho constitucional que está hoy generalmente extendida en la academia: el texto constitucional es sólo una parte de la realidad constitucional; su aplicación concreta transforma las disposiciones en norma. Por tanto, resulta imposible prescindir de los órganos que realizan su aplicación, esencialmente del más alto de ellos, el Tribunal Constitucional, para dar verdadera cuenta del régimen constitucional.

2. Personalmente, participo convencido de esa concepción del derecho constitucional. No obstante, si tomamos en serio a la "sociedad abierta de los intérpretes constitucionales", haciendo así honor al Profesor Häberle, el constitucionalista, en su afán por cobrar toda la dimensión de la realidad constitucional, no puede quedarse sólo en la jurisprudencia constitucional. Debe abrirse a la incidencia de otros intérpretes constitucionales sobre la realidad. Entre ellos, sin lugar a dudas, el legislador, que desarrolla por mandato constitucional (art. 53 de la Constitución española, desde ahora CE) el contenido de la libertad de expresión y lo inserta así en el mosaico que componen todos los derechos fundamentales. Pero también es capital atender a la propia interpretación que el ciudadano hace de sus derechos; en definitiva, el creador de los mensajes es reflejo esencial de la libertad de expresión.

---

[1] O presente texto corresponde à versão oral apresentada pelo autor por ocasião do IV Seminário Internacional de Direitos Fundamentais, realizado em setembro de 2005, na PUCRS, sem as respectivas notas e referências bibliográficas.

3. Dada esta concepción del derecho constitucional, en mi intervención no me puedo limitar a exponer la jurisprudencia del TC. Si el TC participa con otros actores constitucionales en el diseño último de la realidad constitucional contingente, el análisis de la jurisprudencia del TC ha de ser necesariamente dinámico, debe intentar elucidar su voz propia dentro del proceso político constitucional. Para realizar esta tarea, el punto de partida tiene que ser necesariamente el texto constitucional.

B. La libertad de expresión e información en la constitución española

1. Antes de exponer las características de nuestro texto constitucional, conviene repasar los datos que regían la realidad política de la larga dictadura en la que estuvo sumida España. Esa realidad, sencillamente se podría reconducir a dos datos. De un lado, el uso del derecho penal como instrumento para reprimir informaciones u opiniones disidentes, que quebrasen el monopolio estatal de la política, la moral y la cultura. En segundo lugar, un control gubernativo de todos los medios, necesitados de autorización previa y depósito de ejemplares para su censura (por ejemplo, los periódicos) o bien gestionados mediante monopolio gubernamental. En definitiva, el derecho administrativo y el derecho penal configuraban un férreo control del Estado que obturaba todas las espitas de la sociedad.

2. La Constitución realiza las siguientes operaciones en su art. 20

a) Distingue entre la libertad de expresión (art. 20.1.a) y la libertad para comunicar y recibir información veraz (art. 20.1.d). Distinción que a su vez se enmarca en una clasificación más amplia, también en el art. 20, de aquellas libertades que inciden sobre el proceso público de comunicación. Así, junto a la libertad de expresión e información, se da rango de derecho fundamental a la libertad de creación y producción artística, y a la libertad de cátedra. Según el TC, nos encontraríamos en estos supuestos ante manifestaciones específicas de la libertad de expresión (STC 5/81 para la libertad de cátedra; STC 153/85 para la libertad de creación artística).

b) Crea unas garantías específicas más allá de las genéricas de reserva de ley, contenido esencial y tutela judicial (art. 53): la prohibición de la censura previa (art. 20.2), el secuestro de las publicaciones sólo puede ser judicial (art. 20.4) y la cláusula de conciencia y el secreto profesional para la libertad informativa (art. 20.2).

c) Se realiza una referencia a la existencia de unos límites singulares para la libertad de expresión e información. Es esta una disposición de clara raíz germánica, pero, como veremos más adelante, inadecuada dentro del sistema español de derechos fundamentales.

d) El art. 20.3 parece dar por descontado la existencia de medios de comunicación social dependientes del Estado. Y ante esta circunstancia, propia del momento en el que se elabora la Constitución, se establecen unas garantías determinadas: el control parlamentario, la garantía del pluralismo social y político, y la garantía del pluralismo lingüístico. Queda saber si este precepto subraya la dimensión institucional de la libertad de expresión y comunicación, que impondría sobre el Estado la obligación de sostener ciertos medios de comunicación estatal.

e) Nada se dice de la libertad de creación de medios (como, por ejemplo, sí ocurre con la creación de medios educativos).

C. La definición del contenido de la libertad de expresión e información en la jurisprudencia del tribunal constitucional

I. *El presupuesto teórico de partida: opinión pública y libertades preferentes*

1. El fundamento teórico: la institución de la opinión pública

Debemos agradecer al TC su claridad a la hora de exponer el fundamento teórico desde el que construye la posición constitucional de las libertades de expresión e información, así como su contenido. El TC ha declarado con rotundidad que "la libertad de expresión e información garantizan la institución de una opinión pública libre, ligada al pluralismo político; sin la garantía de una opinión pública libre las instituciones representativas son pura forma y se falsea el principio de legitimidad democrática" (por todas, STC 20/90).

La comprensión de las libertades de expresión e información que sostiene el TC se definen, por tanto, desde su finalidad política: la creación de una realidad socio-política, la opinión pública, sin la cual no es posible la democracia. En una concepción clásica e ideal de la teoría democrática, el TC presupone que la existencia de una opinión pública libre es el elemento nuclear que permite al ciudadano "formar libremente sus opiniones y participar de modo responsable en los asuntos públicos".[2]

---
[2] Conviene recordar a modo de apunte cómo el TC defiende una concepción clásica de la teoría de la democracia, en su manifestación de democracia representativa. Así, el elector conforma su opinión política en un espacio de comunicación política los más perfecto posible y entabla una relación directa, inquebrantable por los partidos, con su representante.

En definitiva, el TC realiza una firme opción político-jurídica que vincula el ejercicio de las libertades de expresión e información a su dimensión política. Se marginan así, otras posibles opciones que podían haber sustentado configuraciones bien distintas de ambas libertades. Por ejemplo, su contenido no se construye desde el fin de la verdad, que podría excluir las informaciones que no encontraran la coartada de la "exceptio veritatis", reforzando así la protección del honor. O tampoco se levanta su contenido a partir del bien jurídico de la dignidad, que extendería la protección a confines mucho más amplios.

2. La consecuencia jurídico-técnica: la posición preferente de las libertades de expresión e información frente a otros valores concurrentes

El presupuesto jurídico-político escogido por el TC conduce también a una clara consecuencia jurídico-técnica dada la finalidad última del ejercicio de las libertades de expresión e información: "la posición preferente de la libertades de expresión e información" (son un "valor superior" tienen una eficacia "irradiante") que implica "una rigurosa ponderación de cualquier norma o decisión que coarte su ejercicio", de manera que cuando "la libertad de expresión (o información) entre en conflicto con otros derechos fundamentales u otros intereses de significativa importancia social y política (incluso respaldados por la legislación penal), las restricciones deben interpretarse de modo que el derecho fundamental no resulte desnaturalizado" (por todas, a modo de resumen STC 20/90/4).

Según el TC, esa preferencia de la libertad de expresión e información se dilucida caso por caso en un juicio ponderativo. En la práctica, a mí me parece, que la preferencia se decanta llanamente en la identificación de los contenidos de ambos derechos que es funcional a la dimensión institucional de los derechos, la opinión pública libre. En el caso de la expresión, el insulto se configura como límite exclusivo, y en el caso de la información, la veracidad y la trascendencia pública son los elementos que distinguen su ejercicio lícito. Veámoslo con detenimiento.

II. La libertad de expresión según la jurisprudencia del Tribunal Constitucional

1. El TC se ha esforzado en distinguir la libertad de expresión de la libertad de información.[3] El núcleo de la diferencia radica en su objeto: la

---

[3] Algunos autores, sin falta de razón, prefieren hablar de la libertad de opinión para respetar el tronco común que configuraría la libertad de expresión. Es más, en un principio, el TC identificó la libertad de expresión con la libertad de opinión, aunque más tarde prefirió hablar de "libertad de expresión en sentido estricto".

libertad de expresión versa preponderantemente sobre opiniones, ideas, creencias, juicios, mientras que la libertad de información trata sobre hechos. Y aquí se define ya su singular contenido, pues en la medida que la libertad de expresión define categorías abstractas, no es susceptible de someterse a la prueba de la verdad o la diligencia de su averiguación (STC 6/88/5).Se abre, por tanto, un amplio margen para el ejercicio lícito de la libertad de expresión, que sólo traspasaría los límites del amparo constitucional cuando contuviese "expresiones formalmente injuriosas". De este modo, no se protege constitucionalmente el insulto (STC 105/90/6). La jurisprudencia del TEDH, sin embargo, muestra que la identificación de lo que haya de ser un insulto no siempre resulta sencillo. El uso de ciertas expresiones ofensivas que quieren subrayar la opinión crean un escenario de incertidumbre sobre el que todavía no se ha pronunciado nuestro TC.

2. El párrafo anterior esboza el "contenido general" de la libertad de expresión. Ese contenido, según la jurisprudencia del TC, se contrae en dos ámbitos de la realidad jurídica: las relaciones laborales y las relaciones de función publica. En el espacio laboral, la buena fe y la lealtad en el desempeño de las obligaciones laborales, reducen los márgenes de la libertad de expresión. Opiniones y juicios sobre la empresa o el empresario que en otro lugar serían lícitos, se convierten en constitucionalmente ilícitos si provienen del trabajador y tienen por finalidad dañar moral o materialmente a la empresa (por ejemplo, STC 286/93/4).

Una argumentación similar se despliega en las llamadas relaciones de sujeción especial de naturaleza administrativa. El principio de jerarquía con el que se organiza la Administración obliga a moderar las expresiones críticas, de manera que no se ponga en peligro el servicio público desempeñado (STC 81/83).

III. *La libertad de información según la jurisprudencia del Tribunal Constitucional*

1. Como ya he señalado, la libertad de información versa preponderantemente sobre hechos de trascendencia pública. Tiene así confines más estrechos que la libertad de expresión, delimitados por el carácter noticiable del hecho informado y por su veracidad.

El primer parámetro en la delimitación de su contenido es el interés público del hecho que se comunica. El TC no ha ofrecido datos suficientes para movernos con soltura en la identificación de lo "noticioso". Lleva razón A. Rodríguez cuando nos recuerda que el elemento determinante no ha de ser el contenido del menaje, sino, en todo caso, el objeto o tema, el sujeto que lo emite o el sujeto sobre el que versa. En todo caso, el TC sí ha sido rotundo al marcar una barrera a la intimidad. Incluso si una noticia versa sobre un personaje público, la información no puede dar cuenta de datos propios de su intimidad (Por ejemplo datos relativos a la filiación SSTC 197/91/4 y 134/99/5, o datos relativos al padecimiento del SIDA, STC 20/92).

El segundo parámetro se asienta sobre la diligencia empeñada en la obtención de la información. De este modo, quedan constitucionalmente amparadas las informaciones emitidas tras lograrse con la diligencia propia de un profesional, ("las afirmaciones erróneas son inevitables en un debate libre, pues de exigirse la verdad la única garantía sería el silencio" (STC 105/80/4); no obstante, qué sea esa diligencia es algo por determinar, aunque el TC incluye el contraste de opiniones o el "canon de la profesionalidad informativa") (SSTC 6/88/5, 105/90/4 y 5). Sería así ilícita la información sobre rumores, las informaciones fraudulentas, las invenciones o informaciones insidiosas. Diligencia que, sin embargo, no es precisa cuando el periodista reproduce lo dicho por un tercero. Nos encontramos aquí ante un "reportaje neutral", neutralidad que surge con la identificación del emisor y la transmisión fiel de lo declarado. De este modo, el transmisor no es creador de la noticia. (STC 41/94/4).

2. El art. 20.1.d) contiene una disposición de lo más enigmática "la libertad a recibir comunicación veraz". La dificultad de este precepto es saber quién es el sujeto pasivo que ha de garantizar ese derecho. Cabría pensar que nace aquí una obligación para el Estado que transmutaría el derecho de libertad en un derecho prestante. Algo así argumentaron los recurrentes, profesionales de periódicos estatales que recurrían su cierre (STC 6/81). Sin embargo, el TC ha desechado cualquier interpretación en este sentido. Ha afirmado que el derecho a recibir información veraz es redundante y no haces sino incidir sobre la necesidad de un proceso comunicativo sin interferencias estatales o de terceros (STC 220/91).

IV. ¿Libertad de prensa?

Algunos autores defienden la configuración de la llamada libertad de prensa. Esta sería el ejercicio de las libertades de opinión e información a través de los medios de comunicación social y por sus trabajadores

Según A. Rodríguez tres son los motivos que nos permiten mantener esta tesis. Aunque el TC ha reconocido que la libertad de expresión e información corresponde a todos, el TC ha distinguido la libertad ejercida por los medios. Ésta goza constitucionalmente de un régimen de garantías específico compuesto por el derecho de rectificación, la cláusula de conciencia, el secreto profesional y el respeto del pluralismo. Además, existe una legislación específica, la todavía en muchos aspectos vigente Ley 14/66 de libertad de prensa, como por ejemplo en la extensión a la empresa editora y al director de la responsabilidad por injurias y calumnias, art. 212 CP.

D. Jurisprudencia constitucional y legislación: el desarrollo (pleno) de la libertad de expresión e información

La anterior síntesis muestra cómo el contenido jurisprudencial de los derechos se ha delimitado básicamente en contraposición al honor y la intimidad. Nos ofrece así la jurisprudencia el núcleo esencial de las libertades de expresión e información, pero, sin embargo, no nos da su imagen plena, su contraste con otros bienes jurídicos.

La imagen completa sólo se cobra si atendemos a la intervención legislativa sobre estos derechos. Ahora bien, a diferencia de otros derechos, el legislador no ha afrontado un desarrollo genérico y nos vemos obligados a navegar entre disposiciones dispersas, que no siempre se nutren de una idea lógica que señale un común denominador. Con todo, es posible, a mi parecer, señalar dos criterios distintivos en la intervención legislativa.

I. El discurso prohibido

Dogmáticamente, la expresión y la información se configuran como derechos de libertad, que se satisfacen con la garantía de un espacio de actuación sin injerencias del Estado o de terceros. No se trata, sin embargo, de derechos absolutos, como nos recuerda el art. 20.4 al señalar límites específicos. Bien es cierto, que de acuerdo con la mecánica de nuestros derechos fundamentales, el art. 20.4 no puede entenderse como un número cerrado, de manera que el legislador puede valerse de otros bienes jurídicos de relevancia constitucional para delimitar el ámbito lícito de las libertades de expresión e información. En esa actividad legislativa podemos distinguir un propósito común orientado a expulsar de la comunicación política determinados discursos.

a) La comunicación política queda vedada al discurso que legitime la violencia como instrumento político.

En esta lógica encontramos la calificación como delito de la apología (la defensa o alabanza), del terrorismo, la rebelión o la sedición. Desde el punto de vista estrictamente jurídico, la clave reside en la extensión que se dé tanto al concepto de apología como a los delitos de rebelión o sedición. Una u otra vertiente delimitarán los márgenes de la libertad de expresión.

Siguiendo en este marco merece la pena mencionar la prohibición de partidos políticos y su discutida vinculación con la libertad de expresión. El TC se esforzó en explicar la legitimidad constitucional de la LO 6/2002 que instaura un procedimiento para la ilegalización de los partidos que "vulneren los principios democráticos, que deterioren o destruyan el régimen de libertades o imposibilite el sistema democrático" (art. 9). Especialmente porque la Ley, en el art. 9.3 indica como datos que permiten constatar el ilícito, actividades que se desenvuelven en los predios de la libertad de expresión: "promover, exculpar los atentados contra la vida o la persecución de personas", "fomentar, propiciar o legitimar la violencia", "dando apoyo político expreso o tácito al terrorismo, legitimando o minimizando sus acciones", "utilizar como instrumentos de la actividad del partido símbolos, mensajes o elementos que se identifiquen con el terrorismo". Así las cosas, el TC afirmó, sin duda en un gran esfuerzo argumentativo no exento de debilidades, que la citada Ley, incluidas la expresiones mencionadas, resultaban en una sanción "de conductas" y no de mensajes.

b) La prohibición del discurso el odio.

El legislador, también a través de la amenaza de la sanción penal (art. 510 y 607.2 CP), ha querido expulsar de la comunicación pública aquellos discursos que provoquen la discriminación, el odio o a la violencia contra grupos o asociaciones por motivos racistas, sexistas o xenófobos, e incluso aquellos discursos que "nieguen o justifiquen el delito de genocidio". Con esta normativa penal, el legislador da continuidad a la jurisprudencia del TC que había reconocido con gran creatividad y viveza, que la libertad de expresión puede verse limitada por el derecho al honor de "grupos humanos sin personalidad jurídica pero con una neta y consistente personalidad por cualquier otro rango dominante de su estructura o cohesión, como el histórico, sociológico, el étnico o el religioso (STC 176/95/3).

c) El discurso antisistema.

El discurso antisistema pretendería proteger la "especial dignidad del Estado". Una primera vertiente trata de proteger, mediante sanción penal, los "secretos de Estado".(art. Ley 9/98; art. 598 y 600). La grave dificultad de los "secretos de Estado" es saber que dato merece tal apelativo. En este sentido es bastante la legislación actual que reserva al Gobierno la declaración de secreto. Y además, tengo mis dudas de que el periodista que revelase secretos de Estado fuese constitucionalmente susceptible de condena penal.

Otra manifestación aún más problemática de la prohibición del discurso antisistema es la protección frente al insulto, injuria, calumnia o la amenaza al Rey y los miembros de la familia Real (arts. 490 y 491 CP), las Cortes (496 CP), Gobierno, TC (art. 504 CP), así como el ultraje a España y sus símbolos (543 CP).

III. *La mercantilización de la información*

La LO 1/1982 articula la protección civil del honor, intimidad e imagen, por tanto, delimita el contenido de la libertad de expresión y opinión.

La ley pretende, en primer lugar, desplazar el amparo de los derechos mencionados y, asimismo, los límites de las libertades de expresión y opinión, desde los predios de lo penal hacia una escenario de responsabilidad civil. La comisión de un ilícito en el ejercicio de la libertad de expresión ya no supondrá en la mayoría de los casos el surgimiento de una condena penal, sino el nacimiento de una obligación pecuniaria. En segundo lugar, a los efectos de ubicar la protección civil del honor, la intimidad y la imagen, crea unos supuestos de hechos distintos a las calumnias e injurias, que suponen el ejercicio ilícito de la libertad de expresión y opinión. Así, la ley tiene su centro en la definición de las "intromisiones ilegítimas", que abarcan la protección frente a la utilización de medios para el conocimiento de la vida privada y su posterior revelación, la divulgación de datos con un conocimiento no intencionado, y el uso no autorizado de la imagen.

Sin embargo, uno de los aspectos jurídicos más interesantes de la ley y que en mayor medida ha influido en nuestro panorama audiovisual, radica en la capacidad que la ley atribuye a todos los titulares del honor, la intimidad y la imagen para disponer de los mismos (art. 2). Esta libre disposición sobre el honor, la intimidad y la imagen ha dado naturaleza mercantil a tales derechos y hoy, en España, nos encontramos con un apogeo del intercambio pecuniario de la intimidad. No se trata ya de la exposición por parte de personajes públicos de aspectos de su vida privada (algo que seguramente pertenece a la propia construcción del mito político o artístico), sino que nos hallamos ante personajes desconocidos que con la exhibición de su intimidad adquieren una notoriedad y se insertan en el proceso de comunicación pública con efectos devastadores.

E. Las garantías específicas de la libertad de expresión e información

I. La prohibición de la censura previa

El TC ha definido la censura previa como la intervención preventiva y gubernamental con la intención de prohibir o modular la publicación o emisión de mensajes (STC 187/99/5) –o medidas equivalentes como el depósito legal-. Así las cosas, tres son los elementos que definen la censura: el momento previo, la acción pública y la finalidad de esa acción. Por tanto, quedan fuera del escenario de la censura la presión ciudadana, que puede ser una intromisión ilícita, pero nunca censura en el sentido constitucional (STC 187/99/5). Y está también permitida constitucionalmente la autocensura (STC 187/99), y el derecho de veto del director sobre el contenido de los originales del periódico (STC 171/90/3).

II. *El secuestro judicial de las prohibiciones*

El secuestro judicial de las publicaciones ha sido estructurado en nuestro ordenamiento como una medida cautelar orientada a preservar bienes jurídicos concurrentes con las libertades de expresión e información (1428 LEC y 816 LECrim). Se extiende no sólo a los medios de información institucionalizados, sino también a las vías informales de comunicación. Sin embargo, es importante señalar que la potestad de secuestro nunca se puede extender al medio técnico que soporta la producción de la expresión o información (STC 144/87); al traspasarse esa línea nos adentraríamos ya en una medida de restricción de la propiedad.

También es importante tener en cuenta que el secuestro judicial no es constitucional simplemente por la autoridad de la que procede. El secuestro judicial puede derivar en censura previa cuando la valoración del contenido se realiza frente a categorías abstractas y no frente a la delimitación concreta de las libertades de expresión e información (STC 13/85).

III. *La cláusula de conciencia de los periodistas. Ley Orgánica 2/1997, de 19 de junio*

La ley define esta cláusula en atención a su función: "garantizar la independencia en el desempeño de su función profesional". Y se decanta en dos derechos. Uno, destinado a resolver unilateralmente la relación contractual cobrando la indemnización pactada o la establecida por la ley para el despido improcedente. Lo motivos que fundan ese derecho de resolución de la relación contractual son dos: el cambio sustancial de orientación informativa o ideológica del medio; y el traslado profesional que suponga una ruptura patente con su orientación profesional. El segundo derecho le garantiza la facultad de negarse motivadamente a participar en la elaboración de informaciones contrarias a los principios éticos sin que ello suponga sanción o perjuicio.

La jurisprudencia del TC ha redundado sobre la definición legal y se ha limitado a estilizar la finalidad de esta cláusula que según el TC "garantiza un espacio propio al periodista quebrando la histórica censura interna. Pero esa garantía preserva asimismo el pluralismo al reforzar las oportunidades de formación de una opinión pública no manipulada" (STC 199/1999).

IV. *El secreto profesional de los periodistas*

No existe un desarrollo legal del secreto profesional y la incidencia del TC sobre esta garantía tampoco ha sido demasiado incisiva. En general, la doctrina considera que el secreto profesional permite al periodista negarse a revelar la identidad de sus fuentes o el material utilizado para elaborar una información (el TC también ha indicado que el director de un periódico puede negarse a revelar la identidad de quien publica una carta al director, STC 15/93/2). Y ese derecho se ostenta principalmente frente a cualquier instancia pública, pero también, creo yo, frente a cualquier autoridad privada.

Recientes sucesos en los EE.UU han vuelto a reavivar el pretendido carácter absoluto de esta cláusula. ¿Tiene límites el secreto profesional? ¿Puede verse el periodista obligado a revelar la fuente? En mi opinión, existen motivos constitucionales que pueden obligar a revelar de manera restringida (por ejemplo a al autoridad judicial) fuentes de información.

V. Y una garantía legal: el derecho de rectificación. la Ley Orgánica 2/1984, de 26 de marzo

La garantía prevista en el LO 2/84 se estructura en forma de derecho para toda persona física o jurídica frente a hechos que le aludan, considere inexactos y su publicación pueda causarle perjuicio (art. 1). El ejercicio del derecho tiene una primera fase preprocesal, en la que el sujeto afectado ejerce el derecho remitiendo en el plazo de siete días un escrito al director del medio, poniendo en conocimiento los hechos de la información que desea rectificar. El director satisface el derecho publicando o divulgando los hechos dentro de los tres días siguientes a la recepción con relevancia semejante, íntegramente y de forma gratuita. La no difusión o la negativa a hacerlo abre un plazo abre la vía procesal en el plazo de siete días, que concluye con una sentencia que deniega u ordena la publicación.

El TC se ha extendido en el análisis de la fase procesal (STC 168/86/4). Nos ha dicho que ese proceso es un instrumento preventivo que pretende evitar un perjuicio. Precisamente su carácter preventivo le da naturaleza sumaria y explica también su finalidad, pues no se pretende en este proceso un examen exhaustivo de la verdad que implique el valor de la cosa juzgada. La intervención judicial, según el TC, pretende controlar si se trata de hechos u opiniones, si existe un posible perjuicio, o si la información disidente carece de toda verosimilitud.

Asimismo, el TC nos recuerda que el ejercicio del derecho de rectificación es la puesta en comunicación de un disentimiento, que no necesariamente responde a los hechos ciertos (el proceso sumario impide el pleno conocimiento de la verdad). No conlleva una lesión del derecho a la información, pues no le impiden ratificarse en la información ofrecida. La publicación de dos informaciones contrapuestas no sólo no lesiona, sino que refuerza el derecho a recibir información en pos de un interés colectivo.

F. La creación de medios de comunicación: ¿Derecho Fundamental?

I. *La diversidad de medios y su distinto régimen constitucional*

1. Es posible distinguir hoy regímenes constitucionales distintos, según el medio de comunicación. En un extremo se encuentran los periódicos. Seguramente nadie, en el imaginario constitucional español, duda de que la facultad para editar periódicos forma parte del derecho fundamental a la libertad de expresión. En todo caso, la creación de periódicos es en el derecho vigente un modelo clásico de derecho de libertad, pues su edición no está sometido a licencia alguna o autorización.

Sin embargo, no podemos afirmar que la edición de la prensa escrita sea un espacio sin problemática constitucional. Con cierta periodicidad, sobre todo cuando se producen cambios gubernamentales a nivel estatal o autonómico, descubrimos que la mayoría de los periódicos reciben subvenciones de la Administración, dinero que en más de una ocasión garantizan su propia viabilidad económica. A nadie se le escapa que la capacidad financiera del Estado puede tener un significativo efecto de inclinación o modulación en la fijación de las líneas editoriales (o más sutilmente la propia publicidad institucional es hoy en muchos periódicos de provincias una fuente capital de financiación). Y es que, al constitucionalista, quizá le convenga aprehender la dimensión mercantil de las libertades de expresión e información, porque puede ser ahí donde se manifiesten las futuras pugnas en el control de estos derechos. Valga un reciente ejemplo de dimensión comunitaria. En el ardoroso verano de Roma se destapó una operación financiera encaminada a hacerse con el control de dos de los más prominentes diarios europeos (El Mundo, periódico español, y el Corriere della Sera, diario italiano). ¿Se trataba en verdad de una "operación financiera" o de una "operación política" sustentada con dinero? ¿Debemos continuar reflexionando sobre el derecho de las OPAS todavía en clave mercantil, o se hace precisa una reflexión constitucional?

2. Antes de exponer lo que será el núcleo de este apartado, el régimen constitucional de los medios de radiodifusión, en especial la televisión, y después de haber dado cuenta del instrumento más clásico los periódicos, merece la pena detenerse brevemente sobre el uso de internet como medio de comunicación. En mi opinión, la utilización de internet plantea varios retos al derecho, y en especial al derecho constitucional. En primer lugar, se cruzan en la emisión por red tres foros que tradicionalmente han tenido un régimen jurídico distinto, la palabra escrita, la palabra hablada y la imagen. La tendencia muestra una disolución de las regulaciones más restrictivas y un acercamiento al modelo más amplio de los periódicos. En

segundo lugar, nos encontramos ya con una superación absoluta de los límites fronterizos. A la hora de aplicar el régimen jurídico adecuado necesitaremos desarrollar puntos de conexión adecuados.

II. En especial el régimen constitucional de la televisión

1. La televisión como servicio público esencial de titularidad estatal y gestión directa del Estado. La situación desde el inicio del régimen constitucional hasta el año 1988

a) La configuración de la televisión como servicio público.

Ya he señalado que nuestra Constitución indicaba una responsabilidad del Estado para con los medios de comunicación y nada decía respecto a la creación de medios por los particulares. Ante este amplio marco, el legislador democrático optó por un modelo televisivo que, todo se debe decir, heredaba ciertas pautas del modelo previo a la Constitución. En la Ley 4/80, de 10 de enero, se definió el Estatuto de la Radio y la Televisión.

El primer dato capital es que el modelo radiofónico y televisivo del Estado Constitucional se configura legalmente mediante la definición de ambos medios de comunicación social (mediante emisiones radioeléctricas por ondas y cables) como servicios públicos esenciales de titularidad estatal. Ciertamente, no existe en el articulado de la ley ninguna razón que justifique la declaración de estos medios de comunicación social como servicio público. La razón quizá habría de buscarse en la importante función que en aquel momento se le quería imputar y que aún pervive en la exposición de motivos "vehículo esencial de información y participación política de los ciudadanos, de formación de la opinión pública, de cooperación con el sistema educativo, de difusión de la cultura española y de sus nacionalidades y regiones, así como medio capital para contribuir a que la libertad y la igualdad sean reales y efectivas, con especial atención a la protección de los marginados y a la no discriminación de la mujer".

El segundo dato de importancia especial es el modo cómo se organiza la gestión de ese servicio público. Se asigna en gestión directa a un Ente Público – ERTVE, en el cual la personalidad clave es un Director General nombrado por el Gobierno para cuatro años (o la duración de la legislatura). Su relevancia nace de las funciones que se le atribuyen (propone el plan general de actuación, el anteproyecto de presupuesto, nombra a los directivos y ordena la programación), que le convierte en el órgano ejecutivo del Ente. Junto a él, un Consejo de Administración de doce miembros elegidos en mitad, con mayorías de 2/3, por el Congreso y el Senado entre personas de reconocido mérito profesional. Le corresponden tareas relativas al servicio público, como aprobar el plan general o las memorias, pero, sobre todo, cuestiones de gestión relacionadas con la plantilla, sus retribuciones, aprobar el anteproyecto de presupuesto o las normas de publicidad. Dado este reparto de funciones, en la realidad el Director General se ha convertido en fulcro para el control gubernamental en la política informativa del Ente.

No podemos olvidar, sin embargo, que la Constitución manda el control parlamentario de los medios dependientes del Estado. La propia Ley 4/80 ordena la creación de una Comisión Parlamentaria de control. Y así se ha hecho en cada Reglamento parlamentario. En ellos se adecuan los instrumentos normales de control (preguntas, comparecencias y posibles tomas de posición) al destinatario del control, el Director del Ente y el Consejo de Administración. No podemos decir que esta Comisión haya dado frutos de especial importancia; aunque la Dirección del Ente es un puesto de inmenso desgaste, éste normalmente ha surgido por la crítica del propio Consejo, de los trabajadores y, por supuesto, en el marco de lo que Rescigno hace ya mucho distinguiría como control difuso (de manera destacada los otros medios).

b) La discutida configuración de la comunicación social como servicio público. Su primera ratificación por el Tribunal Constitucional (SSTC 12/82, 206/90).

La configuración de la televisión como servicio público de titularidad estatal y gestión directa por parte del Estado fue discutida inmediatamente en la sociedad abierta de los intérpretes constitucionales. Una serie de particulares exigieron el reconocimiento de su derecho a emitir televisión. Merece la pena que nos detengamos en la argumentación del Tribunal Constitucional. Su punto de partida consiste en reconocer que "el derecho a difundir ideas y opiniones comprende en principio el derecho a crear los medios materiales a través de los cuales la difusión se hace posible "(STC 12/82/3). Sin embargo, inmediatamente, reconoce el Tribunal Constitucional que ese derecho a crear los medios materiales no tiene una intensidad de protección igual a los derechos primarios directamente garantizados por el art. 20, pues le son meramente instrumentales. En consecuencia, "el legislador tiene mucha mayor capacidad de configuración siempre que no restrinja su contenido esencial" (STC 206/90/6), incluida la capacidad para declarar ciertos medios de comunicación social como servicios públicos. Tras esta pulcra argumentación, emergía, sin embargo, un consecuencia palmaria: la declaración de servicio público, según el Tribunal plenamente constitucional, conllevaba la exclusión del derecho a emitir.

De alguna manera, el TC era consciente de las debilidades de su fundamento. No en vano, dejaba la puerta abierta a la apertura del régimen de servicio público apelando a los posibles cambios en los "condicionamientos técnicos (la verdadera razón según el TC para la declaración legal de servicio público) y los valores sociales "que pueden justificar un cambio en la valoración del carácter público de la TV o de los límites a la gestión privada"[4] (206/90/6).

2. La incidencia del pluralismo territorial dentro del marco del servicio público. El llamado canal autonómico

Sin transformar el carácter de la televisión como servicio público de titularidad estatal y gestión directa, la propia Ley 4/80, en su artículo 2.2, advertía que "El Gobierno podrá conceder a las Comunidades Autónomas, previa autorización por Ley de las Cortes Generales, la gestión directa de un canal de televisión de titularidad estatal que se cree específicamente para el ámbito territorial de cada Comunidad Autónoma". La autorización de Cortes requerida se habilitó por la Ley 46/83. Queda entonces en manos del Gobierno la concesión de la gestión a la Comunidad Autónoma –por la que se paga un canon-, previa aprobación por ésta de una ley autonómica que regule la organización y el control parlamentario (art. 7), siguiendo el patrón marcado por el ERTV. En fin, al día de hoy, ese tercer canal se inspira en los mismos valores que la radiodifusión estatal (y posee sus mismos problemas); se gestiona por una sociedad anónima de suscripción pública cuyas acciones no pueden ser cedidas; y tiene una estructura de organización muy parecida al sistema estatal.[5]

---

[4] Conviene tener en cuenta que la STEDH Informationsverein Lentia de 24 de noviembre de 1993 consideró el monopolio televisivo una vulneración del art. 10 CEDH, si bien, en un momento en el cual ya no existían monopolios televisivos.

[5] El margen de actuación de las Comunidades Autónomas sobre el marco jurídico de sus televisiones quedó pronto estrechado por una interpretación competencial del TC. La clave constitucional residía en elucidar el modo en el que el Estatuto de Autonomía Catalán (y el los restantes Estatutos) había asumido sus competencias sobre medios de comunicación social. En concreto se trataba de saber qué sentido se debía dar a la expresiónç "en los términos y en los casos establecidos por la ley que regula el ERTV". Así las cosas, el TC afirmó que el ERTV no es una norma habilitadora de competencia, pues la competencia ha sido asumida por el Estatuto. Pero la referencia al ERTV en el Estatuto tampoco es una frase hecha, pues el ERTV delimita la titularidad y gestión de los medios y reserva competencias concretas en desarrollo y ejecución. El TC concluye afirmando que "competencias que podían haber sido asumidas de modo exclusivo por la CA se han convertido en competencias compartidas con el Estado". (Esto quedó ya claro en la 10/82. Según esta sentencia la Constitución remite con carácter general a los Estatutos para la delimitación de las competencias de la CA. Pero en ocasiones la delimitación de competencias se supedita a la ley, bien mediante una referencia constitucional a la ley, o una referencia, como en este caso, estatutaria a la ley). "Ley del ERTV es así a la vez marco básico y norma atributiva de competencias, 10/82/1". De alguna manera, en esa misma 10/82 parece entenderse que las CA que hayan asumido la competencia de desarrollo y ejecución sin esa referencia autolimitativa a la ley, tendrán un ámbito competencial sólo limitado por la normativa básica (STC 26/82).

3. La incidencia del pluralismo social dentro del marco del servicio público. La televisión como servicio público de gestión privada, la Ley 10/88

En el año 1988 se pone fin al monopolio estatal de la televisión, si bien no se acaba con su configuración como servicio público. La Ley 10/88, de 3 de mayo abre el servicio público a la gestión indirecta. El hecho jurídico de que perviva la declaración de servicio público impone, no obstante, que la gestión indirecta se arbitre a través de la técnica administrativa de la concesión. Por tanto, el Gobierno conservó en gran medida el control sobre el espacio televisivo, pues a él le correspondía delimitar las condiciones de la concesión (y modificarlas unilateralmente); a esto habría que añadir la habilitación legislativa a favor del Gobierno para diseñar el Plan Nacional Tecnológico de la Televisión, que ha demostrado ser un instrumento fundamental en la definición técnica, pero también política, del medio televisivo.

Ya hemos visto el modo cómo se pretende asegurar el respeto al pluralismo en la organización de la televisión pública (estructura administrativa con incidencia parlamentaria y control parlamentario). El modo de lograrlo en la televisión privada es distinta. De un lado, se estipulan una serie de condicionantes en el desarrollo de la gestión. Respecto a al cuota de pantalla se exige que el 15% sea de producción propia y el 40% europea (amén de que el 40% de las películas han de ser europeas y de ellas el 50% españolas). Sin olvidar el impedimento e que la cuota de publicidad supere el 10% de la cuota de emisión. De otro lado, utilizando los instrumentos propios del derecho de la competencia, se determina que ninguna de las sociedades que disfruten de la concesión pueden estar participada por una persona física o jurídica en más del 25%, ni tener participaciones en otra sociedad concesionaria.

4. La crisis de la idea de servicio público en la jurisprudencia del Tribunal Constitucional. La televisión local y el derecho constitucional a crear medios.

Hemos visto que el TC validó la exclusión del derecho a emitir, en virtud de motivos técnicos y políticos que justificaban la declaración de la radiodifusión como servicio público. Intenté indicar las debilidades argumentativas del TC y en qué medida estas no eran ajenas al propio TC. Recordemos que el alto Tribunal declaró que un cambio en las condiciones técnicas o en la valoración social podrían impulsar una distinta concepción constitucional sobre los medios de comunicación. La urgencia de este cambio irrumpe en los finales de los años ochenta y principio de los noventa, cuando los particulares (sus intérpretes más audaces) en ausencia de un régimen legal que autorice o impida su actividad, comienzan a emitir mediante cable y en el nivel local. La reacción de la Administración fue cancelar las emisiones, actos que provocaron una cascada de recursos de amparo (31/94, y 47/94, 98/94, 240/94, 281/94, 307/94), que llevarían al TC a un sustancial cambio en su doctrina sobre el derecho a crear medios materiales que permitan las emisiones.

El TC señaló con rotundidad que la omisión del legislador impide no ya obtener la concesión, sino también la solicitud, lo que comporta la prohibición pura y simple de la gestión de los particulares. Para añadir que el legislador no puede diferir sine die, más allá de todo tiempo razonable y sin razones que justifiquen su demora –no hay complejidad técnica-, la regulación de una actividad que afecta directamente al ejercicio de un derecho fundamental, pues la ausencia de regulación supone la prohibición lisa y llana de los derechos del 20 en su manifestación de emisiones televisivas de carácter local y por cable. Por tanto, admite el TC que es necesario reconocer un contenido mínimo a emitir.

Es bien cierto que la argumentación del TC no incide sobre la idea de servicio público, sino que la ausencia de legislación parece ser el elemento definitivo en la concesión del amparo. Seguramente sea así, pero no es menos cierto que la referencia a las inexistencia de condiciones técnicas que justifiquen la inexistencia de legislación, de alguna manera está exhibiendo los límites constitucionales de la declaración de servicio público. Dicho de otro modo, allá donde no existen límites técnicos, el legislador no puede establecer un régimen constitucional que limite el derecho a la emisión.[6]

5. *La crisis de la idea de servicio público en la legislación: la televisión por satélite*

La regulación de la televisión por satélite en la Ley 37/1995, 12 de diciembre, rompe ya, siguiendo los aires abiertos por la jurisprudencia, con la técnica del servicio público y la consiguiente concesión. Se declara expresamente la liberalización y basta con una autorización para comenzar las emisiones. Sin embargo, no se puede decir que este cambio de régimen jurídico haya transformado el medio televisivo, pues el impacto de las emisiones por satélite ha sido reducido. Se ha utilizado sobre todo para que la televisión española y las televisiones autonómicas puedan emitir fuera de nuestras fronteras, así como para recibir las extranjeras. En el ámbito pri-

---

[6] Aunque no debemos olvidar que coetáneamente el TC volvió a dar relevancia constitucional a los condicionantes técnicos, negando el derecho a emitir en los casos de televisiones locales por hondas hertzianes (STC 88/95, "el espacio radioeléctrico, impone limitaciones técnicas, ya que no es un espacio de uso ilimitado" (fj. 7).

vado, la viabilidad económica de las televisiones satélite se ha demostrado extremadamente costosa. Actualmente emite Digital Plus, canal de pago, que resulta de la fusión de dos canales, Canal Plus y Digital Satélite, fusión que resultó después de una dura pugna político-financiera a raíz de la intervención del Gobierno para impulsar la creación de un segundo canal.

6. *El nuevo proyecto televisivo*

Los últimos años han escenificado lo que generalmente se ha aceptado como un deterioro sin retorno de la televisión. El tremendo déficit de la Televisión Pública, desbocado y sin aparente control, la falta de transparencia y responsabilidad en la dirección de los informativos públicos, y la aparición en todos los canales de la llamada "televisión basura", han impuesto la necesidad de intentar transformar el marco televisivo a través de dos tipos de medidas.

a) La ampliación de los canales privados.

La lectura del proyecto de ley permite alcanzar pronto una primera conclusión: sin eliminar la declaración como servicio público de la televisión, el Gobierno pretende impulsar una liberalización de los medios, hasta el punto de que en un par de años podamos disfrutar de hasta veinte canales. Dos ideas laten bajo esta ampliación. Primero, y una vez más, la superación de los impedimentos tecnológicos (en este caso el paso de la televisión analógica a la televisión digital terrestre) admite una mayor número de emisiones. Segundo, la cantidad de emisiones se entiende como un aumento del pluralismo y, por tanto, de los derechos de información.

b) La modificación estructural de la televisión pública.

A la crisis económica rampante de la Televisión pública se une su débil credibilidad informativa, que alcanzó su epítome en los días que sucedieron a los tristes atentados del 11-M. Una vez más se impuso la sensación de que era precisa una reforma orientada a suprimir el permanente endeudamiento y lograr cierto grado de independencia frente al Gobierno de turno.

Respecto a al viabilidad económica, con el proyecto de ley se pretende acabar con el recurso a la deuda como modo de financiación. La financiación se articulará a través de una subvención pública trianual y la publicidad. Por otro lado, la independencia económica se quiere alcanzar básicamente haciendo depender la elección del Director General no ya del Gobierno, sino de un Consejo de Administración cuyos miembros son elegidos por seis años, es decir, fuera del ciclo de la legislatura.

Impressão:
Evangraf
Rua Waldomiro Schapke, 77 - P. Alegre, RS
Fone: (51) 3336.2466 - Fax: (51) 3336.0422
E-mail: evangraf.adm@terra.com.br